本书得到云南师范大学文学院出版基金资助

Female, Political Marriage and Geopolitics in the
Western Zhou Dynasty and Spring-and-Autumn Period

西周春秋时期的女性、联姻与政治格局演进研究

林晓雁 著

中国社会科学出版社

图书在版编目（CIP）数据

西周春秋时期的女性、联姻与政治格局演进研究／林晓雁著.
—北京：中国社会科学出版社，2021.6（2022.6 重印）
ISBN 978-7-5203-8346-2

Ⅰ.①西… Ⅱ.①林… Ⅲ.①婚姻制度—研究—中国—西周时代—春秋时代 Ⅳ.①D691.91

中国版本图书馆 CIP 数据核字（2021）第 073576 号

出 版 人	赵剑英
责任编辑	宋燕鹏
责任校对	朱妍洁
责任印制	李寡寡

出　　版	中国社会科学出版社
社　　址	北京鼓楼西大街甲 158 号
邮　　编	100720
网　　址	http://www.csspw.cn
发 行 部	010-84083685
门 市 部	010-84029450
经　　销	新华书店及其他书店
印　　刷	北京明恒达印务有限公司
装　　订	廊坊市广阳区广增装订厂
版　　次	2021 年 6 月第 1 版
印　　次	2022 年 6 月第 2 次印刷
开　　本	710×1000　1/16
印　　张	25.25
字　　数	401 千字
定　　价	138.00 元

凡购买中国社会科学出版社图书，如有质量问题请与本社营销中心联系调换
电话：010-84083683
版权所有　侵权必究

序

成一农

　　林晓雁博士的《西周春秋时期的女性、联姻与政治格局演进研究》一书，是在她博士毕业论文基础上修改而成的。从题目上看，该书涉及的领域包括了先秦史、性别史以及政治史，不过其落脚点则在于"政治格局"，即通常学科分类中的历史政治地理，且需要说明的是，她博士期间的专业也正是历史地理学。虽然对于先秦史、性别史和政治史都不太熟悉，但作为长期从事历史地理方面研究的从业者，我参加了她这篇博士论文的开题、预答辩以及最终的答辩，对于该书的写作意图、希望解决的问题有一些大致的了解。

　　林晓雁博士在通过博士论文答辩之后，按照匿名评审意见以及答辩委员会的意见对书稿进行了调整和修改，即将在中国社会科学出版社出版。承蒙林晓雁博士的看重，请我为她这部书稿写序，但说实话，我对她所从事的研究总体上是不太熟悉的，对于很多细节问题难以从学术前沿的角度做出自己的判断和评论，因此这里只能就一些整体性的问题，谈谈一些自己粗浅的看法。

一

　　如果从一种不太那么学术的角度谈论历史研究各专业的魅力的话，我首推的就是先秦史。原因很多，首先，就是先秦史涉及中华文明的起源，涉及后世那些习以为常的文化、思想、制度的起源、发展和定型。"追根溯源",这种人类思维中根深蒂固的习惯,就已经使得先秦史的研究颇具吸引力了。不仅如此,还有那些后世消亡或者不太重要的文化、思想以及制度的起源和发展,以及这些并存的文化、思想和制度之间的竞争,如果不从后世"胜者王侯败者贼"的角度,而是回到历史的场景中,那么与后世那种"唯一"和"稳定"相比,这种多元和竞争本身就足以使得历史研究者如醉如痴了。

还有,就是史料。与后世,尤其是宋元明清时期汗牛充栋且基本整齐划一的文本文献的记载不同,先秦时期的文献资料不仅非常稀少,而且通常相互之间充斥着矛盾之处,孰对孰错?这是一个虽然有时让人抓狂,但往往会挑动着研究者的好胜心的问题。不仅如此,从后世的角度来看,这一时期,有时一种非常成熟的思想和制度突然就见诸于文献,且缺乏追溯其形成过程的蛛丝马迹,但这些思想和制度显然不是从天上掉下来的,对此如何解释?对于这些文献资料的解读,传统史学一板一眼的考据基本发挥不了什么作用,梳理这些文献资料必然需要研究者加入大量的想象。这些无法简单获得一种得到广泛接受的观点的问题,也确实激发了一些所谓的"历史侦探"的欲望。

让问题更为复杂的是考古学材料。虽然经过长期的发展,现代考古学已经建立了地层学、类型学等看似"科学"的研究方法,但且不说这些"科学"方法自身的缺陷和适用性,只是对考古发掘出来的材料进行解读就是一件非常麻烦的事情。大致而言,对于这些材料,如果只是依靠考古学自身,那么最多只能确定出土文物和遗址的年代以及文化类型,无法与文献记载的历史事件、人物、部族、国家联系起来,由此也就无法被应用到历史研究中。在如今这个"二重证据法"日益受到质疑的时代,如何将考古材料与文本文献联系起来,其间同样必然需要大量的想象和推理。

近年来不断出现的"新史料",即各类简牍,让原本复杂的问题变得更加扑朔迷离。且不说建立这些材料与传世文献和考古学资料之间关系的问题,仅仅是材料的真伪就是一件让人头疼的事情,比如关于"清华简"的真伪依然存在争议。无论是对材料真伪的判断,还是将这些材料纳入以往基于传世文献和考古材料建立的既有知识体系中,都同样需要大量的想象和推理。

由此，在我看来，与后世那种受到文献等材料极大束缚的断代史研究不同，先秦史是一个需要大量想象和推理的研究领域，需要研究者从其乱如麻的各类材料中整理出一条可以说服自己以及至少说服一部分研究者的脉络，这虽然正是先秦史研究的魅力之所在，但也是对研究者研究能力的极大考验，也是我从进入历史学领域就对先秦史感兴趣，但一直不敢进行真正研究的顾虑。因此，林晓雁博士的这本书稿，且不论其结论是否能得到学界公认，这一选题本身已经说明了其所具有的研究能力和学术勇气。

就具体的选题而言，虽然学界在细节上争论纷纷，但基本都认为先秦时期是一些影响后世的重要概念和思想的形成和初步定型的时期，其中对于后世"中国"和"中华民族"的形成具有显著影响的就是"华夏"概念的形成。对于这一问题，前辈学者已经成果卓著，要谈出一些新意，在传统的研究视角中，已经颇为困难，但林晓雁博士更换了一个视角，来切入这一"老掉牙"的问题，这同样是其想象力和学术勇气的展现。

二

自后现代史学兴起之后，妇女史和性别史日益兴起，从事这一领域的研究者以及相关研究成果也日益丰富。总体而言，目前为止的妇女史和性别史研究大致或主要聚焦于个别女性的历史，或聚焦于对某一时期在某一事件或者某类事件中女性作用的分析，或关注于某一历史时期文献中对女性的记载、女性的地位等问题上，即或者偏于个案，或者偏于整体。偏于个案，显然其代表性本身就是一个问题；偏于整体，则大都只是对某种现象的归纳和叙述。虽然近年来也有一些以女性和政治之间关系为对象的研究论著，但基本是以个案切入，最多涉及某些重要历史事件，但与历史的整体演进则缺乏直接的关联，或者说，以往的研究无法告诉我们女性在中国历史进程中的作用到底是什么？这一点反观传统的史学叙述就很容易明白。在传统的史学叙述脉络中，要谈男性对于中国历史进程的作用是非常简单的事情，是再明白不过的事情，因为在传统的历史叙述中，无论是历史的整体进程，还是具体的历史事件，都是由男性所主导的，甚至可以说不谈男性，就没有办法谈中国历史，男性主导历史成为了一种"客观"实在。那么，女性呢？

从这一意义上而言，林晓雁博士的《西周春秋时期的女性、联姻与政治格局演进研究》一书是颇具开创性的，其不仅谈女性、女性与政治，而且更是希望将女性放在宏观历史进程中去论述，且得出了一些颇有启发性的结论。

如林晓雁博士的书稿采用齐桓、晋文、秦穆、宋襄、楚庄的五霸之说，并将晋献公、惠公、文公作为一个整体来考察晋国的崛起，由此将关于"春秋五霸"的讨论限定在从公元前685到公元前621年的60多年间；将"联姻作为诸侯国之间关系的物质表征"落实到具体的时空范围内，从分析具体的联姻个案入手，勾勒出齐、晋、秦、楚等诸侯国在公元前7世纪的联姻格局和联姻倾向，用以佐证诸国控制区域和势力范围的变迁。书稿将女性和婚姻视为父系因素介入夫家政治的媒介，从女性政治身份和血缘的角度，探讨了联姻对于诸国区域扩张和区域整合的贡献。同时，书稿对齐、晋、秦、楚诸国在成为地区性大国过程中制度变革的讨论，也关注到了与女性和婚姻有关的问题，并指出秦汉帝国时代，外戚问题凸显，成为困扰中国王朝政治的痼疾，与中国的国家形态密切相关。

书稿对"华夏"问题的讨论从探究"华夏"概念在商周之际、西周、春秋时期的演变入手，将对"华夏"的讨论分成华夏族群和华夏区域两个方面。在关于华夏族群的讨论中，书稿对族群祖源认定中的父系和母系因素给予了同等的重视。书稿认为华夏区域是一个基于华夏族群控制范围的概念，但是华夏区域的主张在某些时候与华夏族群的控制区域会有所出入。书稿将农耕经济和汉字文化视为"华夏"的核心特征，讨论了春秋时期女性和联姻与农耕区域推进同汉字文化圈扩大之间的关系。书稿对春秋时期"华夏化"进程和认定标准的讨论，特别关注了华夏边缘的方国、部族对诸夏的认同和向诸夏靠拢以及被华夏诸国接纳过程中涉及的女性和联姻因素，指出女性和联姻对于"华夏化"的贡献不只存在于制度和文化上，更在于血缘的交融。

三

最后,还要谈谈该书的一些不足之处。

众所周知,先秦时期的史料,无论是考古材料,还是传世文献,在时间和空间分布,以及在"专题"的分布上都是极不均衡的,甚至可以说是具有一定的"偶然性",因此在林晓雁博士这样一篇时间上涉及西周、春秋,空间上涉及当时周王朝和各诸侯国空间范围的论文中,显然也就反映了这种材料留存的不平衡,如西周时期,书稿主要涉及的是周王室和齐、鲁,春秋时期则主要集中在五霸上,且详略差异颇大。这似乎是一个难以克服的困难。

不仅如此,虽然该书以"女性"与政治格局演进之间的关系为主题,但受制于材料,即由于现存的史料基本都是以男性视角书写的,因此几乎所有与女性有关的,尤其是与"政治女性"有关的史料,可以说基本都是男性视角下的女性,因此基于这样的史料,林晓雁博士的这本书稿以及之前的几乎所有的女性史研究实际上分析的只是男性视角下的女性史,或者说,即便如林晓雁博士这篇书稿这样突出了女性在历史中的或者某些历史事件中的作用,但究其根本,依然是男性"阴影下"的女性史,在这样的历史书写中,女性依然不是历史的主角,在历史进程中最多只是发挥了"促进"或"延缓"的作用。

在我看来,这并不是历史事实的问题,而是历史书写视角的问题,而且视角的转换似乎也可以解决史料缺乏的问题。首先,我们必须承认的就是,所有历史研究,都是一种历史书写,包括那些试图剥离以往历史书写的主观性和目的性的研究在内。如果承认了这一点,那么历史书写的视角实际上决定了对材料的处理方式和论述的方式,基于此,我们是否可以设想一种更为彻底的女性史的历史书写方式?

在这种历史书写中,女性成为历史舞台的中心,历史事件和历史过程本身就是围绕女性展开的,男性只不过是女性有意无意的棋子,正所谓"男人征服世界,而女人通过征服男人而征服世界"。虽然现存的史料都是男性视角的，但通过这种视角的转换，我们完全可以对这些材料重新解读，即剥离史料书写者的主观性，而附加上研究者的主观性（即女性的主体性）。不仅如此，我们甚至可以通过将某些历史事件放大或者普遍化，来弥补史料的欠缺和地域分布的不平衡，比如该书中"太姒"的事例，是否可以用来说明周初的普遍情况，等等。如果能在本身就不可避免地掺杂了"想象"的历史研究中，进一步发挥想象，那么一部真正的"女性史"也是可期的。当然，这样的历史书写要比《芈月传》更具有说服力。

当然，这样的写作方式，其本身涉及历史学的根本理论问题，不过我希望林晓雁博士今后在这方面继续努力，从而确立一种真正意义的"妇女史"，这将不仅是妇女史研究的重要议题，而且也将会为中国史学的发展做出贡献。

最后，作为涉及如此众多具有魅力和争议的选题的著作，其结论，甚至某些细节上的认知要得到学界的公认，在我看来是不可能的，也是没有必要的，学术研究需要的正是这样具有勇气和探索精神的著作。一本著作的学术价值不在于其验证了什么和证明了什么，而应当在于其启迪了什么。

成一农

2020年9月23日，云南昆明

目 录

绪 论 ………………………………………………………………（ 1 ）
 第一节 研究缘起 …………………………………………（ 1 ）
 第二节 学术史回顾 ………………………………………（ 5 ）
 第三节 本书的主要内容、相关理论和相关概念 ………（ 16 ）
 第四节 本书所用史料概说 ………………………………（ 29 ）

第一章 商周时期女性的性别角色与上层贵族女性对家庭、
   社会的影响 ……………………………………………（ 38 ）
 第一节 商周时期上层贵族女性性别角色、社会地位和
    政治权力的异同 …………………………………（ 38 ）
 第二节 西周春秋时期的女性与权力 ……………………（ 55 ）
 第三节 夏姬与晋、楚、吴的政治角力：我们应该如何评价
    女性对历史的影响 ………………………………（ 69 ）
 小结 …………………………………………………………（ 75 ）

第二章 两周时期劳动女性家庭和社会作用的个案考察 ………（ 77 ）
 第一节 中国先秦时期的人口、国力和人口政策 ………（ 77 ）
 第二节 人口与越王勾践的霸业：勾践复兴的
    一个细节考察 ……………………………………（ 88 ）
 第三节 女织对家庭和国家贡献的个案考察 ……………（ 91 ）
 小结 …………………………………………………………（103）

第三章 先周王室的世系、婚姻与周人的历史记忆 ……………（105）

第一节　后稷、不窋时代周人的农业生产与周人的
　　　　　　祖先记忆 ……………………………………………（105）
　　第二节　婚姻与先周时期的周人政治 …………………………（129）
　　第三节　周人关于"帝乙归妹"和"文王太姒"的
　　　　　　历史记忆 ……………………………………………（134）
　　小结 ………………………………………………………………（146）

第四章　联姻与西周时期周人的政治空间 ………………………（148）
　　第一节　姬、姜联姻与西周政治 ………………………………（149）
　　第二节　周王与陈、鄂的联姻与西周中后期的淮夷战略 ……（158）
　　第三节　西周时期周原异姓氏族与姬姓女子的联姻 …………（167）
　　小结 ………………………………………………………………（179）

第五章　西周春秋时期鲁国的族群、婚姻与地缘政治 …………（180）
　　第一节　西周分封与诸侯国的人口构成 ………………………（181）
　　第二节　曲阜鲁国故城墓葬与西周春秋时期鲁国的
　　　　　　族群交融 ……………………………………………（189）
　　第三节　春秋时期鲁国与杞、郯等姒姓国的联姻和鲁国的
　　　　　　区域整合 ……………………………………………（234）
　　第四节　春秋时期鲁国与宋、齐的联姻与鲁国的地缘政治 …（251）
　　小结 ………………………………………………………………（266）

第六章　婚姻、女性经济与春秋时期的齐国政治 ………………（268）
　　第一节　女性经济与齐地的"巫儿"习俗 ……………………（269）
　　第二节　春秋时期的齐卫交通与齐卫联姻的地缘基础 ………（281）
　　小结 ………………………………………………………………（296）

第七章　"春秋五霸"与公元前7世纪中国的区域整合 …………（299）
　　第一节　"春秋五霸"与公元前7世纪的诸侯格局 ……………（300）
　　第二节　疆域概念的产生与晋、楚诸国政治、军事
　　　　　　制度上的变革 ………………………………………（313）
　　第三节　政治联姻与公元前7世纪齐、晋诸国的扩张和
　　　　　　区域整合 ……………………………………………（321）
　　小结 ………………………………………………………………（331）

第八章　族群交融与西周春秋时期华夏区的演进 (333)
第一节　西周时期的华夏概念和华夏区域 (334)
第二节　春秋时期华夷对立的凸显与华夏区的形成 (341)
第三节　春秋时期的族群交融与华夏区的拓展和充实 (347)
小结 (354)

结　语 (356)
参考文献 (361)
后　记 (392)

绪　　论

《周易·序卦》说："有天地，然后有万物；有万物，然后有男女；有男女，然后有夫妇；有夫妇，然后有父子；有父子，然后有君臣；有君臣，然后有上下；有上下，然后礼义有所错。"[①] 将男女、夫妇视为社会运行和人伦、社会、文化、道德建构的基础。男性与女性共同构成了人类社会，也共同组成了人类的历史；但是在历史的书写中，女性始终处于隐性的地位，尤其是在中国传统的政治史中。中国传统的历史书写是以男性为中心的，《史记》以来的纪传体"二十四史"，以女性为传主者屈指可数；以《史记》《汉书》《后汉书》论，则唯《史记·吕太后本纪》《汉书·高后纪》《汉书·外戚传》《汉书·元后传》《后汉书·皇后纪》《后汉书·列女传》等寥寥数篇而已。但是女性在历史中的存在不应该因为史传作者的倾向性而被忽略。本书名曰"西周春秋时期的女性、联姻与政治格局演进研究"，并非以女性史为旨归，而是尝试从女性和婚姻的角度审视西周、春秋时期的政治生态、族群和文化交融、地缘政治以及区域整合问题。

第一节　研究缘起

周振鹤在《中国行政区划通史·总论》中指出："无论西周王朝与诸

[①] 《周易正义》卷9《序卦》，（清）阮元校刻《十三经注疏》上册，上海古籍出版社1997年影印本，第96页。

侯国之间还是诸侯国与家之间，所存在的主要是政治关系，而不是行政关系。周天子对诸侯国、诸侯对家均无直接的行政管理权力。"[1] 在这种政治关系中，周天子、诸侯、卿大夫虽然有权力大小和层级的差别；卿大夫对诸侯，诸侯对周天子也都负有相应的政治义务，但是周天子并不能直接干预诸侯国的内部事务，诸侯对卿大夫家亦然。西周王朝、诸侯国、卿大夫家是彼此相关，又在内政上拥有独立权力的政治个体；西周王朝尚未建立起完善的、上下统属的、有效运行的行政体系。没有上下统属、有效运行的行政体系，彼此之间的交往就不能通过上行下达的行政命令实现，建立各种纽带就成为维持彼此关系的必需。联姻是西周和春秋时期周王室、诸侯、卿大夫、蛮夷戎狄之间建立和维系关系的重要纽带。女性通过婚姻勾连起父系和夫家，将父系的影响力带入夫家，有时也可以通过在夫家获得的权力影响父母之国的政治。

宗法制和分封制是西周国家建立的基础，也是维系西周国家运行的基础；女性和婚姻是宗法制和分封制的重要组成部分，在宗法制和分封制的运行中发挥着重要作用。西周青铜器铭文所见人名中有很多"某生"，如"翏生""周生""番生""倗生""琱生""伊生""宜生""微生""彭生""陈生雀""史虢生""单伯昊生""安伯贔生""许大邑鲁生"等，翏、周、番、倗、琱、伊、宜、微、彭、陈、虢、昊、贔、鲁指称的是"某生"母国或者母族的氏，表示"某生"是某国或者某族氏的外甥，用以表示"某生"的母系亲属关系。"嫡长子继承制"是西周最重要的继承法则，"嫡子"的地位乃基于母亲的身份。将母系因素体现在自己的名字中，以母亲的身份决定继承的序列，母系因素在西周宗法制中具有举足轻重的作用。

西周王室并不处于西周疆域的地理中心，而是偏居西侧的渭河谷地。在西周的人口和交通情况下，这样的地理格局使西周王室无法对东部广阔的国家疆域施行有效的直接统治，分封制成为解决西周地理困境的方案，并在西周大部分的时间里很好地发挥了作用。西周早期在王国东部的土地上分封了大量的同姓诸侯：《左传·昭公二十八年》认为西周初年的姬姓封国有40个，其中15个封国的国君是文王的儿子，武王的兄弟："昔武王

---

[1] 周振鹤：《中国行政区划通史·总论》（第二版），复旦大学出版社2017年版，第17页。

克商，光有天下。其兄弟之国者十有五人，姬姓之国者四十人，皆举亲也。"①《荀子·儒效》给出的姬姓封国数量是53个："立七十一国，姬姓独居五十三人。"②《左传·僖公二十四年》则给出了26个姬姓封国的名字和它们的国君与周王室的亲属关系："昔周公吊二叔之不咸，故封建亲戚以蕃屏周。管蔡郕霍，鲁卫毛聃，郜雍曹滕，毕原酆郇，文之昭也。邘晋应韩，武之穆也。凡蒋邢茅胙祭，周公之胤也。"③ 说西周初年分封的姬姓诸侯国包括文王之子的管、蔡、郕、霍、鲁、卫、毛、聃、郜、雍、曹、滕、毕、原、酆、郇，16国；武王之子的邘、晋、应、韩，4国；周公之子的凡、蒋、邢、茅、胙、祭，6国。文王、武王和周公的子嗣是西周国家分封体系建立和运行的基础。

我们很难确定西周初年姬姓封国的具体数字，但鉴于《左传·僖公二十四年》提供了26个受封于西周早期的姬姓诸侯国的准确名字和这些诸侯国国君与周王室的确切亲属关系，则西周早期姬姓封国的数量无论如何不会低于26个。当我们把这些姬姓诸侯国对应到当时的地表形态（landscape）之上，会发现这些姬姓封国往往占据河、湖、山川的有利位置，并处在重要的交通线上。西周早期的分封绝非简单的土地分割和赐予，而是具有明确规划和目的的土地开发和国家控制。西周的分封并非把既有的土地和人民简单地分封给诸侯，而更像是军事拓殖，④ 通过封建诸侯，拓展周王室和周系族群的生存空间和控制区域。

在西周国家的东部土地上，还有很多非姬姓的诸侯国和方国。《史记》在追溯这些异姓封国的祖先时，往往将其归之于虞、夏、商等前代统治者的后人，但实际上除了齐、宋等少数几个封国外，这些异姓诸侯和方国也许就是自商代以来已经生活在当地的土著，后来接受了周王室的统治，其封国权力获得了周王室的承认，而融入西周的地方政治系统中来的。这些异姓诸侯、方国在西周外婚制的制度下，成为姬姓诸侯们联姻的对象，并

---

① （西晋）杜预：《春秋经传集解》下册，上海古籍出版社1997年版，第1566页。
② 《荀子》卷4《儒效》，（清）王先谦《荀子集解》，沈啸寰、王星贤点校，中华书局1988年版，第114页。
③ （西晋）杜预：《春秋经传集解》上册，第345页。
④ 将西周的分封视为"军事拓殖"，可参看钱穆"周初之封建"和"西周势力之继续东展"。钱穆：《国史大纲》（修订本），商务印书馆1996年版，第38—47页。

且在适当的时候建立起与西周王室的联姻。这些政治联姻对维系周王室与诸侯之间的关系和诸侯彼此之间的关系具有重要的作用,女性则是这些联姻中的政治纽带。

战国末年,秦庄襄王(前249—前247)以吕不韦所献赵姬为王后:"庄襄王为秦质子于赵,见吕不韦姬,悦而取之";① 楚考烈王(前262—前238)以春申君所献李氏为王后:"(春申君)乃出李园女弟,谨舍而言之楚王。楚王召而幸之";② 赵悼襄王(前244—前236)娶寡女为倡后:"(倡后)既寡,悼襄王以其美而取之"。③ 三女皆出身微贱而无煊赫、强大的母家作为后盾,徒以美貌、智谋或者权术成为战国七雄中秦、楚、赵的王后。这在宗法严格的西周是不可想象的;即使在春秋晚期,鲁国的宗人衅夏也曾经义正词严地回答鲁哀公(前494—前468):"若以妾为夫人,则固无其礼也。"④ 但是战国后期,不仅妾可以成为夫人,甚至没有母国政治依托的歌舞女伎也可以凭借自己的美貌和才智成为七雄的王后。这首先是因为随着战国七雄中央集权的加强,国君的地位日益隆盛,在国中开始逐步建立起非世袭的官僚制度,他们已经很少需要借助配偶的政治背景来稳固自己的政治权力;其次是因为随着战国后期地缘政治格局的日益明朗化,联姻对地缘政治产生的影响已经非常有限;最后是因为随着战国七雄中央集权和君权的加强,尤其是官僚制度的日益完善,女性在政治中的生存空间被压缩,其作为父系和夫国政治纽带的作用已日渐式微。

战国时期,周王室、诸侯、卿大夫之间政治联姻呈现出的与西周、春秋时期的差异,与其时诸侯国的政治建构,周王室、诸侯、卿大夫的地理、政治格局变化直接相关,也关系到宗法制的变化,并折射出中国西周、春秋、战国时期国家形态的演进。女性在西周和春秋时期的政治权力,有制度内的,也有制度外的;有清晰的,也有模糊和衍生的;有合法的,也有只是合乎情理的;甚至不合礼法、不合规矩、不合情理的。但是

---

① 《史记》卷6《秦始皇本纪》,中华书局1982年标点本,第224页。
② 《史记》卷78《春申君列传》,第2397页。
③ (清)王照圆:《列女传补注》卷7《孽嬖传·赵悼倡后》,虞思征点校,华东师范大学出版社2012年版,第325页。
④ (西晋)杜预:《春秋经传集解》下册,第1846页。

为什么直到秦汉帝国时代,外戚问题才凸显出来,成为困扰中国王朝政治的痼疾呢?这与中国的国家形态密切相关。

本书希望以女性研究(Women's Studies)的视角对历史政治地理(Historical Political Geography)问题进行反思,历史地理学、历史人类学方法是本书的主要研究方法;文献学、文字学、考古学的相关研究为本书提供了广泛的史料基础。本书将从复原西周、春秋时期的婚姻记录入手,考察西周、春秋时期王室、诸侯、卿大夫,以及蛮夷戎狄的联姻与当时地理、政治格局和地缘政治的互动关系。同时,本书也将尝试在对西周、春秋时期的政治联姻和女性在家庭、社会、国家运行中的角色、地位、权力、职责等做个案考察的基础上,对西周、春秋时期的女性与诸侯国的人口、经济、国力之间的关系,女性性别角色和女性的家庭、社会作用,联姻中的女性及其对诸侯政治格局的影响,女性经济对诸侯区域政治格局的影响等问题做出讨论。上述四点从女性和婚姻角度对西周、春秋时期人口、社会、地缘政治、区域格局、区域经济的讨论,是本书的研究重点。本书还将从女性和婚姻角度审视早期中国政治体制和国家形态的演进,审视西周、春秋时期中国政治生态、地缘政治和区域格局的演变。

第二节 学术史回顾

随着女性史、性别考古学的兴起和推进,学术界对两周金文中的女性称谓、先秦姓氏制度、先秦婚姻史、先秦家庭史、先秦女性性别角色、先秦女性社会地位等问题的研究已经取得了丰硕的成果;但是在关于早期中国国家形态和西周、春秋时期政治史的研究中,女性仍然处于被忽视和一笔带过的状态。

一 金文女性称谓和先秦姓氏制度研究

两周青铜器中大量有铭媵器和为数众多的虽非媵器却可以解读出女性称谓的有铭青铜器的存在,使得对于两周时期女性称谓的研究成为古文字学家和先秦史研究者关注的重点。郭沫若、① 唐兰、② 陈梦家③都对自己所见金文中的女性称谓的具体所指给出了合理的释读，虽彼此之间多有差异，但是皆可谓之后青铜器铭文研究的基础和圭臬。

20世纪80年代以来，学界对金文中所见的女性称谓多有探讨，并且努力探索金文女性称谓的称名规则。

张亚初《两周铭文所见某生考》《商周金文姓氏通考》、④ 吴镇烽《金文人名汇编》（修订本），⑤ 是对金文所见商、周人名的全面汇编和梳理。

刘启益《西周金文中所见的周王后妃》一文，⑥ 在西周青铜器年代学的基础上，通过青铜器铭文与历史文献的对比，以及铭文之间的对比印证，给出了文献和金文所见周王后妃与西周十二王的对应关系。虽然对于一些金文所见后妃的名字与周王的对应关系，学术界尚存疑问，比如，王员—昭王，王白姜—懿王，王为—共王等，但是一个完整的谱系建构为西周时期周王后妃的研究，以及周王后妃事迹等的研究提供了参照系和基础。刘启益在《西周纪年》⑦ 中对周王的后妃问题又有补充论述，方善柱的《初周青铜器铭文中的文武王后》⑧ 则是基于对少数西周早期青铜器铭文提到的"王后"进行的断代研究。陈昭容的《从青铜器铭文看两周王室婚姻关系》，⑨ 从否定西周时期"一王一后"的原则入手，对刘启益给定的西周时期周王与王后的对应关系提出了修正。曹兆兰的《金文与殷周女性文化》、⑩ 耿超的《性别视角下的商周婚姻、家族与政治》、⑪ 刘丽的《两

---

① 郭沫若：《两周金文辞大系图录考释》，科学出版社1958年版；郭沫若：《长安县张家坡铜器群铭文汇释》，《考古学报》1962年第1期。
② 唐兰：《西周青铜器铭文分代史征》，上海古籍出版社2016年版。
③ 陈梦家：《西周铜器断代》，中华书局2004年版；陈梦家：《陈梦家学术论文集》，中华书局2016年版。
④ 张亚初：《两周铭文所见某生考》，《考古与文物》1983年第5期；张亚初：《商周金文姓氏通考》，中华书局2016年版。
⑤ 吴镇烽编撰：《金文人名汇编》（修订本），中华书局2006年版。
⑥ 刘启益：《西周金文中所见的周王后妃》，《考古与文物》1980年第4期。
⑦ 刘启益：《西周纪年》，广东教育出版社2002年版。
⑧ 方善柱：《初周青铜器铭文中的文武王后》，（台北）《大陆杂志》第52卷第5期。
⑨ 陈昭容：《从青铜器铭文看两周王室婚姻关系》，《古文字与古代史》第一辑，（台北）"中央"研究院历史语言研究所2007年版，第253—292页。
⑩ 曹兆兰：《金文与殷周女性文化》，北京大学出版社2004年版。
⑪ 耿超：《性别视角下的商周婚姻、家族与政治》，人民出版社2017年版。

周时期诸侯国婚姻关系研究》①中都有基于历史文献和青铜器铭文对西周时期周王王后和后妃的讨论，三位学者对刘启益和陈昭容给定的周王王后和后妃谱系提出了部分修正意见。

天马—曲村遗址北赵晋侯墓地 M63 出土了两件"杨姞壶"，"杨姞"的身份问题引发了学术界一系列的讨论，讨论围绕"杨国"的国姓和两周金文女性的称名规则展开。《天马—曲村遗址北赵晋侯墓地第四次发掘》发掘简报、②李学勤、③王光尧、④李伯谦、⑤张淑一⑥主张 M63 的墓主人是"杨姞"，是姞姓的杨国女子嫁为晋穆侯夫人。王人聪、⑦陈昌远、王琳⑧则从《左传·襄公二十九年》："虞、虢、焦、滑、霍、杨、韩、魏，皆姬姓也，晋是以大"，⑨提到的杨国为姬姓入手，主张此"杨姞壶"并非媵器，M63 的墓主人是晋侯夫人，并不是"杨姞"，这两件"杨姞壶"是晋国灭亡杨国时所得，后来用以陪葬。王人聪、陈昌远、王琳忽视了春秋时期被晋国所灭的杨国与"杨姞"所来自的杨国可能并不是同一个杨国的可能性。李学勤、李伯谦、张淑一则根据文献、金文和考古的相关资料，认为："杨姞"为姞姓杨国的女子嫁为晋穆侯夫人，杨姞嫁到晋国，在姞姓杨国被周宣王所灭，并另封子弟为姬姓杨国之前。学术界基于考古学证据和金文资料对"杨姞壶"的个案研究，不仅关乎杨国的国姓和"杨姞"的身份问题，更为我们探讨金文中女性的称名规则和西周、春秋时期诸侯国的国姓和因灭国而造成的诸侯国国姓的改变问题提供了具体的事例依据。

---

① 刘丽：《两周时期诸侯国婚姻关系研究》，上海古籍出版社 2019 年版。
② 北京大学考古系、山西省考古研究所：《天马—曲村遗址北赵晋侯墓地第四次发掘》，《文物》1994 年第 8 期。
③ 李学勤：《晋侯邦父与杨姞》，《中国文物报》1994 年 5 月 29 日；李学勤：《续说晋侯邦父与杨姞》，《宝鸡文理学院学报》（社会科学版）2005 年第 6 期。
④ 王光尧：《从新出土之杨姞壶看杨国》，《故宫博物院院刊》1995 年第 2 期。
⑤ 李伯谦：《也谈杨姞壶铭文的释读》，《文物》1998 年第 2 期。
⑥ 张淑一：《西周金文女子称谓"规律"再探讨——兼论"杨姞壶"的问题》，《考古与文物》2009 年第 5 期。
⑦ 王人聪：《杨姞壶铭释读与北赵 63 号墓主问题》，《文物》1996 年第 5 期。
⑧ 陈昌远、王琳：《从"杨姞壶"谈古杨国问题》，《河南大学学报》（社会科学版）2001 年第 1 期。
⑨（西晋）杜预：《春秋经传集解》下册，第 1119 页。

王育成《从两周金文探讨妇名"称国"规律》、① 陈伟《两周妇名称国的一点商榷》、② 李学勤《考古发现与古代姓氏制度》《先秦人名的几个问题》、③ 曹定云《周代金文中女子称谓类型研究》、④ 盛冬铃《西周铜器铭文中的人名及其对断代的意义》、⑤ 葛兆兰《周代金文嵌姓的称谓结构模式》、⑥ 穆海亭《周代金文中的妇名》、⑦ 张淑一《先秦姓氏制度考索》、⑧ 李龙海《对〈周代金文中女子称谓类型研究〉一文的补充》、⑨ 陈昭容《"夨姬"与"散姬"——从女性称名规律谈夨国族姓及其相关问题》、⑩ 吴镇烽《也谈周代女性称名的方式》、⑪ 李峰《西周宗族社会下的"称名区别原则"》《再论周代女性的称名原则：答吴镇烽先生质疑》⑫ 等对两周时期金文中出现的女性称谓的称名规则进行了细致而深入的探讨。虽然学者们归纳、总结出的两周时期金文中女性的称名规则多有出入，不同学者对同一金文女性称谓的释读也有颇多抵牾之处；但是对金文中女性称名规则的归纳和总结为我们释读金文中的女性称谓提供了工具性的依托，尤其是对于带有难以判断姓属的国名或者家族名称的女性称谓的解读大有裨益。

对历史文献、青铜器铭文、简牍资料、考古资料中人名的释读是先秦

---

① 王育成：《从两周金文探讨妇名"称国"规律》，《江汉考古》1982年第1期。
② 陈伟：《两周妇名称国的一点商榷》，《江汉考古》1982年第2期。
③ 李学勤：《考古发现与古代姓氏制度》，《考古》1987年第3期；李学勤：《先秦人名的几个问题》，《历史研究》1991年第5期。
④ 曹定云：《周代金文中女子称谓类型研究》，《考古》1999年第6期。
⑤ 盛冬铃：《西周铜器铭文中的人名及其对断代的意义》，《文史》第17辑。
⑥ 葛兆兰：《周代金文嵌姓的称谓结构模式》，《古文字研究》第24辑。
⑦ 穆海亭：《周代金文中的妇名》，《文博》2007年第10期。
⑧ 张淑一：《先秦姓氏制度考索》，福建人民出版社2008年版。
⑨ 李龙海：《对〈周代金文中女子称谓类型研究〉一文的补充》，《华夏考古》2008年第2期。
⑩ 陈昭容：《"夨姬"与"散姬"——从女性称名规律谈夨国族姓及其相关问题》，《古文字与古代史》第三辑，（台北）"中央"研究院历史语言研究所2012年版，第251—286页。
⑪ 吴镇烽：《也谈周代女性称名的方式》，复旦大学出土文献与古文字研究中心，2016年6月7日，http://www.gwz.fudan.edu.cn/old/SrcShow.asp?Src_ID=2822。
⑫ 李峰：《西周宗族社会下的"称名区别原则"》（哥伦比亚大学东亚语言与文化系教授李峰在华东政法大学的讲演），华东政法大学法律古籍整理研究所硕士生黄海整理，《文汇报》2016年2月19日第W14—15版；李峰：《再论周代女性的称名原则：答吴镇烽先生质疑》，武汉大学简帛研究中心，2017年10月6日，http://www.bsm.org.cn/show_article.php?id=2911。

姓氏制度研究的基础。中国关于先秦姓氏制度的研究历史悠久，至少可以追溯到战国晚期的《世本》。汉代班固的《白虎通·姓名篇》、王符的《潜夫论·志氏姓》、应劭的《风俗通·姓氏》、唐代林宝的《元和姓纂》《古今姓氏书辩证》、宋代郑樵的《通志·氏族略》等都在对先秦时期国君、诸侯、卿大夫及其夫人们的姓氏做出记述和排列的基础上，对先秦时期的姓氏制度做出了讨论。清代顾栋高的《春秋大事表·春秋列国姓氏表》[1] 对《春秋》《左传》所见诸侯、方国的姓氏做了系统的梳理。陈槃的《春秋大事表列国爵姓及存灭表譔异》（三订本）和《不见于春秋大事表之春秋方国稿》，[2] 考证春秋时期的诸侯、方国近300个，对其国名、爵位、国姓、始封人和始封地、都城的迁徙、控制区域的变迁、存灭时间等问题做了深入而细致的考察和分析，力求穷尽文献、金文、考古资料以为之解答。陈氏著述之缘起虽与顾栋高《春秋大事表·春秋列国姓氏表》有关，但其所涉范围之广博和考证之精深，远超顾氏和前代有关春秋列国爵姓的研究。严军《〈左传〉姓氏相关问题的探索》[3] 是对《左传》所见主要人物的姓氏问题做出的讨论。

20世纪90年代以来，雁侠《中国早期姓氏制度研究》、[4] 陈絜《商周姓氏制度研究》、[5] 张淑一《先秦姓氏制度考索》[6] 从不同侧面、不同角度对中国先秦的姓氏制度和称名规律做了全面、深入、科学的探究。

学者们对金文中女性称谓的释读和对金文中女性称名规律的讨论，以及对中国先秦时期姓氏制度的研究为我们了解西周、春秋时期的历史，尤其是与女性有关的历史提供了大量可靠的细节资料。这是支撑本书关于西周、春秋时期政治联姻和女性政治参与讨论的重要资料。

---

[1] （清）顾栋高辑：《春秋大事表》，吴树平、李解民点校，中华书局1993年版。
[2] 陈槃：《春秋大事表列国爵姓及存灭表譔异》（三订本），上海古籍出版社2009年版；陈槃：《不见于春秋大事表之春秋方国稿》，上海古籍出版社2009年版。
[3] 严军：《〈左传〉姓氏相关问题的探索》，《浙江学刊》1994年第4期。
[4] 雁侠：《中国早期姓氏制度研究》，天津古籍出版社1996年版。
[5] 陈絜：《商周姓氏制度研究》，商务印书馆2007年版。
[6] 张淑一：《先秦姓氏制度考索》，福建人民出版社2008年版。

二 先秦婚姻史、家庭史研究

20世纪80年代以来，先秦婚姻，尤其是两周婚姻问题开始受到学术界较多的关注。郑慧生《上古华夏妇女与婚姻》、[①] 谢维扬《周代家庭形态》、[②] 葛兆兰《从金文看周代媵妾婚制》、[③] 朱凤瀚《商周家族形态研究》，[④] 都是对先秦时期婚姻、家庭问题的理论性和综述性探讨，从制度角度对中国商、周时期的婚姻、家庭形态等问题做了深入的阐释。

20世纪80年代以来学者对西周、春秋时期具体婚姻关系的梳理和分析也取得了丰硕的成果。前述刘启益《西周金文中所见的周王后妃》、方善柱《初周青铜器铭文中的文武王后》，不仅是对金文中女性称谓的研究，也是对西周王室婚姻关系的系统梳理。崔明德的《先秦政治婚姻史》，[⑤] 对黄帝至战国时期，王、诸侯的婚姻做了梳理和罗列，其重点主要在春秋时期。陈昭容特别关注于金文所见两周时期周王室的婚姻关系，陈氏的《从青铜器铭文看两周王室婚姻关系》一文，[⑥] 在刘启益的基础上对西周王室的婚姻关系做了全面而细致的梳理和研究，其观点与刘启益多有差别；陈昭容、刘启益关于西周周王王后、后妃的认定各有所据，难以一言定是非。罗运环的《楚国后妃考》，[⑦] 对历史文献、青铜器铭文和出土文字资料所见春秋、战国时期的楚国后妃进行了全面的梳理。刘丽的《从政治联姻看西周王朝统治——以〈史记·十二诸侯年表〉所见诸国为中心》和《两周时期诸侯国婚姻关系研究》，[⑧] 以《史记·十二诸侯年表》为纲目，对两

[①] 郑慧生：《上古华夏妇女与婚姻》，河南人民出版社1988年版。
[②] 谢维扬：《周代家庭形态》，中国社会科学出版社1990年版。
[③] 葛兆兰：《从金文看周代媵妾婚制》，《深圳大学学报》（人文社会科学版）2001年第6期。
[④] 朱凤瀚：《商周家族形态研究》，天津古籍出版社2004年版。
[⑤] 崔明德：《先秦政治婚姻史》，山东大学出版社2004年版。
[⑥] 陈昭容：《从青铜器铭文看两周王室婚姻关系》，《古文字与古代史》第一辑，第253—292页。
[⑦] 罗运环：《楚国后妃考》，《江汉论坛》1985年第3期。
[⑧] 刘丽：《从政治联姻看西周王朝统治——以〈史记·十二诸侯年表〉所见诸国为中心》，《史学月刊》2018年第10期；刘丽：《两周时期诸侯国婚姻关系研究》，上海古籍出版社2019年版。

周时期诸侯国的婚姻关系做了详细的梳理,对诸侯联姻的政治背景和政治影响做了分析。陈昭容的《从青铜器铭文看两周汉淮地区诸国婚姻关系》《从青铜器铭文看两周夷狄华夏的融合》和《两周夷夏族群融合中的婚姻关系——以姬姓芮国与媿姓佣氏婚嫁往来为例》,① 由个案分析入手,从联姻角度对两周时期的区域整合和夷夏交融问题做了深入而细致的讨论。

三 先秦时期女性性别角色、社会地位研究

20 世纪 80 年代以来,随着女性主义和性别研究的兴起,学术界对先秦女性性别角色和社会地位的研究进入了繁荣期。葛兆兰《金文中的女性享祭者及其社会地位》、② 谢乃和《金文中所见西周王后事迹考》、③ 王瑞英《从甲骨文金文看商周妇女地位的变化及原因》、④ 李宗焜《妇好在武丁王朝的角色》、⑤ 陈昭容《两周婚姻关系中的"媵"与"媵器"——青铜器铭文中的性别、身份与角色研究之二》,⑥ 借助甲骨文和金文史料对商周时期女性的社会角色和社会地位做了深入而细致的分析。赵玉宝《先秦性别角色研究》、⑦ 白路《先秦女性研究——从社会性别视角的考察与分析》,⑧ 对中国新石器时代到战国时期与性别有关的社会制度和性别观念、

---

① 陈昭容:《从青铜器铭文看两周汉淮地区诸国婚姻关系》,(台北)"中央"研究院历史语言研究所《中研院历史语言研究所集刊》第 75 本第 4 分,2004 年;陈昭容:《从青铜器铭文看两周夷狄华夏的融合》,《古文字与古代史》第二辑,(台北)"中央"研究院历史语言研究所 2009 年版,第 329—362 页;陈昭容:《两周夷夏族群融合中的婚姻关系——以姬姓芮国与媿姓佣氏婚嫁往来为例》,陕西省考古研究院、上海博物馆《两周封国论衡——陕西韩城出土芮国文物暨周代封国考古学研究国际学术研讨会论文集》,上海古籍出版社 2014 年版,第 88—106 页。

② 葛兆兰:《金文中的女性享祭者及其社会地位》,《深圳大学学报》(人文社会科学版) 2002 年第 3 期。

③ 谢乃和:《金文中所见西周王后事迹考》,《华夏考古》2008 年第 3 期。

④ 王瑞英:《从甲骨文金文看商周妇女地位的变化及原因》,《求索》2008 年第 6 期。

⑤ 李宗焜:《妇好在武丁王朝的角色》,《古文字与古代史》第三辑,第 79—106 页。

⑥ 陈昭容:《两周婚姻关系中的"媵"与"媵器"——青铜器铭文中的性别、身份与角色研究之二》,(台北)"中央"研究院历史语言研究所《中研院历史语言研究所集刊》第 77 本第 2 分,2006 年,第 193—278 页。

⑦ 赵玉宝:《先秦性别角色研究》,博士学位论文,东北师范大学,2005 年。

⑧ 白路:《先秦女性研究——从社会性别视角的考察与分析》,博士学位论文,南开大学,2009 年。

性别角色等问题做了全面的梳理和分析。

21世纪以来，伴随着中国考古学界对性别考古学理论的接受和运用，从性别角度解读中国考古资料，对西周、春秋时期中国的性别、婚姻和女性的社会地位、社会分工、政治参与等问题的研究取得了丰硕的成果。林嘉琳（Katheryn M. Linduff）和孙岩主编的《性别研究与中国考古学》，① 收录了12篇从性别考古学角度对早期中国问题进行研究的论文，包括3篇关于新石器时代的研究，1篇关于商代的研究，5篇关于周代的研究和3篇关于汉代的研究，是将性别研究应用于中国考古学较早的范例。

天马—曲村641座晋国中下层贵族墓葬和北赵晋侯墓地19座晋侯和晋侯夫人墓葬，丰富的、包含性别因素的考古资料尤其受到学者们的关注。陈芳妹《晋侯墓地青铜器所见性别研究的新线索》、② 黄翠梅的《晋国墓葬用玉制度所显示的性别差异——以曲村和上马墓地为例》、③ 雍颖的《晋侯墓地性别、地位、礼制和葬仪分析》、④ 林永昌的《晋系墓葬性别的考古学研究》和《西周时期晋国墓葬所见性别差异初探》、⑤ 耿超的《晋侯墓地的性别考察》，⑥ 都致力于天马—曲村晋国贵族墓葬和北赵晋侯及晋侯夫人墓葬的性别差异研究。曹玮的《关于晋侯墓随葬器用制度的思考》、⑦ 张懋镕的《晋侯墓地文化解读三题》、⑧ 刘绪、徐天进的《关于曲村遗址晋国墓

---

① ［美］林嘉琳、孙岩主编：《性别研究与中国考古学》，科学出版社2006年版。
② 陈芳妹：《晋侯墓地青铜器所见性别研究的新线索》，上海博物馆编《晋侯墓地出土青铜器国际学术研讨会论文集》，上海书画出版社2002年版，第157—196页。
③ 黄翠梅：《晋国墓葬用玉制度所显示的性别差异——以曲村和上马墓地为例》，［美］林嘉琳、孙岩主编《性别研究与中国考古学》，第123—142页。
④ 雍颖：《晋侯墓地性别、地位、礼制和葬仪分析》，［美］林嘉琳、孙岩主编《性别研究与中国考古学》，第143—177页。
⑤ 林永昌：《晋系墓葬性别的考古学研究》，硕士学位论文，北京大学，2008年；林永昌：《西周时期晋国墓葬所见性别差异初探》，《古代文明》第7卷（2008年）。
⑥ 耿超：《晋侯墓地的性别考察》，《中原文物》2014年第3期。
⑦ 曹玮：《关于晋侯墓随葬器用制度的思考》，《远望集——陕西省考古研究所华诞四十周年纪年文集》上册，陕西人民美术出版社1998年版，第294—301页。
⑧ 张懋镕：《晋侯墓地文化解读三题》，《古文字与青铜器论集》，科学出版社2002年版，第69—74页。

葬的几个问题》、① 王涛《两周之际的青铜艺术——以晋侯墓地出土的青铜器为例》、② 孙庆伟《周代墓葬所见用玉制度研究》、③ 吴晓筠《商周车马埋葬制度研究》、④ 宋玲平《晋系墓葬制度研究》、⑤ 腾铭予《曲村J4区晋国墓地若干问题的讨论》、⑥ 在关于天马—曲村晋国墓葬和北赵晋侯和晋侯夫人墓葬的研究中也都涉及诸多性别和性别差异的讨论。

在黄翠梅、雍颖两篇有关天马—曲村和北赵晋侯墓地的性别研究之外，《性别研究与中国考古学》中另有4篇关于商、周女性问题的讨论，林嘉琳的《安阳殷墟墓中的女性——王室诸妇、妻子、母亲、军事将领和奴婢》，⑦ 基于安阳殷墟的墓葬资料对商代女性的性别角色、政治参与和社会地位等问题做了深入而细致的讨论；并提出当研究者完全使用来自墓葬的资料，必须考虑是谁的观念体现在葬仪之中的方法论问题。江瑜的《宝鸡茹家庄西周强人1、2号墓葬所表现的葬礼、葬者身份与两性关系问题》、⑧ 吴霄龙的《毛庆沟墓地所体现的男性及女性社会地位：继承的还是获取的?》、⑨ 李健菁的《性别关系与社会分工现象：以平洋墓葬为例》，⑩ 用性别考古学的理论和方法对茹家庄、毛庆沟、平洋墓葬的性别问题进行了讨论。

陈淳的《美国性别考古的研究与启示》，⑪ 从方法论的角度对20世纪80年代兴起的性别考古学做了清晰的介绍，并对将性别考古学应用于中国

---

① 刘绪、徐天进：《关于曲村遗址晋国墓葬的几个问题》，上海博物馆编《晋侯墓地出土青铜器国际学术研讨会论文集》，第41—52页。
② 王涛：《两周之际的青铜艺术——以晋侯墓地出土的青铜器为例》，上海博物馆编《晋侯墓地出土青铜器国际学术研讨会论文集》，第384—401页。
③ 孙庆伟：《周代墓葬所见用玉制度研究》，博士学位论文，北京大学，2003年。
④ 吴晓筠：《商周车马埋葬制度研究》，博士学位论文，北京大学，2003年。
⑤ 宋玲平：《晋系墓葬制度研究》，科学出版社2007年版。
⑥ 腾铭予：《曲村J4区晋国墓地若干问题的讨论》，《庆祝张忠培先生七十岁论文集》，文物出版社2004年版，第335—349页。
⑦ [美] 林嘉琳：《安阳殷墟墓中的女性——王室诸妇、妻子、母亲、军事将领和奴婢》，[美] 林嘉琳、孙岩主编《性别研究与中国考古学》，第73—101页。
⑧ 江瑜：《宝鸡茹家庄西周强人1、2号墓葬所表现的葬礼、葬者身份与两性关系问题》，[美] 林嘉琳、孙岩主编《性别研究与中国考古学》，第105—122页。
⑨ 吴霄龙：《毛庆沟墓地所体现的男性及女性社会地位：继承的还是获取的?》[美] 林嘉琳、孙岩主编《性别研究与中国考古学》，第178—202页。
⑩ 李健菁：《性别关系与社会分工现象：以平洋墓葬为例》，[美] 林嘉琳、孙岩主编《性别研究与中国考古学》，第178—202页。
⑪ 陈淳：《美国性别考古的研究与启示》，《东南文化》2010年第6期。

考古问题提出了展望。陈淳、孔德贞的《性别考古与玉璜的社会学观察》,① 则是应用性别考古学研究中国问题的具体实践。颜孔昭的《中原地区西周墓葬性别研究》、② 韩英超的《西周前期贵族妇女地位研究》、③ 曹芳芳的《以安阳殷墟女性墓葬为例浅析当时女性的社会地位》《以安阳殷墟女性墓葬为例再析当时女性的社会地位》、④ 李丹的《墓葬习俗中的性别角色和年龄结构观察——以忻州窑子墓地为例》、⑤ 杨建华的《商周时期女性墓葬中的军事将领——妇好墓与白浮墓的分析》、⑥ 张利芳的《试论关中东部地区西周墓葬所见性别差异》、⑦ 张亮的《东周社会结构演变的考古学观察——以三晋两周地区墓葬为视角》中关于女性墓葬研究的部分、⑧ 张礼艳的《西周贵族墓葬所见性别差异——兼论西周贵族妇女的社会地位》、⑨ 杨文胜、孙虎成的《从墓葬统计资料考察两周女性贵族间等级关系及变迁》,⑩ 都是从性别考古学角度对商周时期女性的社会地位和性别角色进行的分析。这些分析都是将统计学的定量分析方法应用于特定范围墓葬的实证研究,对相关墓葬所属族群文化的整体趋势做了有效的探讨。

耿超兼顾族群量化分析和个案研究,从性别研究的角度对商、周时期的婚姻、家庭制度、性别差异和女性的政治参与等问题做了深入而细致的

---

① 陈淳:《性别考古与玉璜的社会学观察》,《考古与文物》2006 年第 4 期。
② 颜孔昭:《中原地区西周墓葬性别研究》,博士学位论文,北京大学,2008 年。
③ 韩英超:《西周前期贵族妇女地位研究》,硕士学位论文,河北师范大学,2010 年。
④ 曹芳芳:《以安阳殷墟女性墓葬为例浅析当时女性的社会地位》,《第三届全国高校考古论坛论文集》,2008 年;曹芳芳:《以安阳殷墟女性墓葬为例再析当时女性的社会地位》,学士学位论文,河南大学,2011 年。
⑤ 李丹:《墓葬习俗中的性别角色和年龄结构观察——以忻州窑子墓地为例》,《传承》2010 年第 3 期。
⑥ 杨建华:《商周时期女性墓葬中的军事将领——妇好墓与白浮墓的分析》,贺云翱主编《女性考古与女性遗产——首届"女性考古与女性遗产学术研讨会"论文集》,南京大学出版社 2011 年版,第 77—81 页。
⑦ 张利芳:《试论关中东部地区西周墓葬所见性别差异》,硕士学位论文,中央民族大学,2011 年。
⑧ 张亮:《东周社会结构演变的考古学观察——以三晋两周地区墓葬为视角》,博士学位论文,吉林大学,2014 年。
⑨ 张礼艳:《西周贵族墓葬所见性别差异——兼论西周贵族妇女的社会地位》,《江汉考古》2016 年第 4 期。
⑩ 杨文胜、孙虎成:《从墓葬统计资料考察两周女性贵族间等级关系及变迁》,《中原文化研究》2016 年第 4 期。

讨论。耿超关于商、周时期婚姻、家庭和女性政治的研究主要有《东周政治外交婚中的性别差异及其影响》《浅议东周时期贵族阶层的性别关系及其影响》《"女祸论"源流考》《春秋时期贵族妇女的参政与两性关系》《性别视角下的商周合祭》《晋侯墓地的性别考察》《性别视角下的两周宗妇》《性别视角下的商周婚姻、家族与政治》等。①

基于《左传》对春秋时期女性在婚姻、家庭和社会中的角色和地位的研究尚有：张蓉的《〈左传〉贵族女性问题初探》，②杨萍、李艳波的《周代女性的家庭角色和地位探析》，③周红妹的《从〈左传〉看春秋贵族妇女家庭婚姻地位》，④王倩的《〈左传〉中贵族女性参政问题研究》，⑤王玲的《〈左传〉鲁国女性悲剧命运叙事》，⑥王晓丽的《〈左传〉齐、鲁女性形象比较研究》等。⑦

对于以纺织为代表的女性经济和以"女色""女乐"为代表的女性风俗和女性文化的研究，也受到先秦史学者的关注。许倬云1954年刊载于《大陆杂志》第7卷第8期的文章《从〈周礼〉中推测远古的妇女工作》，⑧认为早期的农业主要掌握在女性手中，这从比较民族志的角度可以得到印证；而随着农业技术的发展，尤其是男性从狩猎中摆脱出来之后，他们开始在农业中排除女性。许倬云对女性曾经在农业中占有重要地位的论述，使我们明确所谓"男耕女织"是一个有上限的概念，而这一概念的

---

① 耿超：《东周政治外交婚中的性别差异及其影响》，《云南社会科学》2009年第2期；耿超：《浅议东周时期贵族阶层的性别关系及其影响》，《中华女子学院学报》2009年第6期；耿超："女祸论"源流考》，《光明日报》2011年4月7日第11版；耿超、刘姗：《春秋时期贵族妇女的参政与两性关系》，《管子学刊》2012年第3期；耿超：《性别视角下的商周合祭》，《中国社会历史评论》第13卷，2012年；耿超：《性别视角下的两周宗妇》，《陕西师范大学学报》（哲学社会科学版）2015年第6期；耿超：《性别视角下的商周婚姻、家族与政治》，人民出版社2017年版。
② 张蓉：《〈左传〉贵族女性问题初探》，硕士学位论文，陕西师范大学，2004年。
③ 杨萍、李艳波：《周代女性的家庭角色和地位探析》，《学术交流》2006年第10期。
④ 周红妹：《从〈左传〉看春秋贵族妇女家庭婚姻地位》，硕士学位论文，北京语言大学，2009年。
⑤ 王倩：《〈左传〉中贵族女性参政问题研究》，硕士学位论文，兰州大学，2010年。
⑥ 王玲：《〈左传〉鲁国女性悲剧命运叙事》，《求索》2012年第12期。
⑦ 王晓丽：《〈左传〉齐、鲁女性形象比较研究》，硕士学位论文，聊城大学，2016年。
⑧ 许倬云：《从〈周礼〉中推测远古的妇女工作》，《求古编》，商务印书馆2014年版，第227—236页。

确立伴随着男性在政治权力中对于女性的排斥。卢云的《汉晋文化地理》①对先秦时期地域婚俗的差异、音乐地理的分布问题做了分析和论述。管红的《论秦汉女织》,②追溯了先秦时期女织对于国家和家庭经济的作用。蓝勇的《中国古代美女的地域认同文化研究》,③从"女色""女乐"角度对先秦时期美女与地域的关系进行了讨论。

在综合考察历史文献、青铜器铭文、简牍资料和考古资料的基础上,借助女性史、性别考古学等领域的理论和方法,学术界对两周金文中的女性称谓和女性称名规则、先秦姓氏制度、先秦婚姻史、先秦家庭史、先秦女性性别角色、先秦女性社会地位等问题的研究取得了丰硕的成果。但是将女性和联姻置于更广阔的政治空间,从女性和婚姻角度反思西周、春秋时期的政治生态、国家制度、国家运行的研究尚不充分。学术界对女性在西周、春秋时期宗法制和分封制中的具体存在情况和发挥的作用,研究尚不深入。尤其是以历史地理学的视角,将联姻个案对应到具体的时空位置,探求西周、春秋时期具体政治联姻与涉事者地理、政治处境的互动关系;探求女性在构建和维系西周、春秋时期某时、某地地缘政治中的具体作用的研究尚未有专著和博士论文出现。在个案研究的基础上,从女性和婚姻角度审视早期中国国家形态演进的研究也暂未出现。

第三节　本书的主要内容、相关理论和相关概念

从女性和婚姻入手考察西周、春秋时期的政治生态、地缘政治和区域整合,是本书希望解决的核心问题。因本书涉及女性、婚姻与国家形态的关系,故笔者在此将对中外学术界关于早期中国国家形态问题的理论做简要的梳理和反思。关于本书涉及的"西周时期的中国"和"中国的西周国家"等概念的说明和界定,以及西周的分封和封国问题,笔者也将在此做

---

① 卢云:《汉晋文化地理》,陕西人民教育出版社1991年版。
② 管红:《论秦汉女织》,《河南教育学院学报》(哲学社会科学版)1999年第2期。
③ 蓝勇:《中国古代美女的地域认同文化研究》,《学术研究》2008年第2期。

出陈述。本书使用的民族、族群、姓族、氏族、家族、通婚、联姻、地缘政治等概念，笔者也将在此做简要的说明。

一 本书的研究重点和主要内容

本书的主要内容在于从女性和婚姻角度审视西周、春秋时期的政治生态、族群和文化交融、地缘政治以及区域整合问题。论述时段主要是西周和春秋时期（前11世纪—前403年）。本书的论述围绕以下四个研究重点展开。

本书的第一个研究重点是对西周、春秋时期女性与诸侯国人口、经济、国力之间关系和女性性别角色以及女性家庭、社会作用的探讨。在上述的学术综述中，我们注意到，以往对这一时期女性的研究主要偏重于上层贵族女性；实际上至少从商、周时代起，女性的角色和作用就依据其社会地位的差别被分为上层贵族女性和劳动妇女，不同阶层和地位的女性在西周、春秋时期的诸侯政治格局中发挥的作用是不同的。在关于西周、春秋时期女性的性别角色和家庭、社会地位、社会作用的讨论中，普通劳动女性的人口生产和纺织生产对家庭、社会作用和贡献的问题，一直没有得到学术界充分的重视。本书希望借助个案分析和个案考察，对普通女性的纺织劳动和人口生产对家庭、社会稳定和发展的作用，以及对诸侯国经济和国力的影响问题做出讨论。

本书第一章关于西周、春秋时期上层贵族女性性别角色、社会地位和政治权力等问题的讨论，是本书论述的逻辑前提，即正因为女性参与到社会政治之中，从女性和婚姻角度审视西周、春秋时期的政治生态、地缘政治、族群和文化交融以及区域整合问题才是有效的和可行的。本书第二章对诸侯国普通劳动女性人口生产和纺织生产的讨论，限于史料短缺和笔者的力有不逮，主要是以个案考察和个案分析的方式进行的；有些结论是带有想象的推测，只是提供了从女性的人口生产和纺织生产角度分析先秦政治问题的一种可能。不过，这种对普通劳动女性人口生产和纺织生产的关注，还是为从更加广阔的角度探究女性与家庭、社会、政治体经济和政治实力的相关性问题，提供了一条可能的解释道路。

本书的第二个研究重点是对西周、春秋时期的政治联姻，以及婚姻中的女性对周王室政治和诸侯政治格局影响的个案化讨论。

本书第三章对周人祖先记忆和先周历史的讨论，有助于我们理解西周制度、礼仪和文化建构的背景；同时，周人的祖先记忆和对先周时期周人历史的选择性书写本身，就是西周制度和礼乐建构的基石。本书第四章是从联姻角度对西周王朝运行和周原地区区域整合的讨论。专注于姬、姜联姻与西周政治变迁的关系，周王与陈、鄂联姻反映出的西周中后期周王朝与淮夷和楚荆的关系，以及周原异姓贵族与姬姓族群的联姻与周原的区域整合问题。本书第五章对西周、春秋时期鲁国的族群、婚姻、地缘政治和区域整合问题做了细致的个案分析。西周的封国，从贵族到平民都不是由单一族群构成的，西周、春秋时期鲁地的族群和文化交融经历了一个长期、复杂的过程。鲁地的族群和文化交融始终伴随着，并有赖于姬姓周人与异姓族群之间的通婚和联姻。春秋时期鲁国的兼国并地是春秋时期诸侯、方国、部族交融和区域整合的一个缩影，也为战国时期更大范围的族群交融和区域整合奠定了基础。

本书的第三个研究重点是对西周、春秋时期女性经济对诸侯区域政治格局影响和联姻与诸侯区域整合相关性的讨论。本书第六章从女性、女性经济、交通、婚姻角度对齐国的地缘政治格局、区域整合和风俗等问题做了个案分析。

本书的第四个研究重点是从女性和婚姻角度对西周、春秋时期中国的政治体制和国家形态演进、族群交融以及华夏区的拓展和充实问题的反思。

本书第七章将"春秋五霸"视为西周、春秋以来周王室和诸侯政治变迁，以及诸侯地缘政治格局变化的结果；同时认为"春秋五霸"是"战国七雄"和秦、汉帝国的先声，秦、汉帝国中央集权、设郡县、官僚行政、律令制度等方面的特征，在春秋时期齐、晋、秦、楚等诸侯国的改革中已经部分地出现了。

本书第八章从"华夏"概念在商周之际、西周、春秋时期的演变入手，讨论了西周、春秋时期华夏族群、华夏区指称范围的变化，以及"华夷之辨""尊王攘夷"等概念产生的背景和原因；并将春秋时期华夏族群与周边蛮夷戎狄族群的交融视为中国华夏民族形成的族群和人口基础，将华夏区的拓展和充实视为中国大一统疆域格局形成的区域和地缘基础。

本书将历史文献、青铜器铭文简牍资料和考古资料中对周王室、诸侯、卿大夫婚姻关系的记载对应到地图上，以历史政治地理的视角对西周、春秋时期周王室、周原贵族和鲁、齐等诸侯国的族群、联姻和地缘政治问题做了细致的个案化讨论。以历史地理学的视角和理论审视性别考古学的资料，将性别考古学的资料用于大尺度、长时段的历史研究，拓展了两周时期女性史研究的空间和纵深。用性别主义地理学的理论审视两周时期的历史政治地理、历史经济地理和历史文化地理，对于女性在两周社会中的存在给予充分的剖析，拓展了两周时期历史人文地理的研究范围和研究深度。

二 关于西周国家的几个基本认识

关于"西周时期的中国"和"中国的西周国家"概念的界定，是本书论述必须厘清的问题。西周的分封与西周时期的人口和族群问题，笔者也将在此做简要的说明。

（一）西周时期的中国和中国的西周国家

本书认为"西周时期的中国"和"中国的西周国家"是两个不同的概念，前者包含西周国家和西周时期中国范围内的[①]，不统属于西周国家的其他政权、方国和城邑；后者则更接近于一个王朝的概念，包含西周的政权和西周的封国、属国。分封，是讨论中国西周时期社会、政治问题时不能回避的概念。但是西周时期中国范围内的方国，仅有一部分是得自周王的分封；另有很多与西周分封无关，甚至与西周国家敌对的方国存在。

《史记·齐太公世家》载有齐太公受封于营丘，而莱侯攻打营丘的事，

[①] 关于中国的范围在古代如何界定，谭其骧主张："我们是拿清朝完成统一以后，帝国主义侵入中国以前的清朝版图，具体说，就是从18世纪50年代到19世纪40年代鸦片战争以前这个时期的中国版图作为我们历史时期的中国的范围。所谓历史时期的中国，就以此为范围。不管是几百年也好，几千年也好，在这个范围之内所建立的政权，我们都认为是中国史上的政权。"（谭其骧：《历史上的中国和中国历代疆域》，《长水集》续编，人民出版社2011年版，第2页。）

并说"莱人,夷也,会纣之乱而周初定,未能集远方,是以与太公争国"。① 则莱,是先于西周国家已经存在于今山东半岛地区的方国,并且莱在西周初年并未接受西周国家的统属,故会攻打得到周王正式分封的齐国。

《吕氏春秋·观世览》说:"此周之所封四百余,服国八百余。"② 所谓"四百""八百"的数字虽然未必是实数,但这清楚地表明,西周时期的方国,只有一部分是得自周王的分封。西周时期方国的数量有多少?这是一个很难确考的数字。《史记》说"周武王时,侯伯尚千余人"。③《通典》则对西周初年、周成王时、平王东迁之后见于《春秋》经、传的诸侯国数量做了逐一说明:"及乎周初,尚有千八百国";"至成王时,有千二百国";"及平王东迁,迄获麟之末,二百四十二年间,诸侯征伐,更相吞灭,不可胜数,而见于《春秋》经、传者,百有七十国焉"。④ 数字虽未可全信,但《通典》所言西周至于春秋后期诸侯国、方国数量呈现递减的趋势应该是没有问题的,西周初年至春秋后期诸侯国、方国数量的递减与诸侯国、方国之间的灭国和兼并有关。

清人顾栋高的《春秋大事表·列国爵姓及存灭表》收录见于《春秋》经、传的方国 209 个。陈槃的《春秋大事表列国爵姓及存灭表譔异》和《不见于春秋大事表之春秋方国稿》,对顾氏之说多有补益。春秋时期的诸侯国、方国虽然与西周时期有很多不同,但是要具体考察西周时期诸侯国、方国的情况,却只能以春秋时期的诸侯、方国情况为基础来做上溯和推演。讨论西周时期中国的国家形态问题,必须综合考察西周国家和西周时期广泛存在于中国土地上的统属于和不统属于西周政权的诸侯、方国、城邑、部族的情况。

(二) 西周的人口、族群与西周的分封

《尚书》写武王克商时所用词语为"小邦周"和"大邑商",这是对

---

① 《史记》卷32《齐太公世家》,第1480页。
② 许维遹:《吕氏春秋集释》卷16《先识览·观世》,梁运华整理,中华书局2009年版,第400页。
③ 《史记》卷36《陈杞世家》,第1586页。
④ (唐)杜佑:《通典》卷171《州郡一·序目上》,王文锦等点校,中华书局1988年版,第4456页。

周—商力量对比的一种表达。《史记》写武王克商时，提到周的军队数量是"戎车三百乘，虎贲三千人，甲士四万五千人"，① 而商的军队数量是"兵七十万人"，②《史记》对于商军数量的记录虽然有夸张的成分，但确实反映出周、商人口数量的差别。今河南、山东、河北、北京等地西周早期的考古发掘表明：一方面，其青铜礼器与西周王畿的青铜礼器几无二致；另一方面，其陶器表现出与西周王畿陶器的巨大差别，具有鲜明的本地特色。鉴于陶器一般由本地制造的特点，这表明在西周王国的东方，存在大量非周系的居民。

《左传·定公四年》记载周王将"殷民六族"赐给鲁国，将"殷民七族"赐给卫国，将"怀姓九宗"赐给晋国；③ 宜侯夨簋（《集成》8.4320）铭文记载周王将"王人□又七生（姓）""奠（郑）七白（伯）""毕甹□又五十夫""庶人六百又□六夫"赐给宜侯；④ 克罍（《集录》3.987）铭文、克盉（《集录》3.942）铭文记载周王将"羌、马、叡、雩、驭"等族群赐给燕侯。⑤ 周王在分封诸侯的时候，同时会赐给所封诸侯一定数量的仆从人口。西周的分封和诸侯的就国也同时带来了部分族群的迁徙和外来族群与本地族群、周人族群和非周系族群的交融。

西周时期的地理、交通、人口和族群分布情况，使得西周国家无法对所有其宣称的疆域实行统一的行政管理，在国家的东部分封诸侯就成为可行和有效的国家管理方案，即所谓"昔周公吊二叔之不咸，故封建亲戚以蕃屏周"，⑥ 通过封建子弟、功臣等来构建西周国家的管理体系。

三　西周国家的国家形态和运行机制

对西周国家的国家形态和国家运行机制问题相关理论的梳理和反思，

---

① 《史记》卷4《周本纪》，第121页。
② 《史记》卷4《周本纪》，第124页。
③ （西晋）杜预：《春秋经传集解》下册，第1620页。
④ 马承源主编：《商周青铜器铭文选》第3卷，文物出版社1988年版，第34—35页。
⑤ 中国社会科学院考古研究所、北京市文物研究所琉璃河考古队：《北京琉璃河1193号大墓发掘简报》，《考古》1990年第1期。
⑥ （西晋）杜预：《春秋经传集解》上册，第345页。

为本书的论述提供了有效的概念界定和理论依托。

(一) 有关早期中国国家形态理论模式的反思

西周的国家形态问题,是讨论早期中国国家形态演进的基础。对于西周的国家形态,学术界在不同语境和不同学术背景下会使用不同的理论和概念,而有时候即使同样的汉字,在不同的语境下其所指也是不同的。比如"封建",至少在三种理论框架下被使用:一是,基于汉语历史文献的"封建",是西周、春秋、战国文献用以指称西周社会的一个词,即"封国土,建诸侯"。在秦汉以至清代的文献中"封建"也被广泛使用,并以"封国土""建诸侯""分权"的特征与秦汉帝国的"郡县制""大一统""中央集权"相对。二是,马克思主义唯物史观之下的"封建社会",是与奴隶社会、资本主义社会等相对的一种社会形态。三是,对英文"Feudal"一词的翻译。本书将基于汉语历史文献的所指使用"封建"一词,在使用"封建社会"或者作为"Feudal"一词翻译的"封建"时,将做出有效的说明。

对于西周的国家形态,中外学术界有用"奴隶社会""封建社会""亚细亚生产方式"来指称的;也有用"城邦国家"①(亦称为"城市国家"或"都市国家")、"疆域国家"②(在不同的语境下,亦称为"领域国

---

① 侯外庐在《中国古代社会史论》中将"城邦国家"理论用于中国商代晚期和西周社会的分析。(侯外庐:《中国古代社会史论》,人民出版社 1955 年版。)杜正胜将中国城邦国家的起源追溯到西周建立之初。[杜正胜:《周代城邦》,(台北)联经出版公司 1979 年版。]贝塚茂树[[日]贝塚茂树:《中国古代の国家》,(东京)弘文堂 1952 年版]、江村治树([日]江村治树:《古代城市社会》,[日]佐竹靖彦主编《殷周秦汉史学的基本问题》,中华书局 2008 年版,第 20—47 页)、平势隆郎([日]平势隆郎:《从城市国家到中华:殷周、春秋战国》,周洁译,广西师范大学出版社 2014 年版)将"城邦国家"理论用于对中国西周、春秋时期社会的分析。叶山 (Robin Yates) 在《早期中国的城市国家》中将"城邦国家"理论用于对中国商、周国家的讨论。[Robin Yates (叶山), *The Archaeology of City-States: Cross-Cultural Approaches*, Washington: Smithsonian Institution Press, 1997.] 陆威仪 (Mark Lewis) 也将"城邦国家"理论应用于中国的商、西周和春秋时期。[Mark Lewis, "The City-State in Spring and Autumn China", in *A Comparative Study of Thirty City-State Cultures: An Investigation Conducted by the Copenhagen Polis Centre*, ed., Mogens Herman Hansen, Copenhagen: The Royal Danish Academy of Sciences and Letters, 2000, pp. 359–373.]

② 崔格尔 (Bruce G. Trigger) 将中国的商、西周国家视为"广辐国家"。[加] 布鲁斯·G. 崔格尔:《理解早期文明:比较研究》,徐坚译,北京大学出版社 2014 年版。

绪 论

家"" 领土国家"" 广幅国家")、" 封建 (Feudal) 国家"①、" 分立国家"②、" 邑制国家"③、" 乡村国家"④、" 权力代理的亲族邑制国家"⑤ 等概念和模式来指称的。这些概念和模式分属两套系统：一是建立在马克思主义唯物史观基础之上的，基于生产力和生产关系的讨论，用" 奴隶社会"" 封建社会"" 亚细亚生产方式"来指称中国的西周国家；二是以" 城邦国家"" 疆域国家"" 封建 (Feudal) 国家"" 分立国家"" 邑制国家"" 乡村国家"" 权力代理的亲族邑制国家"等模式来讨论西周国家的国家形态，并试图建立西周国家与其他早期文明的比较，比如苏美尔文明、埃及文明、希腊文明。这两套理论和模式是建立在不同层面上的对西周国家国家形态的讨论，并不存在绝对的矛盾。比如，一个社会可以既是城邦国家又是奴隶社会，或者既是城邦国家又是封建社会；一个社会也可以既是亚细亚生产方式，又是城邦国家、邑制国家或者疆域国家。

本书的主要关注点是早期中国的政治联姻、国家组织形式、地缘政治、区域整合、国家形态演进等历史政治地理问题，限于研究能力和本书篇幅，对生产力和生产关系问题基本没有涉及。故本书选择在" 城邦国家"" 疆域国家"" 封建 (Feudal) 国家"" 分立国家"" 邑制国家"" 乡村国家"" 权力代理的亲族邑制国家"等理论模式背景下，讨论中国的西周

---

① 顾立雅 (Herrlee Creel) 将" 封建 (Feudal) 国家"理论应用于中国的西周社会。[Herrlee Creel, *The Origins of Statecraft in China*, Vol.1: *The Western Chou Empire*, Chicago: University of Chicago Press, 1970.]

② 蒲百瑞 (Barry B. Blakeley) 将" 分立国家"理论用于周代的中国。[Barry B. Blakeley, "Regional Aspects of Chinese Socio-Political Development in the Spring and Autumn Period (722 – 464 B.C.): Clan Power in A Segmenmry State", unpublished PhD thesis: University of Michigon, 1970.] 吉德炜 (David Keightley) 则认为中国的商和西周时期都可以适用" 分立国家"理论。[David Keightley, "The Late Shang State: When, Where, and What?", in *Origins of Chinese Civilization*, Berkeley: University of California Press, 1983.]

③ 松丸道雄强调西周王朝和诸侯国" 邑"的阶梯化特征。([日]松丸道雄：《殷周春秋史总说》，[日]佐竹靖彦主编《殷周秦汉史学的基本问题》，第1—19页。)

④ 马塞尔斯 (Charles Maisels) 用" 乡村"代替" 城市"，意在强调中国西周社会与美索不达米亚城邦国家空间建构的差别。[Charles Maisels, *Early Civilizations of the Old World: The Formative Histories of Egypt, the Levant, Mesopotamia, India and China*, London: Routledge, 1999.]

⑤ 李峰在《西周的政体》中用" 权力代理的亲族邑制国家"模式解析中国的西周社会。(李峰：《西周的政体：中国早期的官僚制度和国家》，吴敏娜等译，生活·读书·新知三联书店2010年版。)

国家和西周时期中国的国家形态问题，并认为："疆域国家""城邦国家""邑制国家""乡村国家"和"权力代理的亲族邑制国家"模式都在特定层面上适用于对西周国家形态某些特征的分析，但五者的立场和关注点各有差异；基于这五种模式的分析，可以揭示西周国家不同层面的特征：西周国家可以被称为"疆域国家"或者"权力代理的亲族邑制国家"，前者就西周国家的范围和统治区域而言；后者则主要关注于西周国家的结构和运行机制。但"疆域国家"或者"权力代理的亲族邑制国家"无法适用于与西周国家没有统属关系的方国和城邑。在一个分布着多个独立或者半独立的方国和城邑的区域，比如今天的山东、河南或者湖北地区，"城邦国家""邑制国家"模式就更有用武之地。

"城邦国家"模式的建立是基于对古代希腊文明的研究，其历史可以追溯到文艺复兴时期。"城邦国家"模式有对目标社会明确的定义和具体、详细的特征表述，可以很好地解释目标社会，并将目标社会与其他被称为城邦国家的社会进行有效的比较。"乡村国家""邑制国家"都是基于"城邦国家"模式，在针对具体目标社会时做的理论调整，三者可以共同构成与"疆域国家"（广幅国家）的对比讨论。崔格尔所谓"早期文明有两种国家形态：城邦国家（City-states）和广幅国家（Territorial states）。早期文明的两种国家形态的差异不仅存在于地域大小，也存在于城市中心和经济及政治组织的本质。本书研究的每一种文明不是城邦国家，就是广幅国家，两者不可兼得"，[1] 对于早期文明的比较研究具有普适性。

李峰在《西周的政体》中将西周国家称为"权力代理的亲族邑制国家"（Delegatory Kin-ordered Settlement State），[2] 李氏基于对西周青铜器铭文的深入分析，对西周的政体和西周的社会结构进行了有效的复原和阐释。李氏提出的关于西周国家形态的理论模式很有说服力，很好地描述了西周国家与其分封的诸侯国之间的关系，可以很好地反映西周国家的结构特征。西周时期中国范围内不统属于西周国家的其他政权、方国和城邑，视不同情况和表达习惯的差别，则可以被称为"城邦国家""乡村国家"

---

[1] ［加］布鲁斯·G.崔格尔：《理解早期文明：比较研究》，第69页。
[2] 李峰：《西周的政体：中国早期的官僚制度和国家》，第296页。

或者"邑制国家",甚至有的政权可能是与西周国家一样的"广幅国家",比如在西周中后期成为西周国家重要军事对手的"猃狁"。

（二）西周中期改革与西周国家的运行机制

罗森（Jessica Rawson）基于对西周时期青铜礼器种类、器型、数量、纹饰等的分析,指出周穆王时期（约前976—约前922）很可能出现了礼制变革。夏含夷（Edward L. Shaughnessy）则提出了"西周中期改革"的观点,认为西周中期官僚政治出现并获得了显著的发展,"发生了王室政府及使之与社会各主要家族发生联系的路径的调整"。[1] 西周中期以后,周王室与东方诸侯国之间的关系也发生了很大的变化。一方面,周王仍然有资格干涉东方诸侯国的国君废立。比如周夷王时的"周烹（齐）哀公而立其弟静,是为胡公",[2] 周夷王用暴力手段对齐国的国君之位实施了干涉。"烹"包含了权力和惩罚的意味,表明此时的齐国国君处于周王的直接监控之下。周宣王时立鲁武公的少子戏为太子,"宣王爱戏,欲立戏为鲁太子";"卒立戏为鲁太子";"武公归而卒,戏立,是为懿公"。[3] 周宣王对鲁武公嗣子的干预相对比较温和,周宣王通过建议和适度的权力干预改变了鲁国的国君嗣位。另一方面,涉事诸侯国往往只是迫于周王室的压力而在短时间内服从周王的干预,一旦周王室的压力减弱,便会爆发出反对的力量。齐国"哀公之同母少弟山怨胡公,乃与其党率营丘人袭攻杀胡公而自立,是为献公"。[4] 周夷王对齐国国君的更立遭到被周王杀死的齐哀公的弟弟的反对;齐哀公之弟,就是后来的齐献公,对周夷王支持的齐胡公的攻伐得到原齐国都城营丘国人的支持。齐胡公在即位之后"徙都薄姑",[5] 很可能与营丘国人对齐哀公一系势力的支持有关。齐献公以营丘的国人攻伐胡公,西周中后期的齐国,国人与国君之间形成了一种利益的共同体,

---

[1] [美]夏含夷:《西周历史》,《海外夷坚志——古史异观二集》,张淑一等译,上海古籍出版社2016年版,第27页。
[2] 《史记》卷32《齐太公世家》,第1481页。
[3] 《史记》卷33《鲁周公世家》,第1527页。
[4] 《史记》卷32《齐太公世家》,第1482页。
[5] 《史记》卷32《齐太公世家》,第1481页。

周王的权威在诸侯国内受到了质疑。鲁国"懿公九年，懿公兄括之子伯御与鲁人攻弑懿公，而立伯御为君"。[①] 鲁国的国人也与鲁武公长子括的儿子伯御结成了利益共同体，共同攻伐得到周王支持的鲁懿公。周王是否会对诸侯国的反抗做出回应，则视周王室的力量与诸侯国的情况而定：周夷王、懿王、厉王时期王室动荡，再未干涉齐国国君的废立；周宣王则在"伯御与鲁人攻弑懿公"十一年后，"伐鲁，杀其君伯御"，[②] 另立鲁懿公的弟弟称为孝公。周宣王对鲁国国君之位的再次干预，捍卫了周王室对诸侯国的威严；但是，周王对诸侯国国君废立的干涉在西周中期以后经常被认为是不合适、不应该的。《史记》在周宣王两次干预鲁国国君废立之后说："自是后，诸侯多畔王命"，[③] 从利益和后果角度否定了周宣王对鲁国国君之位的干预。周夷王、周宣王对齐、鲁国君废立的干预和齐、鲁两国嗣君和国人对周王干预的反抗表明，西周中期以后，周王权威在诸侯国中已日渐式微，诸侯国的上层贵族和国人逐渐形成利益的共同体。西周国家与诸侯国的关系发生了决定性的变化，这是中国春秋以降各种政治变化的基础。

春秋时期，不唯齐、晋、楚、秦等大国开始兼国并地，拓展控制区域和势力范围，并通过改革内政和军制力图对其控制区域实施有效的管理，并通过目的明确的政治联姻对其控制区域和势力范围进行有效的整合。鲁国、郑国、宋国等中等国家也兼国并地，展现出扩张和区域整合的努力。从西周封国到秦汉帝国是一个漫长的过程，这个过程经历了从小区域整合到大区域整合，再到大一统的历程。春秋五霸、战国七雄是中国走向大一统过程中的阶段性标志。

从"权力代理的亲族邑制国家"西周，到春秋时期齐、晋、楚、秦等大国的兼国并地和区域整合；再到战国时期的诸侯兼并，魏、秦、楚、齐皆欲走向帝国；最终秦灭六国，完成了中国由西周封国向大一统中央集权秦汉帝国的转变，中国的地缘政治格局发生了巨大的变化，也由此奠定了

---

① 《史记》卷33《鲁周公世家》，第1527页。
② 《史记》卷33《鲁周公世家》，第1528页。
③ 《史记》卷33《鲁周公世家》，第1528页。

中国之后区域格局的基础。在西周、春秋时期地缘政治格局的变动和整合过程中，联姻是周王室、诸侯、卿大夫实现区域整合的重要手段，也物质地标记了涉事者的政治目的和实践过程。诸侯政治联姻在西周、春秋、战国时期取向的变化，则从一个侧面折射出这近八百年中国政治和区域格局的变化。

四　本书涉及的几组概念

本书从女性和婚姻角度对西周、春秋时期政治生态和地缘政治的研究，涉及性别、婚姻、家族、族群、文化、区域整合等问题，文章中使用了民族、族群、姓族、氏族、家族，通婚、联姻、地缘政治等概念，笔者在此将对本书对相关概念的使用做简要的说明。

（一）民族、族群、姓族、氏族、家族

民族（nation），《中国大百科全书·政治学》给出的定义是："人们在历史上形成的有共同语言、共同地域、共同经济生活以及表现于共同文化上的共同心理素质的稳定的共同体。"[1] 本书仅在指称中华民族、华夏民族、汉民族和中国今日的56个民族以及具体的民族名称时使用此概念。

族群（ethnic group），弗里德里克·巴斯在《族群与边界》一书的序言中对"族群"作了如下界定："族群这个名称在人类学著作中一般被理解为用以指明一群人：1. 生物上具有极强自我延续性。2. 共享基本的文化价值，实现文化形式上的公开统一。3. 组成交流和互动的领域。4. 具有自我认同和被他人认可的成员资格，以形成一种与其它具有同一阶层（order）的不同种类。"[2] 族群是基于族群核心特征和族群边界形成的人群的共同体，是一个将"我者"与"他者"区分开来的文化圈。族群有不同的分类标准，包括血缘的、文化的、语言的、宗教的、历史的、职业的、

---

[1]《中国大百科全书·政治学》，中国大百科全书出版社1992年版，第255页。
[2]［挪威］弗里德里克·巴斯：《族群与边界》，高崇译，周大鸣校，李远龙复校，《广西民族学院学报》（哲学社会科学版）1999年第1期。

区域的等。族群是本书经常使用的一个概念，本书将在指称具有共同文化特征的姓族、氏族联合体时使用"族群"概念，比如夏系族群、商系族群、周系族群等。

Roger M. Keesing 对姓族和氏族作出如下定义："氏族是一个血缘集团，其成员通过一系列联系可以追溯到一个大家都知道的父系或者母系祖先；而一个更大的血缘集团是其成员认为他们来自一个共同祖先，但是不知道其实际的关系。这种血缘集团称为姓族。"① 姓族（clan），是以姓作为区分的族群共同体，比如姬、姜、妫、姞、姒、子、芈、嬴等。姓族总是包含多个同姓氏族，比如姬姓姓族包含周、鲁、晋、郑、卫、虞、虢、管、蔡、郕、霍、毛、聃、郜、曹、滕、毕、原、酆、郇、邢、应、韩、凡、蒋、邘、茅、胙、祭等氏族，姜姓姓族包含齐、许、申、吕等氏族。氏族（lineage），是姓族的分支。本书将用氏族指称姓族之下的血缘亲属分支，比如姬姓姓族之下的周、鲁、孟、季、郑、卫等氏族。家族（family），是"建立在婚姻和血缘基础上的社会组织形式"，② 是氏族之下未获得新氏之前的分支。以春秋时期晋国的赵氏为例，在赵衰之子这一代即分成了赵盾、赵同、赵括、赵婴齐等不同的家族。

在西周和春秋时期，氏族和家族成员都可以追溯到确切的氏族、家族祖先，其成员之间的血缘关系也是清晰和确定的。姓族的共同祖先则是基于文化认同和共同历史记忆的建构和追溯。族群更多地表现为基于文化特征区分的我者和他者，其分支对共同祖先的追溯往往基于共同的历史记忆和文化认同。民族是在族群之上，伴随着族群之间的人员和文化交流，和基于区域整合而演化出的族群交融，而产生的更大的文化共同体。

（二）通婚和联姻

《现代汉语词典》对于"通婚"和"联姻"的定义很相似，"通婚"：

---

① Roger M. Keesing, *Cultural Anthropology: A Contemporary Perspective*, New York: Holt, Rinehart and Winston, 1976, p. 251.
② 《中国大百科全书·民族》，中国大百科全书出版社1986年版，第197页。

"结成姻亲,近亲不许'通婚'";①"联姻":"两家通过婚姻关系结成亲戚"。② 通婚和联姻指称的都是婚姻关系的建立,以及男女双方和双方背后家族基于婚姻关系形成的亲缘联合。笔者将在讨论婚姻对于族群和族群社会、文化的影响时使用"通婚"一词,而在讨论具体家族、氏族、姓族之间的婚姻关系时使用"联姻"一词。

(三)地缘政治

地缘政治学是隶属于政治地理学的分支学科。现代意义上的地缘政治理论可以追溯到德国人弗里德里希·拉采尔(Friedrich Ratzel,1844—1904)提出的"国家有机体"和"生存空间"理论。

地缘政治主要讨论的是政治体之间的关系。西周、春秋时期的周王朝尚未建立完善的中央—地方行政体系,周王室和诸侯国之间因层级的差别而有权力大小和实力强弱的区别,诸侯对周王负有相应的政治义务。周王、诸侯因政治权力和政治义务而形成密切相关的网络,诸侯国有相对独立的内政权力,可以被视为与周王朝有等级差别的政治实体,故笔者将地缘政治理论用于分析西周、春秋时期周王室、诸侯国之间和诸侯国彼此的关系。

第四节 本书所用史料概说

本书的年代标注,共和元年(前841)之前的商、周纪年以《夏商周断代工程1996—2000年阶段成果报告》(简本)为据。③ 李零、倪德卫、夏含夷等学者对夏商周断代工程的商、周年代判定多所质疑;2000年以来出土的大量有铭青铜器,尤其是西周宣王时期的系青铜器,证明《夏商周断代工程》关于西周的年代认定确实存在很大问题;倪德卫、夏含夷基于

---

① 《现代汉语词典》编写组编著:《现代汉语词典》,外文出版社2013年版,第682页。
② 《现代汉语词典》编写组编著:《现代汉语词典》,外文出版社2013年版,第421页。
③ 夏商周断代工程专家组:《夏商周断代工程1996—2000年阶段成果报告》(简本),世界图书出版公司2000年版。

西周周王"双元年假说"提出的西周王年系表也许更为合理；但是鉴于本书关于女性、婚姻、族群、文化、区域整合的讨论并不苛求年代的绝对准确，故暂且选用《夏商周断代工程》的商、周年代认定，并在年代之前加"约"字，作为基本的年代参照。

历史文献、甲骨文、青铜器铭文、简牍资料和考古资料是本书研究和立论的基础。林嘉琳和孙岩在《性别研究与中国考古学·前言》中提到"发掘资料的局限性以及史书中'正统'观点的偏见性"问题；[1] 存在偏见的不只有历史文献，夏含夷在讨论西周青铜器铭文时指出"出自同一时代的青铜器铭文也不对这一历史主观性具有免疫力；事实上，在某些方面它们甚至更倾向于始终从好的角度反映器物的主人，以及作为他们的庇护人的周王"。[2] 历史文献、甲骨文、青铜器铭文、简牍资料都不可能绝对摆脱叙述者的偏见；或者我们更应该说，正是因为有了偏见，这些文献才有了叙述的视角，可以展现某一视角下关于史事的认识和看法。甚至考古资料也无法完全摆脱偏见，因为任何对于特定考古资料的解读都带有解读者先在的历史认知。偏见并不可怕，我们甚至应该感谢偏见给了我们窥探不同视角下历史叙述的机会。

甲骨文和青铜器铭文并不绝对地比传世文献所取材的原始文本有着更早的年代，也并不绝对地比传世文献更正确、更准确。吉德炜《贞人手记》、顾立雅《中国的诞生》都提到了甲骨文、青铜器铭文的二手、三手性质，夏含夷在《中国历史与铭刻》中对之做了综述性的归纳："这两位卓越的历史学家（吉德炜、顾立雅）在其各自的著作中都看到了王室档案的存在。这是已为近期的青铜器铭文发现所充分证实了的假设。"[3] 西周的王室档案是西周青铜器铭文、《尚书》《诗经》中相关篇章的共同文本来源。本书力图在仔细考证和理性分析的基础上，综合使用历史文献、甲骨文、青铜器铭文、简牍资料和考古资料。

---

[1] 林嘉琳、孙岩：《性别研究与中国考古学·前言》，[美]林嘉琳、孙岩主编《性别研究与中国考古学》，第xii页。
[2] [美]夏含夷：《中国历史与铭刻》，《海外夷坚志——古史异观二集》，第17页。
[3] [美]夏含夷：《中国历史与铭刻》，《海外夷坚志——古史异观二集》，第24—25页。

一　历史文献

《周易》《尚书》《诗经》《周礼》《仪礼》《礼记》《春秋》《左传》《公羊传》《穀梁传》《尔雅》《说文解字》《国语》《逸周书》《古本竹书纪年》《今本竹书纪年》《世本》《史记》《汉书》《资治通鉴》《路史》《论语》《孟子》《荀子》《管子》《老子》《庄子》《韩非子》《吕氏春秋》《楚辞》《列女传》《山海经》《水经注》等文献典籍是本书主要的史料来源。

关于先秦的文献记载不可避免地有后人的窜入和更改，本书在使用先秦文献时，对于文献记载的时代和实际反映时代的差别将尽可能地做出分辨和考量。对于《尚书》的某些篇章，尤其是《古文尚书》中多出来的部分，在使用时也将首先对其真伪做出考量。同时，历史文献，即使是后人窜入的内容，也可能包含了来自早期记载的资料，这是我们在使用先秦史料时经常要面对的问题。在使用《逸周书》《古本竹书纪年》《今本竹书纪年》时，我们经常会遇到需要考量其真伪的史料，《今本竹书纪年》的真伪问题也关涉本书史料的选择。

《竹书纪年》现存最早的传本是明代范钦（1506—1585）的天一阁藏本，《四部丛刊》收录有上海涵芬楼影印天一阁刊本。[①] 现代文史学者为了将其与清代的辑佚本《竹书纪年》相区分，称为《今本竹书纪年》。清代《四库全书总目》对《今本竹书纪年》的文字与西晋到北宋14种书里的《竹书纪年》引文做了逐一对比，得出如下结论："岂亦明人抄合诸书以为之，如《十六国春秋》类欤。观其以春秋合夏正，断断为胡传盛行以后书也。"[②] 认为《今本竹书纪年》是元明时人抄录古书中的《竹书纪年》引文而来，应视为"伪书"。清代以来，阎若璩、惠栋、王国维皆指《今本竹书纪年》为明人伪造。范祥雍更做断语如下："《竹书纪年》之伪，经过

[①] 关于《今本竹书纪年》的具体情况，可参看《四部丛刊》第86册。
[②] 《四库全书总目》卷47《史部古本竹书纪年辑证·编年类》，中华书局1965年版，第418页。

清代以来学者们反复考证，已为定谳，无须再买菜求益了。"①

美人倪德卫（David S. Nivison）在《〈竹书纪年〉解谜》中对《今本竹书纪年》的真实性做出了高度评价；并认为除了不可避免地传写之误外，《今本竹书纪年》基本上保存了西晋出土的古墓本《竹书纪年》的原貌，其史料价值远高于《古本竹书纪年》。② 陈力把《今本竹书纪年》与古书和古书注释中的《竹书纪年》引文做了逐条比对，证明："《今本竹书纪年》至迟在宋元时代已经问世，不可能是范钦或者其他明代人物伪造的"。③《今本竹书纪年》或者是与《今本竹书纪年》形式相同的《竹书纪年》整理本在北宋前期已经存世；《今本竹书纪年》或者是与《今本竹书纪年》类似的《竹书纪年》整理本在汲冢竹书出土后的几十年内，亦即东晋初年已经被广泛引用；《今本竹书纪年》或者是与之类似的《竹书纪年》整理本在东晋初年已经存世。

夏含夷在对汲冢书和《竹书纪年》做了深入研究后对《今本竹书纪年》做出了颇为公允的论断，并指出《今本竹书纪年》与荀勖、和峤关系密切。

> 现在流传的《今本竹书纪年》的整理本可以追溯到墓本第一次整理工作，也就是荀勖与和峤的正式整理本，《今本竹书纪年》不少部分直接反映墓本的原样。然而，这些整理者在不少地方也改变了墓本的原样。理解这些改变和墓本的关系以后，我们可以确定《今本竹书纪年》并不可能是什么后人伪造的。
>
> 这并不是说《今本竹书纪年》完全可靠。
>
> 然而，问题如果仅仅在个别文字的隶定上，估计不会引起这样激烈的批评。整理者好像还对墓本的基本性质也作出了某些改变。
>
> 这似乎说明荀勖与和峤作了两个不同的整理本，一个以周王纪

---

① 范祥雍：《关于〈古本竹书纪年〉的亡佚年代》，《文史》第 25 辑。
② 关于《今本竹书纪年》真伪的论述，可参看［美］倪德卫《〈竹书纪年〉解谜》，魏可钦、解芳等译，邵东方校，上海古籍出版社 2015 年版。
③ 陈力：《今古本〈竹书纪年〉之三代积年及相关问题》，《四川大学学报》1987 年第 4 期。

年，一个以晋和魏君纪年。①

《今本竹书纪年》虽然从其出土到成书的过程中经过了晋代学者不少的编排改动，其中有些甚至出于伪作，但是此书基本上还是与战国中叶墓本出土时的真本相去不远，更绝非宋代以后之伪作。②

夏含夷指出《今本竹书纪年》一方面在很大程度上保持了其在西晋汲冢出土时的原貌；另一方面又由于整理者古文字方面的欠缺而存在大量讹误；同时，更为关键的一点是，整理者，也许就是荀勖、和峤对《今本竹书纪年》的纪年体系做了巨大的改变。夏含夷对《今本竹书纪年》的评价是合理而公正的，笔者在考察具体史料时，将慎重地使用《今本竹书纪年》。

在现代中国的学术研究中，《诗经》更多地被看作一部文学文本而非史料的来源，但是《诗经》中的大部分诗篇都直接指向了特定的历史事件，这为我们探究西周、春秋时期的史事提供了有效的资料。《毛序》对《诗经》的解释虽多有穿凿，但是如果我们据此就完全否定《诗经》的史料价值就只能说是因噎废食。尤其当我们将《诗经》与《尚书》《左传》《国语》等文献进行对比，或考察见之于青铜器铭文中的人事及地理细节与《诗经》记载的相关性后，我们有理由认为，在《诗经》的文学性修辞和时常伴随的夸张表述中，我们依然可以提取众多的有效历史信息。比如，作为周民族史诗的《大雅·生民》《公刘》《緜》《皇矣》《文王》有大量关于先周王室弃（后稷）、公刘、古公亶父（太王）、王季、文王的历史信息。当我们将《小雅·采薇》《出车》《六月》《采芑》等篇章与多友鼎（《集成》5.2835）、不娶簋盖（《集成》8.4329）、虢季子白盘（《集成》16.10173）、兮甲盘（《集成》16.10174）、四十二年逨鼎（《集录二》1.328）等青铜器铭文进行比对之后，我们可以对西周后期周人与猃狁战争的地理分布、战争过程、战争对周人心理和周人政治造成的影响等问题

---

① ［美］夏含夷：《〈竹书纪年〉的整理和整理本》，《重写中国古代文献》，周博群等译，上海古籍出版社2012年版，第208—209页。
② ［美］夏含夷：《竹书纪年与周武王克商的年代》，《文史》第38辑。

有更加清晰的解读。当我们将《鄘风·载驰》与《左传·闵公二年》的记载进行对比阅读，我们就会理解《左传》记载的时间逻辑与其背后的隐语之辞：许穆夫人的赋诗为什么被安插在宋桓公将卫国遗民安顿于曹和齐桓公出兵戍卫之间。

《诗经》作为史料还有一个很大的优点，就是《诗经》的篇章大多保持了先秦时期的原貌。《诗经》虽然经过了汉儒的转写和释读，但诗篇本身的改变不大。班固说："凡三百五篇，遭秦而全者，以其讽诵，不独在竹帛故也。"[①]《诗经》因其"讽诵"的特性，虽经历秦火，依然大致保持了先秦时期的原貌。考察《楚辞章句》和《楚辞补注》所引《诗》，王逸为东汉时人，其所引多为"鲁诗"，是今文经；洪兴祖是宋人，其时三家诗多亡佚，其引《诗》据《毛诗》，《毛诗》在汉为古文经。王逸、洪兴祖对同一句诗的征引，虽多有文字差异，但往往只是同音字的不同书写，这正好印证了《诗》经历秦火之后因讽诵而书写的特征。

先秦的历史文献在漫长的传布过程中不可避免地经历了后人或多或少的增删、篡改和誊写之误；后人关于先秦的历史记录，是得之于二手、三手材料的再加工，其讹误在所难免，但是其中也保存了大量源于早期史料的历史真实。比如，司马迁《史记》对于五帝时代至于战国时期的历史叙述，多采摘前人，并参之以自己的考察所见，其中虽有对史事的误解和记录之误；但是其所述西周、春秋时期封国的地望与今日考古发掘呈现的地理位置基本吻合，可见后人所记前人史事，只要考证准确，其承载史料的真实性还是完全可以期待的。不管是先秦的历史文献还是后人对于先秦历史的叙述，其中虽然有各种各样的缺陷和不足，但历史文献的系统性和完整性是青铜器铭文、简牍和考古资料无法替代的，历史文献是本书重要的史料来源。

二　青铜器铭文

青铜器铭文和简牍资料，介于历史文献和考古资料之间。当得自考古

---

① 《汉书》卷30《艺文志》，中华书局1962年标点本，第1708页。

绪 论

发掘的青铜器铭文和简牍资料出现在我们的面前，它们对于我们来说，就既是考古资料，又是历史文献。两周时期的有铭青铜器早在西汉时期（前206—公元8年）便为学者们知晓和关注，并伴随着历史时期的盗墓和民国以来的考古发掘积累了数目庞大的铭文资料。

在本书关于西周、春秋时期政治联姻的研究中，青铜器铭文具有特别重要的地位。这首先是因为两周时期青铜器铭文的庞大数量，中国社会科学院考古研究所编的《殷周金文集成》，[①] 共18册，1984—1994年由中华书局陆续出版，著录资料到1988年止，《集成》在严格比对的基础上收录了12113（11983件）[②] 件有铭青铜器，是全面、权威的商、周青铜器铭文摹本和拓本的汇编。张亚初编著的《殷周金文集成引得》，[③] 2001年由中华书局出版，《引得》不仅给出了《集成》每一篇铭文的释文，而且对《集成》做了详细的单字索引。香港中文大学也在2001年出版了与《殷周金文集成》对应的6卷本释文：《殷周金文集成释文》。[④] 2002年出版的《近出殷周金文集录》[⑤] 共收录有铭青铜器1258件，收录时间上与《殷周金文集成》衔接，止于1999年5月。2010年出版的《近出殷周金文集录二编》[⑥] 共收录有铭青铜器1344件（编1346号，中间缺1142号和1202号，实收青铜器1344件），收录时间上与《近出殷周金文集录》衔接，止于2007年年底。更加晚近发现的有铭青铜器铭文则散见于《文物》《考古》等相关期刊资料。

[①] 中国社会科学院考古研究所编：《殷周金文集成》18册，中华书局1984—1994年版。本书在征引《殷周金文集成》著录的铭文资料时，于器名之后用括号标注"（《集成》＋卷册＋铭文编号）"，如"鄂侯簋"（《集成》7.3929）"史墙盘"（《集成》16.10175）。

[②] 《殷周金文集成》的编号到12113为止，朱渊清认为《集成》收录商、周有铭青铜器的数量是11983件。（朱渊清：《早期中国研究丛书·丛书序》，李峰《西周的灭亡：中国早期国家的地理和政治危机》，徐峰译，汤惠生校，上海古籍出版社2007年版，第2页。）

[③] 张亚初编著：《殷周金文集成引得》，中华书局2001年版。

[④] 《殷周金文集成释文》，香港中文大学出版社2001年版。

[⑤] 刘雨、卢岩编：《近出殷周金文集录》，中华书局2002年版。本书在征引《近出殷周金文集录》著录的铭文资料时，于器名之后用括号标注"（《集录》＋卷册＋铭文编号）"，如"克罍"（《集录》3.987）、"克盉"（《集录》3.942）。

[⑥] 刘雨、严志斌编著：《近出殷周金文集录二编》，中华书局2010年版。本书在征引《近出殷周金文集录二编》著录的铭文资料时，于器名之后用括号标注"（《集录二》＋卷册＋铭文编号）"，如"四十二年逨鼎"（《集录二》1.328）。

35

青铜器铭文中大量的人名、地名、国名、族名信息，为本书考察两周时期的婚姻关系、政治关系、诸侯和家族的地域等问题提供了翔实的细节证据，使本书希望通过考察两周时期的婚姻关系来重建当时的地缘政治情况的设想成为可能。《尚书》《诗经》《史记》对于西周时代的记载主要集中在周文王、武王、周公、成王和厉王、宣王、幽王时期，对于漫长的西周中期的记载非常有限。大量的西周中期有铭青铜器为我们理解和解释西周中期的历史提供了可靠的史料。夏含夷关于西周历史的叙述和西周中期礼制改革的讨论，① 李峰关于西周政体和西周灭亡的讨论，② 罗泰（Lothar von Falkenhausen）关于西周晚期和春秋早期礼制改革的论述，③ 都得益于对西周青铜器铭文的释读。

本书将青铜器铭文视为对其所属时代的可靠记录；同时也将充分考虑青铜器铭文由于其创作目的而带有的鲜明的目的性和叙述的倾向性。

三　简牍资料

简牍从某个角度来说，就是一部文献的原始状态，其史料价值要接受考古学和文献学的双重审视，比如，公元281年（西晋武帝太康二年）④在河南汲县出土的《竹书纪年》。古墓本《竹书纪年》整理本流传至今的本子称为《今本竹书纪年》；很多清代学术权威宣称《今本竹书纪年》是伪书，晚清学者朱右曾收集散见于古书和古书注释中的《竹书纪年》引文，辑佚成《古本竹书纪年》。今本、古本《竹书纪年》的记录颇有歧义，而其是非得就事论事地进行分析。本书在使用清华简、上博简、安大简等简牍资料时，将简牍资料视为文献。

---

① ［美］夏含夷：《西周历史》，《海外夷坚志——古史异观二集》，第26—83页。
② 李峰：《西周的灭亡：中国早期国家的地理和政治危机》，徐峰译，汤惠生校，上海古籍出版社2007年版。
③ ［美］罗泰：《宗子维城：从考古材料的角度看公元前1000至前250年的中国社会》，吴长青等译，王艺等审校，上海古籍出版社2017年版。
④ 关于"汲冢书"出土的具体时间，有279年（咸宁五年，《晋书·武帝纪》）、280年（太康元年，《春秋左传集解·后序》）、281年（太康二年，《晋书·束晳传》）、287年（太康八年，《尚书·咸有一德正义》）四说。

四　考古资料

经过规范发掘的考古资料，不仅可以为我们提供大量的物质资料信息，还可以提供诸如遗址情况、埋葬细节、墓主人与随葬器物的位置关系等大量背景资料。同时考古资料明确的地域指向性，对于本书研究的时空建构具有重要的作用。西周、春秋时期的考古发掘资料众多，其清晰的地域指向性是本书构建西周、春秋时期地理空间的重要基础之一。

历史文献、青铜器铭文、简牍资料和考古资料各有所长，又不可避免地具有各自的局限性。本书在使用史料时，将综合考虑不同史料的优势和局限，以期最大限度地、以公允的眼光审视西周、春秋时期的性别角色、地缘政治和区域整合问题。

第一章　商周时期女性的性别角色与上层贵族女性对家庭、社会的影响

恩格斯说："对于骑士或男爵，以及对于王公本身，结婚是一种政治的行为，是一种借新的联姻来扩大自己势力的机会；起决定作用的是家世的利益，而决不是个人的意愿"。[①] 通过联姻获取政治利益的行为，也广泛地存在于中国的西周和春秋时期，我们可以通过政治联姻窥见当时周王室和诸侯、卿大夫的政治意图和彼此之间的关系以及地缘政治格局。同时政治联姻、女性权力问题也与其时的国家形态密切相关。

第一节　商周时期上层贵族女性性别角色、社会地位和政治权力的异同

商代的上层女性可以拥有自己的封地、主持和亲自参与农业生产、主持和参与多种祭祀，甚至直接领兵打仗。商王武丁的配偶，妇妌、[②] 妇

[①] ［德］弗里德里希·恩格斯：《家庭、私有制和国家的起源》，中共中央马克思、恩格斯、列宁、斯大林著作编译局编《马克思恩格斯选集》第4卷，人民出版社1972年版，第74页。

[②] 关于妇妌的身份，有商王武丁和祖甲配偶两说。《殷墟259、260号墓发掘报告》指出："根据对司母戊大方鼎以及该墓出土的其他器物器型特征、墓葬的地层关系以及周围墓葬的时代的分析，可以断定M260的时代应属殷墟第二期，其时代约相当于武丁后期至祖庚祖甲时期。因此，可以推测该墓的墓主很可能为武丁或祖甲的法定配偶妣戊。"（中国社会科学院考古研究所安阳队：《殷墟259、260号墓发掘报告》，《考古学报》1987年第1期。）《发掘报告》认为就妇妌墓的时代而论，妇妌可能是武丁或者祖甲的配偶；胡厚宣、王晖、林嘉琳等学者在论及妇妌身份时，都将之视为商王武丁的配偶。

第一章 商周时期女性的性别角色与上层贵族女性对家庭、社会的影响

好、①妇姤都拥有属于自己的封地；妇妌、妇好都曾经亲自领兵打仗。西周时期，随着婚姻中夫妇一体观念的确立，王、诸侯、卿大夫的正妻，其礼法地位得到认可和强化，并因"嫡长子继承制"的施行而获得实际的权力。但与此同时，女性的社会存在却被向家庭内部限定。比如：在早期农业的发展中，女性曾发挥了重要的作用，但是作为周民族史诗的《大雅·生民》通过对周人男性始祖后稷善治农业的描述，建立起男性与农业的绝对关联；后稷母亲姜嫄的"履帝武敏"而生子包含着母系文化向父系文化转变的因素。也就是说：在向父系文化转变的过程中，男性把原来与女性密切相关的农业的决定权掌握在了自己手中，中国传统社会所谓的"男耕女织"也就此确立。

---

① 关于殷墟妇好墓（76AXTM5）墓主人的身份，主要观点有三种：一是，认为殷墟五号墓的墓主人妇好就是武丁时期甲骨卜辞中多次出现的"妇好"；认为妇好是商王武丁（约前1250—约前1192）的配偶，又称为"后辛"。王宇信、张光直、张永山、杨升南、胡厚宣、唐兰、李学勤、杜廼松、石志廉、王世民、王晖、林嘉琳、韩江苏等学者都主此说。其主要证据是妇好墓中青铜器、玉器上大量出现铭文"妇好""后辛"等字，墓中出土的大量青铜器、玉器、骨器的形制特点和年代，以及武丁时期甲骨卜辞所见同妇好生育之事等。殷墟五号墓的随葬器物，见"妇好"铭文的有60多件，包括青铜容器、青铜兵器和玉器等；"后辛"则见于不少于5件器物，包括2件大方鼎。二是，认为商代有多个妇好，殷墟五号墓的墓主人妇好并不是武丁时期甲骨卜辞中的妇好；殷墟五号墓的年代晚于武丁时期；殷墟五号墓的墓主人不是商王武丁的配偶，而是晚于武丁的康丁的配偶，被其子辈武乙称为"妣辛"。裘锡圭、邹横、李伯谦主此说，其主要证据是殷墟五号墓中有很多晚于武丁时代的器物，以及在殷墟卜辞三期、四期中也有"妇好"出现。三是，认为妇好不是商王的配偶，也不是女性，而是商代的神职人员巫觋。张素凤、卜师霞主此说。其主要证据是殷墟五号墓的位置、墓葬形制、随葬品以及随葬器物的铭文等。三种观点的核心差别，一个是妇好的性别，男性还是女性；另一个是妇好的身份，商王的配偶还是巫觋；还有一个是妇好的年代，武丁时期还是商代更晚的时期。［关于殷墟妇好墓出土器物和铭文的具体情况，可参看中国社会科学院考古研究所安阳工作队《安阳殷墟五号墓的发掘》，《考古学报》1977年第2期；关于殷墟妇好墓的年代和"妇好"身份问题的讨论，可参看王宇信、张永山、杨升南《试论殷墟五号墓的"妇好"》，《考古学报》1977年第2期；《安阳殷墟五号墓座谈纪要》，《考古》1977年第5期；王宇信《试论殷墟五号墓的年代》，《郑州大学学报》（哲学社会科学版）1979年第2期；李伯谦《安阳殷墟五号墓的年代问题》，《考古》1979年第2期；张光直《殷墟五号墓和殷墟考古学中关于盘庚、小辛、小乙时期的问题》，汪海宁译，《华夏考古》1989年第2期；［美］张光直《商文明》，张良仁、岳红彬、丁晓雷译，陈星灿校，生活·读书·新知三联书店2013年版，第88—91页；胡厚宣《殷代封建制度考》，《甲骨学商史论丛初集》上册，河北教育出版社2002年版，第24页；王晖《商周文化比较研究》，人民出版社2000年版，第387—388页；［美］林嘉琳《安阳殷墟墓中的女性——王室诸妇、妻子、母亲、军事将领和奴婢》，［美］林嘉琳、孙岩主编《性别研究与中国考古学》，第73—101页；张素凤、卜师霞《也谈"妇好墓"》，《中原文物》2009年第2期；韩江苏《殷墟妇好墓主身份辨——与张素凤、卜师霞商榷》，《中原文物》2010年第1期。］

西周春秋时期的女性、联姻与政治格局演进研究

"国之大事，在祀与戎"，①祭祀与战争是国家的大事，有权参与其中是对参与者社会地位的认可。与商王武丁的妻子妇好、妇妌多次参与战争和成为祭祀的主祭对象不同，周代女性逐渐被排除在了战争和国家祭祀之外，而只能参与和主持家庭祭祀。商王武丁的妻子妇好、妇妌都曾亲自带兵打仗，尤其是妇好，其征战记录数次见于甲骨文。在妇好，妇妌二人的墓中都有大量箭镞等兵器出土，这与天马—曲村晋国墓地和北赵晋侯墓地女性墓葬皆不见兵器形成鲜明的对比。晋作为西周重要的同姓封国，其始封在成、康之时。西周的兴礼作乐、制度的确立也正是在成康之时，晋国承载着周礼确立的文化和礼制传统。

作为非姬姓周人诸侯国的楚，对女性在战争参与问题上的态度，明显呈现出与周文化不同的特点。楚武王的夫人邓曼数次直接议论战争；《左传·僖公二十二年》楚成王向前来劳军的郑文公夫人芈氏、姜氏"示之俘馘"被《左传》的君子认为是违反礼制的行为，这一方面可以印证周礼对于"兵"的女性禁忌；另一方面，楚成王的举动也折射出楚国礼制与周人礼制的差别。燕地有西周女性墓出土兵器者，亦被认为是商系遗民。很显然，在女性与战争的关系上，商、周，商系诸侯与周系诸侯呈现出不同的特点。

一 商代上层贵族女性的封地、农业与战争

胡厚宣在《殷代封建制度考》中对商代女性的分封问题做了细致的考察和讨论，题曰"诸妇之封"，并对武丁诸妇的社会职责做出如下论断："盖武丁之妃，据余所考，至少有六十四人之多。以宠与不宠，或不全在宫中。其不获宠者，则封之一地，或命之祭祀，或命之征伐，往来出入于朝野之间，以供王之驱使，无异亲信之使臣也。"②指出商王武丁时期的王室诸妇拥有属于自己的封地，可以亲自领兵打仗，在社会职责上与男性并没有绝对的分界线。在《殷代封建制度考》的"结论"中胡氏又说："殷

---

① （西晋）杜预：《春秋经传集解》上册，第722页。
② 胡厚宣：《殷代封建制度考》，《甲骨学商史论丛初集》上册，第24页。

第一章 商周时期女性的性别角色与上层贵族女性对家庭、社会的影响

代自武丁以降,确已有封建之制。如武丁时诸妇被封者有妇妌、妇好、妇妲。妇妌大约封于今河南沁阳之东南。"① 指出武丁的配偶妇妌、妇好、妇妲拥有自己的封地,并提出妇妌封地的具体位置。甲骨文中有很多关于武丁配偶妇妌、妇好、妇妲拥有自己的封地、仆从的记录。

王晖对商王武丁的配偶妇好拥有自己的封地有如下论述:"《合集》7283、7284、7287、7288、7289、7290、7292,《英国》151 等片均谓是否'呼妇好先于庞登人',或'呼妇好先登人于庞',可知妇好是有自己的受封的领地,拥有自己的财产和势力范围,《合集》2653 片谓'贞,生十二月妇好不其来','癸酉卜,亘贞,生十二月妇好来',2654 片谓'妇好其来'等卜辞也可证明这一点。"② 根据甲骨卜辞,庞地应该是妇好的封邑,妇好会定期巡视自己的封邑。王晖基于《合集》9530、9533、9756、9976、9607 等片甲骨文的记载,认为"妇妌是一位亲自率领众人从事农业生产的后妃"。③ 王晖基于《合集》6584、6585 片的甲骨文记载,认为妇妌率军参与了征伐龙方的战争。基于《合集》6412、6459、6480,《英国》150、152 等片甲骨文的记载,认为妇好曾经亲自率领军队征伐人方、土方、羌方、夷方、巴方等商代方国。④

武丁的配偶妇妌、妇好曾多次亲自参与和指挥战争。妇妌、妇好墓中有大量铜钺、铜戈、箭镞出土,当与妇妌、妇好实际参与战争有关,而非仅只是礼仪性的存在。妇妌墓(84AWBM260)出土的与战争有关的随葬品有:陶制将军盔(《报告》未注明具体数量),铜镞36件(16件完整),残铜戈内13件,玉戈1件,玉镞1件,骨镞251件(69件完整),雕花骨匕3件,骨匕2件。⑤ 妇好墓(76AXTM5)出土的与战争有关的随葬品有:武器类的铜钺4件,铜戈91件,铜镞37件又2束,铜弓形器6件;骨镞

---

① 胡厚宣:《殷代封建制度考》,《甲骨学商史论丛初集》上册,第78页。
② 王晖:《商周文化比较研究》,人民出版社2000年版,第387页。《合集》指郭沫若主编《甲骨文合集》;《英国》指李学勤、齐文心、艾兰主编《英国所藏甲骨集》。
③ 王晖:《商周文化比较研究》,第387—388页。
④ 关于王晖基于甲骨文对商王武丁配偶妇妌、妇好拥有封邑、亲自参与并享受农业收成、亲自参与和指挥战争的论述,可参看王晖《商周文化比较研究》。
⑤ 关于妇妌墓随葬与战争有关器物的具体情况,请参看中国社会科学院考古研究所安阳队《殷墟259、260号墓发掘报告》,《考古学报》1987年第1期。

29件；仪仗类的玉戈39件，玉矛及矛形器3件，玉戚9件，玉钺2件，玉大刀1件；蚌戈1件。① 妇妌墓出土的36件铜镞、13件铜戈、251件骨镞一定与实际的战争有关，是妇妌亲自参与和指挥战争的物质证据；1件玉戈和1件玉镞可被视为战争的象征物，礼仪地表现了妇妌对于战争的参与。妇好墓出土的铜制、骨质兵器同样是妇好亲自参与和指挥战争的物质见证；妇好墓中大量的玉质兵器，仅玉戈就多达39件，似乎表明妇好多次参与战争，并且在战争中具有极高的地位。铜制、骨质兵器的大量存在，印证了作为商王武丁配偶的妇妌、妇好曾亲自参加战争；而玉质兵器的出土，则表明商王配偶对战争的参与得到当时社会风尚的认可和鼓励。

林嘉琳的《安阳殷墟墓中的女性——王室诸妇、妻子、母亲、军事将领和奴婢》一文，从性别研究角度对安阳殷墟的女性墓葬和相关甲骨文记载做了全面的审视和分析，对商代女性的地位、职责以及在国事、家事中承担的责任和享有的权力做了全面的阐释。林嘉琳认为商代的上层女性，即王室诸妇，可以作为军事将领直接参与战争。② 耿超在《性别视角下的商周婚姻、家族与政治》中专章讨论了"殷商时期政治领域中的性别差异"，并尤其关注于"殷商战争中的性别差异与'王妇领兵'"问题。耿超也以翔实的考古学和甲骨文证据证明了商代的"王妇"可以亲自领兵。③

胡厚宣、王晖、林嘉琳、耿超等学者基于殷墟考古和甲骨卜辞证据，证明了商代的上层女性，尤其是王室诸妇，被允许参与多种祭祀和政治活动；也被允许拥有自己的封地，并亲自主持和参与农业生产；参与国家和家庭的多种祭祀；以及作为军事将领，亲自领兵打仗。

---

① 关于妇好墓随葬与战争有关器物的具体情况，请参看中国社会科学院考古研究所编辑《殷墟妇好墓》，文物出版社1980年版，第105—110、130—141、208、219页，彩版十三、十七至十九页，图版六九至七五、一〇七至一一七、一八二、一八六。
② ［美］林嘉琳：《安阳殷墟墓中的女性——王室诸妇、妻子、母亲、军事将领和奴婢》，［美］林嘉琳、孙岩主编《性别研究与中国考古学》，第73—101页。
③ 耿超：《性别视角下的商周婚姻、家族与政治》，第234—245页。

二 西周春秋时期女性与战争的关系

女性的军事权力在西周和春秋时期受到了很大的限制,尤其是作为周礼执行者的姬姓周人族群,希望在礼法上将女性排除在战争之外。

林永昌对天马—曲村晋国墓葬和北赵晋侯墓地墓葬中随葬兵器的情况做了细致的定量分析:

> (西周早期)除晋侯墓随葬兵器外,其他的贵族男性84%(N=16座)都有兵器,当中以铜戈出现的频次最高,共14座随葬,贵族女性则不见任何兵器。[1]
>
> 在平民墓中,女性是不见兵器的,因此,随葬兵器也是平民男性的特点。不过,平民男性随葬的比例只有37%(N=27座),明显低于男性贵族。[2]

在定量分析的基础上,林永昌对西周时期晋国墓葬的性别标志特征做出了合理的定性判断:"西周中期随葬兵器和较多的车马器仍是贵族男性墓的特征";"兵器仅见于平民男性墓,是平民男性与女性最重要的区别。"[3] 在天马—曲村和北赵晋侯墓地中,196座晋国中下层女性墓葬和10座晋侯夫人墓葬无一例兵器出土,表明作为姬姓周人重要封国和周礼执行者的晋国,在礼制层面严格地将女性排除在了"兵"之外。

北赵10座晋侯夫人的墓葬,就墓主人的身份而言虽然低于商王武丁的配偶妇妌、妇好;但晋侯夫人和商王配偶都可以被视为商、周上层贵族女性,可以进行纵向的对比。与妇妌、妇好墓出土了大量实战兵器相反,10座晋侯夫人墓葬无一例有兵器出土。这表明,在西周到春秋早期的晋国,女性被排除在战争之外;或者,至少是在礼法上,女性被认为应该排除在

---

[1] 林永昌:《西周时期晋国墓葬所见性别差异初探》,《古代文明》第7卷。
[2] 林永昌:《西周时期晋国墓葬所见性别差异初探》,《古代文明》第7卷。
[3] 林永昌:《西周时期晋国墓葬所见性别差异初探》,《古代文明》第7卷。

了战争之外。

《左传》僖公二十二年（前638），有一段关于郑文公夫人参与战争的记载：

> 丙子晨，郑文夫人芈氏、姜氏劳楚子于柯泽。楚子使师缙示之俘馘。君子曰："非礼也。妇人送迎不出门，见兄弟不逾阈，戎事不迩女器。"丁丑，楚子入享于郑，九献，庭实旅百，加笾豆六品。享毕，夜出文芈送于军，取郑二姬以归。叔詹曰："楚王其不没乎！为礼卒于无别，无别不可谓礼，将何以没？"诸侯是以知其不遂霸也。①

郑文公（前672—前628）的夫人芈氏、姜氏参与劳军，楚成王（前671—前626）向郑文公的两位夫人展示战利品，这被"君子"认为是违背礼制的行为。郑文公的夫人文芈夜送楚军，楚成王在战争之后娶了两位郑国的宗室之女，并让她们与军队一起回楚国。叔詹对郑文公夫人和楚成王的行为大加抨击，甚至认为楚成王将因为这种违背礼制的行为而不得好死。《左传》的作者也据此认为楚成王将因此难成霸业。君子、叔詹站在"周礼"的角度对女性参与战争的行为给予了强烈的抨击，这表明在周文化的礼法观念里女人被认为不应该直接参与战争相关的事情。但是芈氏、姜氏确实参与了劳军，文芈更是夜送楚军，这又清楚地表明在春秋时期，女人是有可能参与战争直接相关的事务的。楚成王向芈氏、姜氏"示之俘馘"，作为楚女的文芈夜送楚军，恐怕因为这在楚文化中是一件很正常的事情，即楚文化并不禁止女性参与战争。

楚武王（前740—前690）多次就战阵事宜征求其夫人邓曼的意见，楚武王非常看重邓曼的意见。

《左传》桓公十三年（前699），楚武王四十二年：
十三年春，楚屈瑕伐罗，斗伯比送之。还，谓其御曰："莫敖必败，举趾高，心不固矣。"遂见楚子，曰："必济师。"楚子辞焉。入

---

① （西晋）杜预：《春秋经传集解》上册，第328页。

第一章 商周时期女性的性别角色与上层贵族女性对家庭、社会的影响

告夫人邓曼。邓曼曰:"大夫其非众之谓,其谓君抚小民以信,训诸司以德,而威莫敖以刑也。莫敖狃于蒲骚之役,将自用也,必小罗。君若不镇抚,其不设备乎。夫固谓君训众而好镇抚之,召诸司而劝之以令德,见莫敖而告诸天之不假易也。不然,夫岂不知楚师之尽行也。"楚子使赖人追之,不及。

莫敖使徇于师曰:"谏者有刑。"及鄢,乱次以济,遂无次。且不设备。及罗,罗与卢戎两军之,大败之。莫敖缢于荒谷。群帅囚于冶父以听刑。楚子曰:"孤之罪也。"皆免之。①

其次,桓公十三年,楚武王命屈瑕攻伐罗国,鬭伯比因屈瑕骄横而断言其"必败"。鬭伯比劝楚武王"增兵",委婉地向楚王暗示屈瑕必败。楚武王没有理解鬭伯比的言外之意,拒绝了鬭伯比的增兵要求,然后将此事告诉了夫人邓曼,并征询邓曼的意见。邓曼很好地理解了鬭伯比的言外之意,并结合自己对战事和屈瑕的理解,解答了楚武王对鬭伯比言"必济师"的疑问。邓曼指出,鬭伯比言"增兵"并不是真的要楚王增兵,而是委婉地暗示楚王应该以信治民、以德用人,并以刑威慑莫敖屈瑕。屈瑕依仗两年前,即桓公十一年(前701)在蒲骚之战中对郧人的胜利,一定会刚愎自用,轻视罗国。楚王如果不对屈瑕施加有效的威慑,屈瑕将因轻敌而失败。楚武王经邓曼之解说明白了鬭伯比言"必济师"的深意,当即派赖人向屈瑕传达命令。楚武王的最新命令尚未及时送到屈瑕的军中,屈瑕的军队已经因轻敌"乱济"和"不设备"而战败,屈瑕自杀,军中的其他将领自囚于冶父,听候楚王的发落。楚武王因自己用人(屈瑕)的失当和对屈瑕没有施加足够的威慑和劝诫,认为此次战争的失败罪责应在自己,赦免了屈瑕军中其他将领的罪责。邓曼对屈瑕、楚军的战力都做出了准确的判断,楚武王听从邓曼的建议对屈瑕做出了新的指示,这一新的指示虽然因没有及时送达屈瑕军中而未能避免楚军的失败。但通过此事,我们可以很清晰地看到邓曼对楚国军队、大臣、以往战事和楚军处境的全面了解。楚武王也愿意与邓曼讨论战阵之事,并且非常看重邓曼的意见。

---

① (西晋)杜预:《春秋经传集解》上册,第112页。

庄公四年（前690）楚武王五十一年，邓曼再次对楚武王的死亡和相关战阵之事发表了颇具远见的看法：

> 《左传》庄公四年（前690）：四年春，王三月，楚武王荆尸，授师孑焉以伐随。将齐，入告夫人邓曼曰："余心荡。"邓曼叹曰："王禄尽矣。盈而荡，天之道也。先君其知之矣，故临武事，将发大命，而荡王心焉。若师徒无亏，王薨于行，国之福也。"王遂行，卒于樠木之下。令尹鬥祁、莫敖屈重除道梁溠，营军临随。随人惧，行成。莫敖以王命入盟随侯，且请为会于汉汭而还。济汉而后发丧。①

楚武王五十一年即将攻打随国，因"心荡"，就是心跳加速或者感觉情绪不稳定，征询夫人邓曼的意见。邓曼直言此次战争楚国不会有损失，而楚武王则因福禄已尽而会薨逝于军中。楚武王死于军中，鬥祁、屈重促成了楚、随的和议。

楚武王与夫人邓曼讨论战阵之事，可以单纯视为楚武王夫妇之间的私人交流；但是楚武王多次向邓曼征询对战争的看法，则至少可以证明，在楚武王眼中，邓曼是非常了解战争和楚国政治、军事情况的；而且楚武王非常看重夫人邓曼对战争的观点和建议。桓公十三年，楚武王因邓曼对楚军、屈瑕的评价而决定更新对屈瑕的军事命令；庄公四年也正视了邓曼对于自己死亡和楚、随战争的预言。在楚文化中，女人很显然并不被排除在战争之外，尤其是对于国君夫人这样的上层贵族女性，她们很了解战争，并且会表达自己的观点，而其观点也会受到重视。

楚武王夫人邓曼多次对楚国的战争发表意见，并得到楚武王的推崇和采纳；僖公二十二年，楚成王与叔詹、《左传》作者对郑文公夫人芈氏、姜氏劳军的不同态度，则表明，周文化和楚文化在对待女性与战争关系上的差别。叔詹和《左传》君子的评论代表的是"周礼"的规则，郑文公夫人芈氏、姜氏的劳军则是具体历史环境中女性与战争的个案关联。在西周和春秋时期，由于具体政治情况和族群背景的差别，与姬姓周人族群有关

---

① （西晋）杜预：《春秋经传集解》上册，第135—136页。

第一章　商周时期女性的性别角色与上层贵族女性对家庭、社会的影响

的女性，包括姬姓女子和嫁入姬姓族群的异姓女子，确实有亲自参与战争的记录。

1975 年北京市文物管理处在北京昌平东南的白浮村附近发掘了三座西周木椁墓："三座墓葬结构类同，均为长方形土坑竖穴木椁墓。"[①] M1 的墓主人是老年男性，头向北，仰身直肢葬。M2 的墓主人是中年女性，头向北，仰身直肢葬，有腰坑殉狗；随葬青铜礼器 1 鼎 1 簋，兵器有三銎刀、铜胄、冒首短剑、有銎啄戈、鸟首刀、勾戟等，带有明显的北方系青铜器特征；另有工具、车马器若干。M3 的墓主人是中年男性，头向北，俯身直肢葬，有腰坑但腰坑内无殉葬品，随葬青铜礼器 2 鼎 2 簋、兵器、工具和车马器等。[②] 腰坑殉狗是典型的非周系族群特征，针对 M2 墓葬的发掘地点、葬式和随葬器物等，韩金秋认为白浮 M2 的墓主人是"北方民族的妇女"。[③] 韩建业指出："随葬较多兵器的北京昌平白浮西周女性墓葬 M2，当属于商遗民性质的燕国墓葬，墓主人可能为燕国女将军。其中随葬的少量北方系兵器可能是其与北方民族打仗时缴获，并不能作为其为狄人女首领的证据"，[④] 认为 M2 的墓主人属于商系族群。张礼艳、胡保华也倾向于认为白浮西周墓 M2 的墓主人的族属应是燕国的商遗民。[⑤] 申红宝提出白浮墓的墓主人："其族属既不是商人也不是周人，而是当地土著部落方国'其'族人。"[⑥] 学术界对于北京昌平白浮 M2 墓主人的族属认定虽然有差别，但都认可 M2 的墓主人不属于姬姓周人族群。韩金秋、[⑦] 杨建华[⑧]还特别关注了白浮 M2 与妇好墓随葬兵器的诸多相似性。

[①] 北京市文物管理处：《北京地区的又一重要考古收获——昌平白浮西周木椁墓的新启示》，《考古》1976 年第 4 期。
[②] 关于白浮墓葬的具体情况，可参看北京市文物管理处《北京地区的又一重要考古收获——昌平白浮西周木椁墓的新启示》，《考古》1976 年第 4 期。
[③] 韩金秋：《白浮墓葬的微观分析与宏观比较》，《边疆考古研究》第 7 辑。
[④] 韩建业：《略论北京昌平白浮 M2 墓主人身份》，《中原文物》2011 年第 4 期。
[⑤] 张礼艳、胡保华：《北京昌平白浮西周墓族属及相关问题辨析》，《边疆考古研究》第 22 辑。
[⑥] 申红宝：《略论北京昌平白浮墓的族属问题》，《北方文物》2019 年第 2 期。
[⑦] 韩金秋：《白浮墓葬的微观分析与宏观比较》，《边疆考古研究》第 7 辑。
[⑧] 杨建华：《商周时期女性墓葬中的军事将领——妇好墓与白浮墓的分析》，贺云翱主编《女性考古与女性遗产——首届"女性考古与女性遗产学术研讨会"论文集》，第 77—81 页。

西周春秋时期的女性、联姻与政治格局演进研究

笔者在第五章第二节"曲阜鲁国故城墓葬与西周春秋时期鲁国的族群交融"中,基于对曲阜鲁国故城129座两周时期墓葬的分析,将"腰坑殉狗"视为非周系族群的标志和商系族群的核心特征。采用腰坑殉狗葬式,随葬大量青铜兵器的白浮 M2 女性墓主人,作为非姬姓周人族群的女子,曾亲自参与了战争,并被允许在墓葬中体现她对战争的参与和战功。西周礼制的建立和推广经历了一个漫长的过程;不同系属和文化的族群对女性参与战争的不同态度,即反映了西周、春秋时期各诸侯国和诸侯国中不同族群存在的文化和习俗方面的差异。

西周时期,周王王后也有参与战争相关事务的记录,作册夨令簋(《集成》8.4300,又称"令簋")铭文曰:

佳王于伐楚白(伯),才炎,佳九月既死霸丁丑,乍册夨令尊宜于王姜,姜商(赏)令贝十朋、臣十家、鬲百人。①

马承源根据周昭王时有伐楚之事,将"令簋"定为昭王时器,② 则王姜很可能是昭王的王后。刘启益基于西周"一王一后"的原则,因《国语》记载昭王有房后王祁,而将王姜认定为康王的王后,③ 则王姜是以母后的身份来到炎地的。王姜作为周王的王后或者母后,在周王征伐楚国的过程中,离开了王都,来到"炎"地,接受乍册夨令的觐见,并赏赐夨令财货和仆从。但是炎地并非周楚之战的前线,王姜也并未直接参与周、楚战争,或者评论与战争相关之事。

马承源认为"炎"是"昭王征伐楚伯的中途驻地",④ 作册夨令对王姜的觐见和王姜对夨令赏赐更应该视为政治行为而非直接对战争的参与。

《左传·襄公十年》(前563):郑皇耳帅师侵卫,楚令也。孙文子卜追之,献兆于定姜。姜氏问《繇》。曰:"兆如山陵,有夫出征,

---

① 马承源主编:《商周青铜器铭文选》第3卷,第66页。
② 马承源主编:《商周青铜器铭文选》第3卷,第66页。
③ 刘启益:《西周金文中所见的周王后妃》,《考古与文物》1980年第4期。
④ 马承源主编:《商周青铜器铭文选》第3卷,第66页。

第一章　商周时期女性的性别角色与上层贵族女性对家庭、社会的影响

而丧其雄。"姜氏曰："征者丧雄，御寇之利也。大夫图之！"卫人追之，孙蒯获郑皇耳于犬丘。①

郑国进攻卫国，卫国上卿孙文子在为战争做占卜之后，向卫定公的夫人定姜禀告占卜的情况。定姜对占卜结果做出判断，孙文子下令追击郑军，并在犬丘擒获了郑国的首将皇耳。卫国孙文子向定姜问卜之事表明，在周文化中，作为国君夫人的女性，一方面，拥有基于夫妇一体观念获得的与其丈夫同等的礼法地位，这表现在孙文子向定姜问卜和定姜对占卜结果的判断；另一方面，作为女性的定姜，又不具有对战争的直接决定权，于是定姜只是将对占卜的判断告诉孙文子，最终做出战争决定并付诸军事行动的是孙文子。

相较于商王武丁的配偶妇妌、妇好和白浮 M2 的非周系族群女性墓主人直接参与指挥战争，并通过随葬青铜兵器铭记自己的战功，女性的军事权力在西周和春秋时期的周系族群中受到限制。作为姬姓族群核心群体的晋侯夫人和晋国女性在礼法上被排除在战争之外，在葬俗上表现为天马—曲村晋国墓地和北赵晋侯墓地西周将青铜兵器排除在女性的随葬品之外。两周康王或者昭王的王后王姜，郑文公的夫人芈氏、姜氏，卫定公的夫人定姜都参与过与战争有关的事情，但是很显然这些都不是直接的征战疆场；同时，郑国的叔詹和《左传》的"君子"都站在周礼的角度对郑文公夫人的行为给予了强烈的抨击。在西周、春秋时期，周系族群和与周系族群有关的女性被排除在直接的战阵之外，其间接参与战争相关事务的政治行为也受到极大的限制。不过国君的夫人在国事、家事中仍然拥有很大的权力，可以参与国家的外交，并且拥有属于自己的宫室、财产和仆从人员，并行使赏赐的权力。西周青铜器铭文中记载王室、贵族女性受到财物、人员赏赐的例子很多，她们也有资格和财力为自己或其他人铸造青铜礼器，有些贵族女性还拥有以自己名字命名的居所或宗室，并可以行使赏赐的权力。

---

① （西晋）杜预：《春秋经传集解》上册，第 871 页。

三 西周春秋时期上层贵族女性的经济、社会地位和政治权力

庚嬴鼎（《集成》5.2748）和庚嬴卣（《集成》10.5426）铭文都记载了周王在庚嬴宫中对庚嬴进行赏赐的事情。庚嬴鼎的铭文曰：

> 隹廿又二年四
> 月既望己酉，王
> 祢（格）畢宫衣（殷）事。丁
> 子（巳）王蔑庚嬴厤（历），
> 易爵、靷（璋）、贝十朋。对
> 王休，用乍宝鼎。①

周王，很可能是康王（约前 1020—前 996），在康王二十二年（约前 999）四月既望己酉日，在庚嬴宫中对庚嬴进行赏赐，庚嬴用所获赏赐为自己作鼎。庚嬴卣铭文曰：

> 隹十月既望，辰才己丑，
> 王逢于庚嬴宫。王蔑（蔑）庚嬴
> 历，易贝十朋，又丹一桿（管）。庚嬴
> 对扬王休，用乍氒文姑宝
> 尊彝。其子子孙孙雋年永宝用。②

同样记载了周康王对庚嬴的赏赐，而这一次庚嬴用所获赏赐为自己的"文姑"，就是丈夫的母亲，亦即庚嬴的婆婆作卣。庚嬴至少两次获得了周王的封赏，庚嬴鼎所记在四月己酉，庚嬴卣所记在十月己丑，两次封赏必不在同一时间。两次封赏都在"既望"之日，且日干皆为"己"，我们有

---

① 马承源主编：《商周青铜器铭文选》第 3 卷，第 36—37 页。
② 马承源主编：《商周青铜器铭文选》第 3 卷，第 37 页。

第一章　商周时期女性的性别角色与上层贵族女性对家庭、社会的影响

理由推测这种周王对于女性的封赏是在特定月份的特定日期定期举行的。庚嬴拥有自己的居所，被史官称为"庚嬴宫"；庚嬴拥有以自己的名字命名的宫殿，在宫殿中定期获得周王的封赏，并可以为自己和他人制作青铜器。西周时期的上层贵族女性可以拥有属于自己的房屋等财产。

庚嬴拥有属于自己的居所和归于自己名下的房产，在西周、春秋时期的上层女性中并非个案。尹姞鬲（《集成》3.754）铭文曰：

> 穆公乍尹姞宗室
> 于繇林。隹六月既生霸
> 乙卯，休天君弗望穆
> 公圣粦明她事先王、
> 各于尹姞宗室繇林，
> 君蔑尹姞历，易玉五
> 品，马四匹；拜稽首对扬
> 天君休，用乍宝齍。①

穆公在繇林为尹姞作宗室，六月既生霸乙卯日，天君来到尹姞的宗室，并在此给予尹姞封赏。陈梦家认为穆公和尹姞是夫妻，天君是王后。② 尹姞鬲言"天君弗望穆公圣粦明她事先王"，则此天君应为先王之王后。陈梦家根据尹姞鬲的器型、纹饰和铭文字体，将尹姞鬲断代在昭王（约前995—前977）时期："尹姞三器的字体介乎康王与穆王诸器之间，故宜在昭王时。"③ 昭王时期，先王康王之后天君，因尹姞之夫穆公在康王时的功绩亲临尹姞的宗室封赏尹姞。尹姞鬲铭文表明，西周时期"夫妇一体"观念得到广泛的认同，故天君会因为穆公的功绩而封赏穆公的妻子尹姞。而穆公为尹姞作宗室则表明，西周时期上层贵族的妇女可以拥有自己独立的房产。

公姞鬲（《集成》3.753）铭文曰：

---

① 陈梦家：《西周铜器断代》上册，第135页。
② 陈梦家：《西周铜器断代》上册，第135页。
③ 陈梦家：《西周铜器断代》上册，第136页。

佳十又二月既生
霸，子中渔口池，
天君蔑公姞历，
吏易公姞鱼三百，
拜稽首对扬天
君休，用乍齍鼎。①

陈梦家指出："此器形制花纹与尹姞所作相同，故尹姞当是公姞。"②公姞鬲记载了天君给予公姞"鱼三百"的赏赐。如果说尹姞鬲所记，天君亲临尹姞的宗室，以尹姞之夫穆公辅佐先王有功，而给予尹姞玉、马的封赏，是一种正式的王后行为的话；公姞鬲所记天君给予公姞"鱼三百"的赏赐，更像是一种私人的馈赠。两次封赏都发生在"既生霸"之日，这是偶然的巧合，还是一种特定的日期习俗，尚需更多的铭文资料才能做出确切的判断。不过笔者倾向于认为两次发生在"既生霸"之日的天君对尹姞的封赏并非日期的巧合，"既生霸"很可能是西周时期贵族女性特定的交友日期。王后拥有鱼池所捕之鱼的所有权，并可以将之馈赠给自己的朋友。贵族女性之间有基于女性身份的交流，这种交流有固定的日期。女性之间的交流与其丈夫之间的彼此关系有关。

山西翼城大河口西周霸国墓地 M2002 出土的青铜盘（M2002∶5）和青铜盉（M2002∶23）是西周中期器，③其器型、纹饰、铭文受到学术界的广泛关注和讨论。青铜盉（M2002∶23），又被称为"鸟形盉"，李学勤、④ 白军鹏、⑤ 裘锡圭、⑥ 刘佳佳⑦等都曾撰文讨论其铭文的具体释读；

---

① 陈梦家：《西周铜器断代》上册，第136页。
② 陈梦家：《西周铜器断代》上册，第136页。
③ 关于大河口西周墓地 M2002 出土青铜盘和青铜盉的具体情况，可参看山西省考古研究所大河口墓地联合考古队《山西翼城大河口西周墓地》，《考古》2011 年第 7 期。
④ 李学勤：《试释翼城大河口鸟形盉铭文》，《文博》2011 年第 4 期。
⑤ 白军鹏：《翼城大河口墓地 M2002 所出鸟形盉铭文解释》，复旦大学出土文献与古文字研究中心网站，2011 年 5 月 4 日，http：//www.gwz.fudan.edu.cn/SrcShow.asp? Src_ID = 1488。
⑥ 裘锡圭：《翼城大河口西周墓地出土鸟形盉铭文解释》，《中国史研究》2012 年第 3 期。
⑦ 刘佳佳：《翼城大河口西周墓地鸟形盉铭文试释》，《考古与文物》2016 年第 1 期。

第一章　商周时期女性的性别角色与上层贵族女性对家庭、社会的影响

王沛、① 龚军、② 胡宁、③ 严志斌、谢尧亭④则根据其铭文讨论了西周时期的法律和誓命问题。

李学勤、白军鹏、裘锡圭、刘佳佳、严志斌、谢尧亭对青铜盉（M2002：23）的铭文释读虽有差异，但并不影响对铭文核心"誓命"问题的理解，笔者在此将采用裘锡圭的释文。

> 气（乞）誓曰："余某弗再（称）公命。余自无则父（便）身，笰传出，报氒（厥）誓。"曰："余既曰余再（称）公命，叟（囊）余亦改朕辞'出弃'。"对公命，用乍（作）宝般（盘）、盉，孙子其迈（万）年用。⑤

气发誓如果没有服从"公"的命令就自罚鞭身。"公"究竟命令气做什么事情，以至于气要赌咒发誓说自己完成了"公"的命令，甚至要作青铜盘、盉，刻铭为记呢？同出于M2002的青铜盘（M2002：5）为我们提供了解答这一问题的可能。青铜盘（M2002：5）的铭文曰：

> 唯八月戊申，霸姬以气讼于穆公曰："以公命，用殹朕仆驭臣妾自气，不余气。"公曰："余不女命曰：'虎霸姬。'气誓曰：'余某弗再公命，用虎霸姬，余唯自舞，鞭五百、罚五百孚。'"报厥誓曰："余再公命，用虎霸姬，襄余亦改朕辞，则鞭五百、罚五百孚。"气则誓。曾厥誓曰："女某弗再公命，用虎霸姬。余唯自舞，则鞭身、传出。"报厥誓曰："余既曰：'再公命'，襄余改朕辞，则出弃。"气则誓。对公命，用作宝盘盉，孙子子其万年宝用。⑥

---

① 王沛：《西周的"井"与"誓"——以兮甲盘和鸟形盉铭文为主的研究》，《当代法学》2012年第5期。
② 龚军：《翼城大河口墓地出土鸟形盉铭文与西周法律》，《中国国家博物馆馆刊》2014年第5期。
③ 胡宁：《从大河口鸟形盉铭文看先秦誓命规程》，《中国史研究》2016年第1期。
④ 严志斌、谢尧亭：《气盘、气盉与西周誓仪》，《中国国家博物馆馆刊》2018年第7期。
⑤ 裘锡圭：《翼城大河口西周墓地出土鸟形盉铭文解释》，《中国史研究》2012年第3期。
⑥ 严志斌、谢尧亭：《气盘、气盉与西周誓仪》，《中国国家博物馆馆刊》2018年第7期。

严志斌、谢尧亭以作器者的名字将青铜盉（M2002：23）称为"气盉"，将青铜盘（M2002：5）称为"气盘"，是可行的，笔者在此将使用"气盉""气盘"的称谓。霸姬向穆公投诉气没有按照穆公的命令给予自己仆、驭、臣、妾；穆公说气发誓说他已经给予你了。笔者在此并不准备讨论霸姬与气关于仆、驭、臣、妾争端的是非，而只是关注于穆公的命令和气、霸姬的身份，以及作为女性的霸姬可以从他人处获得，并且合法拥有仆、驭、臣、妾的权力。

山西翼城大河口西周霸国墓地的发掘首次将霸国、霸伯的史料呈现在世人面前。由于史传中未见关于霸国、霸伯的记载，学术界关于霸国的姓氏未有定论；甚至我们很难确定霸是诸侯国，还是公、卿的采邑。严志斌、谢尧亭根据大河口墓地 M1017 出土的有铭青铜盘（M1017：41）指出："霸伯铜盘（M1017：41）有铭'霸伯对扬，用作宜姬宝盘'，是霸伯为其夫人宜姬所作，宜国姬姓，表明霸氏非姬姓。所以此盘中的霸姬当是姬姓女子嫁于霸国为妇者。"[1] 宜国是姬姓国，霸伯称"宜姬"乃以宜姬母国的国氏冠于其姓之前。根据西周"同姓不婚"的礼制，霸国应该是非姬姓的国家。则霸姬是嫁入霸国的姬姓女子，以夫国的国氏冠于其姓之前。严志斌、谢尧亭根据 M2002 的墓主人是成年男性，且墓中出土了有"霸仲"作器的青铜器，认为"M2002 墓主是霸国国君之弟霸仲。而霸姬有可能即是霸仲之夫人"。[2] 严志斌、谢尧亭的推论是可信的，霸姬是霸仲的夫人，是嫁入霸国的姬姓女子。

严志斌、谢尧亭将气盘中的"穆公"与盠方尊（《集成》11.6013）、穆公簋盖（《集成》8.4191）、䜌簋盖（《集成》8.4255）、尹姞鼎（《集成》3.754）、井叔叔采钟（《集成》2.356）、禹鼎（《集成》5.2833）铭文中的穆公联系起来，认为"穆公应该是井国的国君"，"此霸姬本就是姬姓的井国宗室女子嫁于霸国为妇者"。[3] 井叔、穆公是西周的王室公卿还是诸侯国的封君尚有讨论的余地，但是井氏为姬姓是确定无疑的。霸姬作为

---

[1] 严志斌、谢尧亭：《气盘、气盉与西周誓仪》，《中国国家博物馆馆刊》2018 年第 7 期。
[2] 严志斌、谢尧亭：《气盘、气盉与西周誓仪》，《中国国家博物馆馆刊》2018 年第 7 期。
[3] 严志斌、谢尧亭：《气盘、气盉与西周誓仪》，《中国国家博物馆馆刊》2018 年第 7 期。

>> 第一章　商周时期女性的性别角色与上层贵族女性对家庭、社会的影响

来自井氏的姬姓女子，将"气"不按照穆公命令给予自己仆、驭、臣、妾的行为诉讼到作为井国国君或者井氏家族族长的穆公处。穆公命令气给予霸姬仆、驭、臣、妾，气很可能是穆公的属臣；而穆公让气给予霸姬的仆、驭、臣、妾很可能是作为霸姬的"媵臣"。由此笔者认为，西周时期的上层贵族女性拥有属于自己的家臣，而这些家臣有些来自自己的母家。已婚女性在婚后仍与母家保持直接的联系。

谢乃和的《金文中所见西周王后事迹考》、[①] 耿超的《性别视角下的商周婚姻、家族与政治》[②] 对西周时期王后对王朝政治的实际参与和王后在周王朝政治中的地位和权力做了详细的梳理和论证，认为西周时期的王后在王室事务中拥有很大的权力，王后拥有属臣，可以对自己的属臣、女官进行赏赐；王后拥有管理王室财产的权力，并有权为自己和自己的亲属铸造青铜器。同时，王后也可以参与国家的政治，赏赐官吏及其家属，派遣王朝官员，接受诸侯使臣的觐见并给予其赏赐等。西周的王后在王朝政治和王室政治中都有重要的地位，并可以以周王或者自己的名义行使相应的权力。诸侯的夫人也对应地享有在诸侯国政治中的地位和权力。

西周时期的上层贵族女性拥有自己的属臣、仆从，拥有属于自己的财产，并可以基于自己的身份、地位与其他的贵族女性进行交往。春秋时期诸侯国之间的关系，国君的夫人也可以借助父系或者夫国的影响力参与其中。本书尝试在对西周、春秋时期的政治联姻和女性在国家、家庭运行中的角色、地位、权力、职责等做细致的个案考察的基础上，从女性和婚姻角度审视早期中国政治体制和国家形态的演进，审视西周、春秋时期中国地缘政治和区域格局的演变。

第二节　西周春秋时期的女性与权力

西周的分封制、外婚制和嫡长子继承制是三种彼此相关、相辅相成的

---

① 谢乃和：《金文中所见西周王后事迹考》，《华夏考古》2008年第3期。
② 耿超：《性别视角下的商周婚姻、家族与政治》，第250—265页。

西周春秋时期的女性、联姻与政治格局演进研究

制度，女性和婚姻是将三者有效结合在一起的纽带，婚姻是女性权力的基础。已发掘的周平王与其夫人的墓葬，[①] 西周、春秋时期晋、[②] 卫、[③] 随、[④] 倗、[⑤] 强[⑥]等诸侯国国君与其夫人的墓葬，井叔等大夫与其夫人的墓葬，[⑦] 以及天马—曲村大量的贵族、平民墓葬，[⑧] 展现出周代普遍的夫妇并穴合葬的特点，与殷墟武丁与其夫人妇妌、妇好独立为葬的形式不同。这些墓葬是西周、春秋时期婚姻制度的物质体现，表明西周、春秋时期婚姻、夫妇一体观念的确立。婚姻制度是周代制度的重要环节，是维系西周、春秋时期社会运行的基础。

一 已婚女性的双重身份

西周、春秋春秋时期的已婚女性并不会因为婚姻被排除在父系家族之外，反而会因为婚姻具有父系和夫族的双重身份。陕西宝鸡强国墓地茹家庄 2 号墓出土的"强伯鼎"（《集成》5.2676，又称"井姬鼎"）的铭文曰：

> 井姬晹亦列祖考麦公宗室，□孝祀孝祭，佳强白乍井姬用鼎殷。[⑨]

[①] 洛阳市文物工作队：《洛阳体育场路东周墓发掘简报》，《文物》2011 年第 5 期。

[②] 北京大学考古系、山西省考古研究所：《1992 年春天马—曲村遗址墓葬发掘报告》，《文物》1993 年第 3 期；《天马—曲村遗址北赵晋侯墓地第二次发掘》，《文物》1994 年第 1 期；《天马—曲村遗址北赵晋侯墓地第三次发掘》，《文物》1994 年第 8 期；《天马—曲村遗址北赵晋侯墓地第四次发掘》，《文物》1994 年第 8 期；《天马—曲村遗址北赵晋侯墓地第五次发掘》，《文物》1995 年第 7 期；《天马—曲村遗址北赵晋侯墓地第六次发掘》，《文物》2001 年第 8 期。

[③] 中国科学院考古所：《浚县辛村》，科学出版社 1964 年版。

[④] 湖北省文物考古研究所、随州市博物馆：《湖北随州叶家山西周墓地发掘简报》，《文物》2011 年第 11 期；黄凤春等：《湖北随州叶家山西周墓地》，《考古》2012 年第 7 期。

[⑤] 宋健忠、谢尧亭、田建文、吉琨璋：《山西绛县横水西周墓地》，《考古》2006 年第 7 期；宋健忠、吉琨璋、田建文、李永敏：《山西绛县横水西周墓发掘简报》，《文物》2006 年第 8 期。

[⑥] 卢连成、胡智生：《宝鸡强国墓地》，文物出版社 1988 年版。

[⑦] 中国社会科学院考古研究所沣西发掘队：《长安张家坡西周井叔墓发掘简报》，《考古》1986 年第 1 期。

[⑧] 北京大学考古学系商周组、山西省考古研究所编著，邹衡主编：《天马—曲村 1980—1989》，科学出版社 2000 年版。

[⑨] 宝鸡茹家庄西周墓发掘队：《陕西省宝鸡市茹家庄西周墓发掘简报》，《文物》1976 年第 4 期；张亚初编著：《殷周金文集成引得》，第 44 页。

第一章 商周时期女性的性别角色与上层贵族女性对家庭、社会的影响

在嫁给彊伯以后，井姬仍然向自己的"祖考"献祭，并且这一行为得到她的丈夫彊伯的认可。女性在婚姻中是沟通父系和夫家两个氏族的使者，而非因婚姻即被排除在父系之外。

李伯谦在《性别研究与中国考古学·中译本序》中对江瑜等人有关周代墓葬的性别研究做过如下评述：

> 江瑜、黄翠梅、雍颖、吴霄龙、李健菁等在他们的文章中，根据各自的研究，几乎都指出了男性随葬品来源的比较单一性和女性随葬品来源的复杂性。认为女性的随葬品除有象征地位者，一部分与婚姻有关，可能来自男性配偶的赠予；另一部分与自己的职业有关，可能是工作中使用的工具和用具，如纺轮、针、锥之类；还有一部分则与其所出自的家族有关，可能是出嫁时由原家族带来的"陪嫁"。[①]

随葬品来源的复杂性，与已婚女性承载着父系和夫族双重的家族关系有关。张淑一在《先秦姓氏制度考索》中，从"已婚女子氏的两重性"角度详细而深入地论述了"已婚女子是既属于其父方家族，又属于其夫方家族的"。[②] 相较于男性家族属性的唯一性，已婚女性的父系、夫族双重属性，往往会因为父系、夫族势力的消长，或者女性自己的才智、欲望和权力意图等对夫族或者父系政治产生影响。

宗法制和分封制是西周国家建立的基础，也是维系西周国家运行的基础；女性和婚姻是宗法制和分封制的重要组成部分，在宗法制和分封制的运行中发挥着重要的作用。西周金文所见人名中有很多"某生"，林沄基于对"五年琱生簋"（又名"五年召伯虎簋"，《集成》8.4292）铭文的研究，指出："金文人名中'某生'之'生'，均当读如典籍所见人名中'某甥'之甥。"[③] 张亚初对48条称"某生"的青铜器铭文做了深入的考察，归纳出四条称"某生"的规律：

[①] 李伯谦：《性别研究与中国考古学·中译本序》，[美] 林嘉琳、孙岩主编《性别研究与中国考古学》，第iii—iv页。

[②] 张淑一：《先秦姓氏制度考索》，第112—114页。

[③] 林沄：《琱生簋新释》，《古文字研究》第三辑。

称某生。

某生后面附以私名或字。

某生前冠以自己的私名。

某生前附以官名、国邑氏名及伯仲排行。①

"某生"的"某"是确定"某生"身份的核心要素，其余的私名、字、官名、国名、邑名、氏名、排行等是附加于"某生"之上的信息。张亚初进一步指出："某生之某为氏名"，"某生之某氏与其本人的族氏并不相同"，"某生是广义的人名，而非狭义的私名"，②认为"某生"之"某"是"某生"母系的国名、邑名或者氏名，用以标记"某生"的母系特征。张亚初将"某生"解为"某甥"，"某生"即表示某人是某国或者某族氏的外甥，用以表示"某生"的母系亲属关系。用母系特征标记"某生"的身份，表现出母系身份在西周社会、政治中的重要性，并与两周时期的"嫡长子继承制"直接相关。

作为西周最重要的继承法则，"嫡长子继承制"包含两个核心要素，一个是"嫡"，另一个是"长"。"嫡"是与母亲身份有关的要素，母亲的身份将决定儿子身份的嫡、庶。母亲的身份不仅直接影响儿子在父系家族中的地位，母系势力的强弱也会直接对其外甥在父系家族中的权力位置产生影响。母亲的身份、母系家族的势力与其子在父系家族中的地位和权力位置直接相关，母系因素在西周宗法制中具有实际的权力和影响力，于是产生了"某生"这种标记姓名的方式。

2005年在山西绛县横水发掘的西周中期倗伯和其妻毕姬的墓葬，毕姬墓随葬有五鼎五簋，而倗伯墓只随葬了三鼎一簋，③倗伯的用鼎规格明显低于其妻毕姬，朱凤瀚认为"这虽然有可能与二墓年代稍有差异有一定关系，但更主要的则应当是缘于倗伯之夫人为毕姬，出身于姬姓周人之强宗

---

① 张亚初：《西周铭文所见某生考》，《考古与文物》1983年第5期。
② 张亚初：《西周铭文所见某生考》，《考古与文物》1983年第5期。
③ 关于倗伯、毕姬墓的考古发掘资料可参看宋健忠、谢尧亭、田建文等《山西绛县横水西周墓地》，《考古》2006年第7期；宋健忠、吉琨璋、田建文等《山西绛县横水西周墓发掘简报》，《文物》2006年第8期。

《 第一章　商周时期女性的性别角色与上层贵族女性对家庭、社会的影响

毕氏，而佣氏以当时的少数民族土著的狄人身份作为周人的附庸，故佣伯在随葬礼制方面采用了低于夫人的墓制与葬制"。① 毕姬因为母国的势力，得以享受高于其夫的葬仪。女性父系的身份在夫系家族中是被认可的。

二　政治、婚姻与女性权力

分封制、外婚制和嫡长子继承制是周代立国的基础，女性在这三项制度的运行中皆有重要的作用。周代的封国负有"夹辅周室"的使命，同时各诸侯国亦有彼此襄助的义务，尤其是同姓诸侯，即所谓"昔周公吊二叔之不咸，故封建亲戚以蕃屏周"和"同姓相亲"。但是一国发生变故的时候，伸出援手的往往是异姓婚姻之国。比如，闵公二年（前660），狄人灭卫，伸出援手，收卫之移民和帮助卫国重建的是宋国和齐国，子姓的宋和姜姓的齐，与卫国皆为异姓。宋桓公的夫人是卫宣姜之女；齐桓公的内宠中有两位卫姬。这其中的关节在于，同姓兄弟之国，其关系随着世代的更迭而日益疏远；但婚姻之国，会随着每一任国君的婚姻而变化，并形成新的国与国之间的关系，于是，我们可以通过婚姻关系旁证其时诸侯之间的关系。在很多时候，联姻是一段政治关系的结果和物质呈现：周宣王败于西申与周幽王娶西申女为后，有着明显的关联，并包含着政治妥协的意味；而晋献公伐骊戎获得胜利之后娶骊姬和骊姬之娣，亦可见婚姻与政治的关联。

《春秋》鲁十二公，有六公娶齐女为夫人：桓公（文姜）、庄公（哀姜）、僖公（声姜）、文公（出姜，亦称哀姜）、宣公（穆姜）、成公（齐姜）。《左传·庄公六年》（前688）："冬，齐人来归卫宝，文姜请之也。"② 鲁庄公与齐襄公共同伐卫以纳卫惠公，齐襄公在鲁桓公夫人文姜的请求下将部分卫国的珍宝送予鲁国。文姜在齐、鲁事务中具有很大的话语权。《左传·僖公十七年》（前643）："秋，声姜以公故，会齐侯于卞。九

---

① 朱凤瀚：《中国青铜器综论》中册，上海古籍出版社2009年版，第1494页。
② （西晋）杜预：《春秋经传集解》上册，第139页。

月，公至。"① 鲁僖公被齐人扣押，声姜的游说使鲁僖公顺利回到鲁国。齐女依仗齐国的强大在鲁、齐关系中拥有话语权，并实际参与了鲁、齐的外交事务。嫁到鲁国的齐女，凭借齐国的势力对鲁国的政治产生影响，齐国是她们在鲁国地位和权力的后盾。

如果母国不能或者不愿意提供强有力的支持，女性在政治中的地位则会更多地取决于女性个人的美貌、才智、决断、选择和得宠与否。

> 秋，襄仲、庄叔如齐，惠公立故，且拜葬也。
> 文公二妃敬嬴生宣公。敬嬴嬖而私事襄仲。宣公长而属诸襄仲，襄仲欲立之，叔仲不可。仲见于齐侯而请之。齐侯新立而欲亲鲁，许之。冬十月，仲杀恶及视，而立宣公。
> 夫人姜氏归于齐，大归也。将行，哭而过市，曰："天乎，仲为不道，杀嫡立庶。"市人皆哭。鲁人谓之哀姜。②

与鲁桓公文姜、鲁僖公声姜在鲁国政治中的影响力不同，失去母国齐国支持又不受鲁文公宠爱的文公夫人出姜，在鲁文公死后遭遇了鲁国权臣襄仲的杀嫡立庶，出姜之子恶、视被杀，作为文公嫡妻的出姜也被迫大归于齐国。

出姜本是鲁文公的正夫人，其长子恶以嫡长子为太子，文公死后嗣位为君。襄仲杀恶、视而立宣公。敬嬴得宠于鲁文公，因其宠幸，私下结交鲁大夫襄仲，并将其子宣公托付给襄仲。鲁文公死后，襄仲欲立敬嬴之子。鲁文公、齐懿公先后死，襄仲趁着到齐国贺齐惠公新立和会葬齐懿公的机会，向齐惠公提出希望废齐女之子恶而更立鲁宣公。鲁与齐的关系，在文公十四年（前613）、十五年（前612）子叔姬和齐君舍的问题上达到冰点。出姜在齐昭公十年、鲁文公三年（前624）嫁到鲁国，为昭公一系。齐惠公与齐昭公虽同为齐桓公之子，但是异母所生，且有争位之嫌隙，兄弟无亲；齐惠公对出姜亦无情义。齐国经历昭公子舍被弑，齐懿公被弑，

---

① （西晋）杜预：《春秋经传集解》上册，第308页。
② （西晋）杜预：《春秋经传集解》上册，第521—522页。

第一章　商周时期女性的性别角色与上层贵族女性对家庭、社会的影响

政局几度变迁。齐惠公为了示好于鲁，并结交鲁国的权臣襄仲，就同意了襄仲的废立决定。襄仲回国后乃杀恶而立宣公。

夫人母国对于其的支持与否，会随着母国政局的变化而变化。出姜为齐昭公一系，齐惠公为了自己的利益，牺牲了本国女子的利益。此时的齐国，虽数经变乱，失去了诸侯盟主的地位，但相较鲁国，仍是强国。于是鲁襄仲欲废齐女之子，先请求齐惠公的允可，乃敢动手。此亦反映出诸侯国夫人背后母国对其在夫国地位的影响。文公夫人出姜的二子被杀，襄仲杀嫡立庶，固然因为出姜无宠，敬嬴恃宠私下结交鲁文公的权臣襄仲；但襄仲成功地杀嫡立庶，并且未招致齐国的干涉，其中最关键的原因即在于，此时的齐国选择放弃对出姜的支持。

《诗·陈风·衡门》说"岂其食鱼，必河之鲂？岂其取妻，必齐之姜？岂其食鱼，必河之鲤？岂其取妻，必宋之子？"① 说是吃鱼不一定要吃黄河里的鲂鱼、鲤鱼，娶妻不一定要是齐国和宋国的女子。这虽然可以单纯理解为落拓贵族的自我安慰，却真实地揭示出"齐之姜""宋之子"在春秋时期婚姻选择中所受到的推崇。齐国、宋国女子在春秋时期婚姻选择中的优势地位，并不是基于女子本身的德行、美貌等，而只关乎齐国和宋国的强大。

郑公子忽两次拒绝齐国的联姻请求，祭仲苦苦相劝："必取之。君多内宠，子无大援，将不立。三公子皆君也。"② 祭仲力劝公子忽娶齐女，乃是因为公子忽的母亲是邓国女子，又娶陈女为妻，邓、陈都没有足够的国力成为公子忽的后援；公子忽的父亲郑庄公多内宠，忽虽为太子，但突等他子皆觊觎国君之位。郑国此后的政治发展印证了祭仲的预言，公子忽因为没有强大的母族和妻族作为后援，终为宋国支持的公子突所取代。《毛序》以《郑风·有女同车》为国人讽谏郑昭公（公子忽）不受齐婚而作："刺忽也。郑人刺忽之不昏于齐。太子忽尝有功于齐，齐侯请妻之。齐女贤而不取，卒以无大国之助，至于见逐，故国人刺之。"③ 齐女的贤与不肖

---

① 《毛诗正义》卷7《陈风·衡门》，（清）阮元校刻《十三经注疏》上册，第377页。
② （西晋）杜预：《春秋经传集解》上册，第107页。
③ 《毛诗正义》卷4《郑风·有女同车》，（清）阮元校刻《十三经注疏》上册，第341页。

其实并不重要，美丑妍媸也无关宏旨，重要的是齐女背后代表的是强大的齐国。郑公子忽不娶齐女，从道德上论没有任何瑕疵，而祭仲的劝诫和国人的讽谏则是基于利益的权衡。

许穆夫人评论许、齐的求婚时直言"古者诸侯之有女子也，所以苞苴玩弄，系援于大国也。言今者许小而远，齐大而近。若今之世，强者为雄。如使边境有寇戎之事，维是四方之故，赴告大国，妾在，不犹愈乎？今舍近而就远，离大而附小，一旦有车驰之难，孰可与虑社稷？"① 直陈春秋时期诸侯联姻的目的性，对于卫国这样的国家来说，就是要寻求大国的支持。并指出"齐大而近"，卫懿公应该把自己许配给齐桓公而不是许穆公。许穆夫人的评述揭示出春秋时期诸侯联姻所要考虑的政治和地理因素。

《左传》昭公二年（前540）、昭公三年（前539），详细记述了齐女少姜有宠于晋平公和围绕少姜之死诸侯、诸侯卿大夫的行动和言语、评论；以及齐景公请再嫁女于晋，齐卿公孙虿以己女代齐侯之女嫁晋平公，晋卿韩起明知齐女有伪而受之的事情。

《左传·昭公二年》：夏四月，韩须如齐逆女。齐陈无宇送女，致少姜。少姜有宠于晋侯，晋侯谓之少齐。谓陈无宇非卿，执诸中都。少姜为之请，曰："送从逆班，畏大国也，犹有所易，是以乱作。"②

晋平公娶齐女少姜非为嫡夫人，故仅以公族韩须迎娶，齐国以大夫陈无宇送女，晋、齐两国在礼制范围内平静地处理着一桩政治联姻，但事情因为少姜的得宠而发生了改变。晋平公因宠爱少姜，而责难齐国派出送女的陈无宇身份不够高；虽有少姜从中开解，仍将陈无宇羁留在晋国的都城。晋平公因宠爱少姜，赋予了少姜超越礼法规定的地位；女性基于丈夫的宠幸可以获得特别的政治权力和社会地位，这一特别的政治权力和社会地位的具体情况因其丈夫的身份和地位而有所不同。晋平公敢于羁留齐国

---

① （清）王照圆：《列女传补注》卷3《仁智传·许穆夫人》，第98页。
② （西晋）杜预：《春秋经传集解》下册，第1211页。

第一章　商周时期女性的性别角色与上层贵族女性对家庭、社会的影响

大夫，表明在此时的诸侯政治格局中，晋国相较于齐国处于强势的地位；晋平公携晋国之威势，为诸侯之盟主；于是诸侯和诸侯的卿大夫都对少姜之死表现出了特别的重视。

《左传·昭公二年》：晋少姜卒。公如晋，及河。晋侯使士文伯来辞曰："非伉俪也，请君无辱！"公还。季孙宿遂致服焉。叔向言陈无宇于晋侯曰："彼何罪？君使公族逆之，齐使上大夫送之。犹曰不共，君求以贪。国则不共，而执其使。君刑已颇，何以为盟主？且少姜有辞。"冬十月，陈无宇归。十一月，郑印段如晋吊。[①]

鲁昭公亲赴晋国，吊唁并非嫡夫人的晋平公宠妾少姜。晋平公碍于礼法，不得不让士文伯阻止鲁昭公的亲自吊唁。鲁昭公虽然没有继续亲往晋国，但是鲁国的上卿季孙宿依然为少姜送去了助葬的器物。鲁国君、臣对于少姜丧礼远远超越礼法的重视，很显然是慑于晋国和晋平公的威势；已婚女性的社会地位与其婚姻和其在婚姻中的地位紧密相关。晋卿叔向请求晋平公允许齐国大夫陈无宇回归齐国，也抬出了"少姜有辞"，可见一位得宠的女性可能对其丈夫的政治决策产生的影响。

《左传·昭公三年》：三年春，王正月，郑游吉如晋，送少姜之葬。梁丙与张趯见之。梁丙曰："甚矣哉！子之为此来也。"子大叔曰："将得已乎？昔文、襄之霸也，其务不烦诸侯。令诸侯三岁而聘，五岁而朝，有事而会，不协而盟。君薨，大夫吊，卿共葬事。夫人，士吊，大夫送葬。足以昭礼命事谋阙而已，无加命矣。今嬖宠之丧，不敢择位，而数于守适，唯惧获戾，岂敢惮烦。少齐有宠而死，齐必继室。今兹吾又将来贺，不唯此行也。"张趯曰："善哉！吾得闻此数也。然自今，子其无事矣。譬如火焉，火中，寒暑乃退。此其极也，能无退乎？晋将失诸侯，诸侯求烦不获。"二大夫退。子大叔告人曰：

---

① （西晋）杜预：《春秋经传集解》下册，第1214页。

西周春秋时期的女性、联姻与政治格局演进研究

"张趯有知，其犹在君子之后乎！"①

国君夫人的丧礼也只需要"士吊，大夫送葬"，而对于晋平公宠妾少姜的葬礼，鲁昭公选择亲往吊唁，中途受到劝告而返回；鲁卿季孙宿、郑卿游吉都亲往送葬。晋国大夫梁丙、张趯表达了对郑上卿来送晋侯宠妾之葬的震惊，游吉与梁丙、张趯的对话表明，女性因其丈夫的身份、地位获得的权力和社会地位，有可能超越礼法的限制；这种超越礼法限制的、过度的权力和地位，虽然常被正直君子们诟病，却作为通行的规则被春秋时期的诸侯和诸侯国的卿大夫自愿或者被迫地遵从。诸侯、卿大夫也经常希望在可能的范围内，将通过女性和婚姻获得的政治利益最大化，故游吉预言："少齐有宠而死，齐必继室。"

> 《左传·昭公三年》：齐侯使晏婴请继室于晋，曰："寡君使婴曰：'寡人愿事君，朝夕不倦，将奉质币，以无失时，则国家多难，是以不获。不腆先君之适，以备内官，焜耀寡人之望，则又无禄，早世陨命，寡人失望。君若不忘先君之好，惠顾齐国，辱收寡人，徼福于大公、丁公，照临敝邑，镇抚其社稷，则犹有先君之适及遗姑姊妹若而人。君若不弃敝邑，而辱使董振择之，以备嫔嫱，寡人之望也。'"
> 韩宣子使叔向对曰："寡君之愿也。寡君不能独任其社稷之事，未有伉俪。在缞绖之中，是以未敢请。君有辱命，惠莫大焉。若惠顾敝邑，抚有晋国，赐之内主，岂唯寡君，举群臣实受其贶。其自唐叔以下，实宠嘉之。"
> 既成昏，晏子受礼，叔向从之宴，相与语。②

在晋平公、齐景公时代的晋、齐关系中，晋国是处于强势的一方，于是在少姜有宠而死之后，齐侯非常谦恭地派出上卿晏婴，请求再次嫁女于晋。晋卿韩起、叔向对齐国的善意表达了欢迎，晋、齐两国都希望借由联

---

① （西晋）杜预：《春秋经传集解》下册，第1216页。
② （西晋）杜预：《春秋经传集解》下册，第1218页。

第一章　商周时期女性的性别角色与上层贵族女性对家庭、社会的影响

姻维持良好的政治关系。

>《左传·昭公三年》：晋韩起如齐逆女。公孙虿为少姜之有宠也，以其子更公女而嫁公子。人谓宣子："子尾欺晋，晋胡受之？"宣子曰："我欲得齐而远其宠，宠将来乎？"①

由于少姜的有宠而死，晋、齐两国对于双方的再次联姻都给予了特别的重视，晋国以上卿韩起到齐国迎娶齐女。齐卿公孙虿看重女子基于宠幸获得的政治影响力，竟然行偷梁换柱之计，以自己的女儿代替齐侯的女儿嫁往晋国。韩起明知公孙虿偷梁换柱，却并不说破，也并不苛责，因为在韩起看来，晋、齐联姻是晋国和齐国政治关系的物质表征；作为象征的女子，其真实身份如何，并不重要，重要的是齐女的象征性身份。女子基于婚姻获得的身份和社会地位，即使其中涉嫌欺瞒，只要有决策权力的人不追究，其身份和社会地位都会得到官方的认可："秋七月，郑罕虎如晋，贺夫人。"② 不管齐女的真实身份如何，其既嫁为晋侯夫人，就会得到诸侯以晋侯夫人之礼地对待。

女性获得权力和社会地位的渠道是多方面的，包括父系、夫族、子嗣、兄弟的身份、地位和权力等，也包括女性自身的美貌、才智、性情和政治欲望等；同时，女性权力和社会地位的获得在多重因素的作用下又具有偶然性。女性作为父系和夫族的纽带，其权力和社会地位具有象征性，与其父系和夫族的政治境遇密切相关。春秋时期，女性基于婚姻获得的权力和社会地位有时候可能超越礼法的限制，当时的诸侯、卿大夫经常会一方面对女性超越礼法的权力和社会地位给予针砭，另一方面又寻求尽可能地、最大限度地利用联姻获取政治利益。

通过婚姻获得政治上的支持，在春秋时期被认为是诸侯、卿大夫等贵族联姻时必须首先考虑的问题。这充分证明了女性在春秋时期政治中的影响力，这种影响力与女性的父系家族有关。女性也会因为在夫家的地位和

---

① （西晋）杜预：《春秋经传集解》下册，第1227页。
② （西晋）杜预：《春秋经传集解》下册，第1228页。

自己的美貌与能力等获得相应的权力。西周、春秋时期已婚女性父系、夫族的双重身份，彼此关联，并可能在特定的历史境况下相互作用，对夫族或者父系的政治发挥直接的作用。

公元前639年（僖公二十一年）邾人灭须句。成风是鲁庄公的配偶、鲁僖公的母亲，当即请求鲁僖公恢复她的母国须句，鲁僖公实现了对须句的重封："二十二年春，伐邾，取须句，反其君焉，礼也。"① 这是女性依靠夫家权力对父母之国发挥影响的有力证据。

春秋时期大量的公子出奔，母亲之国是最为普遍的选择，因齐襄公乱政而逃至鲁国的公子纠，即因其母为鲁女。故同时，母亲之国也经常会出兵送本国女子所生的公子回国即位，庄公九年（前685）的鲁、齐战争，即因鲁国要送公子纠回国即位而起，只是最后因为鲁国的战败，公子纠被迫自杀。通过对婚姻关系的考察，我们有可能为两周时期的一些政治事件，寻找到更加清晰的因果脉络。

嫡长子继承制，嫡子的身份是由母亲决定的。在西周、春秋时期的男权社会，母亲的地位对于儿子的嗣位与否有很大的影响：赵姬请立赵盾为嫡子与让夫人之位于赵盾之母叔隗密切相关："（赵姬）以盾为才，固请于公以为嫡子，而使其三子下之，以叔隗为内子而己下之。"② 晋襄公死后，赵盾论嗣位之君的选择，特别注重公子们母亲的身份、地位和德行，说："辰嬴贱，班在九人，其子何震之有？且为二君嬖，淫也。为先君子，不能求大而出在小国，辟也。母淫子辟，无威。陈小而远，无援，将何安焉？杜祁以君故，让偪姞而上之，以狄故，让季隗而己次之，故班在四。先君是以爱其子而仕诸秦，为亚卿焉。秦大而近，足以为援，母义子爱，足以威民，立之，不亦可乎？"③ 赵盾给出立公子雍的理由是"母义子爱"和"秦大而近"，而反对立公子乐的原因则是其母"班在九人"，"母淫子辟"和"陈小而远"，对嗣子本身的德行、能力等未予评价。赵盾主张选择有就近大国支持的公子为君，是基于为国家交结强援的考虑；而对于公

---

① （西晋）杜预：《春秋经传集解》上册，第323页。
② （西晋）杜预：《春秋经传集解》上册，第340页。
③ （西晋）杜预：《春秋经传集解》上册，第448—449页。

第一章　商周时期女性的性别角色与上层贵族女性对家庭、社会的影响

子母亲的评价则表明，母亲与公子的利益和权力彼此相关，即所谓"母以子贵，子以母贵"。①

母亲身份对于儿子嗣位的影响，在不同的诸侯国是有所差别的，同时这种影响也随着时代的变迁而有所变化。鲁隐公因母亲非夫人而只能是摄位："元年春，王周正月。不书即位，摄也。"②说明在隐公元年（前722）的春秋初年，嫡子地位地不可动摇。隐公十一年（前710），羽父劝鲁隐公杀掉桓公，此时的鲁国，嫡子的身份虽然仍然举足轻重，但是已经有人开始谋求通过杀嫡而以庶子为正，并得到后人有条件的认可。但是鲁隐公拒绝了这一提议，他仍然固执地坚持嫡庶之别，鲁桓公受羽父的蛊惑弑隐公自立，继而讨伐隐公被弑场所的主人寪氏："羽父使贼弑公于寪氏，立桓公而讨寪氏。"③鲁桓公、羽父贼喊捉贼、寻找替罪羊的行为表明，此时的鲁国，嫡庶之别已经不如德行的高下重要，鲁桓公必须为自己的弑兄行为寻找合适的开解之道。

在无嫡子可立的情况下，母亲国家、宗族的力量，母亲的得宠与否以及母亲个人的才智、决断和选择都会对儿子是否能够嗣位产生重要的影响。与"嫡长子"依靠母亲纯粹的礼法地位不同，母亲国家、宗族的力量，母亲的得宠与否以及母亲个人的才智、决断和选择等因素对于儿子嗣位的影响，都要借助于男性的力量。进入战国时期以后，国君、卿大夫在选择嗣位的公子时，会更看重公子本身的能力和力量，比如孟尝君田文的嗣位："初，田婴有子四十余人，其贱妾有子名文"；"于是婴乃礼文，使主家待宾客。宾客日进，名声闻于诸侯。诸侯皆使人请薛公田婴以文为太子，婴许之"。④田婴以贤德而立贱妾所生的田文为太子，就是后来的孟尝君。西周、春秋时期，战国后期国君、诸侯、卿大夫看重的立嗣因素的差别与其时周王朝、诸侯国的政治体制、国家的建构和运行机制密切相关。

---

① 《春秋公羊传注疏》卷1，（清）阮元校刻《十三经注疏》下册，第2197页。
② （西晋）杜预：《春秋经传集解》上册，第4页。
③ （西晋）杜预：《春秋经传集解》上册，第63页。
④ 《史记》卷75《孟尝君列传》，第2352—2353页。

三 女性的选择

已婚女性具有父系和夫族的双重身份，在父系和夫族发生矛盾的时候女性要怎样选择呢？这似乎因人而异。

桓公十五年（前697），郑厉公不满于祭仲的专权，与祭仲的女婿雍纠合谋杀祭仲。这件事情被祭仲的女儿知道了，雍姬征求母亲的意见，在父亲和丈夫之间应该做怎样的选择？雍姬母亲给出的建议是："人尽夫也，父一而已，胡可比也？"① 于是雍姬将郑厉公和其夫雍纠的谋划告诉了父亲祭仲，这直接导致了雍纠被杀，厉公出奔。雍姬母亲给出的建议乃是基于确定性和可能性的差别；对于女性来说，生物上的父亲是唯一的和确定的，而丈夫却可以有多种选择。雍姬在母亲的建议下，在面对父亲和丈夫矛盾的时候选择了父亲。雍姬的选择并不具有绝对的正确性，也并非女性选择的唯一标准。

襄公二十八年（前545），卢蒲癸和王何想要进攻庆氏，卢蒲癸因妻子是庆舍之女而对妻子隐瞒此事。卢蒲姜主动向丈夫询问此事，并决定帮助丈夫卢蒲癸杀父亲和灭庆氏："姜曰：'夫子愎，莫之止，将不出。我请止之。'癸曰：'诺。'十一月乙亥，尝于大公之庙，庆舍涖事。卢蒲姜告之，且止之。弗听，曰：'谁敢者！'遂如公。"② 卢蒲姜作为庆舍的女儿，为丈夫卢蒲癸杀父亲庆舍之事献计，因庆舍刚愎自用而用激将法，终置庆舍于死地。与雍姬选择站在父亲一边相反，卢蒲姜选择站在丈夫一边。在丈夫与父亲、夫族与父系发生矛盾时如何选择，并无绝对的是非和道德标准，不同女性的选择带有偶然性和个案性质。

---

① （西晋）杜预：《春秋经传集解》上册，第118页。
② （西晋）杜预：《春秋经传集解》下册，第1100页。

第三节　夏姬与晋、楚、吴的政治角力：我们应该如何评价女性对历史的影响

春秋中后期最重要的政治角力，第一，是晋、楚争霸；第二，是中原诸国不堪晋、楚争霸之苦而做出的弭兵努力；第三，是晋、吴联合，吴、楚战争对楚国的消耗。晋、吴联合，吴、楚战争，在《左传》的叙述中，一个女人夏姬被推到了多米诺骨牌的中心位置，其与郑、陈、楚、晋诸国多位国君、公子、卿大夫的婚姻和暧昧关系，以及与之相关男性的政治行为，直接影响到了春秋中后期晋、楚、吴、陈、郑、齐、秦诸国的政治和诸侯国之间的关系。

关于夏姬与夏征舒具体的亲缘关系和夏姬与申公巫臣关系的细节，《清华简·系年》的记载与《左传》《国语》《史记》等文献有所差异：

> 《清华简·系年》第十五章：楚庄王立，吴人服于楚。陈公子徵舒取妻于郑穆公，是少孔。庄王立十又五年，陈公子徵舒杀其君灵公，庄王率师围陈。王命申公屈巫适秦求师，得师以来。王入陈，杀徵舒，取其室以予申公。连尹襄老与之争，敚之少孔。连尹止于河滩。其子黑要也又室少孔。庄王即世，共王即位。黑要也死，司马子反与申公争少孔，申公曰："是余受妻也。"取以为妻。司马不顺申公。王命申公聘于齐，申公窃载少孔以行，自齐遂逃适晋，自晋适吴，焉始通吴晋之路，教吴人叛楚。[①]

《系年》认为夏姬是夏征舒的妻子，而非《左传》所说的夏御叔的妻子、夏征舒的母亲；《系年》认为楚庄王杀夏征舒之后即将夏姬赐予申公巫臣，连尹襄老娶夏姬乃是夺申公巫臣之妻，而非《左传》所说的楚庄王

[①] 《清华简·系年》，李学勤主编《清华大学藏战国竹简》(贰)，中西书局2011年版，第170页。

将夏姬赐予连尹襄老。但因本书此处仅在于从宏观层面反思女性对历史的影响以及史传作者对女性对历史影响的叙述问题；夏姬是夏征舒的母亲还是妻子，连尹襄老是受楚庄王所赐还是从申公巫臣那里抢来的夏姬，对整个故事的发展脉络没有实质性影响；故文章对夏姬与夏征舒具体的亲缘关系和连尹襄老娶夏姬的具体情况等细节差异不做考证和述评。关于《左传》和《清华简》对夏姬与夏征舒亲缘关系记载差异的考证，可参看程薇的《清华简〈系年〉与夏姬身份之谜》。本书行文仅依《左传》而论。

《左传》成公七年（前584），回溯了楚国重臣子重、子反与申公巫臣矛盾的累积过程：

> 楚围宋之役，师还，子重请取于申、吕以为赏田。王许之。申公巫臣曰："不可。此申、吕所以邑也，是以为赋，以御北方。若取之，是无申、吕也。晋、郑必至于汉。"王乃止。子重是以怨巫臣。子反欲取夏姬，巫臣止之，遂取以行。子反亦怨之。及共王即位，子重、子反杀巫臣之族子阎、子荡及清尹弗忌及襄老之子黑要，而分其室。子重取子阎之室，使沈尹与王子罢分子荡之室，子反取黑要与清尹之室。巫臣自晋遗二子书曰："尔以谗慝贪惏事君，而多杀不辜。余必使尔罢于奔命以死。"
>
> 巫臣请使于吴，晋侯许之。吴子寿梦说之。乃通吴于晋。以两之一卒适吴，舍偏两之一焉。与其射御，教吴乘车，教之战陈，教之叛楚。寘其子狐庸焉，使为行人于吴。吴始伐楚、伐巢、伐徐，子重奔命。马陵之会，吴入州来，子重自郑奔命。子重、子反于是乎一岁七奔命。蛮夷属于楚者，吴尽取之，是以始大，通吴于上国。[①]

子重、子反与申公巫臣的矛盾由于利益和夏姬而起，并在申公巫臣携夏姬避居晋国之后爆发。子重、子反杀申公巫臣的同族子阎、子荡和清尹弗忌，并分其家室；甚至连夏姬前任丈夫连尹襄老的儿子黑要也不放过。申公巫臣致书子重、子反发誓报仇。申公巫臣出使吴国，游说吴子寿梦联

---

① （西晋）杜预：《春秋经传集解》上册，第688—689页。

第一章 商周时期女性的性别角色与上层贵族女性对家庭、社会的影响

晋抗楚，教授吴人射御、乘车、战阵。吴国开始频繁进攻楚国和楚国的属国巢、徐、州来等。申公巫臣通过联吴抗楚，使子重、子反疲于奔命；也使得楚国在共王、康王、郏敖、灵王、平王、昭王时代屡困于吴。定公四年（前506），吴军攻入楚国的都城郢，楚昭王出奔，楚国几近于灭亡。晋、吴联合是楚共王至昭王时期，楚国在与晋国和吴国的抗衡中处于劣势的重要原因。在《左传》的叙述中，晋、吴联合的最初提出者和实践者是申公巫臣；申公巫臣之所以要促成晋、吴联合对抗楚国，乃因为楚国的子重、子反杀害了自己的同族子阎、子荡和清尹弗忌；子重、子反之所以要杀害申公巫臣的同族，是因为其与申公巫臣的矛盾。

宣公十四年（前595）楚师从宋国返回，令尹子重请求把申、吕作为自己的"赏田"，楚庄王本已同意了，但在申公巫臣的谏阻下终止了封赏，子重于是怨恨申公巫臣。申公巫臣反对将申、吕作为子重赏田的原因在于，申、吕此时已是楚王的直接属地，向楚王缴纳赋税；申、吕的赋税是楚国军费的重要来源，而强大的军队是楚国与以晋为首的北方诸侯抗衡的基础。申公巫臣提出的反对将申、吕作为子重赏田的理由乃出于为楚国考虑的公心，但子重因为自己的利益受到损害而怨恨申公巫臣。不过申公巫臣提出的理由虽然冠冕堂皇，却也未必没有一点私心的存在。杨伯峻解释楚国君臣的称谓说："楚子自称王，称其县尹为公。"[1] 申公巫臣既名曰"申公"，其当为申地的封君或县尹。位于今南阳附近的申国在楚文王（前689—前677）时为楚所灭，楚国经常以灭国为县，申即为一例。《左传·哀公十七年》（前478）楚大师（太师）子穀有言曰："彭仲爽，申俘也，文王以为令尹，实县申、息。"[2] 县是动词，即以申、息为县，则申为楚县在楚文王时。杜预、顾栋高、杨伯峻、郑殿华、李晓杰等都将申、息视为楚国的县。[3] 申为楚县，春秋时期楚国的"县"虽与战国秦汉的郡县之

---

[1] 杨伯峻编著：《春秋左传注》（修订本）第1册，中华书局1990年版，第247页。
[2] （西晋）杜预：《春秋经传集解》下册，第1829页。
[3] 郑殿华：《论春秋时期的楚县与晋县》，《清华大学学报》（哲学社会科学版）2002年第4期；李晓杰：《中国行政区划通史·先秦卷》（第二版），复旦大学出版社2017年第2版，第259页。

"县"不完全相同,[①] 但其为楚王的直接属地,其封君或县尹由楚王直接任命,其县尹或封君不是完全世袭的是确定无疑的。《左传》中先后出现的申公斗班、申公斗克、申公子仪、申公叔侯、申公巫臣、申公子申、申公子牟(王子牟),《吕氏春秋·至忠览》中出现的申公子培并不完全出于同一个家族。申公巫臣标榜的虽然是站在楚国利益角度反对将申、吕作为子重的"赏田",但在子重看来这未尝不是申公巫臣出于私利角度的从中作梗,故子重与申公巫臣的矛盾由此引起。

子反与申公巫臣的矛盾则是因夏姬而起。宣公十年(前599),陈夏征舒因陈灵公、孔宁、仪行父与其母夏姬淫乱,弑陈灵公;孔宁、仪行父逃奔楚国。宣公十一年(前598),楚庄王讨陈乱,杀夏征舒,县陈,继而听从申叔时的建议,"复封陈"。[②] 成公二年(前589),《左传》因申公巫臣携夏姬避居晋国,而叙述了楚庄王讨伐陈国夏征舒之后楚国君臣围绕夏姬的一段旧事:

> 楚之讨陈夏氏也,庄王欲纳夏姬,申公巫臣曰:"不可。君召诸侯,以讨罪也。今纳夏姬,贪其色也。贪色为淫,淫为大罚。《周书》曰:'明德慎罚。'文王所以造周也。明德,务崇之之谓也。慎罚,务去之之谓也。若兴诸侯,以取大罚,非慎之也。君其图之!"王乃止。子反欲取之,巫臣曰:"是不祥人也!是夭子蛮,杀御叔,杀灵侯,戮夏南,出孔、仪,丧陈国,何不祥如是!人生实难,其有不获死乎?天下多美妇人,何必是?"子反乃止。
>
> 王以予连尹襄老。襄老死于邲,不获其尸,其子黑要烝焉。巫臣使道焉,曰:"归!吾聘女。"又使自郑召之,曰:"尸可得也,必来逆之。"姬以告王。王问诸屈巫。对曰:"其信!知罃之父,成公之嬖也,而中行伯之季弟也,新佐中军,而善郑皇戌,甚爱此子。其必因郑而归王子与襄老之尸以求之。郑人惧于邲之役而欲求媚于晋,其必

[①] 关于春秋时期的县制问题可参看李晓杰《中国行政区划通史·先秦卷》(第二版),第240—251页。
[②] (西晋)杜预:《春秋经传集解》上册,第578页。

第一章　商周时期女性的性别角色与上层贵族女性对家庭、社会的影响

许之。"王遣夏姬归。将行，谓送者曰："不得尸，吾不反矣。"巫臣聘诸郑，郑伯许之。

及共王即位，将为阳桥之役，使屈巫聘于齐，且告师期，巫臣尽室以行。申叔跪从其父将适郢，遇之，曰："异哉！夫子有三军之惧，而又有桑中之喜，宜将窃妻以逃者也。"及郑，使介反币，而以夏姬行。将奔齐，齐师新败，曰："吾不处不胜之国。"遂奔晋，而因郤至以臣于晋。晋人使为邢大夫。

子反请以重币锢之，王曰："止！其自为谋也，则过矣。其为吾先君谋也，则忠。忠，社稷之固也，所盖多矣。且彼若能利国家，虽重币，晋将可乎？若无益于晋，晋将弃之，何劳锢焉。"①

楚庄王在讨伐陈国夏征舒弑陈灵公之乱，并将夏征舒车裂之后，想要纳夏姬为后妃，申公巫臣以"君召诸侯，以讨罪也。今纳夏姬，贪其色也"相阻止。子反想娶夏姬，申公巫臣历数郑灵公子蛮、陈国夏御叔、陈灵公、夏征舒皆因夏姬而死，陈国孔宁和仪行父因夏姬而出奔，陈国因夏姬而为楚所灭，以证夏姬"是不祥人也"；并言天下多美女何必夏姬，阻止子反娶夏姬。楚庄王将夏姬嫁给连尹襄老，连尹襄老在宣公十二年（前597）的晋、楚邲之战中阵亡，尸体也未能回到楚国。连尹襄老的儿子黑要烝于夏姬。申公巫臣约娶夏姬，让夏姬以迎回亡夫连尹襄老尸体的理由先回到郑国，然后许诺到郑国迎娶夏姬。夏姬回到郑国，申公巫臣借出使齐国的机会，如约到郑国迎娶夏姬。申公巫臣本欲带夏姬去齐国，因齐国在鞌之战中被晋国打败，于是携夏姬出奔晋国。晋国让申公巫臣做邢地的大夫。子反请求楚共王用"重币"让晋国不要任用申公巫臣，楚共王认为申公巫臣虽然对于娶夏姬之事思谋过深，但是他对于楚庄王和楚国还是尽忠职守的；况且如果晋国认为申公巫臣有用，楚国纵然"重币"，晋国也不会不任用申公巫臣，如果晋国认为申公巫臣没有用，自然不会任用他。楚共王理智地判断子反的建议毫无意义且不具有可行性，故未采纳。楚共王对申公巫臣携夏姬奔晋采取的态度是不作为，而这更激发了子反的怨

---

① （西晋）杜预：《春秋经传集解》上册，第654—656页。

恨。子重、子反杀申公巫臣的同族子阎、子荡和清尹弗忌，以及连尹襄老的儿子黑要，是因为与申公巫臣和黑要私人恩怨的伺机报复；导致子反与申公巫臣、黑要矛盾的直接诱因就是夏姬。子重、子反对申公巫臣的怨恨极深，以致受池鱼之殃的不仅有子阎、子荡、清尹弗忌和黑要，甚至伍子胥的祖父伍举也因受到申公巫臣的牵连而出奔："伍举娶于王子牟。王子牟为申公而亡，楚人曰：'伍举实送之。'伍举奔郑，将遂奔晋。"[①] 伍举因与申公巫臣出奔相关的王子牟有姻亲关系，而受到申公巫臣和王子牟出奔的牵累被迫流亡。子重、子反对于申公巫臣可谓恨之入骨、除恶务尽。

从《左传》的叙述来看，我们有理由认为正是因为申公巫臣娶了夏姬，才导致子重、子反灭亡了申公巫臣在楚国的家族；申公巫臣因为为家族报仇而联吴抗楚。晋、吴联合，吴、楚对抗，这些关系到春秋中后期诸侯政治格局的核心问题，其起因看起来与一个女人——夏姬——密切相关。如果没有夏姬，申公巫臣就不会奔晋；如果申公巫臣没有奔晋，也许就不会有晋、吴的联合；如果没有晋、吴的联合，也许就不会有楚国在共王到昭王时期与吴国的频繁战乱，并多次为吴所败。这样，当我们站在"女祸论"的立场上，甚至可以把春秋中后期楚、晋、吴之间的纵横合战归咎于一个女人——夏姬；《左传》的叙述也为我们提供了这种归咎的完美证据。但是这种看似合乎逻辑的归咎是历史进程的核心原因吗？晋、吴联合抗楚真的是因一宗桃色事件而起吗？我们真的可以把历史的起因归于一个女人吗？笔者倾向于给出否定的答案。

吴与楚的对抗，根源于吴、楚势力扩张之下的利益冲突。吴、晋的联合也不完全是出于晋国的主动，吴国也要借助与晋的联合进入中原华夏诸侯的阵营。晋、楚自城濮之战（前632）以来数相对抗，郑、宋是双方争斗的中心。宣公十二年（前597）的邲之战奠定了楚庄王诸侯霸主的地位，也让晋、楚争霸的天平明显地开始偏向楚国一方。第三方势力，吴国的介入，有效逆转了晋国在与楚国对抗中的颓势。而吴国的介入，无论从晋国还是吴国的角度来看，都是历史发展的合理趋势所致。吴国在与楚国的对抗中弃江入淮，定公四年（前506）吴人入郢，迫楚王于亡命的大战，即

[①] （西晋）杜预：《春秋经传集解》下册，第1061页。

第一章 商周时期女性的性别角色与上层贵族女性对家庭、社会的影响

以"舍舟于淮汭,自豫章与楚夹汉"拉开大幕。① 吴国的弃江入淮和以陆战对抗楚国,也许与申公巫臣的"与其射御,教吴乘车,教之战陈"不无关系,但是吴国的射御、战阵之事是否只能学自晋国?《史记·孙子吴起列传》即记载孙武在吴王阖闾时教吴人兵法、战阵:"孙子武者,齐人也。以兵法见于吴王阖闾。"② 很显然申公巫臣和晋国并不是吴国学习陆战的唯一渠道。申公巫臣见吴王寿梦是成公七年(前584);阖闾是寿梦之孙,在位时间是公元前514—前496年。申公巫臣教吴国射御、战车、战阵,较孙武见吴王阖闾早了七十多年,申公巫臣对于吴国学习陆战并与中原诸侯交往、对抗和削弱楚国当然功不可没;但是这更多的是基于当时的列国形式和晋、吴之间彼此的政治需要,申公巫臣只能算是催化剂。

夏姬与申公巫臣为我们观察、反思春秋中后期的晋、吴联合,吴、楚对抗提供了一个非常好的视角,但是无论是夏姬还是申公巫臣都不是晋、吴联合和吴、楚对抗的原动力。本书的初衷是从女性和婚姻的角度审视西周、春秋时期的政治生态、地缘政治、族群和文化交融以及区域整合问题,是从女性、婚姻角度对历史政治地理的观照。

小　结

王国维在《殷周制度论》中开宗明义地指出:"中国政治与文化之变革,莫剧于殷周之际。"③ 商、周不仅是朝代的差别,而且包含着地域、族群和文化的差别。商、周时期社会、政治、文化的差别也体现在婚制、女性的性别角色、社会地位和政治参与度等方面。

周平王与其夫人的墓葬,西周、春秋时期晋、卫、随、倗、霸等诸侯国国君与其夫人的墓葬都呈现出夫妇并穴合葬的特点。天马—曲村遗址北赵晋侯墓地发掘出九代晋侯和十位晋侯夫人共19座墓葬,其时代涵盖晋国

---

① (西晋)杜预:《春秋经传集解》下册,第1628页。
② 《史记》卷65《孙子吴起列传》,第2161页。
③ 王国维:《殷周制度论》,《观堂集林》卷10,中华书局1959年影印本,第451页。

建立之初的晋侯"燮父"到晋文侯仇（前780—前746）时期，是"曲沃代翼"之前晋国国君及其夫人的集中墓葬区，所有九代晋侯与其夫人的墓葬全部呈现夫妇并穴合葬的特点。作为姬姓周人重要封国的晋国国君的墓葬形态代表了周文化的主流葬式和丧葬习俗。周人夫妇并穴合葬的特点是周人夫妇一体观念的物质呈现。

西周、春秋时期的已婚女性具有父系和夫族的双重身份，这种双重身份使已婚女性成为父系和夫族的桥梁与纽带，在西周、春秋时期的政治中发挥着重要作用。

本章第三节关于夏姬与晋、楚、吴政治关系的讨论，旨在以具体的事例对本书的论述逻辑做出说明：本书是基于女性和婚姻对西周、春秋时期政治生态、地缘政治、族群和文化交融以及区域整合问题的审视与反思，而非将女性和婚姻视为诸侯政治的原因或者动力，本书反对"女祸论"。

第二章 两周时期劳动女性家庭和社会作用的个案考察

上层贵族女性借由自身的地位、丈夫的地位、子嗣的地位和父系家族的地位可以获得相应的政治权力，并对与其相关的家族、诸侯国或者周王室的政治产生直接的影响。周王朝、诸侯国和各方国、城邑、部族的普通女性则通过对人口[①]生产和纺织生产的贡献为其家族提供人口和经济支持，并为与之相关的方国、城邑、部族或者诸侯国、周王朝提供人力和经济的支撑。

限于史料短缺和笔者的力有不逮，本章关于先秦时期劳动女性的家庭和社会作用，以及劳动女性的人口生产和纺织生产与诸侯国人口和国力关系的考察，主要是以个案考察和个案分析方式进行的。

第一节 中国先秦时期的人口、国力和人口政策

在冷兵器时代的农业社会，人口是社会最核心的生产力因素，也是国力的重要标志。在中国的春秋和战国时期，各诸侯国都把人口问题作为国家发展的核心问题，努力提高本国的人口规模。

---

① 本书对先秦时期人口和人口政策问题的讨论，是在现代汉语的定义下使用"人口"一词的，即将"人口"作为西文 population 的翻译。关于中国古代的"人口"概念与现代"人口"定义的差别，可参看葛剑雄《中国人口史·第一卷：导论、先秦至魏晋南北朝时期》，复旦大学出版社 2012 年版，第 3—12 页。

一 《诗经》中的情诗与西周春秋时期的婚姻和人口问题

《论语·卫灵公》中有一段孔子向颜渊陈述治国之道的话：

> 颜渊问为邦。子曰："行夏之时，乘殷之辂，服周之冕，乐则韶舞。放郑声，远佞人。郑声淫，佞人殆。"①

颜渊问孔子如何治理国家，孔子给出的治国之道包括：用夏代的历法，商代的车马制度和西周的礼仪制度，即于夏、商、西周三代的制度择善而从。接下来孔子特别强调了诗、乐与国家治理的关系：孔子认为舜帝时的《韶乐》和表现周武王翦商的《大武》乐章及与之相伴的乐舞，是有资于治道的音乐；而郑声则像佞人一样会危及国家的统治。

宋人朱熹将孔子的"郑声淫"发展为"郑风淫"，将《诗经·郑风》21 首诗中的 16 首斥为"淫诗"：

> 将仲子：此淫奔者之辞。②
> 叔于田：或疑此亦民间男女相说之词也。③
> 遵大路：亦男女相说之词也。④
> 有女同车：此疑一淫奔之诗。⑤
> 山有扶苏：淫女戏其所私者。⑥
> 萚兮：此淫女之词。⑦

---

① （宋）朱熹：《论语集注》卷 8《卫灵公》，《四书章句集注》，中华书局 1983 年版，第 163—164 页。
② （宋）朱熹：《诗集传》卷 4《郑风》，中华书局 1958 年版，第 48 页。
③ （宋）朱熹：《诗集传》卷 4《郑风》，中华书局 1958 年版，第 48 页。
④ （宋）朱熹：《诗集传》卷 4《郑风》，中华书局 1958 年版，第 51 页。
⑤ （宋）朱熹：《诗集传》卷 4《郑风》，中华书局 1958 年版，第 52 页。
⑥ （宋）朱熹：《诗集传》卷 4《郑风》，中华书局 1958 年版，第 52 页。
⑦ （宋）朱熹：《诗集传》卷 4《郑风》，中华书局 1958 年版，第 52 页。

第二章　两周时期劳动女性家庭和社会作用的个案考察

狡童：此亦淫女见绝而戏其人之词。①

褰裳：淫女语其所私者。②

丰：妇人所期之男子已俟乎巷，而妇人以有异志不从，既而悔之，而作是诗。③

东门之墠：识其所与淫者之居也。④

风雨：风雨晦冥，盖淫奔之时。淫奔之女言当此之时见其所期之人而心悦也。⑤

子衿：此亦淫奔之诗。⑥

扬之水：淫者相谓。⑦

出其东门：人见淫奔之女而作此诗。⑧

野有蔓草：男女相遇于野田草露之间。⑨

溱洧：此诗淫奔者自叙之词。⑩

《郑风》中只有《缁衣》《大叔于田》《清人》《羔裘》《女曰鸡鸣》5篇没有被朱熹贴上"淫诗"的标签。朱熹在《郑风》之末又总论"郑风之淫"曰：

> 郑卫之乐，皆为淫声。然以诗考之，卫诗三十有九，而淫奔之诗才四之一，郑诗二十有一，而淫奔之诗已不翅七之五。卫犹为男悦女之词，而郑皆为女惑男之语。卫人犹多刺讥惩创之意，而郑人几于荡然无复羞愧悔悟之萌。是则郑声之淫。有甚于卫矣。故夫子论为邦，独以郑声为戒而不及卫，盖举重而言，故自有次第也。诗可以观，岂

---

① （宋）朱熹：《诗集传》卷4《郑风》，第53页。
② （宋）朱熹：《诗集传》卷4《郑风》，第53页。
③ （宋）朱熹：《诗集传》卷4《郑风》，第53页。
④ （宋）朱熹：《诗集传》卷4《郑风》，第54页。
⑤ （宋）朱熹：《诗集传》卷4《郑风》，第54页。
⑥ （宋）朱熹：《诗集传》卷4《郑风》，第54页。
⑦ （宋）朱熹：《诗集传》卷4《郑风》，第55页。
⑧ （宋）朱熹：《诗集传》卷4《郑风》，第55页。
⑨ （宋）朱熹：《诗集传》卷4《郑风》，第56页。
⑩ （宋）朱熹：《诗集传》卷4《郑风》，第56页。

不信哉。①

强调"郑风之淫"特别在于其言男女相悦、相爱、相守、相奔的比例。"郑卫之音"虽然经常连言，但是"卫风"39篇，《邶风》《鄘风》《卫风》都言卫事，故皆可视为"卫风"，可以称为"淫诗"的不过四分之一；而《郑风》21篇，"淫诗"不下七分之五。"卫风"以淫奔之事寄寓政治讽谏，而《郑风》纯粹是叙述男女之事。"卫风"尚且是男性追求女性，而《郑风》全是女性诱惑男性。朱熹对"淫诗"的界定特别强调"女惑男"，也就是女性引诱、追求男性，向男性表达爱意和纯粹叙述男女之事而没有寄寓讽谏于其中。

《毛序》多引《左传》解诗，将上引16首诗都与政治讽谏关联了起来，但是《毛序》也不否认这16首诗述及男女之事。为什么这么多与男女之事有关的诗被保留在《郑风》之中？关于《诗经》中的"国风"，班固和何休都指出其与采诗的关系。

《汉书·食货志》：孟春之月，群居者将散，行人振木铎徇于路，以采诗，献之大师，比其音律，以闻于天子。故曰王者不窥牖户而知天下。②

《春秋公羊传注疏》宣公十五年（前594）：男年六十、女年五十无子者，官衣食之，使之民间求诗。乡移于邑，邑移于国，国以闻于天子。故王者不出牖户尽知天下所苦，不下堂而知四方十月事。③

班固与何休都认为西周、春秋时期存在采诗制度，即政府定期派人到民间采集百姓的讽咏之词，将之交由太师整理、编订，然后在朝堂之上闻于天子。西周、春秋时期采诗的目的在于让天子了解百姓的处境和好恶。采诗的目的在于观民风，这就是孔子特别强调的《诗经》之用中的"观"：

---

① （宋）朱熹：《诗集传》卷4《郑风》，第56—57页。
② 《汉书》卷24上《食货志上》，第1123页。
③ 《春秋公羊传注疏》卷16，（清）阮元校刻《十三经注疏》下册，第2287页。

第二章 两周时期劳动女性家庭和社会作用的个案考察

"诗,可以兴,可以观,可以群,可以怨。"① 既然采诗的目的在于观民风,则我们可以认为《诗经》中得之于采诗的作品能有效地反映当时的社会情况。《郑风》中普遍存在的男女之事,在西周、春秋时期的天子、大夫看来是有关国家政治的大事,必须收集、整理、记录、保存,无论是作为正面的教育,还是作为反面的劝诫。男女之事为什么重要,即因为其事关国家的人口,进而关系到国家的经济和国力。

  《周礼·地官司徒·媒氏》曰:凡男女自成名以上,皆书年月日名焉。令男三十而娶,女二十而嫁。凡娶判妻入子者,皆书之。中春之月,令会男女。于是时也,奔者不禁。若无故而不用令者,罚之。司男女之无夫家者而会之。②

周官中的"媒氏"之官,负责督责百姓的婚姻、嫁娶之事。《周礼》规定结婚的年龄是男子30岁,女子20岁,这应该是上限而不是下限,就是男子必须在30岁之前结婚,女性则必须在20岁之前,对结婚年龄的限定在于最大可能地保证适龄男女处于婚姻之中,以提高人口的生育率和人口的数量。同时,《周礼》中还为未婚男女设置了"奔者不禁"之时,就是春天的第二个月,未婚男女可以自由恋爱。《王风·大车》说:"岂不尔思,畏子不奔。"《毛序》解此诗之旨说:"《大车》,刺周大夫也。礼义陵迟,男女淫奔,故陈古以刺今,大夫不能听男女之讼焉。"③《毛序》直指《大车》所述为男女淫奔之事,再将男女淫奔归咎于社会对礼仪的漠视;进而认为大夫的责任在于听"男女之讼",以保证青年男女正常诉求和婚姻的方式避免男女的淫奔之事。《毛序》认为《大车》之作的核心目的不是指责男女的淫奔,而是指责大夫在男女、婚姻之事上的处置失当;认为男女、婚姻之事,是事关国家礼仪、稳定的重要制度,必须给予充分的重

---

  ① (宋)朱熹:《论语集注》卷9《阳货》,《四书章句集注》,第178页。
  ② 《周礼注疏》卷14《地官司徒·媒氏》,(清)阮元校刻《十三经注疏》上册,第733页。
  ③ 《毛诗正义》卷4《王风·大车》,(清)阮元校刻《十三经注疏》上册,第333页。

视。奔,《礼记·内则》说"聘则为妻,奔则为妾",① 并不否认"奔"的存在,也给予"奔者"以适当的身份认可,虽然其地位被认为必须低于"聘娶"的妻子。礼法对于"奔"的适度承认和"奔者不禁"之时的设定,对未婚男女择偶给予了极大宽容。《郑风》中大量的"淫奔"之诗就是这一礼制宽容的体现。不管我们对于《郑风》中的男女之事持怎样的价值判断,赞美的、贬斥的或者中性的,我们都必须承认这是当时民风、民俗的反映,而这种民风、民俗的存在,乃是为了最大限度地促进百姓的恋爱、婚姻,以利于人口的生育和繁衍。

不仅是以淫声、淫诗、淫风著称的《郑风》充满了对男女之事的叙述,被孔子视为人伦基础的《周南》和《召南》:"子谓伯鱼曰:'女为《周南》《召南》矣乎?'人而不为《周南》《召南》,其犹正墙面而立也与?"② 其叙事也多与男女、婚姻有关。《毛序》对其称为"正始之道,王化之基"③ 的《周南》和《召南》的解释,《周南》11篇皆与后妃、夫人、文王对于婚姻的礼仪教化有关;《召南》14篇,除《甘棠》一篇之外也皆与夫人、大夫妻,以及文王对于婚姻的礼仪教化有关。《周南·螽斯》曰:"螽斯羽,诜诜兮。宜尔子孙振振兮。"《毛序》解其诗旨曰:"《螽斯》,后妃子孙众多也。"④ 螽斯就是蝗虫,今天大概没有人会用蝗虫来赞美和祝愿别人,即使是从多子的角度;《诗经》时代对子嗣、人口的重视由此可见。《诗经·国风》中普遍的男女、婚姻叙事是其时社会、文化、风俗的体现,男女、婚姻在西周、春秋时期是国之大事,因为这关系到周王朝、诸侯国等政治体的人口生产和周王朝、诸侯国等政治体的政治和经济实力。

二 春秋战国时期人口与国力相关性的个案分析

在春秋、战国的冷兵器时代,国力和战争最核心的要素就是人口。春

---

① 《礼记正义》卷28《内则》,(清)阮元校刻《十三经注疏》上册,第1471页。
② (宋)朱熹:《论语集注》卷9《阳货》,《四书章句集注》,第178页。
③ 《毛诗正义》卷1《毛诗序》,(清)阮元校刻《十三经注疏》上册,第273页。
④ 《毛诗正义》卷1《周南·螽斯》,(清)阮元校刻《十三经注疏》上册,第279页。

第二章 两周时期劳动女性家庭和社会作用的个案考察

秋时期齐桓公时代齐国的强大,其中很重要的一点就是齐国的人口优势。闵公二年(前660),齐桓公派出戍卫军队的规模是"车三百乘、甲士三千人"。① 三百辆兵车加上三千名步兵,基于不同的战车上兵员折算比例可以得出不同的兵员总量。按照禹鼎(《集成》5.2833)"戎车百乘,斯驭二百,徒千"② 的战车兵员配比,即一辆战车配备两名战车战斗人员,则齐桓公派出戍卫的军队共有三千六百人;如果按照《左传》中通行的战车兵员配备:主将、车左(御戎)、车右论,则有三千九百人。卫国被狄人所灭,逃到曹地的人口数是"卫之遗民男女七百有三十人,益之以共、滕之民为五千人",③ 卫国在曹地的人口,男女老少不过五千余人,齐桓公一下子就派去了近四千人的军队。卫国在曹邑重建,卫文公元年,仅有战车30辆:"元年革车三十乘",④ 齐国派去戍曹的军队是卫国军队的10倍。5000名男女是闵公二年卫国在曹地的全部人口,30辆战车是此时卫国的全部兵力,而齐桓公可以轻易地派出10倍于卫国兵力的战车,几乎与曹邑人口数相当的军队规模,齐国的人口和军力之庞大由此可见一斑。齐景公时晏婴使楚,极言齐国人口之众,说:"齐之临淄三百闾,张袂成阴,挥汗成雨,比肩继踵而在。"⑤ 春秋时期作为大国的齐国,其国力建立在巨大的人口规模之上。

《孟子·梁惠王上》中记载了一段孟子与梁惠王的对话:

> 梁惠王曰:"寡人之于国也,尽心焉耳矣。河内凶,则移其民于河东,移其粟于河内。河东凶亦然。察邻国之政,无如寡人之用心者。邻国之民不加少,寡人之民不加多,何也?"孟子对曰:"王好战,请以战喻。填然鼓之,兵刃既接,弃甲曳兵而走。或百步而后止,或五十步而后止。以五十步笑百步,则何如?"曰:"不可,直不百步耳,是亦走也。"曰:"王如知此,则无望民之多于邻国也。不违

---

① (西晋)杜预:《春秋经传集解》上册,第223页。
② 马承源主编:《商周青铜器铭文选》第3卷,第282页。
③ (西晋)杜预:《春秋经传集解》上册,第223页。
④ (西晋)杜预:《春秋经传集解》上册,第230页。
⑤ 吴则虞:《晏子春秋集释》卷6《内篇杂下》,中华书局1962年版,第389页。

农时，谷不可胜食也；数罟不入洿池，鱼鳖不可胜食也；斧斤以时入山林，材木不可胜用也。谷与鱼鳖不可胜食，材木不可胜用，是使民养生丧死无憾也。养生丧死无憾，王道之始也。五亩之宅，树之以桑，五十者可以衣帛矣；鸡豚狗彘之畜，无失其时，七十者可以食肉矣；百亩之田，勿夺其时，数口之家可以无饥矣；谨庠序之教，申之以孝悌之义，颁白者不负戴于道路矣。七十者衣帛食肉，黎民不饥不寒，然而不王者，未之有也。狗彘食人食而不知检，涂有饿莩而不知发；人死，则曰：'非我也，岁也。'是何异于刺人而杀之，曰：'非我也，兵也。'王无罪岁，斯天下之民至焉。"[1]

与梁惠王的对话围绕着魏国的人口问题展开。梁惠王论证自己对国家尽心尽责，保障百姓的生存，以人口的稳定为核心；论述魏国与邻国的政治对比，也以人口的多寡为标志。孟子以逃兵的"五十步笑百步"类比梁惠王的人口政策，指出梁惠王虽然在灾荒时通过迁徙和赈灾保障了百姓的生存，但是魏国的争霸战争使得百姓无法真正安居乐业。孟子为梁惠王描绘了施行仁政的图景，孟子的仁政主张包含三个递进的步骤。首先，是顺应农时和自然规律，这样百姓的基本温饱问题就可以得到很好的解决；其次，是鼓励家庭进行纺织生产和饲养家禽、牲畜，这将有效提高家庭的收入；最后，是以儒家的孝悌之道教化百姓，使百姓在丰衣足食的基础上实现儒家主张的道德文明。孟子的民本和仁政主张是建立在百姓富足、人口蕃盛的基础上的。家庭纺织生产完全由女性承担；在家禽、家畜的饲养中，女性也承担了大部分的劳动；女性也会参加农业生产，女性的劳动对于整个家庭的经济基础具有举足轻重的作用。人口的生产和哺育也特别有赖于女性的贡献。保证人口规模和百姓富足是儒家仁政和七雄争霸的共同追求，女性的经济生产和人口生产为儒家仁政和诸侯争霸提供了重要的物质基础。

---

[1] （宋）朱熹：《孟子集注》卷1《梁惠王章句上》，《四书章句集注》，第203—204页。

三 战国时期秦国的人口政策与秦灭六国：基于秦、赵长平之战的分析

战国七雄的争霸最终以秦统一六国而结束，秦国能够统一六国离不开秦军的强大，而秦军的强大是以人口和兵力作为保证的。奠定秦国强盛基础的商鞅变法特别强调了人口、户籍和军赋、军制的问题：变法令"民有二男以上不分异者，倍其赋"。① 这是以增加赋税的方式强迫国民通过分家缩小家庭的规模，推行以一个成年男性为核心的小家庭；家庭规模的缩小有利于秦国的兵源统计和赋税征收。人口政策与秦国的统一直接相关。商鞅特别注意人口的统计："四境之内，丈夫女子皆有名于上，（生）者著，死者削。"② 商鞅订立的人口统计政策不仅要求统计男性的确切数字，还要求统计女性的确切数字。男性是秦国兵力的来源，适龄生育女性的数量则直接关系到秦国兵力补充的能力。

关于秦昭襄王四十七年、赵孝成王七年（前260）的秦、赵长平之战，《史记·秦本纪》《六国年表》《赵世家》和《白起王翦列传》有如下记载：

> 《秦本纪》：四十七年，秦攻韩上党，上党降赵，秦因攻赵，赵发兵击秦，相距。秦使武安君白起击，大破赵于长平，四十余万尽杀之。③
> 《六国年表》：白起破赵长平，杀卒四十五万。
> 使赵括代廉颇将。白起破括四十五万。④
> 《赵世家》曰：廉颇免而赵括代将。秦人围赵括，赵括以军降，卒四十余万皆坑之。⑤

---

① （西汉）司马迁：《史记》卷68《商君列传》，第2230页。
② 蒋礼鸿：《商君书锥指》卷5《境内》，中华书局1986年版，第114页。
③ （西汉）司马迁：《史记》卷5《秦本纪》，第213页。
④ （西汉）司马迁：《史记》卷15《六国年表》，第747页。
⑤ （西汉）司马迁：《史记》卷43《赵世家》，第1826页。

《白起王翦列传》：赵括至，则出兵击秦军。秦军详败而走，张二奇兵以劫之。赵军逐胜，追造秦壁。壁坚拒不得入，而秦奇兵二万五千人绝赵军后，又一军五千骑绝赵壁间，赵军分而为二，粮道绝。而秦出轻兵击之。赵战不利，因筑壁坚守，以待救至。秦王闻赵食道绝，王自之河内，赐民爵各一级，发年十五以上悉诣长平，遮绝赵救及粮食。

至九月，赵卒不得食四十六日，皆内阴相杀食。来攻秦垒，欲出。为四队，四五复之，不能出。其将军赵括出锐卒自搏战，秦军射杀赵括。括军败，卒四十万人降武安君。武安君计曰："前秦已拔上党，上党民不乐为秦而归赵。赵卒反覆，非尽杀之，恐为乱。"乃挟诈而尽阬杀之，遗其小者二百四十人归赵。前后斩首虏四十五万人。赵人大震。①

公元前 260 年的秦、赵长平之战是秦国对赵国做出的致命打击，《史记》认为这次战争赵国有四十万或者四十五万士兵在投降之后被秦军杀死或者坑杀。《秦本纪》《赵世家》曰"四十余万"，《六国年表》作"四十五万"，《白起王翦列传》则调和两个数字，说："括军败，卒四十万人降武安君"；"前后斩首虏四十五万人"，说向秦军投降的赵军是四十万人，另有五万人在两个多月的战争中被杀。

四十万和四十五万这两个数字哪个准确呢？细查《史记》的相关记载，这两个数字恐怕都是出于夸饰，而难言准确。

《白起王翦列传》提到一次赵军与秦军遭遇战的细节，赵括取代廉颇领军之后，曾出兵攻击秦军。秦军伪装失败设下埋伏，以二万五千人截断赵军的后路，又用五千骑兵堵塞了赵军的粮道。秦昭襄王亲赴河内劳军，一方面以爵位激励将士，另一方面又动员国中 15 岁以上的兵源全力奔赴长平。秦昭襄王动员全国兵力奔赴长平，则此时长平的秦军在 25000 出击的步兵和 5000 骑兵之外，守城的和后继的兵力一定很有限。秦"张二奇兵"，又"壁坚拒不得入"，秦将白起用以守城的兵力当不足 2.5 万

---

① （西汉）司马迁：《史记》卷 73《白起王翦列传》，第 2334—2335 页。

第二章 两周时期劳动女性家庭和社会作用的个案考察

人,甚至很可能只在1万人左右。则此时秦军在长平的总兵力在4万—5.5万人。

《孙子兵法·谋攻篇》说:故用兵之法:十则围之,五则攻之,倍则分之,敌则能战之,少则能逃之,不若则能避之。①

《孙子兵法》认为要围困敌人需要十倍于敌人的兵力,要分隔敌人需要两倍于敌人的兵力。《孙子兵法》对于围困和分隔敌人的兵力要求出于理论的假设,在具体操作中当然未必一成不变,但是要围困敌人至少要比敌人拥有更多的兵力,要分隔敌人也需要足够的兵力,至少不能比敌人的兵力少太多,应该是没有问题的。由此,则赵括用以攻击秦军而被秦军截击、围困的赵军不可能超过5万人。赵国此时如果在长平有40万或者45万人的军队,则赵括用以坚守长平的军队至少还有35万人到40万人,秦军如何能以4万—5万兵力将赵军困于城中,致其"赵卒不得食四十六日"?很显然,《史记》对赵国在长平之战中的兵力描述有很大的水分,赵国在长平的总兵力应该在5万人左右,最多不可能超过10万人。如果赵军在长平真的有超过40万人或者45万人的话,一次杀死这么多人对于秦军来说也是一个不太可能完成的技术难题。关于长平之战赵国的兵力问题,邵服民在《秦赵长平之战赵国兵力质疑》一文中从《战国策》所记秦、赵国家兵力的总数,长平之战的地形、战争的规模,山西与长平之战相关之地名,被认为是白起坑杀赵军之处——"谷口"的空间范围,以及杀降四十万人的技术问题等方面对长平之战后白起杀降40万提出了怀疑,认为"推其(赵国)兵力最多不过二十万人"。②

在讨论了长平之战中秦军和赵军的兵力规模之后,笔者更关心的是《史记》的夸饰和秦军的杀俘问题。《史记》的夸饰应该是在战国以来关于长平之战的叙述中自然而然衍生出来的,司马迁也许根本没有意识到自己

---

① (春秋)孙武撰,(三国)曹操等注,杨丙安校理:《十一家注孙子校理》卷上《谋攻篇》,中华书局1999年版,第52—55页。
② 邵服民:《秦赵长平之战赵国兵力质疑》,河北省历史学会主编《赵国历史文化论丛》,河北人民出版社1987年版,第163—166页。

存在夸饰，在司马迁的概念里，长平之战就真的有四十万或者四十五万赵军被杀。白起的杀俘是长平之战中笔者最关注的问题，白起的杀俘折射出秦国一方战争态度的转变，这一转变对秦国最终能够灭六国意义重大。赵军在主将赵括阵亡之后选择投降，显然没有预期会被全部坑杀。在以往的战争中虽然不乏"累臣衅鼓"的先例，但是将所有降军全部杀死，长平之战后秦将白起的做法是中国战争史上的第一次。白起对于决定杀死全部投降的赵军给出的理由是："前秦已拔上党，上党民不乐为秦而归赵。赵卒反覆，非尽杀之，恐为乱。"害怕投降后的赵军再次为乱。白起的做法有违周礼对于战争的要求，也有违基本的战争道德，甚至白起自己也将之视为其戎马一生的最大污点："我固当死。长平之战，赵卒降者数十万人，我诈而尽坑之，是足以死。"① 秦昭襄王五十年（前257），秦王命人赐白起自裁，白起最初认为自己无罪，继而因念及自己坑杀长平赵军而认为自己理应受死。白起在长平之战后坑杀全部赵国降军，其根本原因是"人口"问题。此时，秦灭亡六国的进程进入关键阶段，秦国的兵力、人口消耗使得秦国此时的兵力和人口情况没有办法妥善安置投降的赵军。秦国对六国的最终打击是以削弱对方的人口和兵力为核心的。

人口是春秋、战国时期诸侯国国力最核心、最重要的标志，越王勾践的败而复霸就是以鼓励人口生产为基础的。

第二节　人口与越王勾践的霸业：勾践复兴的一个细节考察

本书第七章关于"春秋五霸"与春秋时期区域整合问题的讨论，以齐桓、晋文、秦穆、宋襄、楚庄的五霸之说为基础。不过在《荀子·王霸》《荀子·议兵》《墨子·所染》《吕氏春秋·当染》、王褒《四子讲德论》关于"春秋五霸"的论述中，越王勾践则被列为五霸之一。《左传》哀公

---

① 《史记》卷73《白起王翦列传》，第2337页。

第二章　两周时期劳动女性家庭和社会作用的个案考察

二十二年（前473）："冬十一月丁卯，越灭吴"，① 越王勾践卧薪尝胆、励精图治，用了二十年的时间终于灭亡了曾经强大的吴国，迫使吴王夫差自杀。勾践灭吴之后"上征上国，宋、郑、鲁、卫、陈、蔡执玉之君皆入朝"。② 越王勾践取代吴王夫差，暂时成为诸侯的盟主。

《左传》哀公元年（前494）：吴王夫差败越于夫椒，报槜李也。遂入越。越子以甲楯五千，保于会稽，使大夫种因吴大宰嚭以行成。③

越王勾践遭夫椒之败，仅以步兵五千困守会稽，以屈辱的条件向吴王请和。二十二年后，越王勾践成功完成了对吴国的复仇，灭亡吴国，迫使吴王夫差自杀。越王勾践的成功有很多原因，而其中最关键，也是最具实质性的一点就是人口的蕃育。吴、越战争造成越国大量青、壮年男性死亡，越国要恢复国力，首先必须恢复人口。勾践的越国复兴计划中包含了文献所见春秋时期诸侯国最为详细的生育鼓励政策。

《国语·越语》：句践之地，南至句无，北至御儿，东至于鄞，西至于姑蔑，广运百里。乃致其父母昆弟而誓之曰："寡人闻，古之贤君，四方之民归之，若水之归下也。今寡人不能，将帅二三子夫妇以蕃。"令壮者无取老妇，令老者无取壮妻。女子十七不嫁，其父母有罪；丈夫二十不娶，其父母有罪。将免者以告，公令医守之。生丈夫，二壶酒，一犬；生女子，二壶酒，一豚。生三人，公与之母；生二人，公与之饩。当室者死，三年释其政；支子死，三月释其政。必哭泣葬埋之，如其子。令孤子、寡妇、疾疹、贫病者，纳宦其子。其达士，洁其居，美其服，饱其食，而摩厉之于义。四方之士来者，必庙礼之。句践载稻于舟以行，国之孺子之游者，无不餔也，无不歠也，必问其名。非其身之所种则不食，非其夫人之所织则不衣，十年

---

① （西晋）杜预：《春秋经传集解》下册，第1842页。
② 《国语》卷19《吴语》，上海师范大学古籍整理组校点《国语》下册，上海古籍出版社1978年版，第628页。
③ （西晋）杜预：《春秋经传集解》下册，第1707页。

不取于国，民俱有三年之食。①

勾践首先指出古代贤君的强大都有赖于人口的蕃盛，而越国没有能力吸引大量的外来人口，于是唯一的办法就是鼓励生育。第一，勾践规定婚姻中的男女必须年龄相近，既不能少夫娶老妻，也不能老夫娶少妻；这是为了保证男女双方同时处于适宜生育的年龄，以保证人口的出生率。第二，勾践规定适龄男女必须尽早结婚、生育，即女子结婚不得晚于17岁，男子则不得晚于20岁；这个结婚年龄的限制比《周礼·地官司徒·媒氏》规定的男子30岁、女子20岁的结婚年龄上限低，即勾践要求越地男、女更早地结婚生育，否则就将处罚晚婚男、女的父母。选择处罚未在规定年龄内完成婚姻的男、女的父母而非适龄男、女本身，也有着希望通过处罚强令适龄男、女完成婚姻，但又尽可能少地影响其婚姻和生育的考虑。第三，勾践为女子分娩提供医生的保障，这将有效提高新生儿和母亲的生存率。第四，勾践制定了详细的生育奖励和生育保障措施。生一个男孩，政府将给予其酒和狗作为奖励；生一个女孩，政府将给予其酒和小猪作为奖励。生两个孩子，政府将为其家庭提供食物；生三个孩子，政府将提供乳母分担产妇和家庭的工作。第五，勾践还免除了父母为嫡子、支子持丧三年和三个月的义务，这是为了让适龄的父、母在其子嗣有人死亡的情况下可以尽快地生育新的子女。第六，勾践对于民间家庭夭折的子女极尽哀悼之责，这将从精神上提高适龄父母生育子女的动力。第七，对于孤儿、寡妇、贫病人家的孩子，政府将供养这些未成年子、女，这有利于保证孤儿和弱势家庭子、女的健康成长。第八，勾践不仅礼遇四方的贤士，更关注越国少年的成长，以赠粟、赠饮和询问姓名的方式向国中少年示好。这将有利于越国的人才使用和人才选拔；也从精神上提高了这些越国少年成年之后的生育愿望和其父母的生育愿望。第九，勾践坚持自己亲耕、夫人亲织，以便尽可能少的征收赋税，给予百姓休养生息、积累粮食以供养更多子、女的机会。勾践通过细致、周详的政策，从物质和精神上鼓励，并强迫国中适龄男、女完成婚姻和尽可能多的生育子女，为越国的强盛奠定了人口的基础。

---

① 《国语》卷20《越语上》，上海师范大学古籍整理组校点《国语》下册，第635页。

第三节 女织对家庭和国家贡献的个案考察

"男耕女织"是对中国传统社会男女分工的基本描述,普通家庭的养蚕、缫丝、织布、织帛,在古代中国通常是由女性来完成的。在大汶口文化晚期(约前2900—前2400),女性墓葬中特有的石制或陶制纺轮的存在,昭示出男、女性别分工在大汶口社会的普遍存在,以及女性与纺织的特殊关系。张光直论之曰:"在女性墓中,出土石或陶纺轮,表明社会分工建立于性别分工的基础上。"[①]《诗·小雅·斯干》说:"乃生女子,载寝之地,载衣之裼,载弄之瓦。"[②] "弄瓦"是女性的象征。《毛传》解释说:"瓦,纺塼也",[③] 即纺线用的陶制纺锤。生了女孩,给她玩纺锤,是希望她长大之后,可以胜任女工、纺绩之事;亦即说明,中国古代的纺绩之事,主要是由女性承担的,是上自天子之女,下至庶民之女都必须掌握的技巧。

一 纺织与女性生产和女性经济

在先秦、秦汉文献中,纺织和作为丝织基础的采桑、养蚕,总是与女性联系在一起。

《礼记·内则》说:"女子十年不出,姆教婉娩听从。执麻枲,治丝茧,织纴组紃,学女事,以共衣服。"[④] 女子十岁就要开始学习缫丝、剥茧、纺织等女工之事,女性有责任为整个家庭提供纺织、衣服的需求。

《国语·鲁语》记公父文伯之母论女织之事说:"王后亲织玄紞,公侯之夫人加以纮、綖,卿之内子为大带,命妇成祭服,列士之妻加以朝服,

---

[①] 张光直:《古代中国考古学》,印群译,生活·读书·新知三联书店2013年版,第190页。
[②] 《毛诗正义》卷11《小雅·鸿雁之什·斯干》,(清)阮元校刻《十三经注疏》上册,第438页。
[③] 《毛诗正义》卷11《小雅·鸿雁之什·斯干》,(清)阮元校刻《十三经注疏》上册,第438页。
[④] 《礼记正义》卷28《内则》,(清)阮元校刻《十三经注疏》上册,第1471页。

自庶士以下，皆衣其夫。"① 王后、公侯、命妇、列士的妻子都有责任亲自为其夫织作礼仪性的衣服和相关配饰；普通人的妻子则要为丈夫提供日常的衣着。贵族妇女的亲织，更多的是一种礼仪性的象征：女子之本分、勤勉之精神、先王之教化等；这同时反映出中国传统社会，女子与织作的关系，不因地位而有所废弛。而平民女子的织作，则对于支撑一个家庭，有着巨大的经济和现实意义。

《诗·豳风·七月》说："春日载阳，有鸣仓庚。女执懿筐，遵彼微行，爰求柔桑。春日迟迟，采蘩祁祁。"② 细致地描述了女性在采桑、养蚕中的工作：春天，阳气上升，天气暖和，女子背着深筐，沿着田间小路，采摘细嫩的桑叶以养蚕。春日天长，女子还有时间采摘白蒿。白蒿可以用来饲养幼蚕；也可以用来制作蚕箔；用白蒿熬制的水，还可以用来洗蚕子。《魏风·十亩之间》说："十亩之间兮，桑者闲闲兮，行与子还兮。十亩之外兮，桑者泄泄兮，行与子逝兮。"③ 一群女子在桑田中采桑，然后呼伴同归。程俊英、蒋见元的《诗经注析》解此诗为"这是一群采桑女子呼伴同归的歌唱"。④ 桑叶和蘩叶是养蚕所需之物，采摘桑叶、蘩叶的工作是由女性承担的，《七月》和《十亩之间》都明确地将采桑、养蚕工作与女性紧密地联系起来。

《孟子·尽心上》说："五亩之宅，树墙下以桑，匹妇蚕之，则老者足以衣帛矣。"⑤ 孟子特别强调家庭的纺织生产，认为这是家庭经济的重要组成部分和提高家庭生活水平的有效保证。并指出养蚕、织布是女性的工作，是女性对于家庭的重要经济贡献。

《史记·吴太伯世家》："九年，公子光伐楚，拔居巢、钟离。初，楚边邑卑梁氏之处女与吴边邑之女争桑，二女家怒相灭，两国边邑长闻之，怒而相攻，灭吴之边邑。吴王怒，故遂伐楚，取两都而去。"⑥ 此记载在吴

---

① 《国语》卷5《鲁语下》，上海师范大学古籍整理组校点《国语》上册，第208页。
② 《毛诗正义》卷8《豳风·七月》，（清）阮元校刻《十三经注疏》上册，第389页。
③ 《毛诗正义》卷5《魏风·十亩之间》，（清）阮元校刻《十三经注疏》上册，第358页。
④ 程俊英、蒋见元：《诗经注析》上册，中华书局1991年版，第298页。
⑤ （宋）朱熹：《孟子集注》卷13《尽心章句上》，《四书章句集注》，第355页。
⑥ 《史记》卷31《吴太伯世家》，第1462页。

第二章　两周时期劳动女性家庭和社会作用的个案考察

王僚九年，公元前518年，吴、楚边邑的女子因争采桑叶发生矛盾，这表明在春秋时期的吴、楚，采桑主要是女性的工作。桑蚕、纺织虽然是女性的事情，但是桑蚕、纺织关系到的却是家族、城邑甚至国家的经济基础，于是吴、楚边邑女子争桑对其家族、城邑和吴、楚关系都产生了巨大的影响：两家相灭，两边邑相攻，吴、楚两国相攻。由此可见，春秋时期桑蚕、纺织生产对于家族、城邑、诸侯等政治体的重要性。关于公元前518年的这次争桑《史记·楚世家》也有记载，具体情况与《吴太伯世家》略有出入："初，吴之边邑卑梁与楚边邑钟离小童争桑，两家交怒相攻，灭卑梁人。卑梁大夫怒，发邑兵攻钟离。楚王闻之怒，发国兵灭卑梁。吴王闻之大怒，亦发兵，使公子光因建母家攻楚，遂灭钟离、居巢。楚乃恐而城郢。"① 吴、楚世家所记争桑者的姓氏，女子争桑还是小童争桑，虽然有出入，但是对争桑所引起的严重后果的记录是相同的，以此足见桑麻、女织对于春秋时期各诸侯国的重要性。

二　女性借由纺织获得的经济和权力地位：基于凌家滩、石寨山、李家山出土器物的分析

云南晋宁石寨山和江川李家山出土的战国秦汉时期纺织场面贮贝器上雕铸的人物和场面，为我们探究女性与纺织的关系和女性借由纺织获得的经济和权力地位，提供了比较民族志方面的参考。云南晋宁石寨山M1号墓出土的"纺织场面贮贝器"（M1:3）上雕铸有织布的场景（图2-1）。整个场景中共有18个青铜人物铸像，都是女性。中间的一位女性坐在矮几上，铸造尺寸比其他人物高约50%，身上有鎏金，并不直接参与织布；在其周围有3位侍女服侍。其他14位女性分布在坐在矮几上的鎏金女性四周，在用踞织机织布。坐在矮几上的鎏金女性处于整个场景的中心位置，监督着周围14位女性的纺织生产。完全由女性组成的纺织场面表明，在战国秦汉时期的滇国，纺织生产主要是由女性完成的；踞织机的使用则表明，纺织是单一女性可以独立完成的工作；同时，拥有一定权力和地位的

---

① 《史记》卷40《楚世家》，第1714页。

女性可以组织、监督其他女性共同生产。拥有组织女性进行集体纺织生产的女性在经济上和社会中可以具有相应的权力和地位。

图 2-1　石寨山 M1 出土"纺织场面贮贝器"①

图 2-2　李家山 M69 出土"纺织场面贮贝器"②

---

①　图片引自中国国家博物馆网站：http://www.chnmuseum.cn/zp/zpml/201812/t20181218_26268.shtml。
②　图片引自云南省文物考古研究所、玉溪市文物管理所、江川县文化局编著《江川县李家山——第二次发掘报告》，文物出版社 2007 年版，彩版一〇三"桶形铜贮贝器 M69：139"。

第二章 两周时期劳动女性家庭和社会作用的个案考察

云南江川李家山 M69 号墓出土的"纺织场面贮贝器"（M69：139，又称"桶形铜贮贝器"）也雕铸有织布的场景（图 2-2、图 2-3、图 2-4、图 2-5）。贮贝器上共雕铸 10 个女性人物，中间的女子有鎏金，雕铸尺寸比其他人物高 50% 以上，其身后有一位持伞的侍女。场景中的另外 8 位女性，有 4 位在用踞织机织布，另外 4 位也在从事与纺织有关的生产。李家山的纺织场面贮贝器上也只有女性形象，这再次印证了战国秦汉时期滇国的纺织生产是女性生产和女性经济。

图 2-3　李家山 M69 出土"纺织场面贮贝器"局部

图 2-4　李家山 M69 出土"纺织场面贮贝器"局部[1]

---

[1]　图 2-3、图 2-4 引自云南省文物考古研究所、玉溪市文物管理所、江川县文化局编著《江川县李家山——第二次发掘报告》，彩版一〇四"桶形铜贮贝器 M69：139 局部"。

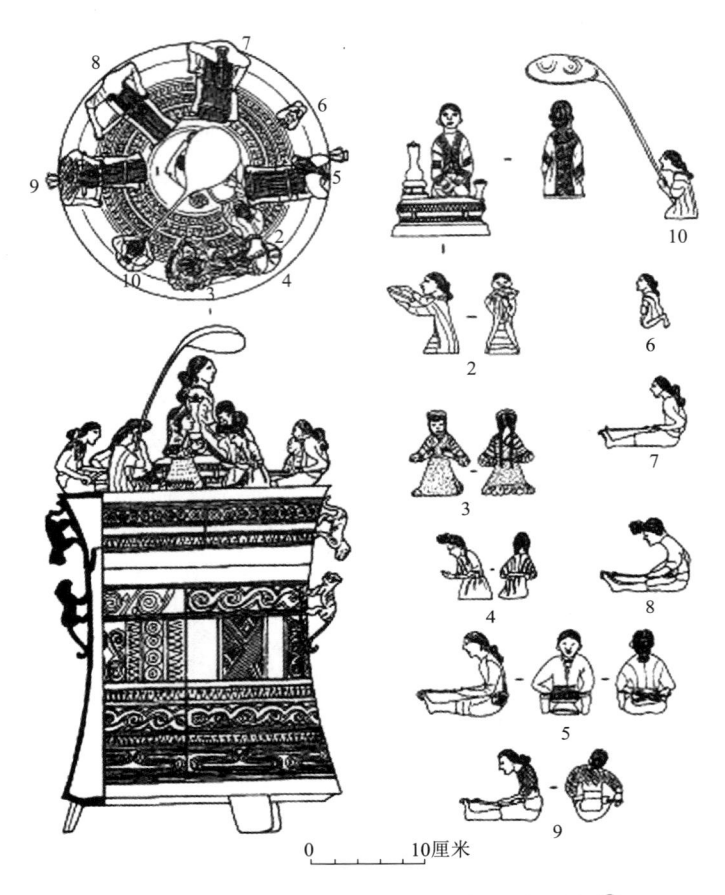

图 2-5 李家山 M69 出土"纺织场面贮贝器"①

李家山 M69 纺织场面贮贝器中心的鎏金女性，出现在 M69 出土的另外一件"祭祀场面贮贝器"（M69∶157，又称"鼓形铜贮贝器"图 2-6、图 2-7、图 2-8、图 2-9、图 2-10）上，同样是鎏金、有仆从为其执伞的造型。这是一个农业祭祀的场面，场景中共雕铸 35 个青铜人像，包括男性和女性。场景中有两位享受执伞的人物，鎏金的女性享受执伞者位于场景的中心，雕铸尺寸大于其他的人物，应该是这次农业祭祀的主祭人。大于其他人物的雕铸尺寸、鎏金、有人为其执伞，都是该鎏金女性铸像身份、

---

① 图片引自云南省文物考古研究所、玉溪市文物管理所、江川县文化局编著《江川县李家山——第二次发掘报告》，第 130 页"图八八，桶形铜贮贝器 M69∶139"。

第二章 两周时期劳动女性家庭和社会作用的个案考察

地位、财富的有力表征。李家山 M69 的墓主人是女性，随葬器物包括 3 件青铜贮贝器和大量生产、生活器物。① 一位位于场景中心的鎏金、享受执伞的女性铸像出现在两个贮贝器上：纺织场面贮贝器和祭祀场面贮贝器，这位女性很可能就是 M69 的墓主人，她通过组织女性纺织、经营农业生产等获得了可观的财富和崇高的社会地位。

图 2-6　李家山 M69 出土 "祭祀场面贮贝器"②

图 2-7　李家山 M69 出土 "祭祀场面贮贝器" 局部

---

　① 关于云南江川李家山 M69 墓葬的详情，可参看云南省文物考古研究所、玉溪市文物管理所、江川县文化局《云南江川县李家山古墓葬群第二次发掘》，《考古》2011 年第 12 期。
　② 图片引自云南省文物考古研究所、玉溪市文物管理所、江川县文化局编著《江川县李家山——第二次发掘报告》，彩版九八 "鼓形铜贮贝器 M69：157"。

97

图 2-8　李家山 M69 出土 "祭祀场面贮贝器" 局部①

图 2-9　李家山 M69 "祭祀场面贮贝器" 示意图②

---

① 图 2-7、图 2-8 引自云南省文物考古研究所、玉溪市文物管理所、江川县文化局编著《江川县李家山——第二次发掘报告》，彩版九九 "鼓形铜贮贝器 M69∶157 局部"。
② 图片引自云南省文物考古研究所、玉溪市文物管理所、江川县文化局编著《江川县李家山——第二次发掘报告》，第 123 页 "图八三，鼓形铜贮贝器 M69∶157"。

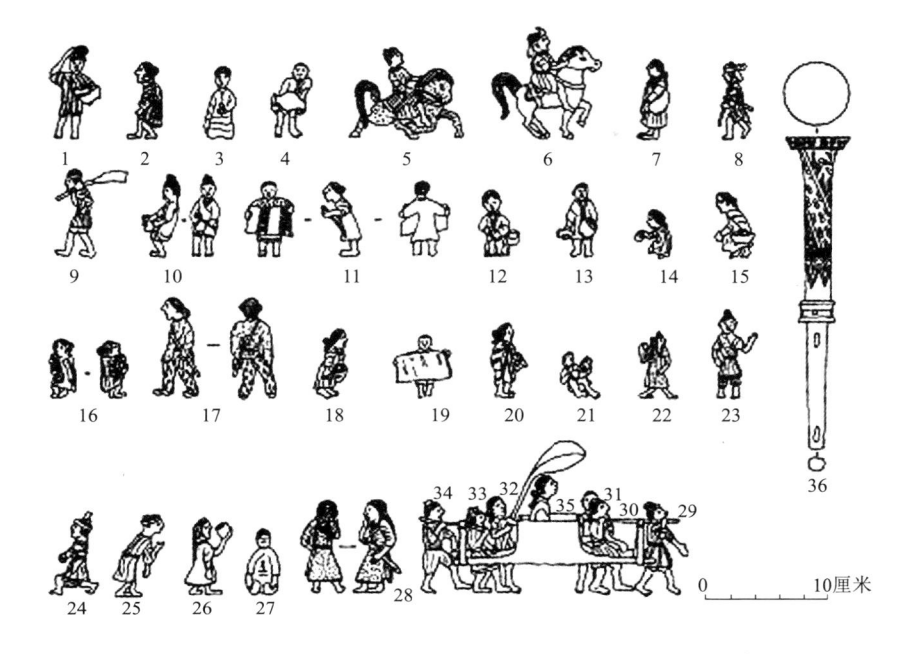

第二章 两周时期劳动女性家庭和社会作用的个案考察

图 2-10 李家山 M69 "祭祀场面贮贝器" 示意图局部①

晋宁石寨山和江川李家山纺织场面贮贝器上雕铸的场景表明，在战国秦汉时期的滇国，纺织是与女性有关的生产活动，女子通过织布可以获得财富和权力，纺织是女性功业的主要象征。石寨山和李家山滇国墓葬的年代从战国一直延续到东汉前期，其年代虽然超出了本书的时间下限，但是滇国女子与纺织的关系，以及女性借由纺织获得的经济和权力地位，可以为我们考察两周时期女性与纺织的关系和女子基于纺织获得的地位和权力提供比较民族志方面的佐证。

1998 年在安徽省含山县铜闸镇凌家滩新石器时期的墓葬 M19 中出土了一个陶质纺轮（98M19：16），如图 2-11 所示，纺轮的中心是一个八角星形的图案。王孖在《八角星纹与史前织机》中将中国新石器时代出土陶器上的八角星形图案与纺织机经线木轴的侧视图联系起来，指出："八角星

---

① 图片引自云南省文物考古研究所、玉溪市文物管理所、江川县文化局编著《江川县李家山——第二次发掘报告》，第 124 页 "图八四，鼓形铜贮贝器 M69：157 局部"。

99

纹所反映的实体，是经轴两端的挡板和搬手。"① 1987 年在凌家滩新石器时代墓葬 M4 出土的一块玉版（87M4：30），如图 2 - 12 所示，玉版的中心是与纺轮中心相同的八角星形图案。

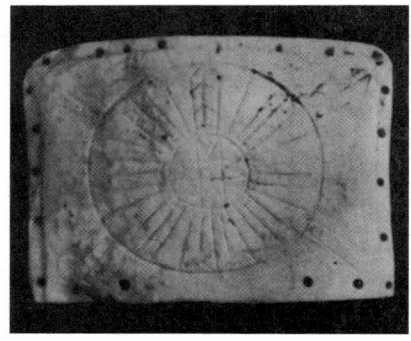

图 2 - 11　凌家滩 98M19 出土陶纺轮②　　图 2 - 12　凌家滩 87M4 出土玉版③

陈久金、张敬国在《含山出土玉片图形试考》中将玉片中心的八角星形图案解释为太阳："玉片的八方图形与中心象征太阳的图形相配"，④ 并首次将玉片四周的钻孔与洛书关联起来："明白了洛书中四、九与五的关系，再观察玉片图形中四个边沿的钻孔之数，便可发现它与洛书有关。"⑤冯时则通过推演指出："含山玉版的中心布列洛书图像"，⑥ 将八角星形图案视为洛书九宫图像符号和文饰的变体。纺轮中心的八角星形图案和玉版中心的八角星形图案是两个完全相同的纹饰，两者又同出于凌家滩墓地，两者之间必然有相关的象征寓意。八角星形图案在凌家滩墓地的出现还表现在 1998 年发掘的墓葬 M29 中出土的玉鹰（98M29：6）上，八角星形图案刻画于玉鹰身体的中心位置，见图 2 - 13。三件凌家滩出土器物中的八角星形图案纹饰相同，玉版、玉鹰中的八角星形图案都位于器物的中心位

---

① 王孖：《八角星纹与史前织机》，《中国文化》1990 年第 2 期。
② 图片引自阿城《洛书河图：文明的造型探源》（修订本），中华书局 2015 年版，第 14 页。
③ 图片引自安徽省文物考古研究所《安徽含山凌家滩新石器时代墓地发掘简报》，《文物》1989 年第 4 期。
④ 陈久金、张敬国：《含山出土玉片图形试考》，《文物》1989 年第 4 期。
⑤ 陈久金、张敬国：《含山出土玉片图形试考》，《文物》1989 年第 4 期。
⑥ 冯时：《中国天文考古学》，中国社会科学出版社 2010 年版，第 520 页。

第二章 两周时期劳动女性家庭和社会作用的个案考察

置，玉版和玉鹰都具有权力的象征意义，无论八角星形图案表示的是太阳、织机经轴的侧视图还是洛书图形的变体，很显然，八角星形图案在凌家滩墓葬所属族群的文化中具有特别重要的象征意义。

图 2-13　凌家滩 98M29 出土玉鹰[①]

陶制纺轮中心的八角星形图案提示我们关注纺轮与权力的关系，无论这个八角星形图案是象征太阳或者洛书图形而被移植到纺轮上的；抑或反其道而行之，是由纺轮移植到重要的权力象征器物上的。凌家滩出土陶制纺轮上的八角星形图案有力地证明了纺轮与权力有关，则纺织亦与权力有关。从事纺织的女性不仅可以为家庭、部族提供基本的衣物、家居材料；其纺织产品在存在交换的情况下，还可为家庭和部族换来需要却不能自产的物资；同时在纺织生产中具有重要地位的女性，还可借由纺织和对纺织的管理获得经济和权力地位。

三　纺织对家庭经济和女性人格的影响

春秋、战国、秦汉时期的女性纺织生产主要是以家庭为中心的个人劳动，是家庭经济的重要组成部分，也是评价女性的重要指标性特征。

汉诗《上山采蘼芜》记弃妇与故夫的对答之词曰：

---

① 图片引自安徽省文物考古研究所、含山县文物管理所《安徽含山凌家滩遗址第三次发掘简报》，《考古》1999 年第 11 期。

> 新人工织缣，故人工织素。织缣日一匹，织素五丈余。将缣来比素，新人不如故。①

弃妇在山间偶遇故夫，随即询问故夫新娶之妇与自己相比的情况，故夫对新妇和故妇的对比从相貌和纺绩能力两个方面做出；其对比新妇与故妇的织作劳动尤其详细，包括了织作丝织品的种类和数量。中国古代，织作是女性的重要经济活动，也是家庭的重要经济来源，于是织作能力就成为评价女性的重要标准之一。《古诗为焦仲卿妻作》对此也有类似的记载：

> 十三能织素，十四学裁衣。……鸡鸣入机织，夜夜不得息。三日断五匹，大人故嫌迟。非为织作迟，君家妇难为。②

织作是女性的必备技巧，刘兰芝三天织五匹布，作为婆婆的焦仲卿母亲仍然认为媳妇织作太慢。三天五匹布，夜以继日地织作劳动，刘兰芝的织作成果显然已经超过了供给家庭穿着日用所需的数量，应该是用于交换，成为家庭的重要收入来源。《上山采蘼芜》和《古诗为焦仲卿妻作》反映的是汉代女性织作成为重要的家庭生产并用于交换的情况。关于春秋时期女性具体的织作能力史传中虽然没有详细记载，但是齐国的"齐冠带衣履天下"，③ 必然要生产大量的蚕丝、布帛，这些蚕丝、布帛就是在大量女性日复一日的织作劳动中完成的。

在中国传统社会中，家庭的衣食大都是自给自足的，一家人的衣服都要由女子的织作来供给。而女子织作的多余布、帛，则可以通过交换来换取财富。女性的织作产品为家庭成员提供衣服、日用，并可以进入市场，参与交换，这对于平民家庭的生活和经济处境具有现实意义。《韩非子·内储说下》有一段关于女子求财的记载：

---

① （陈）徐陵编，（清）吴兆宜注，（清）程琰删补：《玉台新咏笺注》卷1《古诗八首》，穆克宏点校，中华书局1985年版，第1—2页。
② （陈）徐陵编，（清）吴兆宜注，（清）程琰删补：《玉台新咏笺注》卷1《古诗八首》，穆克宏点校，中华书局1985年版，第43页。
③ 《史记》卷129《货殖列传》，第3255页。

第二章　两周时期劳动女性家庭和社会作用的个案考察

卫人有夫妻祷者而祝曰："使我无故，得百束布。"其夫曰："何少也？"对曰："益是，子将以买妾。"①

卫国的一个妻子祈祷时求"百匹布"的意外之财，她的丈夫问她为什么只求百匹，女子说超过"百匹布"，家中就有了足以"买妾"的余财。百匹布，在战国后期即可维持一个普通家庭的小康生活，而多于此，则家有余财可以买妾。布帛制品在春秋、战国时期，普遍用于交换，是财富的象征，当时人也习惯以布帛来衡量财富的多寡。

女性的织作劳动和由此获得的经济收益，对于女性维持自己的独立人格和行为选择，也有着决定性的作用。对于寡居或者独居的女子，其织作的作用和意义，则更加凸显，这是她们换取食物、支撑家庭的基础，也是她们之所以可以选择寡居或者独居的物质支撑。

《列女传·母仪传·邹孟轲母》记孟母以刀断所织之帛，劝诫孟轲读书不能半途而废，说："何以异于织绩而食，中道废而不为，宁能衣其夫子而长不乏粮食哉？"② 即说明，女子所织之布、帛，不仅可以为一家人提供衣服，还可以用来换取粮食，维持一家人的生存。《列女传·贞顺传·鲁寡陶婴》记陶婴"少寡，养幼孤，无强昆弟，纺绩为产"。③ 陶婴寡居，有幼儿要抚养，没有兄弟的帮扶，陶婴即依靠纺绩来维持自己和家庭的生存。纺绩是陶婴可以做出自己的选择——寡居，并实践自己选择的经济支撑和物质基础。织作是中国古代平民女子可以独立支撑家庭的经济基础，也是选择寡居或者不嫁的女子自存的物质依托。

小　结

西周、春秋时期的普通劳动女性，相较于上层贵族女性占有绝对的数

---

① （清）王先慎撰，钟哲点校：《韩非子集解》卷10《内储说下六微第三十一》，中华书局1998年版，第246页。
② （清）王照圆：《列女传补注》卷1《母仪传·邹孟轲母》，第33—35页。
③ （清）王照圆：《列女传补注》卷4《贞顺传·鲁寡陶婴》，第173页。

量优势。普通劳动女性的个体一般无法对所在政治体的社会、政治、文化等发挥直接的作用；但普通劳动女性的人口生产和经济生产，对其所在家庭、家族意义重大；同时，普通劳动女性作为一个群体，其人口生产和经济生产，也为其所在政治体的经济和政治实力提供了坚实的人口和物质基础。

《诗经·国风》中情诗反映的民风、民俗与西周、春秋时期的婚姻政策和国家对人口的重视直接相关。春秋、战国时期诸侯国国力的竞争以人口和经济为基础，诸侯国普遍重视女性的人口生产和纺织的经济效益。越王勾践败于吴而复霸，与越国对人口生产的重视和人口鼓励政策直接相关；秦灭六国也与秦国的人口政策有直接的关系。

纺织作为重要的女性生产和女性经济，是衡量女性家庭和社会贡献的重要标尺，女性借由纺织生产可以获得相应的经济和社会地位。同时，女性的纺织生产也为独居、寡居女性的生存和人格独立提供了经济基础和物质依托。

本章以个案考察、个案分析和比较民族志方式对先秦时期劳动女性的家庭、社会作用，以及劳动女性的人口生产和纺织生产与诸侯国人口、国力关系的讨论，只是提供了从女性的人口生产和纺织生产角度分析先秦政治问题的一种可能。

第三章　先周王室的世系、婚姻与周人的历史记忆

后稷是真实存在的周人先祖，还是周人根据古公亶父事迹混合重构出来的神话祖先，对这一问题的不同回答将导引出对先周时期周人历史、世系的不同解读。《列女传》将太姜、太任、太姒称为"周室三母"，女性和婚姻对太王古公亶父、王季、文王时代的周人政治产生过举足轻重的影响。"帝乙归妹"逐渐淡出周人的历史记忆，而"文王太姒"和周武王则获得了无上的荣光，这与周文王、武王时期的商、周关系和周人对历史的选择性记忆有关。

第一节　后稷、不窋时代周人的农业生产与周人的祖先记忆

后稷是真实地存在于尧、舜、禹时代，与禹、契同时的周人先祖，还是周人出于政治目的塑造出来的神话祖先，这一问题是探讨先周时期周人族群、历史、文化和社会发展的基础，对此问题的不同回答将导引出对周人历史的不同解读，并影响对先周时期周人居住地区气候、生态环境、周人农业生产水平和社会组织形式的不同解析。史念海基于对后稷真实性的肯定回答和《史记·周本纪》《元和郡县图志·庆州》关于后稷、不窋史

事的相关记载，提出了先周时期农业区和游牧地区的初步划分。[1] 顾颉刚则将后稷视为"周民族所奉的耕稼之神"，从神性角度否定了后稷作为周人古王和始祖的真实性。[2] 徐中舒否定后稷存在于不窋之先，并基于此认为：《诗·大雅·生民》反映了周人概念里母系社会向父系社会的转变，是周人将其母家的传说嫁接到父系世代之上的尝试，"周人世系只能从不窋开始"。[3] 虽然气候变化常被用来作为解释周人在后稷、不窋时代农业生产水平产生差异的原因，但是基于冰川、冰芯和孢粉、地层沉积物的全新世气候冷暖分期研究，对距今5000—3000年的气候描述存在较大偏差；于是后稷、不窋农业生产水平的差异，经常被研究者用以佐证其对当时中国北方气候冷暖的判断，这或多或少存在着循环论证。王晖、黄春长、[4] 张纯成、[5] 王星光、张强、尚群昌，[6] 关于气候变化与夏、商、周时期社会变迁关联性的论证卓有成效，但是后稷弃的真实性对此问题的影响却被忽略了。后稷弃的真实性和其具体的活动时间和活动区域是构建先周历史时间序列和空间场域的基础，故笔者拟以《史记》先周世系的记载为突破口，全面考察先周时期周人的居住区域、周人的祖源、气候变化情况以及周人的生产、生活方式等问题，对后稷弃的真实性和周人的祖先建构问题做出回答。

一 后稷至不窋之间的历史考察

后稷、不窋时代周人的居住区域，后稷、不窋时代周人居住区域的气候情况、周人的生产、生活方式和社会、文化发展状况，周人早期的迁徙路线，是先周历史研究中的关键问题。而这些问题的起点都指向了后稷弃

---

[1] 史念海：《论西周时期农牧业地区的分界线》，《黄土高原历史地理研究》，黄河水利出版社2001年版，第513页。

[2] 顾颉刚：《讨论古史答刘胡二先生》，《顾颉刚古史论文集》卷1，中华书局2011年版，第249页。

[3] 徐中舒：《西周史论述》，《先秦史十讲》，中华书局2009年版，第69、72页。

[4] 王晖、黄春长：《商末黄河中游气候环境的变化与社会变迁》，《史学月刊》2002年第1期。

[5] 张纯成：《生态环境与黄河文明》，人民出版社2010年版。

[6] 王星光、张强、尚群昌：《生态环境变迁与社会嬗变互动——以夏代至北宋时期黄河中下游地区为中心》，人民出版社2016年版。

第三章　先周王室的世系、婚姻与周人的历史记忆

的真实性，及其具体的活动时间和活动区域。由于《史记·周本纪》对于先周世系的记载存在缺漏，导致长期以来学界在相关研究中存在着较大的分歧。从研究的时间序列看，大约周人世居关中，由汉至清向无异说；至20世纪30年代，钱穆首先提出周人起源于山西，至公刘迁豳才进入陕西。① 随着20世纪70年代以来关中地区大量先周文化遗址的发掘，周人关中起源说得到强有力的考古证据支撑。② 虽然文献记载的周原、丰、镐等先周都邑得到了考古发掘的印证，但是现在所有已知先周遗址的年代都与《史记》记载的后稷时代相去甚远，这为钱穆、陈梦家、③ 邹衡④主张的周人由晋入陕说提供了时间上的可能性。于是，笔者把考察《史记》所述后稷时代的真实性，作为探寻后稷真实性和周人祖先问题的基础。

《诗·大雅·生民》将周人的先祖定为后稷，认为姜嫄感天而生后稷。《史记·周本纪》袭用《生民》姜嫄感天生子的故事，又说"姜原为帝喾元妃"，⑤ 通过建立周人与黄帝曾孙帝喾的关联，将周人纳入黄帝的谱系传承之中。司马迁认为后稷生活在尧、舜、禹的时代，与禹、皋陶、契、伯夷等同时。

> 《史记·五帝本纪》：舜得举用事二十年，而尧使摄政。摄政八年而尧崩。三年丧毕，让丹朱，天下归舜。而禹、皋陶、契、后稷、伯夷、夔、龙、倕、益、彭祖自尧时而皆举用，未有分职。⑥
> 《夏本纪》：禹拜稽首，让于契、后稷、皋陶。⑦

---

① 钱穆：《周初地理考》，《古史地理论丛》，生活·读书·新知三联书店2005年版，第3—76页。
② 胡谦盈：《南郊碾子坡先周文化遗存的性质分析》，《考古》2005年第6期；宝鸡市考古工作队：《陕西武功郑家坡先周遗址发掘简报》，《文物》1984年第7期；李峰：《先周文化的内涵及其渊源探讨》，《考古学报》1991年第3期。
③ 陈梦家：《殷虚卜辞综述》，中华书局1988年版，第291—293页。
④ 邹衡：《论先周文化》，《夏商周考古学论文集》，第316—352页。
⑤ 《毛诗正义》卷16《大雅·生民之什·生民》，（清）阮元校刻《十三经注疏》上册，第528—532页；《史记》卷4《周本纪》，第111页。《诗经》之"姜嫄"，《史记》作"姜原"，笔者在征引《诗经》《史记》时，将分别遵从两书之用字；独立行文则用"姜嫄"。
⑥ 《史记》卷1《五帝本纪》，第38页。
⑦ 《史记》卷2《夏本纪》，第50页。

《周本纪》：帝尧闻之，举弃为农师，天下得其利，有功。帝舜曰："弃，黎民始饥，尔后稷播时百谷。"封弃于邰，号曰后稷，别姓姬氏。后稷之兴，在陶唐、虞、夏之际，皆有令德。①

综观《五帝本纪》《夏本纪》《周本纪》，司马迁对后稷弃的时代没有异说。弃与禹、契同时，在尧的后期被举为官，其主要活动的时代是舜、禹执政时期。后稷善稼穑，为农官，也与《生民》渲染的后稷高超的农业生产能力相互印证。

《周本纪》：后稷卒，子不窋立。
不窋卒，子鞠立。
鞠卒，子公刘立。
公刘卒，子庆节立。
庆节卒，子皇仆立。
皇仆卒，子差弗立。
差弗卒，子毁隃立。
毁隃卒，子公非立。
公非卒，子高圉立。
高圉卒，子亚圉立。
亚圉卒，子公叔祖类立。
公叔祖类卒，子古公亶父立。
古公卒，季历立，是为公季。
公季卒，子昌立，是为西伯。西伯曰文王。②

《周本纪》记后稷至文王共15世：1后稷，2不窋，3鞠，4公刘，5庆节，6皇仆，7差弗，8毁隃，9公非，10高圉，11亚圉，12公叔祖类，13古公亶父（太王），14季历（公季、王季），15文王（西伯）。后稷与

---

① 《史记》卷4《周本纪》，第112页。
② 《史记》卷4《周本纪》，第112—116页。

第三章　先周王室的世系、婚姻与周人的历史记忆

夏祖禹、商祖契同时，文王与商王帝乙、帝辛（纣）同时。《殷本纪》载商人世系，从契到汤凡14世；商代从汤到纣，凡30帝17世。周人15世当商人30世，与情理不合。《夏本纪》载夏代从禹到桀，凡17帝14世；《殷本纪》载商人世系，从契到汤亦14世；契与禹同时，商人从契到汤，夏人从禹到桀，皆14世，世系基本相当。

《夏商周断代工程》认为商代后期，从公元前1300年盘庚迁殷，到公元前1046年周武王翦商，共255年。盘庚至帝辛，共八世十二王，并整合出各王的在位时间。① 《夏商周断代工程》与《史记·殷本纪》所记商代后期的帝王世系相同，仅在两位商王名字的具体写法上存在差别：《殷本纪》作"庚丁"，《断代工程》作"康丁"；《殷本纪》作"太丁"，《断代工程》作"文丁"。《夏商周断代工程》综合考察文献记载的商代积年和考古、天文、碳十四等证据，"取整估定商始年为公元前1600年"。② 《夏商周断代工程》综合考察文献记载的夏代积年和考古、天文、碳十四等证据，"暂以公元前2070年作为夏的始年"。③ 后稷与夏禹、商契同时，文王与商王帝乙、帝辛同时；从夏禹到商纣，约1025年，周人从后稷到文王15世，代均68年。代均68年意味着周人从后稷到文王，首领的平均寿命要超过70岁，且每一代都是父亲已老方才生子。依《夏商周断代工程》，西周从公元前1046到公元前771年，共275年；从武王到幽王，凡12王11世，代均25年。文献记载与各家推定的武王翦商年代虽有差别，但无论如何计算，西周王室的代均皆在24—26年；后稷到文王的代均68年显然有悖常理，于是学者多指出《史记》关于先周时期后稷到文王的世系记载有缺漏。

西汉娄敬（刘敬）指出："周之先自后稷，尧封之邰，积德累善，十有余世，公刘避桀居豳。"④ 认为周人从后稷到公刘时代有十多世，公刘生活在夏桀的时代。《周本纪》以公刘为后稷的曾孙，若以娄说为是，则

---

① 夏商周断代工程专家组：《夏商周断代工程1996—2000年阶段成果报告》（简本），第50、60—61页。
② 夏商周断代工程专家组：《夏商周断代工程1996—2000年阶段成果报告》（简本），第73页。
③ 夏商周断代工程专家组：《夏商周断代工程1996—2000年阶段成果报告》（简本），第82页。
④ 《史记》卷99《刘敬叔孙通列传》，第2715页。

《周本纪》对于先周世系的缺载在后稷与公刘之间，时间上与夏代相当。唐人司马贞《史记索隐》说："若以不窋亲弃之子，至文王千余岁唯十四代，实亦不合实情。"并基于《国语》"世后稷，以服事虞、夏"之语，指出"言世稷官，是失其代数也"。① 认为后稷是官名，周人世代做"后稷"之官，后稷弃与不窋之间不止一代。周人从弃到不窋的父亲，世世代代做农官，故皆可称为"后稷"。这样，《周本纪》先周世系的不完整就被定在了后稷与不窋之间，司马迁因"后稷"是官名而缺载了每一位"后稷"的私名。张春生甚至根据《山海经》补出了"弃、台玺和叔均"等多位后稷的名字。② 用"缺载"解释《史记》先周世系的问题是最方便的，但是这种解释建立在对《史记》的绝对信任之上，即认为后稷弃、不窋等见诸《周本纪》的先周世系，都是真实的属于《史记》记载的时代的。

关于不窋的时代，《周本纪》说："不窋末年，夏后氏政衰，去稷不务，不窋以失其官而奔戎狄之间。"③ 所谓"夏后氏政衰"，学者概以"孔甲乱夏"或者"夏桀暴政"解之。崔述、戴震认为不窋的时代与夏帝孔甲相当。④ 丁山把后稷弃的时代定在孔甲之时，"窃疑乱夏之孔甲，即居西河之胤甲，弃为后稷，即在胤甲居西河时。胤甲四传至于帝桀，为殷所灭"。⑤ 则不窋的时代可晚至夏桀。依《夏本纪》，孔甲距大禹10世，夏桀距大禹13世，夏人10世或者13世，而周人为父子，显然有悖常理。《史记》对先周世系的记载在后稷与不窋之间存在缺漏，其时间大概相当于夏初到孔甲或者夏桀之时。不窋至文王14世，大概相当于夏的3代加商的17代，或者商的17代，虽然世代较夏、商为少，但在情理上尚可成立。

关于后稷时代周人的活动区域，《大雅·生民》认为是在邰地。《水经注·渭水》条说："渭水又东迳氂县故城南，旧邰城也，后稷之封邑矣。

---

① 《史记》卷4《周本纪》，第113页。
② 张春生：《周先公世系补遗》，《文博》2003年第2期。
③ 《史记》卷4《周本纪》，第112页。
④ 崔述：《丰镐考信录》第1册，王云五主编《丛书集成初编》，（上海）商务印书馆1937年版，第3页；戴震：《周之先世不窋以上缺代系考》，《戴震全集》第3册，清华大学出版社1994年版，1662—1663页。
⑤ 丁山：《由三代都邑论其民族文化》，《古代神话与民族》，商务印书馆2005年版，第61—62页。

第三章　先周王室的世系、婚姻与周人的历史记忆

《诗》所谓即有邰家室也。城东北有姜嫄祠，城西南百步有稷祠，郿之釐亭也。"① 北魏郦道元认为后稷时代周人的活动区域邰，在渭水流域，今陕西武功县境内，这一说法在 20 世纪 30 年代以前从未被怀疑。钱穆认为"有邰氏"即"台骀氏"，又据山西闻喜有姜嫄墓和《左传·昭公元年》子产为晋平公论实沈、台骀作祟之事认为：邰地在山西闻喜，后稷播种百谷的地方就在闻喜附近的稷山。② 钱氏热衷于以地名考证史事，但是闻喜的姜嫄墓及附近的稷山，究竟是因为姜嫄、后稷曾经生活于此而得名，还是后人根据姜嫄、后稷的传说而附会出的姜嫄墓和山名，仍有待考证。邹衡根据考古资料认为宝鸡斗鸡台先周文化中的连裆鬲来自山西光社文化，又结合对山西、陕西出土的先周时期陶器、青铜器铭文中的族徽的考察，强化了钱穆周人由晋入陕的说法。③ 将先周文化溯源于山西的观点在 20 世纪 80 年代受到了巨大的挑战，陕西碾子坡、郑家坡、斗鸡台、北吕等先周遗址的发掘倾向于支持后稷、不窋置于文王时代，周人的主要活动区域始终都在陕西，并沿着泾水、渭水迁徙。

20 世纪 80 年代，宝鸡市考古队在武功县境内的漆水东岸发掘了包含先周文化遗存的郑家坡遗址。《简报》把郑家坡遗址分为三期，认为"早、中、晚三期是同一文化的不同发展阶段"。"早期的年代相当于二里头文化晚期至二里冈下层"，早、中期之间有较大的于时间间隔，中、晚期时间接近；中期的年代与"殷墟文化四期相似，约在太王迁岐前后"；晚期的年代与张家坡遗址早期的年代相当，"约在文王作丰时"。④ 按照《简报》的推断，郑家坡遗址的年代跨度将超过 500 年。张长寿、梁星彭认为郑家坡遗址"其上限大约在文王作邑于丰之时"。⑤ 李峰基于对已发表器物的排比，认为郑家坡遗址的"年代跨度并不大。郑家坡遗址上限不早于古公迁岐，下限可能晚到文王时期，属于先周文化范畴"。⑥

---

① （北魏）郦道元著，陈桥驿校证：《水经注校证》卷 18《渭水》，中华书局 2007 年版，第 440 页。
② 钱穆：《周初地理考》，《古史地理论丛》，第 13—20 页。
③ 邹衡：《论先周文化》，《夏商周考古学论文集》，文物出版社 1980 年版，第 316—352 页。
④ 宝鸡市考古工作队：《陕西武功郑家坡先周遗址发掘简报》，《文物》1984 年第 7 期。
⑤ 张长寿、梁星彭：《关中先周青铜文化的类型与周文化的渊源》，《考古学报》1989 年第 1 期。
⑥ 李峰：《先周文化的内涵及其渊源探讨》，《考古学报》1991 年第 3 期。

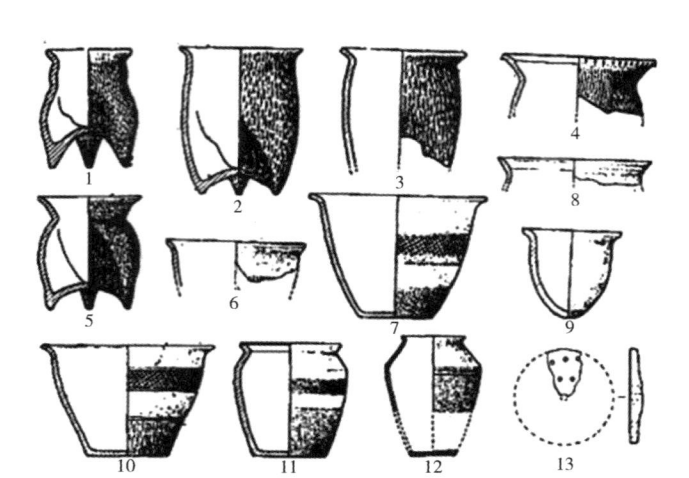

图 3-1 郑家坡早期陶器①

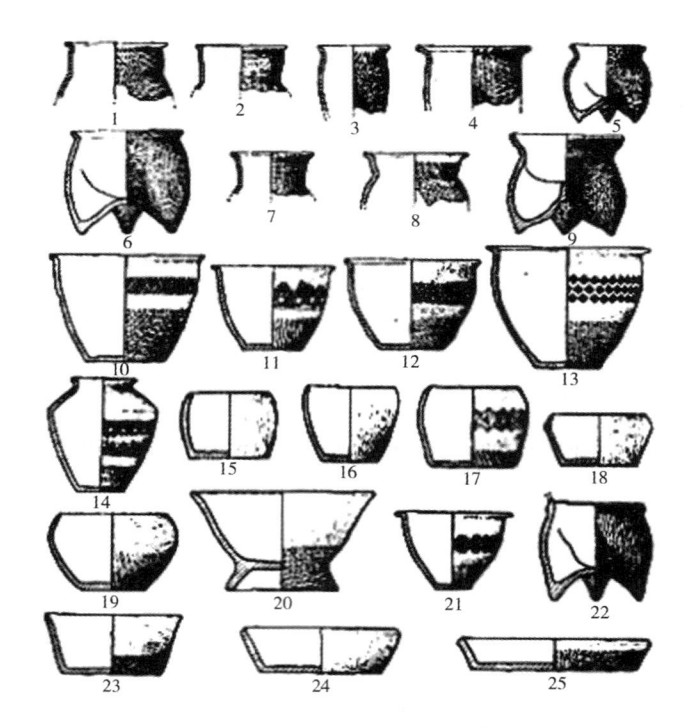

图 3-2 郑家坡中期陶器②

---

① 图片引自宝鸡市考古工作队《陕西武功郑家坡先周遗址发掘简报》,《文物》1984年第7期。
② 图片引自宝鸡市考古工作队《陕西武功郑家坡先周遗址发掘简报》,《文物》1984年第7期。

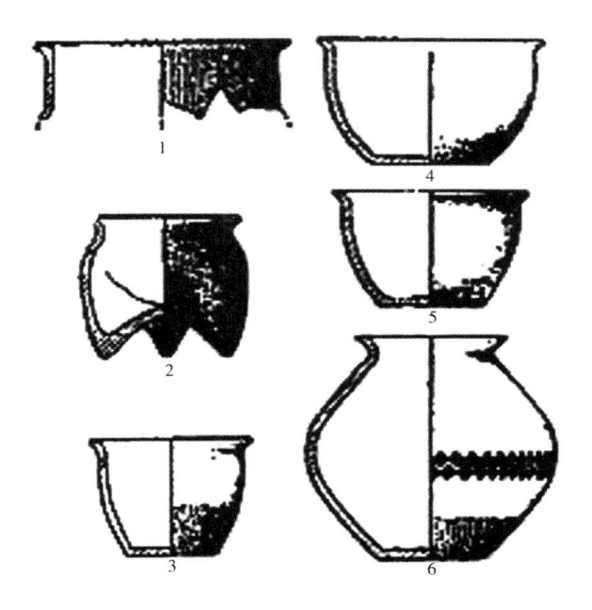

<< 第三章　先周王室的世系、婚姻与周人的历史记忆

图 3-3　郑家坡晚期陶器①

郑家坡陶器类型的差别不足以支持《简报》关于郑家坡遗址时间跨度超过 500 年的推断，笔者认同李峰关于郑家坡遗址年代的观点，郑家坡遗址时间在古公亶父、王季、文王时期。

李峰基于对陕西长武碾子坡先周文化遗存的考察，认为先周文化渊源于泾水中上游的一种古老的考古学文化，"大约在公元前十二世纪，由于受到临近文化的侵扰，先周文化南迁到关中地区，并且从此得到发展"。②同样依赖考古学证据的邹衡"仍然坚持先周文化与山西、陕北的光社文化区域有联系，并认为碾子坡遗存根本不应算作先周文化"。③ 21 世纪以来，"以一种陶器的有无多少为主要依据来认定某种古代族属文化并追寻其历史"的方法论在考古学界已基本被抛弃，于是王巍、徐良高认为：无论是李峰"由碾子坡类遗存再进一步向前追寻先周文化的源头"，还是邹衡将

---

① 图片引自宝鸡市考古工作队《陕西武功郑家坡先周遗址发掘简报》，《文物》1984 年第 7 期。
② 李峰：《先周文化的内涵及其渊源探讨》，《考古学报》1991 年第 3 期。
③ 邹衡：《再论先周文化》，《夏商周考古论文集续集》，科学出版社 1998 年版，第 261—270 页。

先周文化的渊源追溯到山西的光社文化,"均是假说,迄今似无令人信服的考古学证据"。① 王明珂对考古学界关于周人族源的争论做出了如下具有总结性意味的陈述:"以器物的'相似性'建构的考古文化分类体系,与古代社会人群在时空中的分布并没有简单的对应关系。"② 现有的考古学证据只能将先周文化的历史追溯到古公亶父的时代或者稍前,对于早于古公亶父十余世的后稷和不窋,无论认为周人活动于陕西、甘肃,还是周人由晋入陕说,都缺乏足够的证据。

关于不窋时代周人的活动区域,《史记索隐》引《括地志》云:"宁、原、庆三州,秦北地郡,战国及春秋时为义渠戎国之地,周先公刘、不窋居之,古西戎也。"③《括地志》认为先周时期公刘、不窋的居住地在秦的北地郡,在唐为宁、原、庆三州地,相当于今天甘肃和陕西的泾水中上游和渭水流域。史念海根据《周本纪》关于后稷、不窋时代周人生产方式的描述,认为后稷时代的邰是农耕地区,而不窋时代周人的活动区域则是游牧地区。④ 不窋时代的周人为什么要迁徙到不适宜农耕的地区,并放弃业已具有的精耕农业生产能力呢?丁山、钱穆等学者多以孔甲乱夏或者夏桀之时的天下动荡为说。但是不管是孔甲乱夏还是夏桀亡国,其对当时中国政治的影响可能是巨大的,但是对农业生产水平能产生多大的影响呢?不窋就算因避夏乱而迁徙,为什么要迁徙到不适合农耕的地方?当时的中国地广人稀,如果只是因为躲避政治动荡而迁徙,合理的选择应该是寻找类似原居住地的、适合农耕的地方。要回答不窋时代周人向不适宜农耕的地区迁徙和生产方式由精耕农业转变为游牧经济的问题,必须考察夏朝末年黄河中下游的气候情况,并讨论《诗经》《史记》所记后稷的时代及其时周人精耕农业生产能力的真实性。

---

① 王巍、徐良高:《先周文化的考古学探索》,《考古学报》2000 年第 3 期。
② 王明珂:《华夏边缘:历史记忆与族群认同》(增订本),浙江人民出版社 2013 年版,第 140 页。
③ 《史记》卷 5《秦本纪》,第 206 页。
④ 史念海:《论西周时期农牧业地区的分界线》,《黄土高原历史地理研究》,第 513 页。

第三章　先周王室的世系、婚姻与周人的历史记忆

二　不窋时代的气候与周人的迁徙

以往有人认为不窋时代周人的农业生产发生了大退步，而所谓的"大退步"乃就与后稷时代的比较而言。持这种观点的人基本上是基于《诗·大雅·生民》和《史记·周本纪》的记载，认为周人在后稷的时候，居住在邰地，具有高超的精耕农业水平："诞后稷之穑，有相之道。茀厥丰草，种之黄茂。实方实苞，实种实褎，实发实秀，实坚实好，实颖实栗，即有邰家室。"① 后稷善于选种育苗，并懂得用除草等精耕的方式保证庄稼的良好生长；后稷基于丰厚的农业收成，在邰地建立家室，生息繁衍。后稷的耕农之道得到整个周人族群的效仿："好耕农，相地之宜，宜谷者稼穑焉，民皆法则之。"② 《诗经》《史记》将后稷时代的周人描述成具有精耕农业生产能力的农耕部族，而这一情况在不窋时代发生了改变："不窋末年，夏后氏政衰，去稷不务，不窋以失其官而奔戎狄之间。"③ 不窋生活在夏朝末年，其时周人的生产方式与后稷时代相比发生了很大的改变，从精耕农业转变成粗耕农业和游牧经济。导致不窋时代周人生产方式改变的原因，《周本纪》认为是因为不窋不再做夏朝的农官，并迁徙到戎狄的地区、采用戎狄的生产和生活方式。不过事情的逻辑很可能是反向的：不窋时代的周人因为不具有精耕农业的生产能力，所以不能做夏朝的农官。不窋时代的周人为什么要放弃业已具有的精耕农业生产能力？这种放弃是主动的还是被动的？《史记》所谓的"奔戎狄之间"，是周人迁徙进入了戎狄的活动区域；还是因为气候变化，使得周人原来活动的适宜农耕的地区变得不再适合农耕了；抑或是戎狄侵入了周人的活动区域，强迫周人改变其农耕的生产和生活方式？上述三个疑问的提出都建立在后稷是真实地存在于《周本纪》将之归于的时代，并真实地具有《诗经·大雅·生民》和《周本纪》描述的农业生产能力的基础之上。但是，后稷真的生活在《周本纪》

---

① 《毛诗正义》卷17《大雅·生民之什·生民》，（清）阮元校刻《十三经注疏》，第530页。
② 《史记》卷4《周本纪》，第112页。
③ 《史记》卷4《周本纪》，第112页。

将之定位的时代吗？《大雅·生民》和《周本纪》关于后稷时代周人农业生产水平的描述是完全真实的吗？

竺可桢在《中国近五千年来气候变迁的初步研究》中指出："仰韶和殷墟时代是中国的温和气候时代，当时西安和安阳地区有十分丰富的亚热带植物种类和动物种类。"①《中国自然地理·历史自然地理》也认为：从新石器时代到殷商末年，中国黄河流域气候温暖湿润，年平均气温比现在高2—3摄氏度。西周早期气候转寒，持续了一两个世纪，到春秋时期，气候又趋于暖和。②竺可桢和《中国自然地理》编辑委员会都将新石器时代到殷商末年作为一个统一的气候时段来考察，并认为新石器时代到殷商末年中国黄河流域的气候温暖、湿润，年平均气温比今天偏高。与竺可桢、《中国自然地理》编辑委员会将新石器时代到殷商末年作为一个统一的气候时段来考察不同，张纯成和王星光、张强、尚群昌强调夏末商初的气候波动，并尝试建立国家、王朝兴衰与气候变化的关联。张纯成将夏朝的灭亡与气候的变化关联起来，指出：

> 夏桀的荒淫无道最终导致了夏王朝的灭亡。夏末生态环境的恶化也加速了它的灭亡。夏末商初出现的生态环境恶化迹象，只是整个"仰韶温暖期"温度和湿度上下起伏的一次波动，在这次干旱期过去之后，黄河中下游地区的气候进入了仰韶温暖期较为适宜的晚期阶段，一个新的王朝——商王朝崛起了。③

张纯成在不否认夏末商初处于长时段的"仰韶温暖期"的前提下，用气候的短期波动对夏亡、商兴做出了解释。张纯成用以佐证夏朝末年气候波动的证据来自《古本竹书纪年》："胤甲居于河西，天有妖孽，十日并

---

① 竺可桢：《中国近五千年来气候变迁的初步研究》，《考古学报》1972年第1期。
② 参看中国科学院《中国自然地理》编辑委员会《中国自然地理·历史自然地理》，科学出版社1982年版，第16—17页。
③ 张纯成：《生态环境与黄河文明》，第67页。

第三章　先周王室的世系、婚姻与周人的历史记忆

出"① 和《今本竹书纪年》："帝癸（桀）十年，五星错行，夜中，星陨如雨。地震。伊、洛竭。"② 胤甲之时"十日并出"，《太平御览》《山海经注》《开元占经》《通鉴外纪》《路史》等文献所引《竹书纪年》《今本竹书纪年》皆有此条，《通鉴外纪》《路史》所引和《今本竹书纪年》并有"其年胤甲陟"。《通鉴外纪》引《汲冢纪年》曰："胤甲即位，居西河，十日并出，其年胤甲陟。"③《路史》所引作："胤甲在位四十岁，后居西河，天有妖孽，十日并照于东阳，其年胤甲陟。注：以上《纪年》。"④《今本竹书纪年》说："帝廑（胤甲）八年，天有妖孽，十日并出，其年陟。"⑤ "十日并出"意在说明当时气候的干热，而"其年胤甲陟"则暗示着气候异常与国君生死和国运兴衰的关联。皇甫谧《帝王世纪》说"帝廑，一名顼，或曰东江。在位二十年"，⑥ 认为胤甲在位20年，《路史》引《纪年》认为胤甲在位40年，据《今本竹书纪年》则胤甲在位8年，文献记载关于胤甲积年的抵牾，让我们有理由怀疑胤甲的实际卒年是否就是"十日并出"之年；但是胤甲之时发生过严重的旱灾应该是没有问题的，同时我们也得知，这场严重的旱灾动摇了夏王朝的统治。

关于夏桀十年的"地震。伊、洛竭"，其可信度也值得商榷。《今本竹书纪年》言周幽王二年（前780）"泾、渭、洛竭，岐山崩"。⑦ 夏桀和周幽是夏和西周的亡国之君，其所处时代被认为是夏和西周的末世，作为末世之君的夏桀和周幽都经历了相似的自然现象：地震、山崩、大水枯竭。这种相似的自然现象出现在王朝的末世，是因为气候变化和异常的自然现象预示了王朝的衰亡，还是王朝的衰落有赖于灾异的自然现象作为象征？

---

① 方诗铭、王修龄：《古本竹书纪年辑证》（修订本），上海古籍出版社2005年版，第13—14页。
② 王国维：《今本竹书纪年疏证》，方诗铭、王修龄《古本竹书纪年辑证》（修订本），第222页。
③ 方诗铭、王修龄：《古本竹书纪年辑证》（修订本），第14页。
④ 方诗铭、王修龄：《古本竹书纪年辑证》（修订本），第188页。
⑤ 王国维：《今本竹书纪年疏证》，方诗铭、王修龄《古本竹书纪年辑证》（修订本），第220页。
⑥ （晋）皇甫谧：《帝王世纪》，陆吉点校，齐鲁书社2010年版，第25页。
⑦ 王国维：《今本竹书纪年疏证》，方诗铭、王修龄《古本竹书纪年辑证》（修订本），第261页。

我们有理由怀疑《今本竹书纪年》根据周幽王时的灾异现象杜撰了夏桀时的灾异，作为夏朝将亡的预兆。《史记·周本纪》记载伯阳甫因"西周三川皆震"而论"周将亡矣"说："昔伊、洛竭而夏亡，河竭而商亡。今周德若二代之季矣，其川原又塞，塞必竭。夫国必依山川，山崩川竭，亡国之征也。"①将"山崩川竭"作为国家、朝代灭亡的征兆。《太平御览》引《书纪年》曰："夏桀末年，社坼裂，其年为汤所放。"②建筑出现大小裂痕可能发生在任何时间，作为宗庙祭祀建筑的"社"也不能例外。将自然灾异、建筑崩塌作为王朝衰亡的征兆，这是西周以来中国人政治哲学的重要逻辑；于是，当我们以自然灾异来论述夏末商初的气候变化时，必须始终保持谨慎的态度。

《今本竹书纪年》有多条关于夏桀时期气候异常和族郡迁徙情况的记载，这使得我们对于夏桀十年的"伊、洛竭"有了更大的信心。通过排比《今本竹书纪年》的记载，我们发现了更多气候变化与夏朝灭亡之间的关联，也看到了夏王朝对气候变化的应对方案。

　　元年壬辰，帝即位，居斟鄩。
　　十年，五星错行，夜中，星陨如雨。地震。伊、洛竭。
　　十三年，迁于河南。
　　十五年，商侯履迁于亳。
　　二十九年，三日并出。冬十月，凿山穿陵，以通于河。
　　三十年，瞿山崩。
　　三十一年，大雷雨，战于鸣条。夏师败绩，桀出奔三朡，商师征三朡。战于郕。获桀于焦门。放之南巢。③

夏桀的时代经历过严重的旱灾，"伊、洛竭"，"三日并出"；夏桀尝试用迁徙和开通人工水道来缓解旱灾对农业生产的影响。夏桀的灭亡在"大

---

① 《史记》卷4《周本纪》，第145—146页。
② 方诗铭、王修龄：《古本竹书纪年辑证》（修订本），第19页。
③ 王国维：《今本竹书纪年疏证》，方诗铭、王修龄《古本竹书纪年辑证》（修订本），第221—224页。

第三章 先周王室的世系、婚姻与周人的历史记忆

雷雨"中拉开序幕,气候的变化和地理灾害直接影响到夏朝的灭亡。

王星光、张强、尚群昌在强调气候波动对夏朝灭亡的影响之后,特别指出:

> 尽管夏末商初的生态环境出现了恶化的迹象,但也只是在黄河中游地区表现得较为突出,并且它也是在整个仰韶温暖期的大环境中出现……的波动或"插曲"。在经历了夏末至商代初期的干旱阶段后,黄河中下游地区的生态环境又很快进入了仰韶温暖期末期的较为适宜的时期,而强盛的商王朝正是在仰韶温暖期的尾声中崛起的。①

气候的变化可能影响了夏朝末年的政局和夏桀的政权,但这种气候变化是暂时的,并不能动摇农耕民族的生产基础。

夏、商、周三代的都城皆有数次迁移。《尚书·盘庚》记商王盘庚在陈述其将都城迁到殷地的原因时说:"先王有服,恪谨天命,兹犹不常宁,不常厥邑,于今五邦";"天其永我命于兹新邑,绍复先王之大业,底绥四方"。②强调迁都以适应环境和政治的变化是商王朝获得长久发展的基础,也是商朝的固有国策,并被先王多次实践过。丁山以生产方式由游牧向农业转化阶段的客观需要解释夏、商、周三代的都城迁移和逐渐固定;③邹衡主张殷商的迁都乃为作战之方便;④齐思和以争夺政权的需要和丰镐的土地肥沃解释文王迁丰、武王作镐;⑤张光直以对铜矿和锡矿的追求解释三代的王都迁移。⑥丁山、齐思和、张光直对夏、商、周三代都城迁移的解释,都旨在强调其迁都的目的在于对良好生活、生产环境和有利政治环境的选择。王晖、黄春长对商人和周人面对商代后期气候变化的措施做了

---

① 王星光、张强、尚群昌:《生态环境变迁与社会嬗变互动——以夏代至北宋时期黄河中下游地区为中心》,第78页。
② 《尚书正义》卷9《盘庚上》,(清)阮元校刻《十三经注疏》上册,第168页。
③ 丁山:《由三代都邑论其民族文化》,《古代神话与民族》,第1—2页。
④ 邹衡:《夏商周考古学论文集》,第210页。
⑤ 齐思和:《西周地理考》,《齐思和自选集》,首都师范大学出版社2010年版,第28页。
⑥ [美]张光直:《夏商周三代都制与三代文化异同》,《中国青铜时代》(二版),生活·读书·新知三联书店2013年版,第58页。

西周春秋时期的女性、联姻与政治格局演进研究

深入的讨论,认为商王朝为了应对商末气候的干旱化而选择开发"南土",周人的迁都则是为了寻找更好的水利资源。① 商代后期,作为农耕部族的商人和周人在面对恶化的环境时,通过开发适合农耕的土地或者迁徙到适合农耕的地区,维持了部族的农业生产水平和农耕文明。Chun Chang Huang 和 Hongxia Su 基于对距今3550—2200年气候的分析指出:先周和周王室的迁徙,表面上看是受到北方草原游牧民族压力而进行的被迫迁徙;实际上却更多地必须归咎于气候的变化:周人由豳的北方迁都豳地,再迁都岐邑、丰镐、洛邑,是在气候变得干冷的时期,向南方迁移以寻找适合农耕的地方。② Huang 和 Su 的分析主要解释了古公亶父以下周人的迁徙,气候变化导致了周人的迁徙,周人的迁徙是以适宜农耕为目的的。

一个具有高超农业生产水平的部族,就算是因为气候的变化或者外敌的进攻而被迫迁徙,在具有广阔土地的时代,也会选择寻找另一处适合农耕的地方;除非气候的变化过于强烈,使得农耕部族完全丧失寻找到适宜农耕地区的可能性。

满志敏对中国全新世气候有如下综合性评价:

> 我国近年的研究以距今8500年至3000年作为我国大暖期的起讫时间,主要的划分依据是参考了表现温度变化敏感而细致的敦德冰芯记录。在这个记录中距今8400年至8500年和距今2900年和3000年是全新世中的两次强高温事件。
>
> 在全新世大暖期的研究中,根据植被带的迁移,研究者一致承认当时中国的降水较现代丰沛。③

处于全新世温暖期的夏朝末年,气候的波动虽然造成了某些年份的旱、涝灾害;但是气候的整体趋势仍然是温暖、湿润的,短期的气候波动

---

① 王晖、黄春长:《商末黄河中游气候环境的变化与社会变迁》,《史学月刊》2002年第1期。
② Chun Chang Huang, Hongxia Su, "Climate change and Zhou relocations in early Chinese history", *Journal of Historical Geography* 35.2 (2009), pp. 297–310.
③ 满志敏:《中国历史时期气候变化研究》,山东教育出版社2009年版,第94、133页。

第三章　先周王室的世系、婚姻与周人的历史记忆

并没有从根本上改变黄河中下游、渭水流域适宜农耕的情况。于是不窋时代周人的弃农从牧，不太可能是因为被迫迁徙到了不适宜农耕的地区。

《后汉书·西羌传》说："后桀之乱，畎夷入居邠岐之间。"①《今本竹书纪年》将畎夷入侵周人的活动区域系于夏桀三年："畎夷入于岐以叛。"②畎夷的侵入确实有可能造成周人生产方式由精耕农业向游牧经济的转变。但是，我们看到公刘时代的周人"虽在戎狄之间复修后稷之业，务耕种，行地宜，自漆、沮度渭，取材用"。③不窋时代的周人为什么轻易地就放弃了后稷时代的精耕农业生产，而不做任何斗争呢？《诗经》《史记》关于后稷时代周人具有精耕农业生产能力的描述真实地存在于不窋之前的后稷时代吗？

三　后稷与古公亶父事迹的相似性与周人的祖先建构

徐中舒《西周史论述》指出："周祖后稷，后稷乃古代农官通称，并非私名，周之先祖应自不窋开始。"④周人自公刘时代，在与具有高等农业水平的姜姓族群的接触中，学习、提高了自己的农业生产能力和经济文化水平，并与姜姓族群世代通婚。《大雅·生民》反映了周人概念里母系社会向父系社会的转变，是周人将其母家的传说嫁接到其父系世代之上的尝试，"周初世系只能从不窋开始"。⑤沈长云《华夏族、周族起源与石峁遗址的发现和探究》对华夏族、周族的起源做了深入的分析，并认同徐中舒的观点："如果说后稷作为我国最早的农神，其时周人已经达到高等农业阶段，他的儿子不窋却退到粗耕农业与戎狄同俗，传至不窋的子孙公刘又能在戎狄之间恢复到后稷的高等农业水平，这是不太合理的。"⑥徐中舒、沈长云对后稷的真实性提出了怀疑，从进化论角度否定了后稷在不窋之先的可能性。笔者前文基于对不窋时代和夏末、商初气候的分析已证明，不

---

① 《后汉书》卷87《西羌传》，中华书局1965年标点本，第2870页。
② 王国维：《今本竹书纪年疏证》，方诗铭、王修龄《古本竹书纪年辑证》（修订本），第222页。
③ 《史记》卷4《周本纪》，第112页。
④ 徐中舒：《西周史论述》，《先秦史十讲》，第69页。
⑤ 徐中舒：《西周史论述》，《先秦史十讲》，第72页。
⑥ 沈长云：《华夏族、周族起源与石峁遗址的发现和探究》，《历史研究》2018年第2期。

窋时代周人的弃农从牧不太可能是因为气候的影响。《后汉书·西羌传》和《今本竹书纪年》记载的畎夷侵入虽然可能对周人的农业生产产生影响，但是《大雅·生民》《周本纪》记载的后稷、不窋时代周人生产方式的巨大差别更有可能与周人的祖先建构有关。

陕西境内先周文化遗址的分布广泛，尤以泾、渭流域的长武、宝鸡、岐山、武功、长安最为集中。其中年代最早的是长武碾子坡先周文化遗址，其碳十四数据指向公元前 1285±145 年。[①] 这一年代相当于商代后期，与古公亶父的时代相近。《周本纪》记载古公亶父时期周人的活动区域和生产、生活情况说："复修后稷、公刘之业，积德行义，国人皆戴之。""薰育戎狄攻之……乃与私属遂去豳，度漆、沮，逾梁山，止于岐下。""于是古公乃贬戎狄之俗，而营筑城郭室屋，而邑别居之。作五官有司。"[②] 太王古公亶父，是周人发展史上重要的领导者和标志性人物；古公亶父时期是周人发展史上最重要的时期之一；周人在古公亶父时期建立起了定居的房屋、城郭和都邑，并开始创立行政体系。当我们把文献记载的后稷时代周人的活动区域、生产、生活情况以及史籍对之的评价，拿来与古公亶父时代作比较，其中的相似性让我们对两个时代的关联产生了联想。

细查后稷与古公亶父的事迹，两者有很多相似或相关之处：《大雅·绵》述古公亶父曰："民之初生"，"陶复陶穴，未有家室"，"爰及姜女，聿来胥宇"，"周原膴膴，堇荼如饴"，"曰止曰时，筑室于兹"，"乃疆乃理，乃宣乃亩"。[③] 把古公亶父时代作为周人兴起的开始，尤其值得关注的是"民之初生"四个字。古公亶父从未有家室到娶姜氏之女为妻，与姜氏共治百姓，在周原筑室而居，善于耕种。《生民》叙述后稷的事迹曰："厥初生民，时维姜嫄"，"诞后稷之穑，有相之道"，"即有邰家室"。[④] 讲述后稷作为周人的先祖，生下他的母亲是姜嫄；后稷善于稼穑，在邰地建立

[①] 许倬云：《西周史》（增补二版），生活·读书·新知三联书店 2012 年版，第 55 页；雷兴山：《先周文化探索》，科学出版社 2010 年版，第 90 页。

[②] 《史记》卷 4《周本纪》，第 113—114 页。

[③] 《毛诗正义》卷 16《大雅·文王之什·绵》，（清）阮元校刻《十三经注疏》上册，第 510 页。

[④] 《毛诗正义》卷 17《大雅·生民之什·生民》，（清）阮元校刻《十三经注疏》上册，第 528—532 页。

第三章　先周王室的世系、婚姻与周人的历史记忆

家室。写后稷的"厥初生民"和写古公亶父的"民之初生",表示的都是部族的始祖;作为同一个部族的周人,很显然不应该有两个来自不同时代的始祖,于是我们有必要探究后稷与古公亶父事迹相似性的原因。

《緜》吟诵古公亶父的功绩曰"爰及姜女,聿来胥宇","曰止曰时,筑室于兹","乃疆乃理,乃宣乃亩";《生民》对后稷功绩的吟诵则有"厥初生民,时维姜嫄","诞后稷之穑,有相之道","即有邰家室"。《緜》的"爰及姜女",与《生民》的"时维姜嫄"形成一组对应;《緜》的"筑室于兹",与《生民》的"即有邰家室"形成一组对应;《緜》的"乃疆乃理,乃宣乃亩",与《生民》的"诞后稷之穑,有相之道"形成一组对应。古公亶父娶太姜为妻,后稷的母亲是姜嫄,姜姓女子在周人的崛起中扮演了重要的角色。古公亶父和后稷都善于稼穑,其统治时期都是周人建筑房屋、城郭,以及定居生活的开始。"邰",从邑,从台;台,《说文》以为"观四方而高者也"。[1]"原",则是黄土高原上常见的地貌形态,是高而平坦的大块土地。"邰"是在高地上建筑的城邑,"周原"是周人生活的高地,就描述的地貌环境而言,两者是相似的。相似的地貌特征,姜姓在其发展中的重要地位,相似的发展阶段和发展历程,指向了共同的叙事母题;也指示出后稷与古公亶父的某种重合,后稷很可能并非真实地存在于《史记》将之归于的时代,后稷的事迹中有很多是后人基于古公亶父事迹的书写。

苏秉琦基于对宝鸡斗鸡台瓦鬲墓的研究指出:"斗鸡台瓦鬲的四种类型的划分及其演变告诉我们,商王朝时期,周人已在西部兴起,宝鸡地区的瓦鬲已显示出先周文化有两个来源,一是自西北方向来的姬姓成分(CD型),一是关中土著的姜姓成分(BC过渡型)。"[2] 斗鸡台瓦鬲类型展现出的姬姓、姜姓部族在关中地区的融合,恰与文献记载的先周王室与姜姓族群的联姻相互印证。扶风刘家村姜戎墓葬的发掘进一步印证了先周时期周人与姜戎的共同生活。[3] 邹衡基于对有"丌"纹字符陶器的分析指出:

---

[1] (清)段玉裁:《说文解字注》,上海古籍出版社1988年影印本,第585页。
[2] 苏秉琦:《中国文明起源新探》,生活·读书·新知三联书店1999年版,第13—14页;苏秉琦:《瓦鬲的研究》,《苏秉琦考古学论述选集》,文物出版社1984年版,第137—156页。
[3] 陕西周原考古队:《扶风刘家姜戎墓葬发掘简报》,《文物》1984年第7期。

西周春秋时期的女性、联姻与政治格局演进研究

"陕西的'羌'族就是文献上所说的姜姓族，也可能就是所谓炎帝族，最早是住在宝鸡和周原一带。"[①] 先周文化在陕西的发展，融合了"从光社文化中分化出来的姬周文化"和"来自辛店、寺洼文化的姜炎文化"。[②] 徐中舒认为周人的农业水平是从母系姜族学来的，以姜嫄、后稷作为自己的始祖，也应是继承了母系的传说。[③]《列女传》言姜嫄教后稷"种树桑麻"，[④] 后稷从母亲处学习农业技术不无可能。许倬云认为"发明农业的荣誉既该归于妇女，把这功绩属之黄帝、后稷只是男子掠美的行为"。[⑤] 由于女性在早期农业生产和传承中的重要作用，男性从母亲或者母系家族学习农业技术是完全合理和有可能的。与姜姓族群的交往和通婚，是周人发展的重要战略和契机；后稷和古公亶父事迹中共有的姜姓女性的参与，指向了一个共同的叙事母题："姬、姜族群的联合"，亦即"炎、黄部族的联合"，这是中国华夏民族形成的基础。

根据《史记·周本纪》的记载，先周时期的周人在后稷时代具有精耕农业的生产能力，从不窋到公刘再到古公亶父时代活动于戎狄之间；特别是不窋时期，似乎完全放弃了后稷的农业传统，转而从事畜牧业；到公刘和古公亶父时期，又逐渐恢复农业生产，或者亦耕亦牧。如果暂时将后稷排除，我们会发现，不窋到古公亶父时期，周人的农业生产水平一直处于上升的曲线。丁山论不窋以来周人的迁徙曰："统观周人迁徙之迹，不窋居于泾水上游，公刘沿泾水而南，历豳渡渭而至京师，太王则由泾而杜、漆至于岐下，王季以后始以丰镐为中心，其展转迁徙，终不出渭水沿岸也。"[⑥] 周人的迁徙，从公刘到王季、文王时代，其居住地域乃是向着更适宜农业生产的方向迁徙。不窋为什么要选择迁往一个既不适宜周人固有的农业生产，又不利于周人政治发展的地方呢？答案很可能是，被置于不窋之先的，具有高超农业生产水平和良好居住环境的后稷，并非真实地存在

---

① 邹衡：《论先周文化》，《夏商周考古学论文集》，第351页。
② 邹衡：《论先周文化》，《夏商周考古学论文集》，第353页。
③ 徐中舒：《西周史论述》，《先秦史十讲》，第69、72页。
④ （清）王照圆：《列女传补注》卷1《母仪传·弃母姜嫄》，第5页。
⑤ 许倬云：《从〈周礼〉中推测远古的妇女工作》，《求古编》，第230页。
⑥ 丁山：《由三代都邑论其民族文化》，《古代神话与民族》，第37页。

第三章　先周王室的世系、婚姻与周人的历史记忆

于《史记》将之归于的年代；周人真正的、可追溯的祖先，很可能是从不窋开始的。

《史记》关于后稷的历史叙述有一个很大的疑点：《周本纪》说："周后稷，名弃。其母有邰氏女，曰姜原。姜原为帝喾元妃。"① 指出帝喾的元妃是姜原，生子弃，就是周人的先祖。《殷本纪》说："殷契，母曰简狄，有娀氏之女，为帝喾次妃。"② 言帝喾的次妃是简狄，生子契，就是商人的先祖。但是在《五帝本纪》中，关于帝喾的配偶和子嗣只提到了"帝喾娶陈锋氏女，生放勋。娶娵訾氏女生挚"。③ 在《五帝本纪》的叙述中，帝喾的配偶似乎只有陈锋氏女和娵訾氏女，儿子则只有放勋（尧）和挚。如果姜嫄真的是帝喾的元妃，司马迁在《五帝本纪》中为什么不加记载呢？这很有可能是因为，司马迁认为"姜原为帝喾元妃"不可靠，故在《五帝本纪》帝喾之下不加记载；但此事关系到周人的祖先系谱，故将之保留在《周本纪》的叙述中。《大戴礼·帝系》说："帝喾卜其四妃之子，而皆有天下。上妃，有邰氏之女也，曰姜原氏，产后稷；次妃，有娀氏之女也，曰简狄氏，产契；次妃曰陈隆氏，产帝尧；次妃曰陬訾氏，产帝挚。"④ 这是对帝喾、尧、商、周世系的混合呈现，出于附会的可能性大而真实的可能性小。司马迁通过"简狄为帝喾次妃""姜原为帝喾元妃"构建了统属于黄帝世系的商、周谱系传承，这是战国以来大一统观念在族群历史建构中的体现。沈长云指出：战国时期"出现了将各氏族部落原来的祖先编在一个共同的谱系上，使他们成为华夏民族共同祖先的做法"，于是黄帝就从周族人的祖先演变为华夏民族共同的祖先。周人因为主导了商、周、春秋、战国以来的华夏民族融合，其祖先黄帝成为最重要的、排在第一位的、华夏民族共同的祖先就在情理之中了。⑤《史记》关于五帝、夏、商、周、秦、楚的族源叙述，《大戴礼记·帝系》《五帝德》的记述，都体现了

---

① 《史记》卷4《周本纪》，第111页。
② 《史记》卷3《殷本纪》，第91页。
③ 《史记》卷1《五帝本纪》，第14页。
④ （清）王聘珍：《大戴礼记解诂》卷7《帝系》，王文锦点校，中华书局1983年版，第130页。
⑤ 沈长云：《华夏族、周族起源与石峁遗址的发现和探究》，《历史研究》2018年第2期；沈长云：《华夏民族的起源与形成过程》，《中国社会科学》1993年第1期。

一种将中国先秦各部族的祖先全面纳入统一传承体系的尝试。

《左传·僖公五年（前655）》和《僖公十年（前650）》有两段关于祭祀的记载，让我们有机会管窥春秋时期的族群观念和族群界限。《僖公五年》的记载是关于虞国和晋国的，宫之奇说："若晋取虞而明德以荐馨香，神其吐之乎？"①意思是说，虞国的祖先可以享受晋国的祭祀。《僖公十年》的记载关乎晋国和秦国，已故的晋献公太子申生因为怨恨晋惠公夷吾，表示要请求天帝将晋国授予秦人，让秦人祭祀自己。狐突说："臣闻之，神不歆非类，民不祀非族，君祀无乃殄乎？且民何罪。失刑乏祀，君其图之。"②申生听从狐突的劝告，放弃了灭亡晋国的想法。狐突认为，身为晋人的申生无法享受秦人的祭祀，因为晋、秦非同一族类。为什么虞、晋的祖先可以通祭，晋、秦则不可以呢？虞、晋皆为姬姓，虞国的先祖虞仲，是古公亶父（太王）次子仲雍的曾孙。晋国的先祖叔虞，是古公亶父少子王季的曾孙，两国同源，并且都可以追溯到古公亶父。《史记·秦本纪》叙述秦人的先祖曰："秦之先，帝颛顼之苗裔孙曰女脩。女脩织，玄鸟陨卵，女脩吞之，生子大业。"③透露出如下信息：第一，秦的祖先可以追溯到五帝之一的颛顼；第二，秦基于女性祖先"女脩"与帝颛顼发生了关联；第三，女脩是吞玄鸟卵而生子。按照《史记》的说法，五帝的传承如下：黄帝之后是他的孙子颛顼，颛顼是黄帝之子昌意的儿子："帝颛顼高阳者，黄帝之孙而昌意之子也。"④颛顼之后是黄帝的曾孙帝喾，帝喾是黄帝之子玄嚣的孙子："帝喾高辛者，黄帝之曾孙也。高辛父曰蟜极，蟜极父曰玄嚣，玄嚣父曰黄帝。"⑤则颛顼与帝喾分属黄帝的两个儿子之后，于是秦、晋分别是黄帝两个不同儿子的后人，秦、晋共同的祖先只能追溯到黄帝。同时，秦、晋与黄帝发生关联的系统不同，晋是黄帝曾孙帝喾的嫡子之后；而秦则是通过其始祖母"女脩"与黄帝的孙子帝颛顼发生了关联。"女脩"被称为"苗裔孙"，则其在颛顼的传承系统里并非嫡系，而只

---

① （西晋）杜预：《春秋经传集解》上册，第255页。
② （西晋）杜预：《春秋经传集解》上册，第275—276页。
③ 《史记》卷5《秦本纪》，第173页。
④ 《史记》卷1《五帝本纪》，第11页。
⑤ 《史记》卷1《五帝本纪》，第13页。

第三章 先周王室的世系、婚姻与周人的历史记忆

是支庶子孙。女脩吞卵生子,其叙事模式和叙事逻辑与商人先祖契的母亲简狄的故事很像;这表明,秦与商在族源和部族发展过程中也许有关联,秦与"鸟"系图腾族群也很可能有关联。傅斯年将商、秦的始祖神话归纳为"宗祖以卵生而创业",并认为"后代神话与此说属于一源而分化者,全在东北民族及淮夷"。①认为卵生神话的族群具有祖源上的相关性,且以后来居于中国东北和淮夷的部族为主。

黄帝是战国以后叠加到中国各传统族群之上的共同祖先,是历史和文化的建构,而非历史的真实。《史记·封禅书》载:"秦灵公作吴阳上畤,祭黄帝;作下畤,祭炎帝。"②这是文献可见秦人最早祭祀黄帝的记录。直到战国时期,秦人才正式承认黄帝是自己的祖先。秦灵公(前424—前415)同祭黄帝、炎帝,反映出把"炎""黄"作为中国华夏民族共同祖先的历史和文化建构的成形。在春秋时期,在晋人的观念里,晋、秦是不同的族类,故晋人的祖先无法享受秦人的祭祀。能够追溯到古公亶父(太王)的国族:虞、晋,被认为可以享受对方的祭祀;而只能追溯到黄帝的国族:晋、秦,则否。古公亶父在春秋时期周人的概念里具有特别重要的地位,诸侯国世系能否追溯到古公亶父,是其能否被视为周人族群的核心标志。

《鲁颂·閟宫》叙述周、鲁的历史说:

> 閟宫有侐,实实枚枚。赫赫姜嫄,其德不回。上帝是依,无灾无害。弥月不迟,是生后稷。降之百福:黍稷重穋,稙稚菽麦。奄有下国,俾民稼穑。有稷有黍,有稻有秬。奄有下土,缵禹之绪。
>
> 后稷之孙,实维大王。居岐之阳,实始翦商。至于文、武,缵大王之绪。致天之届,于牧之野。无贰无虞,上帝临女。敦商之旅,克咸厥功。王曰叔父,建尔元子,俾侯于鲁。大启尔宇,为周室辅。
>
> 乃命鲁公,俾侯于东。锡之山川,土田附庸。周公之孙,庄公之子,龙旂承祀,六辔耳耳。春秋匪解,享祀不忒。皇皇后帝,皇祖后

---

① 傅斯年:《夷夏东西说》,《民族与古代中国史》,第3页。
② 《史记》卷28《封禅书》,第1364页。

稷，享以骍牺。是飨是宜，降福既多。周公皇祖，亦其福女。①

《閟宫》是鲁僖公（前659—前627）重修周公之庙时的祝颂之诗。程俊英、蒋见元《诗经注析》在概括其诗旨时说："这是歌颂鲁僖公能兴祖业、复疆土、建新庙的诗。"② 《閟宫》叙述周、鲁的历史首言后稷，把姜嫄、后稷视为周人历史的开端，并将后稷的时代与大禹相关联，所谓"奄有下土，缵禹之绪"是也。《閟宫》叙述姜嫄生子和后稷因善于稼穑而有国有民的史事与《大雅·生民》一致，而将后稷的时代与大禹相关联则出于《閟宫》的创制。后稷作为周人的始祖，是姬姓周系诸侯追溯历史的共同记忆起点。后稷作为周人共同的"焦点祖先"存在，姬姓诸侯在追溯自己的"近代祖先"时，其源头却总是只上溯到太王古公亶父："后稷之孙，实维大王。"在叙述完遥远的"焦点祖先"后稷之后，《閟宫》的笔触直接跳到了周公的曾祖父古公亶父，将古公亶父视为周人翦商和西周封建肇兴的起点。

罗泰基于对史墙盘（《集成》16.10175）和痶钟（《集成》1.246）铭文的研究，将微氏家族祖先分为"近代祖先"和"焦点祖先"两类。指出："'近代祖先'主要包括献器者的父亲和祖父；而'焦点祖先'则包括献器者所属干系（大宗）和支系（小宗）的始祖。庄白一号窖藏铜器铭文称整个微氏族大宗的始祖为'高祖'，这种总称也见于传世文献，意思相同。"③ 太王古公亶父是两周时期整个姬姓周人族群（clan）认可的共同"近代祖先"，是周人姓族（clan）的基础。《閟宫》对鲁国历史的叙述，清晰地展现出春秋时期鲁国宗族对鲁国"焦点祖先"和"近代祖先"的不同态度。本书第八章关于春秋时期吴国与周人祖源关联的讨论，也特别指出，吴国"近代祖先"的追溯，也是以古公亶父为目标的。古公亶父是春秋时期各姬姓周人诸侯国"近代祖先"追溯的共同起点。

《史记》关于后稷和古公亶父的历史叙述乃是基于两个不同的祖先追

---

① 《毛诗正义》卷20《鲁颂·駉之什·閟宫》，（清）阮元校刻《十三经注疏》上册，第614—615页。
② 程俊英、蒋见元：《诗经注析》下册，第1010页。
③ ［美］罗泰：《宗子维城：从考古材料的角度看公元前1000至前250年的中国社会》，第67页。

第三章 先周王室的世系、婚姻与周人的历史记忆

溯体系,后稷是向上的回溯,其对于周人部族的意义在于,将周人世系与黄帝谱系建立起关联;而古公亶父则是向下的传承,其时代和其子孙的谱系都有可靠的文献来源。作为黄帝曾孙帝喾之子的后稷,其黄帝玄孙的身份构建起了周人与黄帝的祖源关联;但是这种祖源关联很有可能是出于周人的历史建构,而非历史的真实。

第二节 婚姻与先周时期的周人政治

太王古公亶父,是周人发展史上重要的领导者和标志性人物,《诗经·大雅·绵》《周颂·天作》《鲁颂·閟宫》等皆有歌颂古公亶父的诗句。《天作》说:"天作高山,大王荒之。彼作矣,文王康之。彼徂矣,岐有夷之行,子孙保之。"① 《鲁颂·閟宫》说:"后稷之孙,实维大王。居岐之阳,实始翦商。至于文武,缵大王之绪。致天之届,于牧之野。"② 认为太王是周人兴盛的基础,奠定了文王、武王与商对抗并最终翦商、建立周王朝的基础。古公亶父时代是周人取得巨大发展的时期,也是先周时期周人建立城郭、都邑和行政制度的开始:"于是古公乃贬戎狄之俗,而营筑城郭室屋,而邑别居之。作五官有司。"③ 同时,古公亶父时代也是先周历史中可以寻求文献和考古二重证据有效印证的时代。

古公亶父的夫人——太姜,是后人尊奉的"周室三母"之一,来自与周人世代通婚的、强大的姜姓部族。太姜在古公亶父时代的政治参与度极高,甚至可能直接影响了古公亶父的继嗣选择。

一 太姜、太任与季历的嗣位

《史记·周本纪》记载古公亶父的继嗣问题说:

---

① 《毛诗正义》卷19《周颂·清庙之什·天作》,(清)阮元校刻《十三经注疏》上册,第585—586页。
② 《毛诗正义》卷20《鲁颂·駉之什·閟宫》,(清)阮元校刻《十三经注疏》上册,第615页。
③ 《史记》卷4《周本纪》,第114页。

> 古公有长子曰太伯，次曰虞仲。太姜生少子季历，季历娶太任，皆贤妇人，生昌，有圣瑞。古公曰："我世当有兴者，其在昌乎？"长子太伯、虞仲知古公欲立季历以传昌，乃二人亡如荆蛮，文身断发，以让季历。①

这就是著名的"太伯让国"事件。但是太伯让国是出于自愿还是迫于时势的压力呢？司马迁特别指出"太姜生少子季历"，这是不是说明太伯、虞仲的母亲不是太姜呢？"季历娶太任"，太任是殷商属国挚国的女子，她在季历的嗣位问题上又起到过怎样的作用呢？《周本纪》说古公亶父因为季历之子昌（文王）有"圣瑞"，所以想立季历以传位于昌，这是古公亶父真实的所思所想，还是后人的妄议猜度呢？

《大雅·绵》说："古公亶父，来朝走马。率西水浒，至于岐下。爰及姜女，聿来胥宇。"② 古公亶父在岐山下骑马，与妻子姜氏一起视察新的居址。在《列女传·周室三母》中，刘向进一步指出："太王谋事迁徙，必与太姜。君子谓太姜广于德教"。③ 太姜参与了古公亶父的政治决策，其对古公亶父时期周人政治的影响是不容忽视的，太姜是否也影响了古公亶父的立嗣选择呢？我们至少不能忽视这种可能性：古公亶父因为太姜的原因而选择立太姜之子季历为嗣，太伯、虞仲被迫出奔荆蛮。

刘向《列女传》说"（太姜）生太伯、仲雍、王季"。④ 作为有明确政治目的的纂集类文献，《列女传》关于太姜子嗣的说法，其可信度要低于《周本纪》，故笔者在本书的叙述中采用《史记》的说法，认为季历是太姜之子，太伯、虞仲则否。即使太伯、仲雍真的如刘向所说均为太姜之子，我们也不能排除太姜因爱少子，而请求古公亶父立季历的可能性。

《大雅·大明》说："挚仲氏任，自彼殷商，来嫁于周，曰嫔于京。乃

---

① 《史记》卷4《周本纪》，第115页。
② 《毛诗正义》卷16《大雅·文王之什·绵》，（清）阮元校刻《十三经注疏》上册，第510页。
③ （清）王照圆：《列女传补注》卷1《母仪传·周室三母》，第14页。
④ （清）王照圆：《列女传补注》卷1《母仪传·周室三母》，第14页。

第三章 先周王室的世系、婚姻与周人的历史记忆

及王季,维德之行"。①《诗经》特别关注于太任的殷商背景,因为在古公亶父时期,周人是臣服于商王的。季历与商人属国挚国的联姻,有着明确的政治目的和政治倾向,周人要借季历与挚国的联姻加强与商系部族的关系,并获得商王的信任和支持。

《大雅·思齐》说:"思齐大任,文王之母。思媚周姜,京室之妇。大姒嗣徽音,则百斯男。"② 太任的"思媚周姜",恐怕不只是出于媳妇对婆婆的尊重,更是要通过与太姜建立良好的关系,为季历的嗣位铺路。

太姜在古公亶父的政治决策中具有话语权和影响力,太姜之子季历在古公亶父的嗣位选择中具有优势。季历之妻——太任,来自商人的属国挚,这为季历的嗣位增加了来自妻族的砝码。季历之子文王被认为有"圣瑞",于是古公亶父选择立季历为嗣,太伯、仲雍出奔荆蛮。

二 季历时期周人与商的关系

季历时期的周人开始与商王朝发生频繁、密切的关系,联系和冲突并存。周人接受过商王的封赏,祭祀商王,也曾经遭到商王的惩罚。商王武乙在黄河、渭水之间田猎的时候被暴雷震死。当时的河、渭之间是商、周势力的交会地,武乙真是被暴雷震死,还是被周人所杀,史官讳之曰:"暴雷震死?"丁山细查甲骨文资料提出多重证据,指出"武乙之死于河渭,似乎不是田猎,可能是去征伐周王季,兵败被杀,殷商史官乃讳言'暴雷震死'而已"。首先,甲骨文关于商王田猎的记载,总是先问"雨,不雨",然后才出猎,为何武乙此次出猎河、渭之间不问卜呢?再说纵然武乙出猎不问晴雨,大雷雨之时也该有避雨的措施。其次,武乙时代的卜辞中有"西师","伐西土",很可能即与商人同周人的战争有关。③ 观武乙、文丁时期周人势力的发展,商、周势力的交锋和文丁杀季历之事,武

---

① 《毛诗正义》卷 16《大雅·文王之什》,(清)阮元校刻《十三经注疏》上册,第 507 页。
② 《毛诗正义》卷 16《大雅·文王之什》,(清)阮元校刻《十三经注疏》上册,第 516 页。
③ 丁山:《武乙死于河渭之间》,《商周史料考证》,国家图书馆出版社 2008 年版,第 146—150 页。

乙之死很可能并非"暴雷"之故。

《古本竹书纪年》

武乙

三十四年：周王季历来朝，武乙赐地三十里，玉十瑴，马八疋。

三十五年：周王季伐西落鬼戎，俘二十翟王。

太丁（文武丁，文丁）

二年：周公季伐燕京之戎，周师大败。

四年：周人伐余无之戎，克之。周王季命为殷牧师。

七年：周人伐始呼之戎，克之。

十一年：周人伐翳徒之戎，捷其三大夫。

文丁杀季历。[1]

《今本竹书纪年》

武乙

元年：邠迁于岐周。

三年：命周公亶父赐以岐邑。

二十一年：周公亶父薨。

二十四年：周师伐程，战于毕，克之。

三十年：周师伐义渠，乃获其君以归。

三十四年：周公季历来朝，王赐地三十里，玉十瑴，马十匹。

三十五年：周公季伐西落鬼戎。

三十五年：王畋于河、渭，暴雷震死。

文丁（文武丁，太丁）

二年：周公季历伐燕京之戎，败绩。

四年：周公季历伐余无之戎，克之，命为牧师。

五年：周作程邑。

七年：周公季历伐始呼之戎，克之。

十一年：周公季历伐翳徒之戎，获其三大夫，来献捷。

---

[1] 方诗铭、王修龄：《古本竹书纪年辑证》（修订本），第34—38页。

第三章　先周王室的世系、婚姻与周人的历史记忆

十一年：王杀季历

十一年：王嘉季历之功，锡之圭瓒、秬鬯，九命为伯，既而执诸塞库。季历困而死，因谓文丁杀季历。

十二年：有凤集于岐山。

十三年：陟。①

按《夏商周断代工程》的年代认定，武乙在位 35 年，约前 1147—前 1113 年；文丁在位 11 年，约前 1112—前 1102 年。②《今本竹书纪年》编年至文丁十三年。文丁，甲骨文作"文武丁"，《史记·殷本纪》作"太丁"，《后汉书·西羌传》注、《太平御览》引《竹书纪年》作"太丁"，《晋书·束皙传》《史通》引《竹书纪年》和《汲冢书》作"文丁"，《今本竹书纪年》作"文丁"，《夏商周断代工程》作"文丁"。《太平御览》卷 83 引《帝王世纪》曰："帝文丁，一曰大丁。"《夏商周断代工程》列商代最后的四位国君是：武乙、文丁、帝乙、帝辛，与《史记·殷本纪》的武乙、太丁、帝乙、帝辛相对，文丁、太丁之别，概因文字传写讹误而起。笔者在讨论盘庚迁殷之后的商王和其相关年代时，将采用《夏商周断代工程》的年代认定。

《今本竹书纪年》有"命周公亶父赐以岐邑"之事，在武乙三年（约前 1145），在古公亶父由豳迁岐的两年之后，这是武乙以商王之尊对周人首领古公亶父率众迁徙的确认，表明周人对商人的臣属关系。古本、今本《竹书纪年》皆有记载的季历朝殷，商王赐给季历土地、玉和马匹之事，是对周人臣属于殷商王朝的再次确认。古本、今本《竹书纪年》皆有记载的周人对西落鬼戎、燕京之戎、余无之戎、始呼之戎的征伐；文丁四年（约前 1109），周人伐余无之戎胜利之后文丁对季历的册命，一方面表现出周人势力的强大，另一方面则将周人置于商人的王权控制之下。周人的征伐是出于商王的命令，还是基于周人势力拓展的考虑呢？可能两者都有，

---

① 王国维：《今本竹书纪年疏证》，方诗铭、王修龄《古本竹书纪年辑证》（修订本），第 234—236 页。

② 夏商周断代工程专家组：《夏商周断代工程 1996—2000 年阶段成果报告》（简本），第 60—61 页。

但是后者的原因可能占有更大的比重。周人势力的蓬勃发展，让商王感受到了威胁。于是武乙选择到商、周势力的交会处——河、渭之间，田猎，这是武乙的王权宣示和对季历的警示；武乙的此次田猎之行以被"暴雷震死"而终，《史记·殷本纪》《今本竹书纪年》均有记载。

司马迁在《殷本纪》中记商王武乙的为人说："帝武乙无道，为偶人，谓之天神。与之博，令人为行。天神不胜，乃僇辱之。为革囊，盛血，卬而射之，命曰'射天'"。① 表现武乙与天对抗的性格，为武乙被暴雷震死张本。武乙以"偶人"假扮天神，则震死武乙的"暴雷"很可能作为"偶人"的象征，是对武乙真实死因的文饰表达。武乙之死很可能与周人有关，当然是以一种意外的形式；周人、殷人都对此讳莫如深，故史书记之曰"暴雷震死"。

周人在古公亶父和季历时期取得了巨大的发展，尤其是季历时期，通过征伐西落鬼戎、余无之戎、始呼之戎不仅彰显了周人的实力，也获得了商王的封赏，"为殷牧师"。同时，季历时期周人的发展和扩张，也引起了商王对周人野心的猜忌、戒备和限制，于是有了文丁十一年（前1102）的"王杀季历"。商王文丁杀周人首领季历之事表明，商王在名义上具有对周人的管辖权，故可以对周人的首领行使生杀之权；季历时期的周人虽然取得了大发展，但是仍然处于商王朝的权力范围之下。在古公亶父、季历时期，周人始终表现出对商王的臣服，古公亶父、季历都曾接受商王的锡赐。古公亶父立季历为嗣，与季历之母太姜的政治参与和季历之妻太任的商人属国身份有关。

第三节　周人关于"帝乙归妹"和"文王太姒"的历史记忆

对《诗经·大雅·大明》中"大邦有子，俔天之妹"和"缵女维莘，长子维行"的解释，不仅关系到我们对周文王、帝乙之女、太姒婚姻和周武王身份的理解，影响我们对商周之际周人历史记忆的认识，也会对我们

---

① 《史记》卷3《殷本纪》，第104页。

第三章　先周王室的世系、婚姻与周人的历史记忆

关于西周制度和西周礼乐文明的理解产生影响。但是学术界对此问题的讨论非常有限,主要集中在《诗经》注释者的不同解读中。刘向在《列女传·周室三母》中把"俔天之妹"和"缵女维莘"关联在一起,① 《毛传》《三家诗》、朱熹《诗集传》、陈奂《诗毛诗传疏》、马瑞辰《毛诗传笺通释》、方玉润《诗经原始》、程俊英、蒋见元《诗经注析》等历代解《诗经》者都将"俔天之妹"和"缵女维莘"两者解为同一人,即文王之妃"太姒"。② 顾颉刚在《周易卦爻辞的故事》中首先将"大邦有子,俔天之妹"与《周易·归妹·爻辞》中的"帝乙归妹"联系起来,认为"大邦有子,俔天之妹"与"缵女维莘,长子维行"并非同一个人,前者是帝乙的女儿,后者是莘国的太姒。顾氏之说得到傅斯年、许倬云和夏含夷的赞同。③ 高亨《诗经今注》、周振甫《诗经译注》采用顾氏的观点注《大明》。④ 夏含夷基于对《周易·归妹》《渐》《泰》《否》卦、爻辞的分析认为,帝乙之女的婚姻因无子而失败,并成为象征商、周关系的预兆,将"帝乙归妹"纳入了宏阔的商、周历史的讨论中。⑤ 历代注《诗》者为什么习惯于将"大邦有子,俔天之妹"与"缵女维莘,长子维行"解为同一个人?在这明显的张冠李戴背后,隐含着后人对西周历史选择性记忆的关键问题。笔者拟从探寻商、周文献和甲骨文、金文、简牍中关于周文王、商王帝乙、帝乙之女、太姒、伯邑考、周武王的记载入手,探讨商、周之际周人的历史记忆和历史建构问题。

---

① （清）王照圆:《列女传补注》卷1《母仪传·周室三母》,第15页。
② 《毛诗正义》卷16《大雅·文王之什·大明》,（清）阮元校刻《十三经注疏》上册,第507—508页;（清）王先谦《诗三家义集疏》下册,吴格点校,中华书局1987年版,第829—832页;（宋）朱熹:《诗集传》,第178页;（清）陈奂:《诗毛诗传疏》第2册,滕志贤整理,凤凰出版社2018年版,第795—799页;（清）马瑞辰:《毛诗传笺通释》下册,陈金生点校,中华书局1989年版,第803—807页;（清）方玉润:《诗经原始》,李先耕点校,中华书局1986年版,第477页;程俊英、蒋见元:《诗经注析》下册,第754—756页。
③ 顾颉刚:《周易卦爻辞中的故事》,《顾颉刚古史论文集》卷11,第11—14页;傅斯年:《〈新获卜辞写本后记〉跋》,《傅斯年全集》第3册,（台北）联经出版事业公司1980年版,第990—991页;许倬云:《西周史》（增补二版）,第81页。
④ 高亨:《诗经今注》,清华大学出版社2010年版,第236页;周振甫:《诗经译注》（修订本）卷7《大明》,中华书局2010年版,第371—372页。
⑤ ［美］夏含夷:《结婚、离婚与革命——〈周易〉的言外之意》,《孔子之前中国经典诞生的研究》,黄圣松、杨济襄、周博群等译,范丽梅、黄冠云修订,中西书局2019年版,第14—27页。

一 "帝乙归妹": 隐没的正妃

《周易》"泰"和"归妹"两卦的爻辞六五都有"帝乙归妹":

> 帝乙归妹,以祉,元吉。(《周易·泰·爻辞》六五)①
> 帝乙归妹,其君之袂不如其娣之袂良。(《周易·归妹·爻辞》六五)②

说的是商王帝乙嫁女之事。历代《周易》注者都认为帝乙之女所适为周文王,这应该是没有问题的。

《诗经·大雅·大明》关于周文王的婚姻有如下记载:

> 天监在下,有命既集。文王初载,天作之合。在洽之阳,在渭之涘。
>
> 文王嘉止,大邦有子。大邦有子,俔天之妹。文定厥祥,亲迎于渭。造舟为梁,不显其光。
>
> 有命自天,命此文王,于周于京。缵女维莘,长子维行,笃生武王。保右命尔,燮伐大商。③

文王在即位初年即娶"大邦有子,俔天之妹"为妻,并"亲迎于渭,造舟为梁",对新婚妻子极尽尊显。莘国姒姓,"缵女维莘,长子维行",说的是太姒。太姒与"大邦有子,俔天之妹"是否为同一个人呢?"文王初载",陈奂《诗毛诗传疏》释之曰:"是谓文王之治岐也。"④ 程俊英、

---

① 《周易正义》卷2《泰》,(清)阮元校刻《十三经注疏》上册,第28页。
② 《周易正义》卷5《归妹》,(清)阮元校刻《十三经注疏》上册,第64页。
③ 《毛诗正义》卷16《大雅·文王之什·大明》,(清)阮元校刻《十三经注疏》上册,第507—508页。
④ (清)陈奂:《诗毛诗传疏》,第795—796页。

第三章 先周王室的世系、婚姻与周人的历史记忆

蒋见元《诗经注析》直言"文王即位初年"。① 则文王娶大邦之子在其即位之元年。"有命自天，命此文王，于周于京"，陈奂《传疏》引《白虎通义·号篇》《三正篇》引《诗》曰："此言文王改号为周，易邑为京也。"② 则"缵女维莘，长子维行"与文王"亲迎于渭"不在同一年，或者至少不在同一个时间。由此，则文王"亲迎于渭"的大邦之子与莘国的太姒并非同一个人。傅斯年、夏含夷认为太姒很有可能是帝乙之女陪嫁的媵妾，③ 若果真如此，则正好应了《归妹·爻辞》的"其君之袂不如其娣之袂良"。

俔，《毛传》曰："俔，磬也。"陈奂《传疏》曰："《释文》引《韩诗》作'磬天之妹'，云'磬，譬也。'"④ "大邦有子，俔天之妹"意为大邦的女儿，譬如天帝的女儿。莘当时是殷商的属国，是否足以称为"大邦"？太姒又有没有资格被比作天帝的女儿呢？答案恐怕是否定的，"大邦"，应该指商。周人屡次称殷商为"大邦""大国"，《尚书·召诰》曰："皇天上帝，改厥元子，兹大国殷之命"，"天既遐终大邦殷之命"；⑤《康王之诰》曰："皇天改大邦殷之命；"⑥《诗经·大雅·大明》曰："燮伐大商""肆伐大商。"⑦《尚书·大诰》《多士》，周人以胜利者的身份，向商人遗民发出训诰时仍谦称"小邦"和"小国"，《大诰》曰"天休于宁王，兴我小邦周"；⑧《多士》曰"肆尔多士，非我小国敢弋殷命"。⑨ "大邦"是商，在周人仍臣属于商王的时代，把商王比作天帝，称商王的女儿为"俔天之妹"是顺理成章的。"大邦有子，俔天之妹"是帝乙的女儿，《大明》，文王元年迎娶的妻子就是《泰·爻辞》六五和《归妹·爻辞》六五

---

① 程俊英、蒋见元：《诗经注析》下册，第754页。
② （清）陈奂：《诗毛诗传疏》第2册，第798页。
③ 傅斯年：《〈新获卜辞写本后记〉跋》，《傅斯年全集》第3册，第991页；[美]夏含夷：《结婚、离婚与革命——〈周易〉的言外之意》，《孔子之前中国经典诞生的研究》，第18页。
④ （清）陈奂：《诗毛诗传疏》第2册，第796页。
⑤ 《尚书正义》卷15《召诰》，（清）阮元校刻《十三经注疏》上册，第212页。
⑥ 《尚书正义》卷19《康王之诰》，（清）阮元校刻《十三经注疏》上册，第244页。
⑦ 《毛诗正义》卷16《大雅·文王之什·大明》，（清）阮元校刻《十三经注疏》上册，第508页。
⑧ 《尚书正义》卷13《大诰》，（清）阮元校刻《十三经注疏》上册，第199页。
⑨ 《尚书正义》卷16《多士》，（清）阮元校刻《十三经注疏》上册，第219页。

所说的"帝乙归妹",而并非莘国的太姒。

按照《今本竹书纪年》,①商王文丁杀季历在文丁十一年。据《夏商周断代工程》,文丁在位 11 年,文丁十一年约为公元前 1102 年。②季历、文丁,周人和商人的首领同年而卒,继任者周文王、商王帝乙在即位元年,以联姻的方式修补和重建了周人与商人的关系。

陕西岐山凤雏村周文王时期的周人卜甲、卜骨,有周人祭祀商王的记录:

(H11:1)癸字(巳),彝文武帝乙宗。贞:王其邵祭成唐,鼎(贞)纪(祝)示及二母(女)。其彝血牲三 豚三,宙又(有)足。

(H11:84)王其崇又(佑)太甲,酚周方白(伯),□宙(惟)足,不(丕)左于受又(有)又(佑)。③

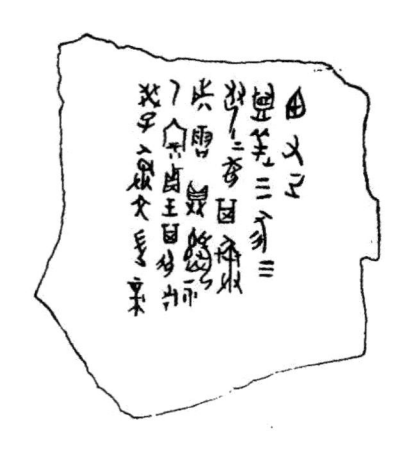

图 3-4 岐山甲骨摹本 H11:1④

---

① 夏含夷认为《今本竹书纪年》是荀勖、和峤的《竹书纪年》整理本在长期流传、传抄过程中形成的,其中有最初的整理之失,也有传抄过程中的篡改和笔误;但是《今本竹书纪年》"基本上还是与战国中叶墓本出土时的真本相去不远,更绝非宋代以后之伪作"。([美]夏含夷:《〈竹书纪年〉的整理和整理本》,《重写中国古代文献》,第 151—209 页。)笔者将在考察和参校其他文献的基础上,谨慎使用《今本竹书纪年》。
② 夏商周断代工程专家组:《夏商周断代工程 1996—2000 年阶段成果报告》(简本),第 61 页。
③ 陕西周原考古队:《陕西岐山凤雏村发现周初甲骨文》,《文物》1979 年第 10 期。
④ 图片引自陕西周原考古队《陕西岐山凤雏村发现周初甲骨文》,《文物》1979 年第 10 期。

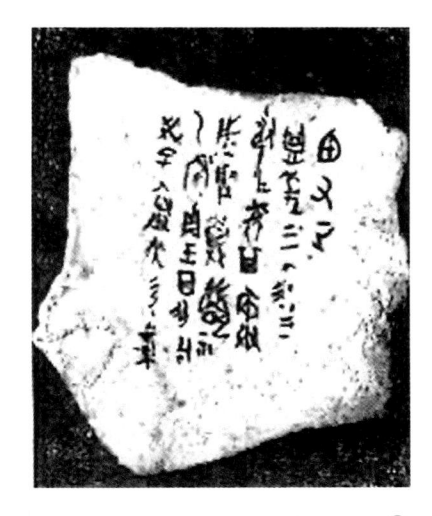

第三章　先周王室的世系、婚姻与周人的历史记忆

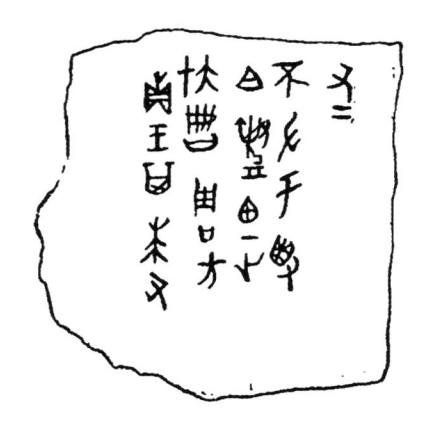

图3-5　岐山甲骨 H11∶1①　　图3-6　岐山甲骨摹本 H11∶84②

这两条甲骨文共提到了三位商王：成唐（成汤）、太甲和帝乙。成汤是商人的开国创业之君，太甲是商人的贤王，被尊为"太宗"，周人既臣服于商，接受商王的封赐，祭祀商人的先祖、贤王当在情理之中。但是周人为何要祭祀帝乙呢？借助罗泰关于"近代祖先"和"焦点祖先"的阐释。③我们可以将周人对商王成汤、太甲的祭祀，理解为周人在臣服于商王朝的情况下对商人焦点祖先的祭祀；而周人祭祀帝乙，则很可能因为此时正当帝辛之世，臣服于商人的周人也祭祀帝辛的亡父帝乙。不过综合考察《归妹·爻辞》《大雅·大明》和周原甲骨文，文王时期周人对帝乙的祭祀，也有可能是源于文王与帝乙的特殊关系，即文王娶帝乙的女儿为妻，商王帝乙是周文王的岳父。

帝乙之女嫁与周文王为妻，虽然享受了很高的礼法待遇，文王"亲迎于渭，造舟为梁"，但是这位来自大邦的商王之女，却并不受宠幸。"其君之袂不如其娣之袂良，"周文王似乎更喜欢商人陪嫁的媵妾。甚至帝乙之

---

① 图片引自陕西周原考古队《陕西岐山凤雏村发现周初甲骨文》，《文物》1979年第10期。
② 图片引自陕西周原考古队《陕西岐山凤雏村发现周初甲骨文》，《文物》1979年第10期。
③ 关于"近代祖先"和"焦点祖先"问题，可参看 [美] 罗泰《宗子维城：从考古材料的角度看公元前1000至前250年的中国社会》，第67页。

女被出归母家，"归妹以须，反归以娣"，① 周文王却留下了她陪嫁的媵妾。帝乙之女婚姻的不幸很有可能与她的没有生育，或者子嗣早夭有关："女承筐无实，士刲羊无血"，② 这与太姒的子嗣蕃盛形成鲜明的对比。在大量关于周文王的文献记载中，太姒是备受尊崇的文王配偶，《思齐》将之与古公亶父之妻太姜、季历之妻太任并举，曰："大姒嗣徽音，则百斯男。"③《列女传》将太姜、太任、太姒称为"周室三母"，④ 帝乙之女则不与其列。历代的《诗经》注疏，通过将"大邦有子，俔天之妹"与"缵女维莘，长子维行"解为同一个人——太姒，将"帝乙归妹"消弭在了历史之中。"帝乙归妹"在历史中的消弭，为太姒、武王身份的尊显铺平了道路，是西周时期周人建构其历史记忆和礼乐制度的基础。

二　太姒的吉梦与周武王的嗣位

帝乙之女的不受宠幸很可能与商、周关系的恶化有关；而她的不育或者子嗣早夭更加剧了她与周文王婚姻的矛盾，并最终导致了这段婚姻的破裂。帝乙之女与周文王婚姻的破裂，因其在时间线上正与商、周矛盾凸显和周人翦商并行，故被赋予了强烈的象征意味，作为占卜婚姻、政事的重要征兆被写入《周易·归妹》《渐》《泰》《否》诸卦之中。《归妹·爻辞》的"跛能履""眇能视"，⑤《否·爻辞》的"小人吉，大人否"，⑥ 都意在说明事物的吉凶转化，所谓否极泰来。夏含夷将这些吉凶转化对应到帝乙之女和太姒、周武王的身上。⑦ 太姒和武王如何从帝乙之女失败的婚姻中获益，帝乙之女、太姒的凶吉转化又是如何被历史书写和改写的呢？《史

---

① 《周易正义》卷5《归妹》，（清）阮元校刻《十三经注疏》上册，第64页。
② 《周易正义》卷5《归妹》，（清）阮元校刻《十三经注疏》上册，第64页。
③ 《毛诗正义》卷16《大雅·文王之什·思齐》，（清）阮元校刻《十三经注疏》上册，第507页。
④ （清）王照圆：《列女传补注》卷1《母仪传·周室三母》，第14页。
⑤ 《周易正义》卷5《归妹》，（清）阮元校刻《十三经注疏》上册，第64页。
⑥ 《周易正义》卷2《否》，（清）阮元校刻《十三经注疏》上册，第29页。
⑦ [美] 夏含夷：《结婚、离婚与革命——〈周易〉的言外之意》，《孔子之前中国经典诞生的研究》，第20、26页。

第三章　先周王室的世系、婚姻与周人的历史记忆

记》《今本竹书纪年》《逸周书·程寤》和《清华简·程寤》等文献为我们提供了探寻这一问题的蛛丝马迹。

周人在文王时期已经强大到足以与商王朝相对抗，并决定取代商王的天下共主地位。周人通过与姜姓和姒姓族群的联姻，构建起自己的盟友基础；并广泛吸纳反对商王朝的方国、部族，以期建立广阔的反商同盟；然后在武王时期最终完成了翦商大业。

《今本竹书纪年》帝辛：
二十一年春正月，诸侯朝周。伯夷、叔齐自孤竹归于周。
二十三年，囚西伯于羑里。
二十九年，释西伯，诸侯逆西伯，归于程。
三十年春三月，西伯率诸侯入贡。①

《今本竹书纪年》和《夏商周断代工程》对商王帝辛的积年记载差别很大。《今本竹书纪年》载帝辛在位五十二年，《夏商周断代工程》认为帝辛公元前1075—前1046年在位，共三十年。《今本竹书纪年》关于帝辛积年的记载有明显的浮夸，有一年之事被分在数年者。故笔者在使用《今本竹书纪年》关于帝辛的记载时，用其事而略其年。

"诸侯朝周"与"西伯率诸侯入贡"表现出周人在帝辛时期与商王分庭抗礼的影响力。即《史记·殷本纪》所谓"西伯归，乃阴修德行善，诸侯多叛纣而往归西伯。西伯滋大，纣由是稍失权重"。② 亦即《论语·泰伯》孔子所言"（文王）三分天下有其二，以服事殷。周之德，其可谓至德也已矣"。③ 周文王在商末的诸侯、方国、部族中具有巨大的影响力，故有很多诸侯、方国、部族主动"朝周"；同时，周文王认为周人此时尚不具备向商王发起总攻的能力，故选择韬光养晦，继续对商王表示臣服。

周人在文王时期势力日益隆盛，虽然在表面上仍臣服于商王，但是已

---

① 王国维：《今本竹书纪年疏证》，方诗铭、王修龄《古本竹书纪年辑证》（修订本），第237页。
② 《史记》卷3《殷本纪》，第107页。
③ （宋）朱熹：《论语集注》卷4《泰伯》，《四书章句集注》，第108页。

获得很多方国、部族的认可，成为对商王权力构成巨大威胁的重要政治势力。周人已经做出了翦商的政治决策，只是出于战略上的考虑，选择暂时韬光养晦，积蓄实力以期一击致命。作为商人势力代表嫁入周室的帝乙之女，其身份于是显得既微妙又尴尬。

《逸周书·程寤》和《清华简·程寤》都记载了太姒的吉梦：周人将受天命取代商王的统治，受命者是周文王和太子发。《逸周书》和《清华简》的记载在文字和细节上有所出入。

《逸周书·程寤》：

文王去商在程，正月既生魄，大姒梦见商之庭产棘，小子发取周庭之梓树于阙间，化为松柏棫柞，寤惊，以告文王，文王乃召太子发占之名堂。王及太子发并拜吉梦，受商之大命于皇天上帝。①

《清华简·程寤》：

隹王元祀贞（正）月既生魄，大（太）姒梦见商廷隹（惟）棘（棘），迺小子发取周廷梓树于厥间，化为松柏棫柞，寤敬（惊），告王。王弗敢占，诏太子发，卑（俾）灵名凶，祓。祝忻祓王，巫率祓大（太）姒，宗丁祓大（太）子发。敝（币）告宗方（祊）社稷，祈于六末山川，攻于商神。望、承（烝），占于明堂。王及大（太）子发并拜吉梦，受商命于皇上帝。②

《逸周书·程寤》说"文王去商在程"，《今本竹书纪年》帝辛二十九年有"释西伯，诸侯逆西伯，归于程"。则太姒的吉梦发生在文王从羑里释放，回归程邑之后。《史记·周本纪》载西伯被拘羑里和释放之事，又载西伯归国后"阴行善"，断虞、芮之讼，"明年，伐犬戎"。③文王"伐犬戎"至"西伯崩"共历时六年，则文王从羑里释放约在其去世的七年前，约为公元前 1053 年。

---

① 《逸周书》卷 2《程寤》，黄怀信、张懋镕、田旭东《逸周书汇校集注》（修订本），黄怀信修订，李学勤审定，上海古籍出版社 2007 年版，第 183 页。

② 李学勤主编：《清华大学藏战国竹简》（壹），中西书局 2010 年版，第 135—141 页。

③ 《史记》卷 4《周本纪》，第 116—118 页。

第三章　先周王室的世系、婚姻与周人的历史记忆

《清华简·程寤》说太姒"寤惊，告王。王弗敢占，诏太子发"。太姒因梦到商朝王廷遍生荆棘，小子发以周的梓树种植于商朝王廷，化生为松柏棫柞等树木而惊醒；太姒把这个梦告诉周文王，但是文王不敢独自占卜，而选择与太姒、太子发一起接受祓祀。《逸周书》《清华简》虽然都记载"王及太子发并拜吉梦，受商之大命于皇上帝"；但是《清华简》的"王弗敢占"却意在说明，翦商必须由周武王来完成。而《清华简·程寤》的"巫率祓大（太）姒"则意在表明，太姒在周人翦商事件中具有与周文王、周武王同等重要的地位。太姒为什么会做"周人代商"的吉梦？周人代商又为什么要通过太姒的吉梦来预言呢？耿超认为"周人受天命代商源于太姒的吉梦，则反映了太姒作为文王之妻亦谋划政事，而且在周王朝建立中起着重要的作用"。[①] 笔者认为，太姒吉梦在反映太姒的政治参与和政治权力之外，亦展现出太姒、小子发对周文王权力的干预。太姒试图以"受命代商"的吉梦影响文王的立嗣。《逸周书》《清华简》记太姒之梦皆曰"小子发"，而记文王的召见则曰"太子发"，"小子""太子"之差不仅是文字之别，更揭示出"小子发"身份的变化，太姒的吉梦成为文王决定立"小子发"为太子的最后一个推手。"小子发"成为"太子发"，又成为"武王发"，并通过翦商将自己推向历史的巅峰。放大对自己有利的历史记忆，并建构符合族群期待和自己政治利益的历史书写，就成为对周武王和其继任者最有利的政治选择。

三　消失的伯邑考

《史记·管蔡世家》记文王的子嗣曰：

> 武王同母兄弟十人。母曰太姒，文王正妃也。其长子曰伯邑考，次曰武王发，次曰管叔鲜，次曰周公旦，次曰蔡叔度，次曰曹叔振铎，次曰成叔武，次曰霍叔处，次曰康叔封，次曰冉季载。冉季载最少。同母昆弟十人，唯发、旦贤，左右辅文王，故文王舍伯邑考而以

[①] 耿超：《性别视角下的商周婚姻、家族与政治》，第249页。

发为太子。及文王崩而发立,是为武王。伯邑考既已前卒矣。①

伯邑考,其后不知所封。②

认为太姒是文王的正妃,伯邑考是太姒与文王的长子,文王因武王发贤,故不立长子伯邑考而立次子发为太子。张守节《史记正义》引《帝王世纪》曰:"囚文王,文王之长子曰伯邑考质于殷,为纣御,纣烹为羹,赐文王,曰'圣人当不食其子羹'。文王食之。纣曰:'谁谓西伯圣者?食其子羹尚不知也。'"③ 说伯邑考死于文王被囚羑里之时,伯邑考之死在周文王卒前。张守节的这段叙述有一个逻辑问题:文王既被囚,则其子伯邑考不应该同时为质。《左传·隐公三年》的"周、郑交质",因郑庄公怨周平王"贰于虢",平王为了表示对郑伯的信任而起,"王子狐为质于郑,郑公子忽为质于周",④ 郑庄公和周平王却并不受对方的控制。《左传·僖公十五年》的晋太子质于秦,在晋遭韩原之败后,秦同意晋的求和,答应释放晋惠公,而以其太子为质:"归之而质其大子"。⑤ 两个政治势力之间的交质或者单方面的人质,乃基于政治的平衡和妥协,周人怎么可能在文王囚于商的同时,送伯邑考到商做人质呢?若伯邑考真的曾经在商做人质,其时间应该在文王被释放之后。

汉魏时人多次在讨论嫡庶长幼问题时援引伯邑考和武王发的故事,为我们提供了关于伯邑考和武王发身份、两人之间关系,以及周文王择嗣问题的细节性史料。《汉书·梅福传》,梅福上书汉成帝请求封立孔子后裔时说:"此言孔子故殷后也,虽不正统,封其子孙以为殷后,礼亦宜之。何者?诸侯夺宗,圣庶夺適。"颜师古注曰"適读曰嫡"。并引如淳之言:"夺適,文王舍伯邑考而立武王是也。孔子虽庶,可为殷后。"⑥ 如淳、颜师古认为"文王舍伯邑考而立武王"是夺嫡,则伯邑考、武王发非同母所

---

① 《史记》卷35《管蔡世家》,第1563页。
② 《史记》卷35《管蔡世家》,第1570页。
③ 《史记》卷3《殷本纪》,第107页。
④ (西晋)杜预:《春秋经传集解》上册,第19页。
⑤ (西晋)杜预:《春秋经传集解》上册,第291页。
⑥ 《汉书》卷67《杨胡朱梅云传》,第2924—2926页。

第三章　先周王室的世系、婚姻与周人的历史记忆

生，且伯邑考为嫡，武王发为庶。《汉书·霍光传》《晋书·刘曜载记》《梁书·简文帝纪》《北齐书·刁柔传》，郎有、刘聪、梁武帝萧衍、刁柔在论及国君立嗣以贤不以长的时候，都举伯邑考、武王发的例子为据，①则汉魏晋南北朝时人多以周文王立武王发为嗣，并非因伯邑考已死，而是出于立贤的主动选择，西汉人梅福更提出了武王发非嫡子的问题。

"子以母贵，母以子贵"，② 在周人嫡长子继承制的宗法制度下，母、子是利益相关的共同体；伯邑考、武王发既有嫡庶之别，则二人的母亲定非一人；若武王发非文王嫡嗣，则太姒也非文王嫡妻。《管蔡世家》虽将伯邑考、武王发都认为是太姒的儿子，但这很可能是出于"帝乙归妹"被遗忘之后的错认。当周人选择淡忘"帝乙归妹"，帝乙之女的儿子也跟着被淡化了，甚至演化出《归妹·爻辞》上六的"女承筐无实，士刲羊无血，无攸利"。吴太伯、仲雍为周武王的叔祖，太伯无嗣，武王翦商之后封仲雍的后人于吴、虞；③ 管叔、蔡叔作乱，周公旦平乱之后，举蔡叔度的儿子胡做鲁国的卿士，又"复封胡于蔡"；④《史记》谓"伯邑考，其后不知所封"，看来伯邑考与武王发的关系实在很不好，故武王在翦商之后全然不曾考虑封建伯邑考的后人。

管叔、周公、蔡叔、曹叔、成叔、霍叔在周武王翦商之后皆有封国，康叔在成王时获封于卫、冉季载获封于冉。《管蔡世家》在武王未封康叔封、冉季载时说："康叔封、冉季载皆少，未得封。"⑤《史记》于周武王的同母兄弟除伯邑考外，封与未封皆有解释，却为何独独于伯邑考及其子孙的封建无只言片语的记载呢？《左传》定公四年（前506），子鱼论及周初武王同母兄弟的封建和职司时说："聃季授土，陶叔授民"。又说："武王之母弟八人，周公为大宰，康叔为司寇，聃季为司空，五叔无官"。⑥

---

① 可参看《汉书》卷68《霍光金日磾传》，第2937页；《晋书》卷103《刘曜载记》，中华书局1974年标点本，第2696页；《梁书》卷4《简文帝纪》，中华书局1973年标点本，第104页；《北齐书》卷44《刁柔传》，中华书局1972年标点本，第586页。
② 《春秋公羊传注疏》卷1，（清）阮元校刻《十三经注疏》下册，第2197页。
③ 《史记》卷31《吴太伯世家》，第1446页。
④ 《史记》卷35《管蔡世家》，第1565页。
⑤ 《史记》卷35《管蔡世家》，第1564页。
⑥ （西晋）杜预：《春秋经传集解》下册，第1620、1621页。

《史记》又说："封季载于冄。冄季、康叔皆有驯行，于是周公举康叔为周司寇，冄季为周司空，以佐成王治，皆有令名于天下。"① 武王兄弟中年少的康叔封和冄季载虽然因年少，在武王时没有获得封地，但是在成王时都得到了分封，并且作为司寇和司空协助成王治理天下。《左传》对于武王的同母兄弟，有职司则说明之，没有职司也言其"无官"，却不曾提及伯邑考。这似乎表明，伯邑考并非周武王的同母长兄。伯邑考既非周武王的同母长兄，其母则定非太姒。周武王虽然依靠出色的能力继承了文王的君位，并通过翦商实现了周人最大的政治发展；但是伯邑考嫡长子的身份对武王的贤、圣形象始终是一个潜在的威胁，并影响到西周以嫡长子继承制为核心的宗法制度的建构；将周人对于伯邑考的记忆淡化和模糊，就成为对周武王和西周制度建构最有利的选择。

小　结

笔者以《史记》先周世系的缺载为突破口，运用历史人类学和历史地理学研究的方法，综合考察了文献记载和考古资料中关于先周世系的史料，认为《史记》先周世系的缺载在后稷与不窋之间，在时间上基本相当于整个夏代。基于对夏朝末年气候情况的考察和先周时期周人迁徙路线的分析，笔者认为《史记》描述的生活在尧、舜、禹时代，与禹、契同时的周人先祖后稷弃，并非真实的历史存在，而是周人建构出来的神话祖先。后稷与古公亶父在活动区域、农业生产水平，与姜姓族群关系等方面的相似性表明，后稷很可能是周人根据古公亶父事迹建构出来的部族先祖。在把"后稷"解为农官之名的情况下，我们甚至可以用"后稷"指称任何一位农耕部族的首领；这样的话，古公亶父也可以被称为"后稷"。姜嫄—后稷的故事是历史的混合与重构，周人建构了善于稼穑的先祖后稷。《史记》将后稷弃视为帝喾的嫡子，并认为周祖弃生活的时代与夏祖禹、商祖契同时。《史记》将夏、秦、楚的祖先追溯到帝颛顼的后人，将商、周的

---

① 《史记》卷35《管蔡世家》，第1565页。

第三章　先周王室的世系、婚姻与周人的历史记忆

祖先追溯到帝喾的后人，通过建立夏、商、周、秦、楚诸部族与黄帝的世系关联，为秦汉大一统思想构建了强有力的族群系谱基础。《史记》关于后稷弃时代和其与帝喾谱系关联的建构，将周人纳入了统一的黄帝世系之中，构建出有清晰时代背景的周人系谱，这是后人对历史的重构而非历史的真实，这种历史建构是华夏民族凝聚力的基础。

古公亶父时期是周人取得重大发展和奠定翦商基础的时期，古公亶父时期周人与姜姓族群和商系部族的关系，以及古公亶父之妻太姜的政治参与，很可能影响了古公亶父对嗣子的选择。季历时期周人的发展和扩张，周人与商人的矛盾开始凸显。商王武乙之死很可能与周人有关；商王文丁杀周人的首领季历，一方面表明季历时期的周人仍处于商王朝名义上的管辖之下，另一方面则展现出周人与商人矛盾的激化。

综观《周易·归妹》《渐》《泰》《否》的卦、爻辞，《诗经·大雅·大明》《逸周书·程寤》《清华简·程寤》《今本竹书纪年》《史记·管蔡世家》的记载，伯邑考很可能是文王元妃、帝乙之女的儿子，文王的嫡长子；伯邑考与武王发曾有夺嗣之争。西周时期周人为了尊显太姒、武王的贤、圣形象，也为了给予太姒、武王嫡妻、嫡子的身份，逐渐消解、淡忘了"帝乙归妹"和伯邑考的事迹。《逸周书》和《清华简·程寤》篇记载的太姒吉梦，是太姒为武王发的夺嗣之争所做的努力。在诗、史的流传和阐释过程中，太姒、武王作为周人祖先系谱中的主流人物，是得到族群共同记忆认可和强化的对象；而"帝乙归妹"和伯邑考，则因不符合周人祖先记忆的主流，被逐渐淡忘和消解。对太姒、武王的记忆和对"帝乙归妹"、伯邑考的淡忘，共同构成了周人祖先系谱的建构，是我们今天描述周人历史的基础，并成为我们理解西周制度和礼乐文明的基石。从周人的历史记忆角度对"帝乙归妹"和"文王太姒"的分析，不仅为我们厘清商、周之际的历史脉络提供了清晰的参照系，也为我们理解西周时期周人的历史和制度建构提供了细节的佐证，并为从女性和婚姻角度对族群的历史记忆和历史建构进行研究，提供了一个可资参考的思路。

第四章　联姻与西周时期周人的政治空间

　　西周的外婚制要求周王必须娶异姓女子为妻，姜、姒、祁、妫、姞、妊、改等姓的女子都成为过周王的后妃。尤其是姜姓部族，在西周时期是周王最重要的联姻对象，西周十二王中至少有七位娶姜姓女。周王室和周人各宗族支系的姬姓女子也广泛地嫁与异姓诸侯、异姓公卿、大夫、士为妻妾，大量带有"某姬"铭文的青铜器就是这些婚姻的物质见证。许倬云在《西周的政体·序言》中高屋建瓴地阐述了西周社会运行的逻辑："天命降于周王，周王就必须要对上天负起道德的责任。西周又有宗法制度以等差递减的方式，将周王承受的天命，分别的转交给同姓的诸侯。周人的外婚制，使周人和其他的族群以婚姻的纽带联结为一体。于是'封建诸侯，以藩屏周'，宗法和婚姻关系构成了周人分封制度的基础。这一个兼有普世性和特殊性的理念，将政治、宗教和亲缘关系交织为一个庞大的系统。"[①]"天命"是西周政治的基础，西周政治合理性的建立有赖于"天命"的传递。文王受"天命"，"天命"在历代周王中传递；宗法制将"天命"传递到姬姓的诸侯、卿大夫；而与姬周王室和姬姓诸侯、卿大夫的联姻则让西周的异姓诸侯、卿大夫也得以享受"天命"的恩泽，联姻将异姓诸侯、卿大夫纳入了西周的"天命"体系。周代的外婚制，女性是连接父系和夫族的关节，女性通过婚姻勾连起父系和夫族，将父系的影响力带入夫家，有时也可以通过在夫家获得的权力影响父母之国的政治。

[①]　许倬云：《西周的政体·序言》，李峰《西周的政体：中国早期的官僚制度和国家》，第Ⅱ页。

第四章 联姻与西周时期周人的政治空间

第一节 姬、姜联姻与西周政治

西周从武王到幽王凡 11 世 12 王，武王、昭王、厉王、宣王、幽王的后妃见诸文献。刘启益根据西周青铜器的铭文和器形断代，认为"王姒"是成王后妃，"王姜"是康王后妃，"王俎姜"是穆王后妃，"王妠"是共王后妃，"王白姜"是懿王后妃，"王京"是孝王后妃，"王姞"是夷王后妃。① 刘启益对金文所见周王后妃的排比和认定，建立在"一王一后"的基础上。陈昭容基于对西周金文所见周王后妃的详细考证指出："西周早期武、成、康、昭四位周王却有五位不同姓的王后，西周晚期夷、厉、宣、幽四位周王更有来自至少八个不同国族的九位王妃"，从而对刘启益基于"一王一后"逻辑排比出的周王后妃提出了怀疑和修正：陈昭容于成王后妃空缺；将姒、王姒、王妊、王姜、庚姜、姜诸人列于康王、昭王时期；将王俎姜、王姜、仲姜、姒后、姜氏列于穆王、共王、懿王、孝王时期；将鄂王姞、姜氏、王伯姜、番改列于夷王、厉王时期；将陈妫、丰妊单、苏改、眔孟姜列于宣王、幽王时期。② 笔者在综合考察文献记载、青铜器铭文和考古资料，并参考曹兆兰、③ 耿超、④ 刘丽⑤等学者相关研究的基础上，将西周诸王的后妃及其母国列表如下。

---

① 刘启益：《西周金文中所见的周王后妃》，《考古与文物》1980 年第 4 期。另可参看刘启益《西周昭王时期铜器的初步清理》，《出土文献研究续集》，文物出版社 1989 年版。
② 陈昭容：《从青铜器铭文看两周王室婚姻关系》，《古文字与古代史》第一辑，第 253—292 页。
③ 曹兆兰：《金文与殷周女性文化》，第 62—71 页。
④ 耿超在《性别视角下的商周婚姻、家族与政治》中对西周诸王的后妃做了详细列表，其观点大部分与刘启益相同，唯对共王（恭王）、孝王后妃空缺，以示存疑待考。（耿超：《性别视角下的商周婚姻、家族与政治》，第 87—89 页。）
⑤ 刘丽的观点与陈昭容相近，但与陈氏在西周各王的分期上有所差异，在一些具体后妃与周王的对应关系上也有所差异。刘丽认为康王后为姒姓；将王姒、王妊、王姜、庚姜、姜、王俎姜诸人列于昭王、穆王时期；将王姜、仲姜、姒后、姜氏列于共王、懿王、孝王时期；将番改列为厉王后妃；将陈妫列为宣王后妃；将丰妊单、苏改、眔孟姜列于宣王、幽王时期。（刘丽：《两周时期诸侯国婚姻关系研究》，第 351—352 页。）

表 4-1　　　　　　　　　　西周诸王后妃

	周王	王后/后妃	母国	文献、金文、考古资料
1	武王（发）	邑姜	齐，齐太公女	《左传·昭公元年》杜预注；《左传·昭公十年》孔颖达疏；《史记·晋世家》裴骃集解
2	成王（诵）	王姒（或为康王、昭王后妃）		叔勉方彝、叔勉方尊、叔勉簋、寓鼎、保侃母壶、乙未鼎
3	康王（钊）	王姜（或为昭王后妃）		叔簋、息伯卣、旗鼎、小臣俎鼎、作册睘尊、作册睘卣、作册夨令簋、王姜鼎
4	昭王（瑕）	王祁 妊（或为康王后妃）	房	《国语·周语上》 王妊簋
5	穆王（满）	王俎姜（王姜） 盛姬	盛柏（成伯）之女	不寿簋、彔方鼎 《穆天子传·周穆王美人盛姬死事》（汲冢书）
6	共王（繄扈）	王妫（王为）	陈	窓鼎
7	懿王（囏）	王白姜（王伯姜）		王白姜壶、王白姜鬲、王白姜鼎、蔡簋
8	孝王（辟方）	王京		小臣传卣
9	夷王（燮）	王姞	鄂（噩）	噩侯簋
10	厉王（胡）	申姜 番改	申 番	《诗·大雅·崧高》 王乍番改鬲
11	宣王（静）	齐姜 陈妫 丰妊单 苏改 贎孟姜 女鸠	齐 陈 丰 苏 贎	《列女传》 陈侯乍王姬媵簋 王乍丰妊盂 苏公乍王改簋 王妇贎孟姜匜 《琐语》（汲冢书）
12	幽王（宫涅）	申姜 褒姒	申 褒	《史记·周本纪》

刘启益根据"一王一后"逻辑排比推导出"从武王到幽王有七个周王的后妃为姜姓。西周十二王，实际上只有十一代人，因为孝王是穆王的儿子，不单独构成一个世代，因此，如果把孝王除开不计，从武王至厉王恰

第四章 联姻与西周时期周人的政治空间

好是每隔一代周王,就要娶一个姜姓女子为妻"的结论虽然略显仓促,但是西周时期,周王大量娶入姜姓女子是毋庸置疑的,刘启益据以得出的结论:"西周时姬、姜两姓是两个互为婚姻的政治集团,而这种习俗的来源,或者可以追溯到更遥远的古代",[1] 是可以成立的。姬、姜联姻是周人族群发展的重要策略,其历史远在武王翦商、建立周王朝之前。本书第三章已经讨论了后稷之母姜嫄和古公亶父之妻太姜的问题。西周时期周王的婚姻,在姬、姜族群的联合之外,亦折射出当时的政治格局和周王室的政治处境和政治选择。周夷王与王姞的联姻与其时鄂侯的强大,以及南方淮夷集团对周人的压力有关。而厉王、幽王与申国的联姻,则很大程度上是迫于猃狁的压力和慑于申国的位置和政治力量。

一 姬、姜联姻与武王翦商

关于太公望的身份背景和太公为周文王所用的因由经过,《史记·齐太公世家》给出如下说明。

> 太公望吕尚者,东海上人。其先祖尝为四岳,佐禹平水土甚有功。虞夏之际封于吕,或封于申,姓姜氏。夏商之时,申、吕或封枝庶子孙,或为庶人,尚其后苗裔也。本姓姜氏,从其封姓,故曰吕尚。
>
> 吕尚盖尝穷困,年老矣,以渔钓奸周西伯。西伯将出猎,卜之,曰"所获非龙非彲,非虎非罴;所获霸王之辅"。于是周西伯猎,果遇太公于渭之阳,与语大说,曰:"自吾先君太公曰'当有圣人适周,周以兴'。子真是邪?吾太公望子久矣。"故号之曰"太公望",载与俱归,立为师。
>
> 或曰,太公博闻,尝事纣。纣无道,去之。游说诸侯,无所遇,而卒西归周西伯。或曰,吕尚处士,隐海滨。周西伯拘羑里,散宜生、闳夭素知而招吕尚。吕尚亦曰"吾闻西伯贤,又善养老,盍往

---

[1] 刘启益:《西周金文中所见的周王后妃》,《考古与文物》1980 年第 4 期。

焉"。三人者为西伯求美女奇物，献之于纣，以赎西伯。西伯得以出，反国。言吕尚所以事周虽异，然要之为文武师。①

《史记》对于齐太公获得周文王重用的因由和经过给出了三种不同的解释：一是，"以渔钓奸周西伯"。这是后代史传和演义小说最喜欢的版本，太公望在渭水边钓鱼等待贤君的到来；周文王为田猎占卜，卜辞预示他将遇到兴周的贤臣；周文王与太公望在渭水的北岸相遇，一拍即合，共襄兴周的盛业。这种解释看起来最漂亮也最传奇，但是细考此说，恐怕并非商、周之际的实情，而是出于战国时人的演绎。这里有战国士人喜欢和期望的士与君的相遇、相知、相重、相成。二是，太公曾在商朝为官，因纣王无道而离开，最后选择了周文王。这是最符合商、周之际历史情况的记载。三是，吕尚隐居海滨，得到散宜生、闳夭素的举荐；吕尚亦知西伯贤德，愿为周文王所用。这也在商、周之际历史的情理之中。

齐太公是姜姓太岳之后，因其先人获封于吕，故称吕尚。吕尚之为周文王、武王所用，并在周人翦商过程中发挥重要作用，代表的也许并非齐太公一个人的功绩，而是太公背后的姜姓族群。

周武王的妻子邑姜，是齐太公之女。《左传·昭公元年》子产曰："当武王邑姜方震大叔。"杜预注云："邑姜，武王后，齐太公之女。"②《左传·昭公十年》孔颖达疏曰："邑姜，唐叔之母，故为晋之妣也。邑姜，亦是成王之母。"③《史记·晋世家》裴骃集解云："《左传》曰'邑姜方娠大叔。'服虔曰：'邑姜，武王后，齐太公女也。'"④服虔、杜预都认为周武王之妻邑姜是齐太公的女儿。孔颖达指出邑姜是成王、唐叔的母亲，则周武王之娶邑姜肯定在翦商之前，若参考成王、唐叔的年龄，王晖认为"唐叔在武王之世以及周初成王、周公东征期间年龄不小，已经成人"；"成王在周公辅政期间已经是二十以上的青年了"，⑤则周武王之娶邑姜，

---

① 《史记》卷32《齐太公世家》，第1477—1478页。
② （西晋）杜预：《春秋经传集解》下册，第1196、1198页。
③ 《春秋左传正义》卷45，（清）阮元校刻《十三经注疏》下册，第2058页。
④ 《史记》卷39《晋世家》，第1635页。
⑤ 王晖：《成王即位与改元时之年龄考辨》，《人文杂志》1993年第3期。

第四章 联姻与西周时期周人的政治空间

应在文王尚在世时，周文王欲借联姻以拉拢齐太公的目的非常明显。

齐太公是周文王、武王时期的重要辅佐之臣，在武王翦商过程中发挥了重要作用，并在武王翦商之后被封到齐国。《国语·周语》富辰说"齐、许、申、吕由大姜"，① 将齐、许、申、吕四个姜姓诸侯国的封建归因于太王古公亶父与太姜的联姻。将四个姜姓诸侯国的封建系于一桩联姻虽然未必恰当，但是其折射出的齐、许、申、吕等姜姓部族在商、周之际具有某种政治上的关联应该是没有问题的。则邑姜与周武王的联姻代表的应该也不仅仅是齐太公一个人、一个家族与周王室的结盟，而是其背后的整个姜姓部族与姬姓周人的结盟和对周人政治的支持。周武王与邑姜的联姻象征着姬、姜两个部族的结盟，这为周人翦商奠定了坚实的族群和人口基础。

二 姬、姜联姻与周人和猃狁的关系

西周武王、康王、穆王、懿王、厉王、宣王、幽王皆娶姜女为妻，相邻的两代人至少有一代国君娶姜女为妻，厉王、宣王、幽王，更是连续三代娶姜女为妻，姬、姜联姻是西周维持政治稳定和实现族群交融的重要手段。厉王、幽王皆娶申女，这与其时申国的地理位置和政治势力直接相关。

西周中后期受到来自其西北方的猃狁②的巨大威胁，《诗经·小雅·采薇》说"靡室靡家，猃狁之故。不遑启居，猃狁之故"，"岂不日戒？猃狁孔棘"；③《六月》说"猃狁孔炽，我是用急。王于出征，以匡王国"，"猃狁匪茹，整居焦获。侵镐及方，至于泾阳"，④ 描述的就是周人在猃狁攻击之下所感受到的压力。

西周时期有二申国。《古本竹书纪年》幽王八年（前774）有"平王

---

① 《国语》卷2《周语中》，上海师范大学古籍整理组校点《国语》上册，第48页。
② 犬戎与猃狁是同一族群的两个名字，或者两者有统属关系，难有定论。犬戎是猃狁的一支，还是猃狁是犬戎的一支，难有定论，但两者属于同类的族群，并且生活区域相近，都在宗周的西北。
③ 《毛诗正义》卷9《小雅·鹿鸣之什·采薇》，(清) 阮元校刻《十三经注疏》上册，第412—414页。
④ 《毛诗正义》卷10《小雅·南有嘉鱼之什·六月》，(清) 阮元校刻《十三经注疏》上册，第424—425页。

奔西申，而立伯盘以为太子"之语，① 清华简《系年》言："周幽王取妻于西申，生坪（平）王。……坪（平）王走西申。幽王起自（师），回（围）坪（平）王于西申。"② 《古本竹书纪年》、清华简《系年》皆言"西申"，则西周晚期的"申"国应该不止一个。1981年河南南阳市郊砖瓦厂出土了一批青铜器，其所属墓葬的年代被认为是西周晚期。墓中出土有铭青铜器3件，包括一件铜鼎和两件铜簋。铜鼎鼎腹内有铭文3行17字，作器者是中爯父。铜簋两件，一件簋的簋盖和簋腹内各有铭文5行44字，铭文中有"中爯父宰南申"；另一件簋残缺严重，簋盖尚完整，簋盖内有铭文6行45字，铭文中有"南申白（伯）大宰中爯父"。③ "南申伯太宰中爯父"的称谓表明，在西周晚期，位于今河南南阳的申国又被称为"南申"。西申、南申的方位标识乃就其与宗周（镐京）的相对位置而言。

南申的徙封在周宣王时（前827—前782），《诗经·大雅·崧高》记周宣王封其舅父申伯曰："王命申伯，式是南邦。因是谢人，以作尔庸。"④ 西申的存在则可以追溯到西周初年。李峰据五年裘卫鼎（《集成》5.2832）、大克鼎（《集成》5.2836）、伊簋（《集成》8.4287）铭文中出现的"申季"指出："西周中期的金文资料同样证实了在宣王重建申于南阳盆地之前，早就已经存在着一个申。"⑤

《史记·秦本纪》：非子居犬丘，好马及畜，善养息之。犬丘人言之周孝王，孝王召使主马于汧渭之间，马大蕃息。孝王欲以为大骆嫡嗣。申侯之女为大骆妻，生子成为嫡。申侯乃言孝王曰："昔我先郦山之女，为戎胥轩妻，生中潏，以亲故归周，保西垂，西垂以其故和睦。今我复与大骆妻，生嫡子成。申骆重婚，西戎皆服，所以为王。王其图之。"于是孝王曰："昔伯翳为舜主畜，畜多息，故有土，赐姓

---

① 方诗铭、王修龄：《古本竹书纪年辑证》（修订本），第62页。
② 李学勤主编：《清华大学藏战国竹简》（贰），第138页。
③ 崔庆明：《南阳市北郊出土一批申国青铜器》，《中原文物》1984年第4期。
④ 《毛诗正义》卷18《大雅·荡之什崧高》，（清）阮元校刻《十三经注疏》上册，第565—568页。
⑤ 李峰：《西周的灭亡：中国早期国家的地理和政治危机》，第256页。

第四章 联姻与西周时期周人的政治空间

嬴。今其后世亦为朕息马,朕其分土为附庸。"邑之秦,使复续嬴氏祀,号曰秦嬴。亦不废申侯之女子为骆嫡者,以和西戎。①

周孝王因非子善养马,要废大骆的嫡子成而立非子;大骆嫡子成的母亲是申国的女子,申女之父申侯力言,申与胥轩、大骆的联姻对保证周人西陲稳定的重要性;周孝王放弃了废成立非子的决定,转而另封非子于秦。"汧渭之间",张守节《正义》云"在陇州以东",② 即今陕西陇县一带。申侯言与戎胥轩的联姻曰"保西陲";申侯对与大骆的联姻也说"西戎皆服";由大骆分出的秦,其封地也在陕西、甘肃交界一带,申与西方部族存在多次联姻,当时的申国,应该是居于周之西方的。

《古本竹书纪年》说"西申",乃就宣王新封的"南申"而言,以"西申"在宗周的西北方故名。李峰认为"平凉地区很可能便是西申的位置所在"。③ 西申的这一位置正处在周人与猃狁之间,西申是周人与猃狁之间的重要屏障。同时,西申的这一位置,也使西申可以摇摆于周人和猃狁之间,做出对自己最有利的政治选择。

西周后期申国强大,《国语·郑语》说:"申、缯、西戎方强,王室方骚。"④ 申国一方面与周厉王、幽王联姻,其族群中的"申伯",作为周宣王的母舅,在周宣王时期还获得了南方的封地,申与西周有过盟好关系。另一方面,申又曾与西周发生过军事冲突。《古本竹书纪年》说:"明年(宣王三十九年),王征申戎,破之。"⑤ 周宣王三十九年(前788)与申国发生战争,并打败了申国。《今本竹书纪年》则有:"(宣王)四十一年,王师败于申。"⑥ 周宣王四十一年(前786)再次与申国发生战争,而这次周王的军队打了败仗。西周的灭亡也是由于周幽王废申后和太子宜臼,立

---

① 《史记》卷5《秦本纪》,第177页。
② 《史记》卷5《秦本纪》,第177页。
③ 李峰:《西周的灭亡:中国早期国家的地理和政治危机》,第259—260页。
④ 《国语》卷16《郑语》,上海师范大学古籍整理组校点《国语》下册,第519页。鄫,在文献中也被写作"缯"。
⑤ 方诗铭、王修龄:《古本竹书纪年辑证》(修订本),第61页。
⑥ 王国维:《今本竹书纪年疏证》卷下,方诗铭、王修龄《古本竹书纪年辑证》(修订本),第260页。

褒姒和其子伯服；平王逃奔西申，申侯联合鄫侯和犬戎共同攻打幽王所致。周厉王、幽王娶申女为后，都有迫于西申地理位置的重要性和政治力量强大的原因在，当西周与申国基于联姻建立的盟好关系，因周幽王废申后和太子宜臼而破裂之后，申侯的倒戈直接导致了西周的灭亡。

《古本竹书纪年》：

（幽王八年），平王奔西申，而立伯盘以为大子。

（十一年），（伯盘）与幽王俱死于戏。先是，申侯、鲁侯及许文公立平王于申，以本大子，故称天王。幽王既死，而虢公翰又立王子余臣于携。周二王并立。①

《今本竹书纪年》：

（幽王）五年，王世子宜臼出奔申。

八年，王立褒姒之子曰伯服，以为太子。

九年，申侯聘西戎及鄫。

十年，王师伐申。

十一年春正月，日晕。申人、鄫人及犬戎入宗周，弑王及郑桓公。犬戎杀王子伯服。执褒姒以归。申侯、鲁侯、许男、郑子立宜臼于申，虢公翰立王子余臣于携。②

《史记·周本纪》：幽王以虢石父为卿，用事，国人皆怨。石父为人佞巧，善谀好利，王用之。又废申后，去太子也。申侯怒，与缯、西夷犬戎攻幽王。幽王举烽火征兵，兵莫至。遂杀幽王骊山下，虏褒姒，尽取周赂而去。于是诸侯乃即申侯而共立故幽王太子宜臼，是为平王，以奉周祀。③

《古本竹书纪年》以周平王奔西申、幽王更立伯服为太子在幽王八年（前774），《今本竹书纪年》则记周平王出奔在幽王五年（前777），幽王

---

① 方诗铭、王修龄：《古本竹书纪年辑证》（修订本），第62—64页。
② 王国维：《今本竹书纪年疏证》卷下，方诗铭、王修龄《古本竹书纪年辑证》（修订本），第261—262页。
③ 《史记》卷4《周本纪》，第149页。

更立太子在幽王八年。《古本》《今本》对于周平王出奔的时间误差并不影响我们对幽王时期周人与申国对抗关系前因后果的理解。幽王八年更立太子之后,支持申后所生太子宜臼的申侯在幽王九年(前773),联合西戎和鄫,对周幽王的更立太子做出强力回应。申后与周幽王的婚姻关系和申后及其子宜臼在这段婚姻关系中的处境,直接影响到了申国与周王朝的关系。当申后、太子宜臼被废之后,申侯即选择用战争维护申国和申国女子、申国外甥的政治利益。

《史记》将西周的灭亡归咎于周幽王受谗佞之言而废申后和太子宜臼。《小雅·正月》直言:"赫赫宗周,褒姒灭之。"① 周幽王废申后、太子宜臼引发的申人和鄫人、犬戎对西周的进攻直接导致了西周的灭亡;但是周幽王废申后和太子宜臼却并非只是简单地受褒姒美貌所惑和谗佞之言所误,其背景是幽王时期西周政权内的派系和权力之争。幽王十年(前772),幽王攻伐西申,这是周幽王为了维护其统治所做的最后努力。这场战争的胜败因文献不足已无法确认,但是毫无疑问,幽王的行为引起了申侯、鄫侯、犬戎的反攻。第二年即幽王十一年(前771),西周就在申人、鄫人、犬戎的联合进攻下灭亡了。

关于幽王之后的周王嗣位,《古本竹书纪年》说"申侯、鲁侯及许文公立平王于申","虢公翰又立王子余臣于携";《今本竹书纪年》说:"申侯、鲁侯、许男、郑子立宜臼于申,""虢公翰立王子余臣于携",《古本》《今本》都提出了幽王之后的"二王并立"。《古本》认为支持平王的是申国、鲁国和许国,《今本》则在申国、鲁国、许国之后又加上了郑国;《古本》《今本》都指出立携王的是虢公翰。虢公翰立携王,与平王形成对立,表明周幽王时期的废宜臼立伯服,包含着西周政治中的派系之争,虢公翰站在平王宜臼的对立面。周幽王的废立王后和废立太子,周幽王的婚姻关系与幽王时期政治上的派系之争直接相关。在周幽王时期的派系之争中,与平王站在一起的是其母舅之国申国、与申国同为姜姓的许国和姬姓的鲁国,有可能还有姬姓的郑国。

---

① 《毛诗正义》卷12《小雅·节南山之什·正月》,(清)阮元校刻《十三经注疏》上册,第443页。

联姻关系中男女双方背后国家、家族的力量对比,是婚姻关系能够在多大程度上影响双方国家、家族政治的决定性因素。在西周国家国力衰退、申国国力强盛的背景下,周幽王对于与申后婚姻关系和其子宜臼身份的处理,直接导致了西周的灭亡。婚姻关系和由此建立起来的诸侯关系,也会影响涉事者在相关政治事件中的立场。

第二节 周王与陈、鄂的联姻与西周中后期的淮夷战略

西周的分封体系,周王室与诸侯国之间的关系有赖于政治联姻作为保障。同时,周王室的婚姻也总是能折射出当时的政治格局和周王室的政治处境及政治选择。共王、宣王与陈,孝王与鄂的联姻,都与当时西周与楚国和淮夷的关系有关。

汉淮流域是西周政治布局的重要区域之一,在这里分布着姬姓的霍、蔡、应、息、随等诸侯国,即所谓的"汉阳诸姬";以及从属于周王朝的宋、陈、吕、许、邓、江、黄等异姓诸侯。这些异姓诸侯普遍存在与周王室或者姬姓诸侯的联姻,联姻是构建周王朝对汉淮流域控制和汉淮区域地缘政治的重要纽带。春秋时期楚国的北扩,就伴随着与汉淮流域诸国的联姻和对原汉淮流域诸国地缘政治格局的破坏。

一 淮夷的威胁与共王和陈国的联姻

西周初年周武王对陈国的分封同时伴随着周王室与陈侯的联姻;周共王、宣王娶陈女与西周中期、后期对淮夷的战略直接相关。传世青铜器悆鼎(《集成》5.2705,图4-1),其铭文曰:"祝(兄)人师眉嬴王为周客,赐贝五朋,为宝器鼎二、簋二,其用享于厥帝(嫡)考。"[1] 刘启益根据"其形制与五年卫鼎、九年卫鼎完全一致"断定其为共王时铜器,进而

---

[1] 张亚初编著:《殷周金文集成引得》,第45页。

第四章　联姻与西周时期周人的政治空间

指出铭文中的"王为"可释读为"王妫",并认为"王妫"是共王的后妃。①

图 4-1　窸鼎铭文②

周昭王南征楚国和淮夷而死,是西周建立之后遭受的第一次重大军事挫折,并直接影响了西周此后的政治选择和政治变革。《古本竹书纪年》昭王十九年（约前977）曰:"天大曀,雉兔皆震,丧六师于汉。"③ 西六师和东八师是西周核心的军事力量,④ 西六师全军覆没,周昭王客死南方,"宣告了西周早期扩张时代的终结"。⑤

周穆王十三年（约前964）,周人遭到了来自东南方的淮夷的进攻,淮夷的进攻甚至深入了周人的东部中心洛邑。

---

① 刘启益:《西周金文中所见的周王后妃》,《考古与文物》1980年第4期。
② 图片引自《殷周金文集成》第5册,中华书局1985年版,第111页。
③ 方诗铭、王修龄:《古本竹书纪年辑证》（修订本）,第46页。
④ 关于西周时期"西六师"和"东八师"的情况,可参看杨宽《再论西周金文中"六𠂤"和"八𠂤"的性质》,《考古》1965年第10期。李学勤《论西周金文的六师、八师》,《华夏考古》1987年第2期。
⑤ 李峰:《西周的灭亡:中国早期国家的地理和政治危机》,第110页。

159

《后汉书·东夷列传》：

> 后徐夷僭号，乃率九夷以伐宗周，西至河上。穆王畏其方炽，乃分东方诸侯，命徐偃王主之。偃王处潢池东，地方五百里，行仁义，陆地而朝者三十有六国。穆王后得骥騄之乘，乃使造父御以告楚，令伐徐，一日而至。于是楚文王大举兵而灭之。偃王仁而无权，不忍斗其人，故致于败。乃北走彭城武原县东山下，百姓随之者以万数，因名其山为徐山。①

《今本竹书纪年》：

> （穆王）十三年，徐戎侵洛。
>
> 十四年，王率楚子伐徐戎，克之。②

《后汉书·东夷列传》记载的徐偃王伐宗周，周穆王被迫承认徐偃王对东方诸侯的管辖权；进而穆王因得快马而联合楚国，灭徐偃王的事；与《今本竹书纪年》穆王十三年、十四年的记录正相对应。徐、周的攻—防—反攻战也得到寰鼎（《集成》5.2721）、봻簋（《集成》8.4322）、彔봻卣（《集成》10.5419）铭文的支持。夏含夷在《西周历史》中对周、徐的这场战争做出如下论断："首先，铭文（봻簋）清晰地指出这场胜仗实际上是一次防御战，战争是因夷人突然进攻周地而发生的；其次，战争发生地名为棫林，位于今河南中部的叶县。叶县与平顶山西北直线距离125公里，正是成王之弟建立应国殖民地、以保护通向东都成周的南方通道的地方。"③ 穆王十三年徐夷对周王朝的进攻已经深入了周人统治的腹地，并直接威胁到成周雒邑的安全。虽然周人的反攻在第二年取得了胜利，但是"发生在穆王时期的淮夷入侵是西周历史上的一个重要分水岭——周人开始走下坡路了。从这时候起，周人在对外关系中从过去的进攻者变成了防御者"。④

---

① 《后汉书》卷85《东夷列传》第2808页。
② 王国维：《今本竹书纪年疏证》卷下，方诗铭、王修龄《古本竹书纪年辑证》（修订本），第250页。
③ ［美］夏含夷：《西周历史》，《海外夷坚志——古史异观二集》，第57页。
④ 李峰：《西周的灭亡：中国早期国家的地理和政治危机》，第113页。

第四章 联姻与西周时期周人的政治空间

穆王三十七年，约前940年，周人再次与南方的楚人发生战争。《广韵》《艺文类聚》《太平御览》《北堂书钞》《初学记》《文选注》《白氏六帖事类集》《事类赋注》《通鉴外纪》等书所引《纪年》《书纪年》《汲冢纪年》均有穆王"起师至九江，以鼋为梁"的记载；① 具体的文字虽有出入，但于"九江"之地名和"以鼋为梁"则无异议。《艺文类聚》卷九引《纪年》言"伐楚"，《太平御览》卷三〇五引《纪年》言"伐纡"，《北堂书钞》卷一一四引《纪年》言"伐大越"，《文选·恨赋注》引《纪年》言"伐纣"，《白氏六帖事类集》卷三引《纪年》言"伐荆"。"纣"当为"纡"之误，"纡"，方诗铭、王修龄经详细地考证认为"是穆王之伐纡当即伐徐"。② 考以楚、越的地理位置，穆王"起师至九江"，当以"伐楚"为是。各书所引《纪年》于周、楚这场战争的时间多有舛异，言穆王七年者1次，言十七年者1次，言三十七年者7次、言四十七年者1次，未言具体时间者3次。参考《今本竹书纪年》："三十七年，大起九师，东至于九江，架鼋鼍以为梁。遂伐越，至于纡。"③ 穆王"起师至九江"当在三十七年。《今本竹书纪年》又有"三十五年，荆人入徐，毛伯迁帅师败荆人于泲"。三十七年穆王"起师至九江"后有"荆人来贡"，④ 则周穆王三十七年的"起师至九江"应是"伐楚"；并且，这也是一场防御战，因两年前的楚人伐徐而起。穆王三十五年楚人侵入徐国，周穆王派遣毛伯迁率军打败了楚人；两年后，穆王亲帅重兵再次伐楚，并向东攻至徐地，楚人纳贡称降。

周穆王十三年、十四年和三十五年、三十七年周人在南方江淮流域与徐夷、楚人的战争，虽然周人最终都取得了胜利，但是两次战争周人都是作为防御、反攻的一方，周人已经丧失了对淮夷、楚人的绝对威慑力。周人急需新的政治力量介入，以协助自己维护南方的稳定，而陈正是周人结盟的理想选择。陈国据说是舜帝之后，其获封在武王翦商之后，始封君陈

---

① 方诗铭、王修龄：《古本竹书纪年辑证》（修订本），第52—54页。
② 方诗铭、王修龄：《古本竹书纪年辑证》（修订本），第53页。
③ 王国维：《今本竹书纪年疏证》卷下，方诗铭、王修龄《古本竹书纪年辑证》（修订本），第252页。
④ 王国维：《今本竹书纪年疏证》卷下，方诗铭、王修龄《古本竹书纪年辑证》（修订本），第252页。

胡公曾娶武王的嫡长女为妻。《左传·襄公二十五年》子产说："庸以元女大姬配胡公，而封诸陈，以备三恪。"① 《国语·周语》富辰也说："陈由大姬。"② 陈国在淮河上游沙水（濮水）、颍水流域，其都城在今河南淮阳附近，正当周人与楚国和淮夷要冲。周共王与陈国的联姻，即与昭王、穆王以来周人的政治、军事力量和江、淮、汝、汉一带的区域格局有关。

二 王姞与夷王、厉王时期的鄂侯驭方

周王与陈国的联姻帮助周人在穆王（约前976—前922）、共王（约前922—前900）时期稳定了南方；而孝王（懿王、孝王、夷王，约前899—前878）时期周王与鄂侯驭方的联姻，则展现出周人重新介入南方淮夷事务的打算。周人的打算在鄂侯驭方的背叛之下遭受重要挫折，但厉王（约前877—前841）、宣王（前827—前782）、幽王（前781—前771）征服淮夷的决心非常坚决，故三位周王在位时期，周人与淮夷、东夷发生了多次战争；而宣王，也有可能是幽王，与陈妫的联姻，也与周人意欲征服淮夷的决心有关。

噩侯簋（《集成》7.3929，图4-2、图4-3）的铭文曰："噩（鄂）侯乍（作）王姞媵簋，王姞其万年，子子孙孙永宝"，③ 是鄂侯为王姞出嫁周王所作的媵器。

刘启益认为此"噩侯就是禹鼎和噩侯鼎中的噩侯驭方，也就是不娶簋中的不娶驭方"。④ 郭沫若、徐中舒、唐兰、白川静、李学勤、马承源、李峰等学者都将禹鼎和噩侯鼎定为厉王时器，禹鼎和噩侯鼎是厉王时器应该是没有问题的。

鄂侯驭方鼎（又名"噩侯鼎"，《集成》5.2810）有铭文11行79字，重文1，合文1。笔者所据马承源的释文有7个字是根据文意的增补，在此用下划线标出：

---

① （西晋）杜预：《春秋经传集解》下册，第1035页。
② 《国语》卷2《周语中》，上海师范大学古籍整理组校点《国语》上册，第48页。
③ 张亚初编辑：《殷周金文集成引得》，第68页。
④ 刘启益：《西周金文中所见的周王后妃》，《考古与文物》1980年第4期。

第四章　联姻与西周时期周人的政治空间

图 4-2　噩侯簋铭文①　　　　图 4-3　噩侯簋②

王南征，伐角、鄱，唯还
自征，才坏。噩（鄂）侯驭（驭）方
内（纳）豊（醴）于王，乃祼之。驭（驭）
方香（侑）王。王休厦（宴），乃射，驭（驭）
方卿（会）王射。驭（驭）方休阑。
王宴，咸酓（饮）。王亲（亲）易驭（驭）
方玉五毂、马四匹、矢五
束。驭（驭）方拜颖首，敢
对扬天子不显休贅（釐），
用乍尊鼎，其迈（万）年
子孙用宝用。③

---

① 图片引自《殷周金文集成》第 7 册，中华书局 1987 年版，第 139 页。
② 图片引自陈昭容《从青铜器铭文看两周王室婚姻关系》，《古文字与古代史》第一辑，第 291 页。
③ 马承源主编：《商周青铜器铭文选》第 3 卷，第 280—281 页。

163

记述了周王,很可能是厉王,南征还师途中与鄂侯驭方的一次会面。这次会面的地点"坯",很可能是在鄂国境内。鄂侯驭方设宴招待周王,双方礼仪周全,宴、射甚欢,周王给予鄂侯驭方丰厚的赏赐。禹鼎(又名"穆公鼎",《集成》5.2833)则记述了鄂侯驭方率领南淮夷、东夷对西周国家南方的进攻。周王,应该是厉王,动用了西六师、殷八师的力量;武公也派遣禹,率领"戎车百乘,斯驭二百,徒千"加入战斗,终于俘获了鄂侯驭方:"王迺(乃)命西六𠂤(师)、殷八𠂤(师)……弗克伐噩(鄂)。肆武公迺(乃)遣禹率公戎车百乘,斯驭二百,徒千……惠西六𠂤(师)、殷八𠂤(师),伐噩(鄂)侯驭方……雩禹㠯武公徒驭至于噩(鄂)。敦伐噩(鄂),休隻(获)氒君驭方。"①

鄂侯驭方鼎和禹鼎展现了鄂侯驭方与西周国家关系由友好、臣服到对抗、被俘的变化。噩侯簋记载的鄂侯嫁女于周王,其时间应该早于鄂侯驭方鼎和禹鼎,故娶王姞的周王有可能是厉王,也有可能是厉王之前的夷王。刘启益秉承"一王一后"的逻辑将噩侯簋的时代定在夷王时期;② 其推导逻辑虽然有待完善,但是结论有可能是正确的。陈昭容指出:"'王姞',嫁给周王,须在鄂与周关系良好的时候,推测或有可能是夷王之后妃。"③ 鄂侯嫁女于周王应在其与西周国家关系良好的时期,噩侯簋的时间应早于鄂侯驭方鼎和禹鼎,很可能是夷王时铜器,反映了夷王与鄂侯的联姻。当然此"王姞"所嫁也可能是厉王,甚至有可能是厉王娶申姜之前的王后。

不管王姞所适为夷王还是厉王,都反映出此时周王室与鄂侯的同盟关系;鄂侯驭方鼎中周厉王南征回师途中与鄂侯驭方的宴饮,则进一步证明和宣示了这种关系。此后,鄂侯驭方的叛变摧毁了鄂侯对周王室的臣服和盟好关系,并引发了南淮夷和东夷对西周南方、东方的全面进攻;李峰认为:"这次攻击已经将周人逼到了一个非常危险的境地,其危险性绝不亚于西周初年'三监'与武庚的联合叛乱。"④ 这次鄂侯驭方、南淮夷、东夷

---

① 马承源主编:《商周青铜器铭文选》第3卷,第281—283页。
② 刘启益:《西周金文中所见的周王后妃》,《考古与文物》1980年第4期。
③ 陈昭容:《从青铜器铭文看两周王室婚姻关系》,《古文字与古代史》第一辑,第272页。
④ 李峰:《西周的灭亡:中国早期国家的地理和政治危机》,第120页。

第四章 联姻与西周时期周人的政治空间

的联合叛乱虽然在殷八师、西六师，以及武公下属禹所率军队的联合镇压下得到了平定，鄂侯驭方也被周人俘获；但是这次叛乱改变了西周的南方策略。我们不知道鄂侯驭方的叛变因何而起，但是这次鄂侯的叛乱对西周中、后期的政治影响巨大。此后，周人在宣王和幽王时期多次与荆蛮、淮夷、徐戎发生战争；所谓"宣王中兴"的一个重要表征，就是周宣王对淮夷战争的胜利，并再次将淮夷置于周人的统治之下。周宣王将舅父申伯徙封于今南阳一带的"南申"，其意即在稳定南方，并宣示周人对汝、淮之间的控制。周宣王时代再次与陈国联姻，鄂在陈国之南，鄂女王姞是周王娶入的，来自最南方诸侯国的妻子。

三 陈妫与宣王、幽王时期的淮夷战略

1976 年在陕西临潼零口公社西段大队西北约 1 千米的南罗村南、西段村东，出土了一处西周青铜器窖藏，出土了包括利簋、陈侯簋、罝车父壶、王盉在内的多件有铭青铜器。① 陈侯簋（《集成》7.3815，图 4-4、图 4-5）铭文 3 行 13 字，曰："敶（陈）侯乍（作）王妫媵簋，其万年永宝用。"② 关于陈侯簋的年代，唐兰认为是西周后期；③ 陈少华进一步将之定在宣王或者幽王时期："从器物形制、铭文风格分析，应以唐（唐兰）说为是。器出陕西，当为犬戎灭西周时周贵族所藏，年代不应晚于西周末年，此'王'当即宣王或幽王。"④ 参考周王的在位时间，陈侯簋为宣王时期的可能性更大，笔者在此暂时将陈妫所适周王定为宣王。

宣王时期，周人同时与猃狁和楚人、淮夷发生了战争，为了确保周人能够在战争中占据有利的位置，周王朝不仅要拥有强大的军队，还要在地缘政治上为战争做好充分的准备。周宣王将舅父徙封到今南阳附近，即为扼守楚人和淮夷的西北咽喉而考虑；同时宣王还建立了与陈国的联姻，通过婚姻关系确保陈国对周王朝的支持。

---

① 可参看临潼县文化馆《陕西临潼发现武王征商簋》，《文物》1977 年第 8 期。
② 张亚初编著：《殷周金文集成引得》，第 65 页。
③ 唐兰：《西周时代最早的一件铜器利簋铭文解释》，《文物》1977 年第 8 期。
④ 陈少华：《陈国铜器及其历史地理与文化综论》，《江汉考古》1995 年第 2 期。

图4-4 陈侯簋铭文① 图4-5 陈侯簋②

周人与南方荆蛮、淮夷、徐戎的战争，《今本竹书纪年》在宣王五年（前823）、六年（前822）有所记载：

> （宣王）五年，秋八月，方叔帅师伐荆蛮。
> 六年，召穆公帅师伐淮夷。王帅师伐徐戎，皇父、休父从王伐徐戎，次于淮。王归自伐徐。锡召穆公命。
> 七年，王锡申伯命。③

依《今本竹书纪年》，申侯的徙封在宣王七年（前821），在周人打败徐戎之后；则宣王对南申的徙封，其目的极为明显，就是要依靠宗亲的力量稳定南方。南申的第一任国君是宣王的舅父，"锡尔介圭，以作尔宝。往近王舅，南土是保"，"不显申伯，王之元舅，文武是宪"，④ 宣王对申伯的信任和徙封，是姻亲力量对西周稳定发挥作用的重要表现。

兮甲盘（又名兮田盘、兮伯盘、兮伯吉甫盘、伯吉父盘，《集成》

---

① 图片引自临潼县文化馆《陕西临潼发现武王征商簋》，《文物》1977年第8期。
② 图片引自临潼县文化馆《陕西临潼发现武王征商簋》，《文物》1977年第8期。
③ 王国维：《今本竹书纪年疏证》卷下，方诗铭、王修龄《古本竹书纪年辑证》（修订本），第257—258页。
④ 《毛诗正义》卷18《大雅·荡之什·崧高》，（清）阮元校刻《十三经注疏》上册，第567页。

16.10174）记有兮甲（尹吉甫）对南淮夷征收赋贡之事："隹五年三月既死霸庚寅，……王令甲政（征）司（治）成周四方责（积）至于南淮夷。淮夷旧我帛畮（贿）人，毋敢不出其帛、其责（积）、其进人。"① 南淮夷向周王称臣纳贡，表现出南淮夷对周人的臣服；而"旧我帛畮（贿）人"和"毋敢不出其帛"，则透露出南淮夷对周人有过从臣服到反叛，再到此时臣服的过程，正可与《今本竹书纪年》的记载相印证。

对舅父"申伯"的徙封和与陈国建立联姻关系，是周宣王时期淮夷策略的重要政治布局；这一政治布局为周宣王时期周人重建对汉淮流域的控制奠定了坚实的政治基础。

第三节　西周时期周原异姓氏族与姬姓女子的联姻

周原即古公亶父所迁居之岐邑的所在地，因《诗经·大雅·緜》中有"周原膴膴"之语而得名。② 虽然此后文王作丰，武王作镐，但是岐邑在西周历史中始终具有重要的地位。张光直指出："（岐邑）在整个西周时期一直被周王朝作为王都圣地。"③ "西周历史上都城问题虽存疑甚多，岐山之周亘西周历史上在宗教上的重要地位则不容置疑"。④ 周原有广义的和狭义的之分，广义的周原是一个自然地理单元，包括："凤翔、岐山、扶风、武功四县的大部分，兼有宝鸡、眉县、乾县的小部分。它北倚岐山，南临渭河，千河和漆水河分别由东西两侧流过，整个原面东西延袤七十余公里，南北宽达二十余公里。"⑤ 狭义的周原则是一个考古学概念，即"周原遗址"，"位于岐山、扶风两县北部交界处，东西宽约 6 公里，南北长约 5

---

① 马承源主编：《商周青铜器铭文选》第 3 卷，第 305—306 页。
② 《毛诗正义》卷 16《大雅·文王之什·緜》，（清）阮元校刻《十三经注疏》上册，第 510 页。
③ ［美］张光直：《古代中国考古学》，第 402—403 页。
④ ［美］张光直：《中国青铜时代》（二版），第 52 页。
⑤ 史念海：《周原的历史地理与周原考古》，《西北大学学报》（哲学社会科学版）1978 年第 2 期。

公里，总面积约 30 平方公里"。① 辛怡华、刘宏岐基于对周原窖藏、墓葬遗址所属族群的分析指出：周原是"西周时期异姓贵族的聚居地"，"周原地区大量的非姬姓豪族是姬周王朝为巩固政权、打击异姓贵族而采取的措施，他们把方国异姓大族迁徙至他们的故土岐下，既便于管理，又可作为人质"。② 西周时期，生活或者埋葬于周原的异姓氏族，普遍娶有姬姓女子；这些姬姓女子来自周王室或者井、毕等周人大族；周人通过联姻，有效地巩固了与周原异姓氏族的关系，为西周的政治稳定奠定了基础。

周原西周时期的墓葬和窖藏，可以确定属于异姓氏族的有：上康的墓葬 M2；庄白的微氏家族窖藏、伯㚬家族窖藏；齐家的墓葬 M5、M8、M19；齐家的天氏家族窖藏、中氏家族窖藏；刘家的墓葬 M1、M2、M3、M4、M5、80M2；召李的墓葬 M1；云塘的史丧家族墓葬、M20、訇、效家族墓葬；云塘的伯公父家族窖藏；贺家的墓葬 M1、M4、M5；王家嘴的墓葬 M1；任家的梁其家族窖藏；召陈的散氏家族窖藏；董家的裘卫家族窖藏等。

表 4-2　考古所见西周时期周原的异姓氏族及其与姬姓女子的联姻

出土地点/窖藏、墓葬	族群/姓氏	族群标志性特征	娶入姬姓女子	青铜器	铭文
上康（墓葬）	商系族群	M2，有腰坑			
庄白（窖藏）	商系族群，微氏家族，子姓	器主名字多见日干：乙祖、亚祖祖辛、文考乙公、皇考丁公	庚姬	庚姬尊、庚姬卣	隹五月辰才丁亥，帝（禘）司（祠），赏庚姬贝卅朋
庄白（窖藏）	商系族群，伯㚬家族	器主名字见日干：朕文考甲公			
齐家（墓葬）	商系族群	M8、M19、M5 有腰坑，器主名字见日干：父丁（M8）、父乙（M19）			

---

① 孙庆伟：《周原遗址的丰富文化内涵》，《人民日报》2018 年 9 月 5 日第 22 版。
② 辛怡华、刘宏岐：《周原——西周时期异姓贵族的聚居地》，《文博》2002 年第 5 期。

第四章 联姻与西周时期周人的政治空间

续表

出土地点/窖藏、墓葬	族群/姓氏	族群标志性特征	娶入姬姓女子	青铜器	铭文
齐家（窖藏）	商系族群，天氏家族	器主名字见日干：文考日己			
齐家（窖藏）	中氏，非姬姓		姬尚母	中伐父甗	中伐父作姬尚母旅甗
刘家（墓葬、窖藏）	商系族群，憪季遽父家族	M1、M2、M3、M4、M5、80M2有腰坑	丰姬	憪季遽父卣、尊	
召李（墓葬）	商系族群	M1有腰坑，器主名字见日干：父丁（M1）			
云塘（墓葬）	商系族群，史丧家族	有腰坑，器主名字见日干：丁公			
云塘（墓葬）	商系族群	器主名字见日干：祖丁（M20）			
云塘（墓葬）	商系族群，㝬、效	祖先名字见日干			
云塘（窖藏）	伯公父		叔姬	伯公父壶盖	（白）伯公父乍叔姬醴壶
贺家（墓葬）	异姓族群，有可能是姜姓	𢆷卣（M1）、荣有司爯鼎（M4）、卫簋（M5）			
王家嘴（墓葬）	商系族群	父丁（M1）			
任家（窖藏）	商系族群，梁其（膳夫）	父庚鼎	京姬	善夫吉父甗	善夫吉父作京姬尊甗

169

续表

出土地点/窖藏、墓葬	族群/姓氏	族群标志性特征	娶入姬姓女子	青铜器	铭文
召陈（窖藏）	散氏，非姬姓		矢姬	散伯簋 散伯匜	散白（伯）乍矢姬宝簋 散伯乍（作）矢姬宝也（匜）
董家（窖藏）	裘卫（司裘），嬴姓	五年裘卫鼎 九年裘卫鼎			

周原大量非姬姓家族，包括大量商系族群家族的存在，让我们很容易联想到秦始皇的"徙天下豪富于咸阳十二万户"，[1] 以及汉武帝的"徙豪富茂陵也"；[2] 西周初年，周公也曾"成周既成，迁殷顽民"。[3] 将豪族迁离其世居地，使之在王朝的核心区居住，是王朝稳固统治的重要手段之一。周原的大量非姬姓家族，很多有可能就是在西周建立之后，被强制整族迁到周原居住的。将非姬姓家族，尤其是殷商系统族群的旧族，迁到周原，是西周国家稳固统治的重要举措。周原出土的上康、齐家、刘家、召李等墓葬普遍有腰坑存在，腰坑被认为是商系族群和商文化的重要标志性特征之一。周原的异姓家族普遍存在与姬姓氏族的通婚，这种异姓家族与姬姓氏族之间的通婚，是西周国家稳固统治和周原地区族群交融的重要手段。关于周原地区异姓家族与姬姓氏族的通婚，笔者在此将截取庄白的微氏家族和召陈、齐镇的散氏家族做细致的个案讨论。

一 庚姬与西周时期的微氏家族

1976年出土于陕西扶风的庄白一号青铜器窖藏，共出土了103件青铜器，包括75件青铜容器和28件青铜钟，其中57件青铜容器和16件青铜钟，共73件青铜器有铭文。[4] 关于微氏家族的身份，学术界的观点主要有

---

[1] 《史记》卷6《秦始皇本纪》，第239页。
[2] 《史记》卷124《游侠列传》，第3187页。
[3] 《尚书正义》卷16《多士》，（清）阮元校刻《十三经注疏》上册，第219页。
[4] 宝鸡市周原博物馆编著：《周原——庄白西周青铜器窖藏考古发掘报告》，第11—15页。

第四章 联姻与西周时期周人的政治空间

三种。第一种是将庄白窖藏器主的微氏家族与殷商后裔，入周后封于宋的微子启关联起来，认为庄白微氏家族的烈祖商是子姓微国的史官而迁居于岐周者，刘士莪、尹盛平[①]主此说；或者认为庄白微氏家族是微子启的部分家族成员，迁居岐周为周史官者，李学勤、[②]《周原——庄白西周青铜器窖藏考古发掘报告》、[③] 孙庆伟[④]主此说。这种观点认为庄白微氏家族是子姓。第二种认为庄白微氏家族是殷商旧国微的后裔，但是与微子启无关，为姚姓，黄盛璋[⑤]主此说。第三种认为庄白窖藏器主的微氏家族是《尚书·牧誓》中提到的"庸、蜀、羌、髳、微、卢、彭、濮人"中的微国，是参与武王伐纣的"西微"，李仲操[⑥]主此说。庄白一号窖藏青铜器铭文中出现的微氏家族成员名字有：高祖、烈祖、乙祖（父乙）、亚祖祖辛（父辛、折）、文考乙公（文祖乙公、丰）、皇考丁公（墙、史墙）、瘐（微伯瘐）、伯先父，名字中包含日干是商王和商系族群的重要特征，笔者倾向于接受庄白微氏家族是子姓，并与微子启有关的观点。

庄白一号窖藏中有庚姬尊（又称"商尊"，76FZH1∶11，《集成》11.5997，图4-6、图4-7、图4-8）和庚姬卣（又称"商卣"，76FZH1∶42，《集成》10.5404，图4-9、图4-10），证明子姓微氏家族与姬姓族群联姻的存在；虽然我们无法确定庚姬来自姬姓的哪个氏族，周王室抑或其他的诸侯国或者卿大夫家。庚姬尊腹内底有铭文5行30字；庚姬卣盖、器同铭文，盖铭6行30字，器铭5行30字，庚姬尊和庚姬卣的铭文基本相同，笔者在此将仅征引庚姬尊的铭文。马承源和张亚初、《周原——庄白西周青铜器窖藏考古发掘报告》对庚姬尊铭文的释读和断句虽然看起来只有很小的差别，却造成了对庚姬尊作器者厘定和庚姬尊时代判定的巨大差别，故笔者在此将同时征引两种释文。

[①] 刘士莪、尹盛平：《微氏家族青铜器群研究》，尹盛平主编《西周微氏家族青铜器群研究》，文物出版社1992年版，第58—79页。
[②] 李学勤：《论史墙盘及其意义》，《考古学报》1978年第2期。
[③] 宝鸡市周原博物馆编著：《周原——庄白西周青铜器窖藏考古发掘报告》，第125页。
[④] 孙庆伟：《周原遗址的丰富文化内涵》，《人民日报》2018年9月5日第22版。
[⑤] 黄盛璋：《西周微氏家族窖藏铜器群初步研究》，《社会科学战线》1978年第3期。
[⑥] 李仲操：《再论墙盘年代、微宗国别——兼与黄盛璋同志商榷》，《社会科学战线》1981年第1期。

171

西周春秋时期的女性、联姻与政治格局演进研究

《商周青铜器铭文选》：
隹五月辰才丁亥，
帝（禘）司（祠），商（赏）庚姬贝
卅朋，迮兹（兹）廿孚商（赏）。
用乍文辟日丁
宝尊彝。㠱①

《周原——庄白西周青铜器窖藏考古发掘报告》：
隹（唯）五月，辰才丁亥，
帝司（后）商（赏）庚姬贝
卅朋，迮兹（丝）廿孚，商
用乍（作）文辟日丁
宝隩（尊）彝。②

    两种对庚姬尊铭文释读和断句的核心差别在于对"帝司"的理解和对作器者身份的认定。铭文第二行前两个字"帝司"，马承源释为"禘祠"，认为是"禘祀"之礼；并将"帝司赏庚姬贝卅朋"断句为"帝司，赏庚姬贝卅朋"，认为庚姬是在禘祀礼中获得了三十朋的赏赐。③《周原——庄白西周青铜器窖藏考古发掘报告》则将"帝司"释为"帝后"，将"帝后"解为商王的王后，并认为此"帝后"应该是商王帝乙或者帝辛之后，继而断句曰："帝司（后）赏庚姬贝卅朋"，认为庚姬是从帝后处获得了三十朋赏赐。④ 两种铭文的第二个核心差别在于对第三行最后一个字"商"的释读和断句，这直接影响多了对作器者身份认定。马承源将"迮兹廿孚商用乍文辟日丁宝尊彝"释读和断句为"迮兹廿孚赏。用乍文辟日丁宝尊彝"，⑤则作器者是受到三十朋贝赏赐的庚姬。《周原——庄白西周青铜器窖藏考古发掘报告》则将之释读和断句为："迮丝廿孚，商（赏）用乍文

---

① 马承源主编：《商周青铜器铭文选》第3卷，第94页。
② 宝鸡市周原博物馆编著：《周原——庄白西周青铜器窖藏考古发掘报告》，第16页。
③ 马承源主编：《商周青铜器铭文选》第3卷，第94—95页。
④ 宝鸡市周原博物馆编著：《周原——庄白西周青铜器窖藏考古发掘报告》，第15—19页。
⑤ 马承源主编：《商周青铜器铭文选》第3卷，第94页。

第四章　联姻与西周时期周人的政治空间

辟日丁宝尊彝"，① 认为作器者是"商"，并把"商"解为庚姬的丈夫。

图 4-6　庚姬尊铭文②

图 4-7　庚姬尊形制、纹饰示意图③　　　图 4-8　庚姬尊④

铭文第二行的第三个字"商"，马承源和《周原》都将之解为"赏"。

---

① 宝鸡市周原博物馆编著：《周原——庄白西周青铜器窖藏考古发掘报告》，第 16 页。
② 图片引自宝鸡市周原博物馆编著《周原——庄白西周青铜器窖藏考古发掘报告》，第 15 页。
③ 图片引自宝鸡市周原博物馆编著《周原——庄白西周青铜器窖藏考古发掘报告》，第 15 页。
④ 图片引自宝鸡市周原博物馆编著《周原——庄白西周青铜器窖藏考古发掘报告掘报告》，图版八。

而对于铭文第三行的最后一个字,两种铭文虽然都将之释读为"商",但马承源认为其通为"赏",意为"赏赐";而《周原》则认为"商"就是"商",是人名,是庚姬的丈夫。两种铭文释读都有可以商榷的地方,马承源将"商"和"商"都解为"赏",但是两个字的字形有明显的差别:"商"的下面是"贝",解为"赏"很合适,但是"商",为什么要解为"赏"呢?《周原》的断句把"庚姬"和"商"解成了两个人名,则庚姬尊中出现了受赏的庚姬,和用庚姬赏赐作青铜尊的庚姬的丈夫商;这种用他人赏赐作青铜器的例子,在西周青铜器铭文中非常罕见,故笔者在此采用马承源的释文和断句。

《周原——庄白西周青铜器窖藏考古发掘报告》将庚姬尊、庚姬卣命名为商尊、商卣,即因通过断句将庚姬尊、庚姬卣的作器者定为庚姬的丈夫商。笔者在此采用马承源《商周青铜器铭文选》的断句和释文,也将同时采用马承源对于两器作器者的认定和对两器的命名。

图4-9 庚姬卣形制、纹饰① 　　图4-10 庚姬卣②

关于庚姬尊、庚姬卣的时代,学术界主要有三种观点,一种将之定在

---

① 图片引自宝鸡市周原博物馆编著《周原——庄白西周青铜器窖藏考古发掘报告》,第17页。
② 图片引自宝鸡市周原博物馆编著《周原——庄白西周青铜器窖藏考古发掘报告》,图版一〇。

第四章　联姻与西周时期周人的政治空间

商末,以《周原——庄白西周青铜器窖藏考古发掘报告》为代表;① 另一种将之定在西周早期,以马承源为代表;② 还有一种则认为其时代是商或西周早期,以罗泰为代表。③ 庚姬尊、庚姬卣的形制和纹饰,在商代和西周早期的青铜器中都有使用。《周原》将庚姬二器的时代定在商代的核心证据是将"帝司"解为"帝后",认为西周绝无称周王之后为"帝后"者;但是"帝司"并不一定是"帝后",马承源将之解为"禘祠"似乎更加合理。庚姬二器的出土地点在陕西周原,故笔者认为将庚姬二器的时代定在西周早期更加合适。

作为商人子姓的微氏家族,在西周早期迁居到了周原,并娶姬姓女子为妻。与姬姓族群的联姻,是微氏家族稳固其在周王朝地位的重要举措。张亚初《殷周金文集成引得》收录包含赏贝数量的铭文85条,一次获得赏贝超过三十朋的有9条,占比约11%;赏贝三十朋的有6条,占比约7%,一般赏贝都在二到十朋或者十朋、二十朋,占比约82%。④ 庚姬在"禘祠"中获得了三十朋贝的封赏,这是一笔很大的财富。庚姬用所获赏赐为其公公"文辟日丁"作器,这彰显了庚姬的财力和在夫家享有的地位。微氏家族与姬姓周人的联姻是有利于双方家族的行为,作为周人代表的姬姓女子是连接父系和夫家的纽带,庚姬在夫家的地位,彰显了子姓微氏家族对周王室的态度;而这种臣服和遵从的态度,为微氏家族在西周的长期、稳定发展奠定了良好的基础。

作为殷商后裔而迁居周原的庄白微氏家族,其家族成员乙祖(父乙)、亚祖祖辛(父辛、折)、文考乙公(文祖乙公、丰)、皇考丁公(墙、史墙)、㝬(微伯㝬)、伯先父等世为周王室史官。庄白一号窖藏的青铜器数量巨大、制作精美、铭文宏富,其中一套八件列簋,表明微氏家族在西周社会所具有的煊赫地位,亦证明史官在西周社会中举足轻重的地位。八件列簋的主人是㝬,又称微㝬、微白(伯)或者微白(伯)㝬,《周原——

---

① 宝鸡市周原博物馆编著:《周原——庄白西周青铜器窖藏考古发掘报告》,第15—19页。
② 马承源主编:《商周青铜器铭文选》第3卷,第93页。
③ [美]罗泰:《宗子维城:从考古材料的角度看公元前1000至前250年的中国社会》,第39页。
④ 张亚初编著:《殷周金文集成引得》,第721—722页。

庄白西周青铜器窖藏考古发掘报告》推定瘨铸造的铜器有61件，占整个窖藏铜器的59%；有铭文者42件，占有铭铜器的57%。① 关于瘨组铜器的年代，李学勤认为"瘨的活动年代应为孝王以至夷厉时期"；② 罗泰将瘨组铜器的下限定在西周结束之前，指出瘨"生活的时代应该在公元前771年前不久，也就是一般所谓的庄白一号窖藏入土的年代"；③《周原——庄白西周青铜器窖藏考古发掘报告》说"瘨器属于懿、孝、夷三世"，④ 考虑到庄白窖藏中尚有晚于瘨组铜器的白先父器，李学勤和《周原》对瘨组铜器的时代认定比较合适，瘨组铜器的时代应该属于西周中期后段。微氏家族在西周中期达到了权力和财富的极盛时期。微氏家族在西周时期的长期、稳定发展，与微氏家族的史官身份和微氏家族对周王朝的臣服、恭顺态度直接相关，而微氏家族在西周初年初入周原时，与姬姓女子的联姻则从血缘上奠定了微氏家族与周人联系的基础。

二 周原散氏家族的地缘与婚姻

清朝光绪年间（1875—1908）在陕西凤翔出土的散伯簋（《集成》7.3777）铭文曰："散白（伯）乍矢姬宝簋，其厉（万）年永用。"⑤ 传世散伯匜（《集成》16.10193）铭文曰："散伯乍（作）矢姬宝也（匜）。"⑥ 散伯诸器都是散伯为矢姬作器，但是因铭文中没有"媵"字，我们并不能直接判断散伯和矢姬的关系，散伯有可能是矢姬的丈夫或者父亲、兄弟，由此引发了散氏和矢氏何者为姬姓氏族的问题。主张散氏为姬姓者有王国维、黄盛璋、张政烺、王明珂、杨亚长、陈絜、马金霞等；主张矢氏为姬姓者有卢连成、尹盛平、刘启益、沈长云、胡智生、李仲操、曹定云、李

---

① 宝鸡市周原博物馆编著：《周原——庄白西周青铜器窖藏考古发掘报告》，第43页。
② 李学勤：《西周中期青铜器的重要标尺——周原庄白、强家两处青铜器窖藏的综合研究》，《中国历史博物馆馆刊》1979年第00期。
③ [美]罗泰：《宗子维城：从考古材料的角度看公元前1000至前250年的中国社会》，第63—64页。
④ 宝鸡市周原博物馆编著：《周原——庄白西周青铜器窖藏考古发掘报告》，第116页。
⑤ 马承源主编：《商周青铜器铭文选》第3卷，第253页。
⑥ 张亚初编著：《殷周金文集成引得》，第155页。

第四章 联姻与西周时期周人的政治空间

峰等；陈昭容对夨氏是姬姓，散氏非姬姓做了深入而细致的论证，[①] 其说可靠。张筱衡、[②] 刘启益[③]主张夨国就是吴国，是太伯所奔之地，则夨为姬姓国，且为周室宗亲。卢连成、胡智生虽然也认为夨是姬姓国，但认为夨并非周室宗亲，而是"姬姓之戎"。[④] 1973 年陕西陇县曹家湾 M6 出土的"夨仲戈"（《集成》17.10889）铭文曰："夨仲"，[⑤] 夨为姬姓周人大概不错。则散伯诸器是丈夫散伯为妻子夨姬作器。

散伯簋光绪年间在陕西凤翔出土，传世共有五件。散氏盘（又名"散盘""夨人盘"，《集成》16.10176）乾隆年间（1736—1795）出土于陕西凤翔。1960 年在陕西省扶风县召陈村出土了一处西周铜器窖藏，有 4 件"散伯车父鼎"、5 件"散车父簋"、2 件"散车父壶"等散伯车父铜器。凤翔、扶风都是周原的核心区，我们由此认为散氏家族世居周原应该是没有问题的。

散氏盘铭文有："用夨𤔲（薄）散邑。迺（乃）即散用田眉（堳）。"[⑥] 夨人进入了散氏家族的田界，由此引发了两个家族的土地争端。这起土地争端以散、夨两个家族重新划定边界而告终，铭文用"㠯（以）南""㠯（以）西""㠯（以）东"等标示了散氏和夨氏土地的边界。散氏和夨氏的土地相邻，散伯和夨姬的联姻是地域相近的异姓氏族之间的联姻，这种联姻促成了不同姓族之间的血缘和文化交融，并为西周时期方国、部族的区域整合奠定了基础。

地域相近是西周、春秋时期诸侯、卿大夫政治联姻的重要选择。马承源将散伯簋的年代定在西周中期，将散氏盘的年代定在厉王时期，[⑦] 西周中期散氏与夨氏的联姻与其时两个家族地域的相近直接相关。春秋时期，

[①] 陈昭容：《"夨姬"与"散姬"——从女性称名规律谈夨国族姓及其相关问题》，《古文字与古代史》第三辑，（台北）"中央"研究院历史语言研究所 2012 年版，第 251—286 页。
[②] 张筱衡：《散盘考释》（下），《人文杂志》1958 年第 4 期。
[③] 刘启益：《西周夨国铜器的新发现与有关的历史地理问题》，《考古与文物》1982 年第 2 期。
[④] 卢连成、胡智生：《宝鸡��国墓地》，文物出版社 1988 年版，第 421 页。
[⑤] 张亚初编著：《殷周金文集成引得》，第 164 页。
[⑥] 马承源主编：《商周青铜器铭文选》第 3 卷，第 298 页。
[⑦] 马承源主编：《商周青铜器铭文选》第 3 卷，第 253、298 页。

177

诸侯之间联姻的地域化倾向明显加强了，齐、鲁，秦、晋，建立起密切而频繁的联姻关系。《春秋》鲁十二公有六位鲁国国君的夫人是齐女：文姜（桓公）、哀姜（庄公）、声姜（僖公）、出姜（又称哀姜，文公）、穆姜（宣公）、齐姜（成公），而且是连续的六位国君娶齐女为夫人（其间鲁闵公因年幼被弑未曾婚娶）；嫁到齐国为夫人的鲁女也为数不少，包括子叔姬（齐昭公）、颜懿姬（齐灵公，其侄鬷声姬）、季姬（齐悼公）等。联姻是齐、鲁构建地缘政治关系的重要手段，而在其中，齐国是占有主动权的一方。秦穆公娶晋献公之女为夫人，晋自怀公以来数娶秦女：怀公（怀嬴）、文公（文嬴、辰嬴等秦女五人，辰嬴即怀嬴）、襄公（穆嬴）等。秦—晋的联姻与其时秦、晋的关系和地缘政治策略密切相关。春秋时期秦、晋的频繁联姻产生了一个成语"秦晋之好"；而齐、鲁的频繁联姻则促进了齐、鲁两国的区域整合，以至于今天的山东省就被称为"齐鲁大地"。

除了与姬姓矢氏的联姻，周原的散氏家族还与姜姓、姞姓等家族建立了婚姻关系。散伯车父鼎（《集成》5.2697）铭文曰："隹王四年八月初吉丁亥，楙（散）白（伯）车父乍邲姞尊鼎，其万年子子孙孙永宝。"① 散车父簋（《集成》7.3881）铭文曰："楙（散）车父乍𨛬姞鏙簋，其万年子子孙孙永宝。"② 散车父壶（《集成》15.9669）铭文曰："楙（散）车父乍皇母嫱姜宝壶，用逆姞氏，白（伯）车父其万年子子孙孙永宝。"③ 散伯车父为迎娶夫人姞氏至少作了4件铜鼎、5件铜簋和2件铜壶。4鼎5簋是散伯车父为夫人姞氏所作的铜器，这是一个足够尊崇的待遇。同时，散伯车父为迎娶夫人姞氏还为已故的母亲姜氏作了两件铜壶。

散伯簋、散伯匜的作器者散伯，其夫人来自姬姓的矢氏族群；散伯车父的母亲来自姜姓族群，散伯车父的夫人来自姞姓族群，散氏家族的婚姻是周原异姓贵族的一个缩影，周原贵族通过联姻建立起了同多个姓族的亲缘关系，而这种亲缘关系有利地促进了周原家族的血缘和文化交融，为周

---

① 马承源主编：《商周青铜器铭文选》第3卷，第357—358页。
② 马承源主编：《商周青铜器铭文选》第3卷，第359页。
③ 马承源主编：《商周青铜器铭文选》第3卷，第358—359页。

第四章 联姻与西周时期周人的政治空间

原的区域整合奠定了族群和文化的基础。

小　结

　　傅斯年在论及西周政治时说："周兴有公望为佐，周亡由于申祸；姜之与姬，终始有关系也。"[①] 武王翦商的重要辅臣太公望与周文王、周武王的关系，不是一个个人与君主的遇合问题，而应该视为姬姓族群与姜姓族群的联合。西周从武王到幽王11世12王，至少有七位国君娶姜姓女子为妻，姬、姜族群的联姻关乎西周国家的维系和运行。西周的灭亡因幽王废申后和太子宜臼，立褒姒和其子伯服所致；周幽王废、立王后、太子引发的国家动荡，与申国的地理位置和政治势力直接相关，并折射出当时周王朝的派系纷争。平王之立，推举之功也全在姬、姜，申、许姜姓，晋、郑姬姓。姬、姜联姻不仅对于西周的政治至关重要，也关系到姬、姜两个族群的交融，这是中国华夏族形成的族群和人口基础。

　　西周中后期周王与陈、鄂的联姻与西周的淮夷战略和西周国家与荆楚、淮夷的关系相关。文章基于对王姞、陈妫相关史事的分析，讨论了联姻与西周政治的互动关系。

　　文章关于周原异姓氏族婚姻的讨论，从女性和婚姻角度对周原的氏族关系和区域整合做了个案的分析。

[①] 傅斯年：《姜原》，《民族与古代中国史》，第80页。

第五章　西周春秋时期鲁国的族群、婚姻与地缘政治

西周和春秋时期，在今山东省境内和附近地区，分布着大量从属于，或者不从属于周王室的诸侯、方国和政权。以族群论之，则有姬姓的周人族群，祖源有别的姜姓族群，被认为是大皞（太皞）后裔的风姓族群，以及商奄旧地的夏系、商系族群和众多的东夷部族。以国姓论之，则有姬姓的鲁、曹、滕、郜、郕、茅等，姜姓的齐、向、纪、鄟、莱、厉（赖）、夷等，风姓的任、宿、须句、颛臾等，姒姓的杞、鄫、费等，己姓的莒、[①]

[①] 莒国之姓，何休《春秋公羊传解诂》、杨伯峻认为是妃；《国语·郑语》《路史·后记·颛顼》认为是曹；司马迁《史记》、班固《汉书》、郦道元《水经注》、齐文涛认为是嬴（盈）；《左传》内证、《世本》《潜夫论·志氏姓》、顾栋高、陈槃、李学勤认为是己。《左传·文公七年》："穆伯娶于莒，曰戴己，生文伯，其娣声己生惠叔。"［（西晋）杜预：《春秋经传集解》上册，第459页。］则莒国当为己姓。《世本》《潜夫论·志氏姓》亦以莒为己姓。顾栋高、陈槃论春秋列国爵姓皆从《左传》，以莒国为己姓。［（清）顾栋高辑：《春秋大事表》卷11《春秋列国姓氏表》，第1153页；陈槃：《春秋大事表列国爵姓及存灭表譔异》（三订本）上册，第236页。］《史记·秦本纪》："太史公曰：秦之先为嬴姓。其后分封，以国为姓，有徐氏、郯氏、莒氏、终黎氏、运奄氏、菟裘氏、将梁氏、黄氏、江氏、修鱼氏、白冥氏、蜚廉氏、秦氏。然秦以其先造父封赵城，为赵氏。"（《史记》卷5《秦本纪》，第221页。）司马迁认为郯国、莒国都是嬴姓。《汉书·地理志》城阳国莒县下注云："故国，盈姓，三十世为楚所灭。少昊后。"（《汉书》卷28下《地理志下》，第1635页。）认为莒国是少昊之后，为盈（嬴）姓。《左传·昭公十七年》："秋，郯子来朝，公与之宴。昭子问焉，曰：'少皞氏鸟名官，何故也？'郯子曰：'吾祖也，我知之。'"［（西晋）杜预：《春秋经传集解》下册，第1420页。］《史记·秦本纪》认为莒、郯同姓，《汉书·地理志》言莒为少昊之后，《左传》亦言郯为少皞之后，则莒、郯同为少皞（少昊）之后，为嬴（盈）姓，亦多有所据。《国语·郑语》："曹姓邹、莒"。（《国语》卷16《郑语》，上海师范大学古籍整理组校点《国语》下册，第511页。）认为邹国和莒国都是曹姓。则又有曹姓的莒国。《路史·后记·颛顼》："陆终生六子，五曰晏安，封曹，为曹姓。朱娄、驺、绎、倪、莒、小朱、根牟，皆曹分也。"把朱娄、驺、绎、倪、莒、小朱、根牟都列为曹姓。

郯等，任（妊）姓的薛、铸①等，曹姓的邾、小邾（郳）、根牟（牟）等，妘姓的鄅，嬴姓的葛，子姓的谭等。来自西周封建的齐、鲁两国是其中最大和最重要的两个。《史记·齐太公世家》说太公治国"因其俗，简其礼"；《鲁周公世家》则曰伯禽治国"变其俗，革其礼"，所谓"其俗""其礼"，指的是当地的风俗和礼仪，即齐、鲁当地原住民秉持的风俗和礼仪。这些风俗、礼仪在很多方面与姬姓周人的文化不同，故有齐太公的"因其俗，简其礼"，即简化周礼和周文化，以期适应齐地族群的社会和文化发展情况。而鲁伯禽则力求把周人的礼乐文明最大限度地推广到鲁地，改变当地原居民的风俗和礼仪。

《汉书·地理志下》说"古有分土，亡分民"，②意在说明西周的分封，在将土地分封给一个诸侯的时候，并不会将此土地上原来的居民置换。则诸侯虽然会带官员、亲故、随从等就国，但是封国土地上的原有居民，仍然占据当地人口的主体，西周的封国都不是单一族群国家。本书的这一章和下一章将聚焦于齐、鲁两国在西周、春秋时期的族群交融、文化、习俗变迁以及区域整合和地缘政治等问题，尝试从通婚和联姻的角度对之做出一些分析和解答。

第一节　西周分封与诸侯国的人口构成

西周初年的"封国土，建诸侯"究竟分封了哪些东西？首先，周王会分配一块土地给受封的诸侯；其次，周王会命名这块土地，将之视为从属于周王室的诸侯国，并将此诸侯国的土地和人民的统治权授予该诸侯；同时，周王会赐给受封的诸侯与其身份相适应的礼器、珍宝。不过，周分

---

① 铸公簠盖（《集成》9.4574），今藏上海博物馆。其铭文曰："铸公乍（作）孟妊车母朕（媵）簠，其万年眉寿，子子孙孙永宝用。"（张亚初编著：《殷周金文集成引得》，第97页。）这应是铸国国君为其女或者其姊妹出嫁铸造的媵器，根据西周春秋时期媵器中女性的称名规则，则铸国应该是妊姓。《世本》："黄帝二十五子，得姓者十二人。任姓：谢、章、薛、舒、吕、祝、终、泉、毕、过。"亦以铸（祝）为任（妊）姓。陈槃《春秋大事表列国爵姓及存灭表譔异》认为铸国是祁姓。（陈槃：《春秋大事表列国爵姓及存灭表譔异》（三订本）中册，第855页。）

② 《汉书》卷28下《地理志下》，第1660页。

西周春秋时期的女性、联姻与政治格局演进研究　》》

封给诸侯国国君的并不只有土地、当地的人口、礼器和爵号;《尚书·康诰》《左传·昭公十五年》《左传·定公四年》《史记·鲁周公世家》《卫康叔世家》《晋世家》、宜侯夨簋(《集成》8.4320)铭文、克罍(《集录》3.987)铭文、克盉(《集录》3.942)铭文等有周王将"殷民六族""殷民七族""怀姓九宗""奠(郑)七白(伯)""羌、马、斝、雩、驭"等族群分封给鲁、卫、晋、宜、燕等诸侯的记录,表明西周的分封和诸侯的就国,也同时带来部分族群的迁徙和外来族群与本地族群、周人族群和非周人族群的交融。

一　西周分封中的族群问题

1954年在江苏省丹徒县龙泉乡烟墩山出土的康王时器宜侯夨簋(《集成》8.4320),有铭文12行,现存119字,合文2,清楚地记述了周王分封宜侯的过程,以及宜侯从周王处获得的封赏。

> 隹四月辰才丁未,王省珷(武)王
> 成王伐商圖征(延)省東或(國)圖
> 王立(位)于宜,入土(社),南鄉(向)。王令
> 虞侯夨曰:"䍙!侯于宜。易鬯
> 瓒一卣、商瓒(瓒)一□、彤弓一、彤矢百、
> 旅弓十、旅矢千。易土:厥川(甽)
> 三百□,厥□百又廿,厥宅邑卅(三十)
> 又五,厥□百又卌(四十)。易才宜
> 王人□又七生(姓)。易奠(郑)七白(伯),
> 厥䢇□又五十夫。易宜庶人
> 六百又□六夫。"宜侯夨揚
> 王休,乍虞公父丁尊彝。①

---

① 马承源主编:《商周青铜器铭文选》第3卷,第34—35页;《殷周金文集成》第8册,中华书局1987年版,第276页。

第五章　西周春秋时期鲁国的族群、婚姻与地缘政治

图 5-1　宜侯夨簋铭文① 　　　　图 5-2　宜侯夨簋②

周王，很可能是康王，命夨做宜地的诸侯。周王在赐予夨爵号、宝器和土地的同时，给予夨相当数量的仆从人口：包括属于周人族群的七个氏族："王人囗又七生（姓）"；来自郑地的七个部族："奠（郑）七白（伯）"；身份为"甽"的"囗又五十夫"；庶人"六百又囗六夫"。

周王在分封诸侯的同时，赐予其成规模的仆从人口，在西周并非个案。克罍（《集录》3.987）铭文曰：

　　王曰太保："隹乃明，乃鬯享
　　于乃辟。余大对乃享，
　　令克侯于匽。旃、羌、马、
　　䖒、雩、驭、微、克、宙
　　匽入土眔厥嗣。"
　　用作宝障彝。③

---

① 图片引自马承源主编《商周青铜器铭文选》第 1 卷，文物出版社 1986 年版，第 30 页。宜侯夨簋，现藏中国国家博物馆。
② 图片引自中国国家博物馆网站。
③ 中国社会科学院考古研究所、北京市文物研究所琉璃河考古队：《北京琉璃河 1193 号大墓发掘简报》，《考古》1990 年第 1 期。

183

图 5-3　克罍铭文①　　　　　　图 5-4　克罍②

记述了周王分封克为匽（燕）侯时，同时赐予克"羌、马、䭱、雩、驭"等族群的人口作为仆从。李峰对"令克侯于匽。施、羌、马、䭱、雩、驭、微、克、宙、匽入土眔厥嗣"的释读和断句为："令克侯于匽（燕），事羌、马、䭱、雩、驭、长。克宙（出）匽（燕），入土众氒（厥）嗣（嗣），"③ 更为合理，故本文采用李峰的释读，将"克、宙"解为"克出"，即克出为燕侯；而不将之视作与"羌、马、䭱、雩、驭"等并列的族群称谓。"王曰太保"，"太保"就是召公奭，但是因为铭文中有明显的省略痕迹，我们很难确定克与召公奭的确切世系关系，甚至关于"克"是动词还是名词也多有争论。④ 出土克罍、克盉的北京琉璃河 M1193 号大墓，其年代属于西周早期，克罍、克盉也具有明显的西周早期铜器特征，克罍、克盉铭文为我们了解西周初年的燕国分封、早期燕国历史和西周分封

---

① 图片引自中国社会科学院考古研究所、北京市文物研究所琉璃河考古队：《北京琉璃河 1193 号大墓发掘简报》，《考古》1990 年第 1 期。
② 中国社会科学院考古研究所、北京市文物研究所琉璃河考古队：《北京琉璃河 1193 号大墓发掘简报》，《考古》1990 年第 1 期。
③ 李峰：《西周的政体：中国早期的官僚制度和国家》，第 238 页。
④ 关于克罍、克盉铭文的讨论可参看《考古》月刊记者《北京琉璃河出土有铭铜器座谈纪要》，《考古》1989 年第 10 期。

第五章 西周春秋时期鲁国的族群、婚姻与地缘政治

以及分封系统的建立提供了重要的史料。

《左传》定公四年（前506），子鱼论及西周初年周王对鲁国、卫国、晋国的分封时说：

> 分鲁公以大路、大旂，夏后氏之璜，封父之繁弱，殷民六族，条氏、徐氏、萧氏、索氏、长勺氏、尾勺氏，使帅其宗氏，辑其分族，将其类丑，以法则周公，用即命于周。是使之职事于鲁，以昭周公之明德。分之土田陪敦，祝、宗、卜、史，备物典策，官司彝器。因商奄之民，命以伯禽，而封于少皞之虚。分康叔以大路、少帛、绪茷、旃旌、大吕，殷民七族，陶氏、施氏、繁氏、锜氏、樊氏、饥氏、终葵氏，封畛土略，自武父以南，及圃田之北竟，取于有阎之土，以共王职。取于相土之东都，以会王之东蒐。聃季授土，陶叔授民，命以《康诰》，而封于殷虚。皆启以商政，疆以周索。分唐叔以大路、密须之鼓、阙巩、沽洗，怀姓九宗，职官五正。命以《唐诰》，而封于夏虚，启以夏政，疆以戎索。①

在土地和宝器之外，周王又分给鲁公"殷民六族"，分给康叔"殷民七族"，分给唐叔"怀姓九宗"。"殷民六族""殷民七族"，就是殷商遗民中不同氏族的人口；"怀姓九宗"，就是怀姓的九个氏族。

西周的分封并非把既有的土地和人民简单地分封给诸侯，而更像是军事拓殖，通过封建诸侯，拓展周王室和周系族群的生存空间。②《史记·齐太公世家》说"太公至国，修政，因其俗，简其礼"；③《鲁周公世家》说"（伯禽）变其俗，革其礼"，④"其"就是齐、鲁当地的原住民。西周的分封，其核心目的就是通过封建诸侯，有效统治被征服的、臣服于周人的土地和人民。各诸侯国人口的大部分就是封国土地上的原住民。

---

① （西晋）杜预：《春秋经传集解》下册，第1620页。
② 将西周的分封视为"军事拓殖"，可参看钱穆"周初之封建""西周势力之继续东展"，《国史大纲》（修订本），第38—47页。
③ 《史记》卷32《齐太公世家》，第1480页。
④ 《史记》卷33《鲁周公世家》，第1524页。

殷商遗民，作为周人曾经的敌对者，具有较高的文明和农业生产水平。周武王最初封纣子武庚禄父为诸侯，统治殷商遗民。周武王死后，武庚禄父与管叔、蔡叔等联合作乱。周公平定叛乱，诛杀了武庚和管叔，流放了蔡叔。然后"分殷余民为二：其一封微子启于宋，以续殷祀；其一封康叔为卫君，是为卫康叔"。① 在武庚叛乱之后，殷商遗民的主流被分成两个部分，一部分归于微子的宋，另一部分归于康叔的卫。宋、卫占据的是殷商的旧地，大量的殷商遗民本就生活于此。杨宽指出"宋""商"，"殷""卫"都是转音异字，其意本相同。王国维《说商》曰："余疑宋与商声相近，初本名商，后人以别于有天下之商，故谓之宋耳。"② 宋、卫两个在商朝王畿旧地和原商朝统治核心区建立起来的西周封国，不仅接管了原来商朝的土地，也接管了土地上大量的商系族群。周公迁殷顽民于洛邑："成周既成，迁殷顽民"，③ 并将"殷民六族"分给鲁国，"殷民七族"分给卫国。西周初年的殷商遗民，大部分仍居住于自己原来的土地上，在殷商旧地上建立的卫、宋等诸侯国拥有大量的殷商遗民。殷商遗民的另一部分则迫于西周的政治压力，分散到了其他的城邑和诸侯国，鲁国就是其中之一。

二 西周分封中的监国和史官问题

《史记·周本纪》在记述周武王灭商之后分封商纣之子武庚禄父为诸侯时说："封商纣子禄父殷之余民。武王为殷初定未集，乃使其弟管叔鲜、蔡叔度相禄父治殷。"④ 周武王在任命武庚禄父为诸侯的同时，任命了辅佐，或者更准确的应该称为"监视"武庚禄父的人："监国"——管叔鲜和蔡叔度。张守节《史记正义》引《地理志》曰："邶以封纣子武庚；鄘，管叔尹之；卫，蔡叔尹之；以监殷民，谓之三监。"⑤ 又引《帝王世

---

① 《史记》卷35《管蔡世家》，第1565页。
② 王国维：《观堂集林》卷12《说商》，第518页。
③ 《尚书正义》卷16《多士》，（清）阮元校刻《十三经注疏》上册，第219页。
④ 《史记》卷4《周本纪》，第126页。
⑤ 《史记》卷4《周本纪》，第127页。

第五章 西周春秋时期鲁国的族群、婚姻与地缘政治

纪》曰:"自殷都以东为卫,管叔监之;殷都以西为鄘,蔡叔监之;殷都以北为邶,霍叔监之;是为三监。"① 然后评论《地理志》和《帝王世纪》的说法:"二说各异,未详也。"② 张守节指出了《地理志》和《帝王世纪》对"三监"解释的差别,但是认为无从判定何者为是,何者为非。二说关于"三监"的具体所指虽有差别,但是对周武王命管叔、蔡叔与武庚禄父共治殷民,则并无异议。管叔、蔡叔,各有封地管、蔡,则其"相禄父治殷",实为监国。西周初年,周武王在商纣之子武庚禄父受封的区域内设置了监国;在诸侯国内设置监国,是西周初年诸侯分封中的常例,还是因为武庚禄父作为周人敌对者商纣之子的身份而做的个案化处理,我们暂时很难做出论断。

西周的分封,周王会赐予诸侯相应的职官,即《左传》定公四年(前506),子鱼论及鲁国和晋国分封时所言,周王给予鲁国的"祝、宗、卜、史"四官和给予晋国的"职官五正"。西周初年,周王室有太史和隶属于太史寮或者卿事寮的作册和史,③ 同时周王也会将史官直接派驻到各诸侯国。

襄公二十五年(前548),崔杼弑齐庄公,《左传》记述齐国太史的事迹如下:

> 大史书曰:"崔杼弑其君。"崔子杀之。其弟嗣书而死者二人。其弟又书,乃舍之。南史氏闻大史尽死,执简以往。闻既书矣,乃还。④

齐太史写下"崔杼弑其君",崔杼把他杀了;太史的弟弟继任为太史,继续秉笔直书"崔杼弑其君",崔杼又把他杀了;太史的最后一个弟弟继任为太史,再次写下"崔杼弑其君",崔杼没有再杀他。南史氏听说齐国的太史都死了,就带着竹简到齐国,想要继续书写"崔杼弑其君";听说

---

① 《史记》卷4《周本纪》,第127页。
② 《史记》卷4《周本纪》,第127页。
③ 关于西周早期(中央)政府的结构和职官问题,可参看李峰《西周的政体:中国早期的官僚制度和国家》,第54—68页。
④ (西晋)杜预:《春秋经传集解》下册,第1024页。

西周春秋时期的女性、联姻与政治格局演进研究 >>

齐太史的最后一个弟弟没有被杀,已经将"崔杼弑其君"写入史册,就回去了。齐国的太史兄弟相继,表明齐国的史官是世袭的,一如司马迁所说的"司马氏世典周史"。① 1976年出土于陕西扶风的庄白一号青铜器窖藏,其铭文证明微氏家族的乙祖(父乙)、亚祖祖辛(父辛、折)、文考乙公(文祖乙公、丰)、皇考丁公(墙、史墙)、瘨(微伯瘨)、伯先父等世为周王室史官。庄白一号青铜器窖藏共出土103件青铜器,包括75件青铜容器和28件青铜钟,其中57件青铜容器和16件青铜钟,共73件青铜器有铭文。② 庄白一号窖藏的青铜器数量巨大、制作精美、铭文宏富,其中一套8件列簋,表明微氏家族在西周社会所具有的煊赫地位,亦证明史官在西周社会中举足轻重的地位。

如果齐太史一家三兄弟全部死亡,崔杼或者齐国的国君能否重新任命一名史官呢?依《左传·襄公二十五年》的记载看,这在当时是不行的;而并非齐国史官的南史氏却可以自然地成为齐国的史官,为齐国书写史事。齐国太史之事说明,周代诸侯国的史官并不从属于诸侯国的国君;一国的史官绝嗣之后,其所在国的国君并不能私自任命新的史官;而他国的史官却可以自然地成为该国的史官,并为该国写史。于是,我们有理由推断:周代的史官是由周王任命的,部分史官被分配到各诸侯国任职;被分配到诸侯国任职的史官只从属于周王室,并且没有国别的限制;周代的史官只能由周王任命,诸侯国君无权任免自己的史官;周代的分封,史官也是分封的内容之一。《左传》定公四年(前506),子鱼论及鲁国分封时提到"祝、宗、卜、史"四官,亦可为笔者上述推断提供有力的旁证。

以上关于西周分封的讨论表明,西周的封国,从贵族到平民都不是由单一族群构成的;以鲁国为例,则至少包括了姬姓周人族群、子姓商人族群和原来生活在商奄旧地的各姓部族。西周时期,周王在分封诸侯的同时,还会给予其一定数量的仆从人口和史官等相应的职官。

---

① 《史记》卷130《太史公自序》,第3285页。
② 关于庄白一号青铜器窖藏出土铜器的具体情况,可参看宝鸡市周原博物馆编著《周原——庄白西周青铜器窖藏考古发掘报告》,第11—12页。

第二节　曲阜鲁国故城墓葬与西周春秋时期鲁国的族群交融

曲阜鲁国故城20世纪40年代初被日本学者发现，1942—1943年日本人关野雄、驹井和爱等对曲阜鲁国故城做过数次调查发掘。1953年中国考古工作者在孔府花园发掘了一座西周早期墓葬，1968年在北关村出土了一批西周晚期青铜器，1973年在小北关发现了一批春秋时期的青铜器。1977年3月到1978年10月，山东省、济宁地区和曲阜县的考古工作者对曲阜鲁国故城进行了全面的钻探和试掘，初步确定了曲阜鲁国故城城垣、城壕、城门的位置，确定了部分大型建筑基址、手工业作坊遗址的位置，对居住遗址和墓地位置做了有效的区分，对故城主要交通干道和排水道等做了全面的勘察，对曲阜鲁国故城的形制、年代和城市布局等做出了论断。[①] 山东省文物考古研究所2011—2015年对曲阜鲁国故城外郭城和周公庙遗址进行了全面的勘探，确认了鲁国故城宫城的位置和宫城、外郭城的年代。[②] 黄海的《曲阜鲁国故城与临淄齐国故城的比较研究》、[③] 许宏的《曲阜鲁国故城之再研究》[④] 从城市史的角度对曲阜鲁国故城做了细致的研究。

1977—1978年，考古工作者对曲阜鲁国故城望父台、药圃、县城西北角和斗鸡台四处墓地进行了试掘（图5-5、图5-6），共发掘出两周时期的墓葬126座。加上北关村西北的2座东周墓和中华人民共和国成立初期在孔府后花园发现的西周早期墓，《曲阜鲁国故城》共提供了129座两周时期墓葬的资料。《曲阜鲁国故城》将这129座两周时期的墓葬分为甲、

[①] 山东省文物考古研究所、山东省博物馆、济宁地区文物组、曲阜县文管会编：《曲阜鲁国故城》，齐鲁书社1982年版。

[②] 韩辉、徐倩倩、高明亏、刘延常：《曲阜鲁国故城考古工作取得重要成果——确认了鲁故城宫墙，解决了宫城、外郭城的年代问题》，《中国文物报》2017年3月10日第5版。

[③] 黄海：《曲阜鲁国故城与临淄齐国故城的比较研究》，《四川文物》1999年第5期。

[④] 许宏：《曲阜鲁国故城之再研究》，《三代考古》第一辑。

乙两组，对其葬式、葬俗、葬制和随葬器物类型等做了分类说明；对甲、乙两组墓葬的所属族群也做了分析和说明。由于《曲阜鲁国故城》提供的墓葬资料比较简略，学术界对鲁国故城墓葬的研究非常有限。从族群角度对鲁国故城墓葬的研究主要以印群的《论曲阜鲁国故城遗址西周时期殷遗民墓的腰坑殉狗》为代表。[1] 印群对曲阜鲁国故城西周时期殷民墓葬的腰坑殉狗习俗，以及保有腰坑殉狗习俗的殷民墓葬墓主人的社会地位的变化做了探讨和剖析。但是至今尚未有学者对甲、乙两组墓葬中具体墓主人的族群和文化做细致的个案分析。同时，虽然《曲阜鲁国故城》将鲁国故城的两周时期墓葬分为甲、乙两组，并认为其分属不同的族群；但是甲、乙两组墓葬中都有具有对方文化特征的墓葬存在，显示甲、乙两组墓葬所属族群之间存在文化的交流和人员的流动，学术界对此问题也尚未给予关注。对于甲组墓 M202 出土的鲁伯者父盘铭文和乙组墓 M48 出土的女仲簠铭文所展现出的甲、乙两组墓葬所属族群的婚姻关系，以及由此折射出的西周、春秋时期鲁国族群之间的交流和文化交融问题，学界尚缺乏有效的探讨。M202 出土了甲组墓葬中唯一的有铭青铜器"鲁伯者父盘"（M202：5，《集成》16.10087），笔者尝试在前人研究的基础上，从考证西周时期鲁国的族群构成入手；然后结合对 M202 墓葬形制、葬俗、墓主人性别、随葬器物特征等的个案分析，和对县城西北角墓地呈现出的文化转变的定量分析；以及女仲簠（M48：28，《集成》9.4534）铭文和乙组墓 M58 的墓葬形制、葬俗和随葬器物等的分析，对曲阜鲁国故城甲、乙两组墓葬所属族群的文化交流和人员流动问题做出讨论。

曲阜鲁国故城有 129 座两周时期的墓葬，其中 126 座集中分布于药圃、县城西北角、斗鸡台和望父台墓地，使得借助量化史学的方法对曲阜鲁国的墓葬进行分析成为可能。于是笔者在讨论西周春秋时期鲁国的族群和文化问题时，将更多地借助形象史学和量化史学的研究方法对曲阜鲁国故城甲、乙两组两周时期墓葬进行梳理。

---

[1] 印群：《论曲阜鲁国故城遗址西周时期殷遗民墓的腰坑殉狗》，《东方考古》第 12 集。

第五章　西周春秋时期鲁国的族群、婚姻与地缘政治

一　曲阜鲁国故城墓葬反映出的族群特征

曲阜鲁国故城药圃、县城西北角和斗鸡台三处墓地两周时期墓葬的葬制、葬俗和随葬器物比较一致，而望父台墓地的两周时期墓葬则与前三处墓地存在着显著的区别。《曲阜鲁国故城》的编著者把四处墓地的墓葬分为两组，将药圃、县城西北角和斗鸡台墓地的墓葬称为"甲组墓"，将望父台墓地的墓葬称为"乙组墓"。药圃墓地有两周时期墓葬34座（M101-139）[①]，年代从西周初年一直延续到春秋末年。县城西北角墓地有两周时期墓葬14座（M201-214），都是春秋时期的墓葬。斗鸡台墓地有两周时期墓葬27座（M301-328），年代从西周初年延续到春秋时期。望父台墓地有两周时期墓葬51座（M1-58），年代分属西周和春秋末到战国时期。合计甲组墓75座，乙组墓51座。《曲阜鲁国故城》将北关村的两座东周墓（M401、402）和1953年在孔府花园发现的西周早期墓（M501）都归入甲组墓："共计甲组墓七十八座，乙组墓五十一座。"[②] 本书的主要关注点是甲、乙两组墓葬的葬制、葬俗所属族群和分布区域问题，故将主要考虑望父台、药圃、县城西北角和斗鸡台墓地四处集中墓葬区的两周时期墓葬126座。

如图5-5、图5-6所示，望父台、药圃、县城西北角和斗鸡台墓地都位于曲阜鲁国故城的西北，且相距很近；这表明西周和春秋时期，甲、乙两组墓葬的所属族群在鲁国有序地共同生活。药圃、县城西北角、斗鸡台三处甲组墓葬区主要分布在第24、32和8号探方；乙组墓葬集中的望父台墓地则主要分布在第18和26号探方，在甲组墓葬的东侧，甲、乙两组墓葬区基本相隔一个探方。我们可以据此认为，甲、乙两组墓葬的所属族群，其墓地在两周时期有明显的区域划分。

[①]《曲阜鲁国故城》第89页注释1："此为发掘时的编号，包括晚期墓在内。"《曲阜鲁国城》，第89页。

[②]《曲阜鲁国故城》，第90页。

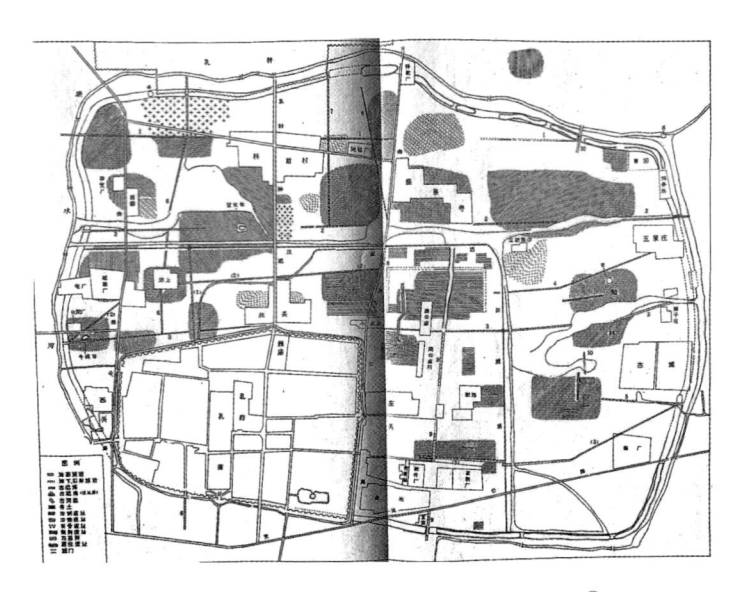

图 5-5　曲阜鲁国故城遗址、遗迹分布图[1]

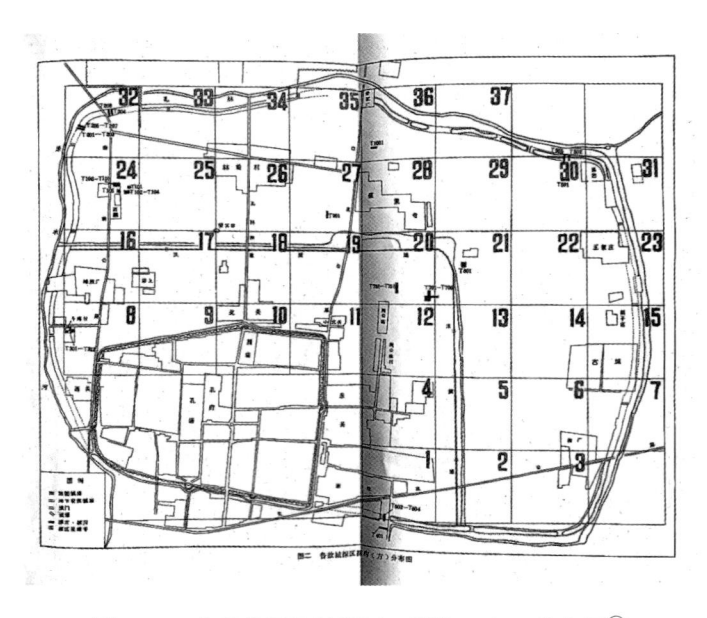

图 5-6　曲阜鲁国故城探区、探沟（方）分布图[2]

---

[1]　图片引自《曲阜鲁国故城》，第 4—5 页，"图三，鲁故城遗址遗迹分布图"。
[2]　图片引自《曲阜鲁国故城》，第 2—3 页，"图二，鲁故城探区探沟（方）分布图"。

第五章　西周春秋时期鲁国的族群、婚姻与地缘政治

甲、乙两组两周时期的墓葬除了在空间上有明显的区域分别之外，在葬式、葬俗和随葬器物方面也有很大的差别，《曲阜鲁国故城》对甲、乙两组两周时期墓葬葬制、葬俗、随葬器物差别的阐述，归纳起来主要有以下四点。

第一，墓主人头向的差别。甲组西周墓墓主人的头向以南向为主，乙组西周墓墓主人的头向则以北向为主。

第二，腰坑殉狗问题。甲组西周墓盛行腰坑殉狗，有些没有随葬器物的小型墓葬也有殉狗的腰坑，腰坑殉狗是甲组西周墓葬所属族群的重要标志性特征；乙组西周墓葬则未见腰坑殉狗现象。

第三，随葬品摆放位置的差别。甲组墓葬的随葬器物主要放在椁底的棺椁之间，位于人骨的头部位置或者墓主人的身侧；乙组墓葬的随葬品则大多放在墓坑的二层台或者椁顶上，大多位于人骨的头部位置。

第四，随葬陶器种类的差别。甲组墓葬的陶器类型比较多，有鬲、簋、平底罐、圜底罐、罍、豆、盖豆、平底壶、华盖壶、钵、尊、盂、鼎、筥、匜，共15种。甲组墓葬绝大部分陶器是明器；随葬的陶鬲，西周时期多为明器，春秋以后有明器也有实用器，但绝对不见乙组墓葬的仿铜陶鬲。乙组西周墓葬的陶器类型简单，只有鬲、簋、罍、釜、鉴、壶、圈足壶，共7种，一般墓葬只有鬲、罐两种。乙组墓葬出土的35件陶鬲，几乎全是仿铜陶鬲。[①]

甲、乙两组墓葬陶鬲的差别明显而巨大，乙组墓葬几乎全是仿铜陶鬲，而甲组墓葬陶鬲或为明器或为实用器，完全不见仿铜陶鬲。《曲阜鲁国故城》将甲组墓葬的26件陶鬲分为十种类型（图5-7），[②] 将乙组墓葬的35件陶鬲分为十二种类型（图5-8）。[③] 甲组墓葬陶鬲的十种类型大致可以分为两类，第一类为Ⅰ-Ⅳ式，相较于第二类的Ⅴ-Ⅹ式，鬲腹比较直，裆较平，鬲足较高。乙组墓葬陶鬲的仿铜器特征，尤其是腹部的"扉"，使之在类型上完全区别于甲组陶鬲。于是笔者将陶鬲作为区分墓主人文化、习俗特征的重要标志性器物。

[①] 关于甲、乙两组墓葬葬制、葬俗、随葬器物等的差别，可参看《曲阜鲁国故城》，第89—190、214—215页。

[②] 《曲阜鲁国故城》，第95—96页。

[③] 《曲阜鲁国故城》，第133—135页。

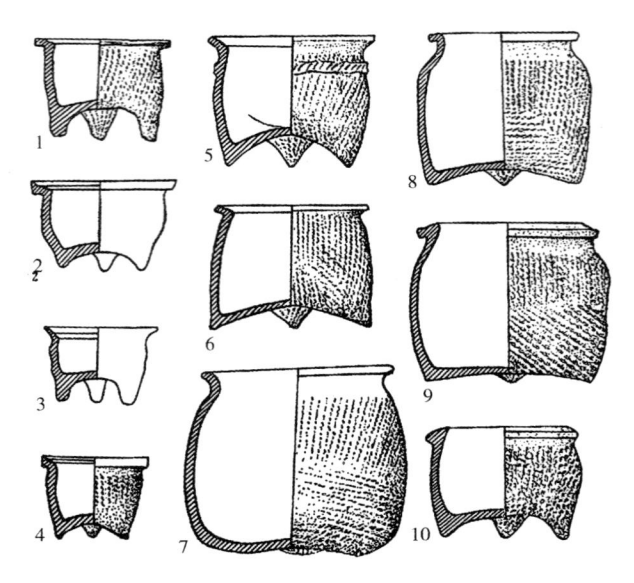

图 5-7　曲阜鲁国故城甲组墓葬陶鬲类型①

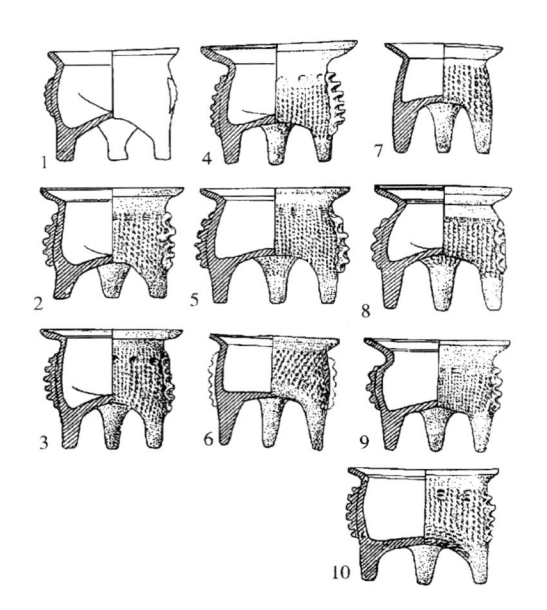

图 5-8　曲阜鲁国故城乙组墓葬陶鬲类型②

---

① 图片引自《曲阜鲁国故城》，第 95 页，"图五六，甲组墓陶鬲"。
② 图片引自《曲阜鲁国故城》，第 134 页，"图八三，乙组墓陶鬲"。

第五章　西周春秋时期鲁国的族群、婚姻与地缘政治

甲组墓葬的年代从西周初年一直延续到春秋晚期，乙组墓葬也包含了西周和东周的样本，腰坑殉狗作为甲组墓葬最核心的标志性特征始终牢固地保存着，甲组墓葬见腰坑殉狗 29 例："有二十九墓用狗殉葬"，① 占甲组墓葬的 37.2%；乙组墓葬则绝无一例腰坑殉狗存在。二层台、随葬品的摆放位置等葬式核心要素在甲乙两组墓葬中牢固、长期地保存着：甲组墓葬"西周墓的陶器多放在椁底头侧的棺椁之间，也有放在足侧和身侧棺椁之间的"。②《曲阜鲁国故城》对乙组墓葬二层台有如下相关描述：

（西周墓）全是熟土二层台，未见生土二层台。③

东周墓的二层台都是熟土二层台，大型墓的二层台大都分层夯筑而成，中小型墓的二层台填土夯实。④

西周墓的陶器和青铜器大都放在死者头或足部的二层台和椁盖上，很少放在两侧的二层台上和椁底棺椁之间。⑤

甲组西周墓葬的随葬品主要摆放在墓主人头侧、足侧、身侧的棺椁之间；乙组西周墓葬的随葬品则主要摆放在墓主人头侧或者足侧的二层台上。于是我们有理由认为将随葬品摆放在棺椁之间是甲组墓葬所属族群的丧葬习惯，而墓坑中有熟土二层台和将随葬品摆放在二层台上则是乙组墓葬所属族群的丧葬习惯。商周系统族群对丧葬位置的认知有很大的差别，《礼记·檀弓》和《孔子家语》中都记载有孔子临终前数日与子贡的一段对话，笔者在此引用《礼记·檀弓》的版本。

《礼记·檀弓上》：夫子曰："赐！汝来何迟也？夏后氏殡于东阶之上，则犹在阼也。殷人殡于两楹之间，则与宾主夹之也。周人殡于西阶之上，则犹宾之也。而丘也，殷人也。予畴昔之夜，梦坐奠于两楹之间。夫

---

① 《曲阜鲁国故城》，第 92 页。
② 《曲阜鲁国故城》，第 92 页。
③ 《曲阜鲁国故城》，第 114、116 页。
④ 《曲阜鲁国故城》，第 117 页。
⑤ 《曲阜鲁国故城》，第 120 页。

明王不兴，而天下其孰能宗予？予殆将死也。"盖寝疾七日而没。①

《淮南子·氾论训》也记载了夏、商、周三系族群丧葬习惯的差别：

> 夏后氏殡于阼阶之上，殷人殡于两楹之间，周人殡于西阶之上，此礼之不同者也。②

依孔子之言，停灵位置的差别表明了夏、商、周三系族群对死者态度的差别。孔子虽然一生都以恢复周礼为己任，但其在临终之前因"梦坐奠于两楹之间"而强调了自己作为殷商后裔的身份。孔子本是殷商王室后裔，西周时期宋湣公兄终弟及，宋湣公之子鲋祀弑其叔父炀公，自立为厉公；孔子之祖弗父何为湣公之子、鲋祀之兄，不受君位，而在宋为上卿。春秋时期宋宣公、穆公、殇公时再因兄终弟及而致祸。宣公传位于其弟穆公，穆公传位其兄之子殇公，并托命孔父嘉辅佐殇公。桓公二年（前710），华父督杀孔父嘉、弑宋殇公，迎立穆公之子冯为宋庄公。孔氏与华氏关系紧张，孔父嘉曾孙孔防叔畏华氏之逼而奔鲁。孔防叔之孙是叔梁纥，为孔丘之父。孔子的"梦坐奠于两楹之间"，是通过葬仪对自己殷商族群身份的确认。在春秋时期，孔子时代，商系族群葬俗的很多要素仍然顽固地保存着，并成为商系族群人民自我认同的标志。

《曲阜鲁国故城》对春秋时期甲组墓葬的阐释采用了不完全的、描述性的个案陈述：

> 甲组春秋墓器物的放置，远没有西周墓那样规律。陶器有的放在椁底头侧的棺椁之间（如M201），有的放在椁底足侧棺椁之间（图版叁壹，1），有的放在椁底身旁的棺椁之间（图版叁拾，4），有的放在椁顶东二层台上（如M202）。铜器有的放在椁底足侧的棺椁之间与陶

---

① 《礼记正义》卷7《檀弓上》，（清）阮元校刻《十三经注疏》上册，第1283页。
② 刘文典：《淮南鸿烈集解》卷13《氾论训》，冯逸、乔华点校，中华书局1989年版，第424页。

第五章　西周春秋时期鲁国的族群、婚姻与地缘政治

器在一起（如M115），有的放在足部椁顶的一角（如M201），有的放在身侧的二层台上（如M202）。M116比较特殊，铜器放在放在"底箱"里（图版叁壹，4）。①

"图版叁壹，1"的墓葬编号是M115，"图版叁拾，4"的墓葬编号是M104，"图版叁壹，4"的墓葬编号是M116。这种分类过细和不完全的、描述性的个案阐述，使对我们很难对甲组春秋墓葬的随葬品摆放位置做有效的定量分析。但是《曲阜鲁国故城》的陈述还是透露出一个重要的细节：不管是将随葬品放于墓主人的头侧、足侧或者身侧，将随葬品置于棺椁之间仍然是甲组墓葬的主流；而将随葬品置于二层台上则是甲组墓葬中的个案。M202随葬品的摆放位置与墓主人的身份有关，M202的墓主人是来自乙组墓葬所属姬姓周人族群的女子，其葬式、葬制和随葬器物类型展现出的特点与甲、乙两组墓葬所属族群的通婚和文化交融有关。

甲、乙两组墓葬在葬制、葬式和随葬器物类型等墓葬核心要素方面的差别，从西周到春秋时期始终存在；这表明，甲、乙两组墓葬所属族群的文化、习俗和社会风尚等牢固地长期保存着。当然，甲、乙两组墓葬所属族群的文化、习俗和社会风尚也有可能已经发生了改变，只是葬制始终保持着原来的传统。林嘉琳在通过殷墟墓葬讨论商代女性身份、角色和文化渊源时，曾提出如下问题："因为证据全部来自墓葬，我们必须分辨是谁的观念在墓葬礼仪中得以体现，究竟这种纪念是来自死者的家庭，或是来自必须执行正统观念的商王，还是死者本人，或是上述几种或全部的综合？"② 墓葬中呈现出的文化、习俗、礼仪，有可能是死者生前生活象征性表现，也可能是出于死者或者死者家人、家族的期望。葬制是一个复杂的文化问题，它与所属族群的文化、习俗和社会风尚有关，又有可能与相关族群现实的文化、习俗和社会风尚有差别；但是葬制的差别却足以分辨族群。曲阜鲁国故城甲组墓葬和乙组墓葬属于不同的族群。

---

① 《曲阜鲁国故城》，第92页。
② ［美］林嘉琳：《安阳殷墟墓中的女性——王室诸妇、妻子、母亲、军事将领和奴婢》，［美］林嘉琳、孙岩主编《性别研究与中国考古学》，第76—77页。

二 乙组墓葬的周人族群身份

曲阜鲁国故城乙组两周时期墓葬集中分布于望父台墓地，共 51 座（图 5-51），年代分属西周和春秋末到战国时期，西周墓 39 座，东周墓 12 座。乙组墓葬头向的北向特征非常明显，依《曲阜鲁国故城》的概述："墓主人的头向向北的四十一座"，"头向南的一座"，"另有九座已无骨架存在，头向不明"。① 51 座乙组两周墓葬，除去头向不明的 9 座，剩下的 42 座墓葬，北向的有 41 座，占比超过 97%。我们可以认为这唯一的一座确知头向为南向的墓葬是乙组墓葬中的特例，但是因为《曲阜鲁国故城》没有给出此墓葬的具体信息，我们无法探寻这一特殊头向墓葬背后的性别、族群和文化、习俗原因。

乙组"西周墓都是竖穴土坑墓"，②"全是熟土二层台，未见生土二层台"。③ 墓主人头向北、二层台的广泛存在，相似的葬制、葬式、葬俗和随葬器物类型，以及相对集中的埋葬区域，使我们有充分的理由将乙组墓葬视为同一个族群的墓葬。乙组墓中有 12 座铜器墓，共出土青铜容器 46 件，另有服饰器、兵器、车马器若干。望父台墓地的 M30、M48 两座墓葬，年代属于西周中期，出土有铭青铜器 10 件。10 件有铭青铜器的存在，使我们可以更好地确认乙组墓葬所属族群的身份。

M30 是竖穴土坑墓（图 5-9），有一棺一椁，墓主人头向北，仰身直肢，下肢伸直，双手置于腹部。随葬品以材质分有铜器、陶器、石器、玉器、骨器、蚌器等，以形制分则有容器、兵器、车马器、装饰品等。随葬品广泛分布于墓主人头侧、足侧的棺椁之间、棺内和身侧二层台上。

M30 出土有铭青铜器 1 件，铜盨（M30：2，鲁伯悆盨，《集成》9.4458）盖底对铭各 6 行 36 字，铭文完全相同。本书在此仅征引鲁伯悆盨的拓片和铭文。

---

① 《曲阜鲁国故城》，第 118 页。
② 《曲阜鲁国故城》，第 114 页。
③ 《曲阜鲁国故城》，第 114—115 页。

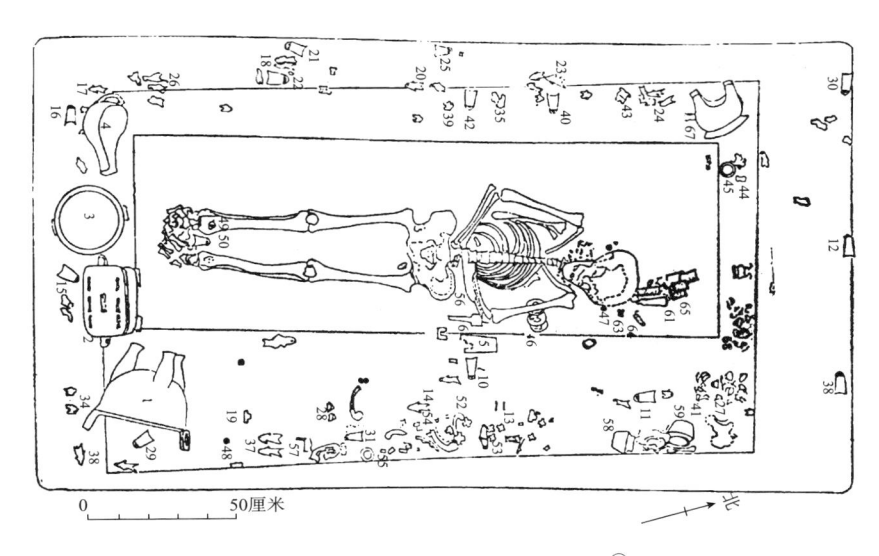

第五章　西周春秋时期鲁国的族群、婚姻与地缘政治

图 5-9　望父台墓地 M30 平面图[①]

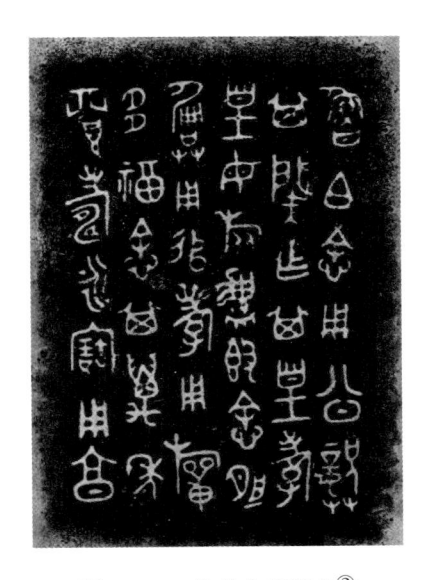

图 5-10　鲁伯悆盨铭文[②]

---

① 图片引自《曲阜鲁国故城》，第 119 页，"图七二，M30 平面图"。
② 图片引自《曲阜鲁国故城》，第 148 页，"图九四-右，铜盨器铭（M30∶2）"。

199

西周春秋时期的女性、联姻与政治格局演进研究

图5-11 鲁伯悆盨（M30：2） 　　图5-12 鲁伯悆盨局部①

鲁伯悆盨（《集成》9.44580）铭文曰："鲁白（伯）悆用恭，其肇乍其皇孝（考）皇母旅盨簋。悆夙兴用追孝、用祈多福。悆其万年眉寿，永宝用享。"② 记述鲁伯悆为其皇考、皇母作盨之事，作器者为鲁伯悆。明确的"鲁"氏和周人称名方式"白（伯）"，表明 M30 的墓主人应该属于姬姓的周人族群。M30 墓葬为竖穴土坑墓，有棺椁，墓主人头向北、仰身直肢的葬式也符合周人葬仪的习惯。

《曲阜鲁国故城》对 M48 的墓葬形制、葬式等有较为详细的描述：

> M48，约属西周中期，位于发掘区的东北部。墓圹为竖穴土坑，方向2度，墓口略大于墓底。墓底长3.6，宽2.72，深2.85米，墓口深1.2米。一棺一椁都已腐朽，板灰痕迹清晰。根据板灰测定，椁室南北长3.1，东西宽2.15米；棺在椁的正中，北端较宽，南端较狭，平面呈H形；棺长2（米），宽0.92－0.65米，两长边超出两端约0.1米。人骨架部分腐朽，头向北，面略偏西，仰身直肢，两手置于腹部（图七四；图版伍肆，3、4）。
>
> 随葬品有铜器、陶器和玉、蚌器等，分上下两层放置。上层放在椁盖上，在北端有铜鼎1（有铭）、铜盨2（有铭）、铜盘、铜匜各1（明器）、陶罐1、玉匕1；在南端放置车马器一组（衔、镳、环、銮

---

① 图片引自《曲阜鲁国故城》，"图版柒柒，1、3"。
② 马承源主编：《商周青铜器铭文选》第3卷，第242—243页。《曲阜鲁国故城》、张亚初《殷周金文集成引得》、马承源《商周青铜器铭文选》相关铭文的释文与有个别文字上的出入，笔者在征引具体铭文时，将权衡三者，每件铭文只引述一个版本的释文。

第五章　西周春秋时期鲁国的族群、婚姻与地缘政治

铃、铃、舌、节约等）。下层器物放在椁底棺椁之间和棺内，在北侧和西北角棺椁之间放铜鼎1、铜簋1、铜匜1、铜盘1（以上均有铭）、陶鬲1、陶罐6（有四件在鼎内，一件在匜内）；在东南角棺椁之间，放铜鼎1、铜甗1、铜壶1（以上均有铭）、铜戈1、陶罐3；椁的周围有一圈铜铃、铜鱼和蚌鱼（后两种都在一起），上下都有发现，并不都在椁底，可能是棺顶或椁壁饰。在东南和南侧棺椁之间，还发现一些兽面钉。玉饰小件多随身，左耳旁有玉玦一枚，颈部有玉石项链一串，左胸和左手旁有剑鞘形玉饰，腹部有玉戈、玉璧和玉环，右手旁有方条形碧玉饰。

此墓的三件鼎大小有序，但分别放在三处，椁盖北端、东北角，以及南端各放一件，是否列鼎，尚不清楚。①

M48是竖穴土坑墓（图5-13），有棺椁，墓主人头向北、仰身直肢的葬式都与乙组墓葬葬式、葬制、葬俗的主流特点相吻合。但其随葬品主要摆放在椁顶和棺椁之间，这与乙组墓葬随葬品多摆放在二层台上的主流习俗有差异。造成这种差异的原因，可能与M48墓主人的婚姻情况和其借由通婚在文化和习俗上发生了变化有关。

M48出土有铭青铜器9件：铜鼎2件（M48:23、M48:3，鲁中齐鼎，《集成》5.2639）两鼎形制一致，大小有别，铭文相同，腹内壁各有铭文3行22字；铜甗1件（M48:15，鲁中齐甗，《集成》3.939）腹内壁有铭文4行18字；铜盨2件（M48:2、M48:1，鲁司徒中齐盨，《集成》9.4440、9.4441）铜盨M48:2盖底对铭各4行28字，铜盨M48:1铭文与铜盨M48:2基本一致，"孙"字不重文；铜簋1件（M48:28，女仲簋，《集成》9.4534）盖顶内侧有铭文3行12字；铜盘1件（M48:8，鲁司徒中齐盘，《集成》16.10116）内底有铭文3行15字；铜匜1件（M48:11，鲁司徒中齐匜，《集成》16.10275）内底有铭文5行25字；铜壶1件（M48:16，侯母壶，《集成》15.9657）盖

---

① 《曲阜鲁国故城》，第120—122页。

沿和壶领对铭各一圈 15 字。①

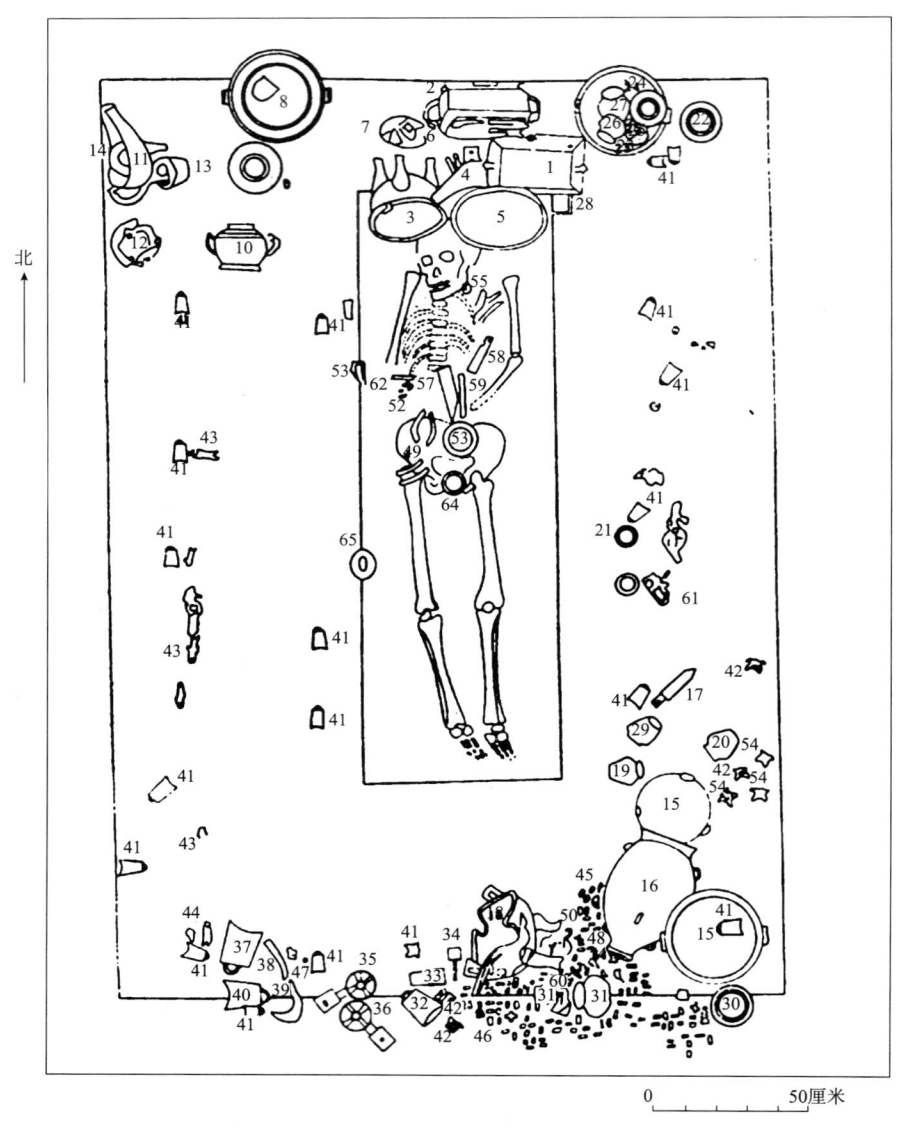

图 5-13 望父台墓地 M48 平面图②

---

① 关于 M48 出土有铭青铜器的具体情况，可参看《曲阜鲁国故城》，第 145—158 页。
② 图片引自《曲阜鲁国故城》，第 121 页，"图七四，M48 平面图"。

第五章 西周春秋时期鲁国的族群、婚姻与地缘政治

图 5-14 M48 墓坑图

图 5-15 M48 墓坑图局部[①]

M48 的 9 件有铭青铜器，2 件鲁中齐鼎、2 件鲁司徒中齐盨、鲁司徒中齐匜是鲁仲齐为其皇考所作铜器。鲁中齐鼎（《集成》5.2639）铭文曰："鲁中齐肇乍皇考𩛥鼎，其万年眉寿，子子孙孙永宝用享。"[②] 鲁司徒中齐盨（《集成》9.4440）铭文曰："鲁司徒中齐肇乍皇考白（伯）走父䵼盨

[①] 图片引自《曲阜鲁国故城》，"图版伍肆，3、4"。
[②] 马承源主编：《商周青铜器铭文选》第 3 卷，第 243 页。

簋，其万年眉寿，子子孙孙永宝用享。"① 鲁司徒中齐匜（《集成》16.10275）铭文曰："鲁司徒中齐肇乍皇考白（伯）走父宝匜，其万年眉寿，子子孙孙永宝用享。"② 5件铜器的作器者都是鲁仲齐，鲁仲齐的皇考被称为"伯走父"，鲁仲齐曾任鲁国的司徒之官。

图 5-16　鲁中齐鼎铭文③　　图 5-17　鲁中齐鼎（M48∶23）

图 5-18　鲁中齐鼎（M48∶3）④　　图 5-19　鲁司徒中齐盨铭文（M48∶1）⑤

---

① 马承源主编：《商周青铜器铭文选》第3卷，第244页。
② 马承源主编：《商周青铜器铭文选》第3卷，第245页。
③ 图片引自《曲阜鲁国故城》，第147页，"图九三-1，鼎铭（M48∶23）"。《曲阜鲁国故城》，第214页。
④ 图片引自《曲阜鲁国故城》，"图版柒伍，2、3"。
⑤ 图片引自《曲阜鲁国故城》，第149页，"图九五-4，M48∶1器铭"。

第五章 西周春秋时期鲁国的族群、婚姻与地缘政治

图 5-20　鲁司徒中齐盨（M48：2）①　　图 5-21　鲁司徒中齐匜铭文②

图 5-22　鲁司徒中齐匜③

鲁中齐甗、鲁司徒中齐盘是鲁仲齐自作器。鲁中齐甗（《集成》3.939）铭文曰："鲁中齐旅献（甗），其万年眉寿，子子孙孙永宝用。"④鲁司徒中齐盘（《集成》16.10116）铭文曰："鲁司徒中齐肇乍般（盘），其万年永宝用享。"⑤清晰的"鲁"氏，和鲜明的"白（伯）""中（仲）"等周人称名方式，表明 M48 的墓主人应该属于姬姓的周人族群。"司徒"

---

① 图片引自《曲阜鲁国故城》，"图版柒柒，2"。
② 图片引自《曲阜鲁国故城》，第150页，"图九六-右，匜铭（M48：11）"。
③ 图片引自《曲阜鲁国故城》，"图版柒玖，1"。
④ 马承源主编：《商周青铜器铭文选》第3卷，第243—244页。
⑤ 马承源主编：《商周青铜器铭文选》第3卷，第244—245页。

是鲁国的重要官职，"鲁司徒仲齐"表明 M48 的墓主人不仅是姬姓鲁国的宗室贵族，还曾担任鲁国的重要官职——司徒。

图 5-23　鲁中齐甗铭文①

图 5-24　鲁中齐甗②

图 5-25　鲁司徒中齐盘铭文③

图 5-26　鲁司徒中齐盘

---

① 图片引自《曲阜鲁国故城》，第 147 页，"图九三-2，甗铭（M48∶15）"。
② 图片引自《曲阜鲁国故城》，"图版柒陆，3"。
③ 图片引自《曲阜鲁国故城》，第 150 页，"图九六-左，盘铭（M48∶8）"。

第五章 西周春秋时期鲁国的族群、婚姻与地缘政治

图 5-27 鲁司徒中齐盘局部①

《曲阜鲁国故城·结语》指出："（望父台）墓地中有两座有铭的铜器墓，墓主人叫鲁伯悆和鲁仲齐（两者有认为是兄弟辈），后者是鲁国的一个司徒，肯定是鲁宗室成员，可以断定乙组西周墓是周人墓。"② 西周、春秋时期，男人称氏，鲁伯悆、鲁仲齐称"鲁"，则其应为鲁国宗室；鲁仲齐还做过鲁国的司徒。张淑一在讨论"国氏"问题时指出："国氏集团的成员并不多，它只包括历代国君、国君的配偶、女儿及其未立新氏的儿子、孙子（女）们。"③ 鲁伯悆、鲁仲齐当即为鲁国国君未立新氏的儿子或者孙子。乙组墓葬的葬制、葬俗和随葬器物类型等都符合姬姓周人的特征，则乙组墓葬所属族群应为周系族群，且包含鲁国的宗室、贵族。

甲组墓葬的葬制、葬俗和随葬器物类型与乙组墓葬迥然有别，而与商人的风习相近。则甲组墓葬所属族群当为商系族群，他们有可能是"商奄"之地的原住民，也有可能来自周王分给鲁国的"殷民六族"。

---

① 图片 5-26、图 5-27 引自《曲阜鲁国故城》，"图版柒陆，1、2"。
② 《曲阜鲁国故城》，第 214 页。
③ 张淑一：《周代命氏方式详考》，《陕西师范大学学报》（哲学社会科学版）2000 年第 4 期。

三　西周春秋时期鲁地的商系族群和甲组墓葬的商系族群特征

西周初年的殷商遗民，大部分仍居住于自己原来的土地上；在殷商旧地上建立的卫、宋等诸侯国，拥有大量的殷商遗民。有些殷商遗民则迫于西周的政治压力，分散到周人的东都洛邑和其他的诸侯国，鲁国就是其中之一。

今山东地区，在商代是商文化广泛覆盖的区域。齐文涛指出："除德州一个地区外，其他各地区都分布有商代遗址。"在时间上，济南东郊大辛庄遗址属于殷墟文化早期，余者包括烟台海阳尚都村、滨州滨县兰家村、潍坊益都苏埠屯、淄博临淄褚家、泰安长清小屯、济宁滕县井亭等遗址皆属于殷墟文化晚期。① 周公东征之后，西周封国鲁、齐、曹、滕代表的周人势力进入山东，与当地原有的邦国、部族杂居共处。

《左传》定公四年（前506），子鱼论及西周初年周王对鲁国的分封时特别强调鲁国获得了"殷民六族"，并占有商奄之地和商奄之民："因商奄之民，命以伯禽，而封于少皞之虚。"② 杜预《注》说："商奄，国名也。"③ 杨伯峻《春秋左传注》引马宗琏语谓"奄本殷诸侯，故曰'商奄'"。④ 禽簋（《集成》7·4041）铭文曰：

王伐禁（奄）侯，周公
某（谋）禽祝，禽又（有）
䘏（胀）祝。王易金百孚。
禽用乍宝彝。⑤

---

① 齐文涛：《概述近年来山东出土的商周青铜器》，《文物》1972年第5期。
② （西晋）杜预：《春秋经传集解》下册，第1620页。
③ （西晋）杜预：《春秋经传集解》下册，第1624页。
④ 杨伯峻编著：《春秋左传注》（修订本），第1537页。
⑤ 马承源主编：《商周青铜器铭文选》第3卷，第18页；《殷周金文集成》第7册，第233页。

第五章　西周春秋时期鲁国的族群、婚姻与地缘政治

记载伯禽以祝的身份参与了成王和周公的伐奄之战，并获得百金的封赏。鲁国是在殷商奄国旧地建立起来的周人封国，奄作为殷商属国，其地本多殷商部族的居民；鲁国又获得了"殷民六族"，则商系族群和周系族群在西周时期的鲁国并存乃不争之事实。曲阜鲁国故城甲、乙两组墓葬的发掘，从考古学上印证了商、周两系族群在西周、春秋时期的鲁国并存，并且各自保持着自己的文化、习俗、社会风尚和族群认同。

杨宽据"使帅其宗氏，辑其分族，将其类丑"指出：周王分配给鲁国的"殷民六族"都是贵族性质，是殷商的世臣大族。[①]"分族"，是大族之下的小族；"类丑"则是庶民或者奴隶，鲁国获得的"殷民六族"包括六个氏族的殷商贵族和隶属于他们的庶民和奴隶。这些迁移到鲁国的殷商贵族，一方面保持着商人的文化、习俗和族群认同，另一方面则通过通婚和联姻等与周人贵族建立政治关系，并在与周人的交流中发生或多或少的改变。

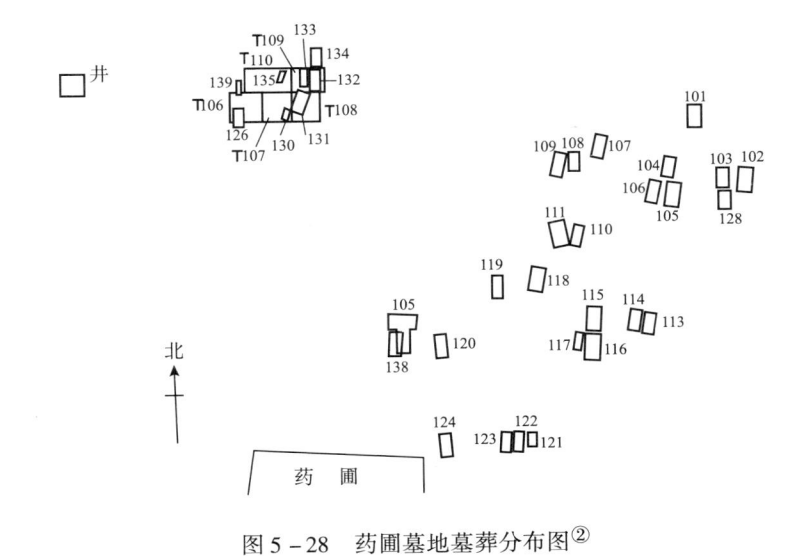

图 5-28　药圃墓地墓葬分布图[②]

[①] 杨宽：《西周初期的分封制度》，《先秦史十讲》，第78—81页。
[②] 图片引自《曲阜鲁国故城》，第22页，图一二，"药圃墓地墓葬分布图（约1/1000）"。

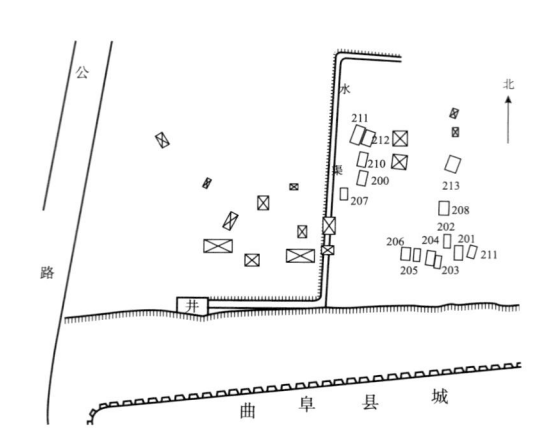

图 5-29　县城西北角墓地墓葬分布图①

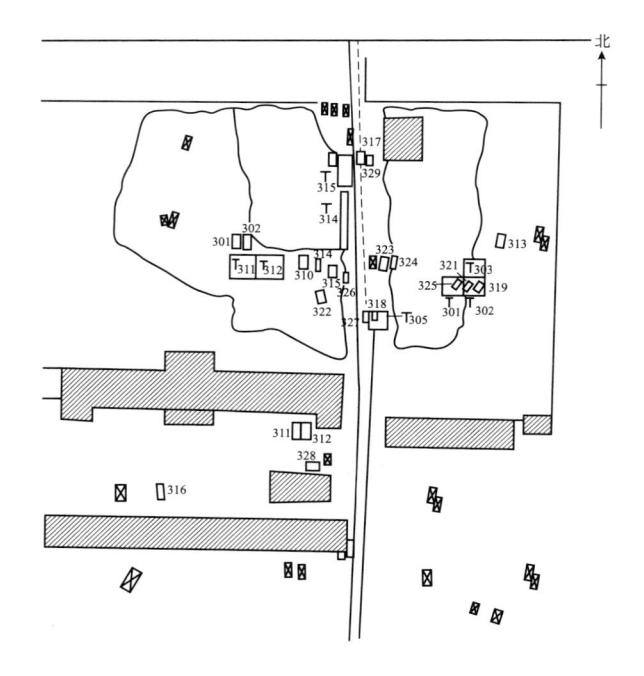

图 5-30　斗鸡台墓地墓葬分布图②

---

① 图片引自《曲阜鲁国故城》，第 23 页，"图一三，县城西北角墓地墓葬分布图（约 1/1000）（有×者未发掘）"。
② 图片引自《曲阜鲁国故城》，第 24 页，"图一四，'斗鸡台'墓地墓葬分布图（约 1/1500）（有×者未发掘，打斜线者是建筑）"。

第五章　西周春秋时期鲁国的族群、婚姻与地缘政治

甲组墓葬集中分布在药圃、县城西北角和斗鸡台墓地，三处墓地共有两周时期墓葬75座。腰坑殉狗作为甲组墓葬最核心的标志性特征在西周和春秋早期始终牢固地保存着，甲组墓葬见腰坑殉狗29例："有二十九墓用狗殉葬"，[①] 占甲组墓葬的37.2%；乙组墓葬则绝无一例腰坑殉狗存在。曲阜鲁国故城的甲、乙两组墓葬有明显的区域分隔，并以腰坑殉狗和二层台的葬式差别，随葬明器或实用陶鬲与随葬仿铜陶鬲的器物差别标志了甲、乙两组墓葬所属族群的差别。乙组墓葬的墓主人基本上属于姬姓周人族群，甲组墓葬的墓主人则以商系族群为主。通过婚姻和其他方式的人员流动，甲、乙两组墓葬中都有来自其他族群的人口存在。

西周、春秋时期，周系族群和商系族群共同生活在鲁国，他们各自保持着自己族群的文化和习俗，坚持自己族群的族群认同。甲、乙两组墓葬分布于不同的墓地，表明商、周两个系统的族群有各自相对独立的生活空间；甲、乙两组墓葬都位于曲阜鲁国故城的西部，且相距很近，表明商、周两个系统的族群在鲁国有序地共同生活。同时，商、周两个族群也通过通婚等活动彼此交流、融合；两个族群的文化和习俗也随着时间的推移发生了多多少少的变化。

四　甲乙两组墓葬所属族群的通婚与文化交融

曲阜鲁国故城墓葬资料，可见两宗明显的族群之间的通婚关系。一宗是见于甲组墓葬M202的，商系族群与周系族群的通婚；另一宗是见于乙组墓葬M48的，周系族群与姒姓族群的通婚。

（一）M202墓主人的族群、性别和文化分析

甲组墓中有8座铜器墓，共出土青铜容器22件。县城西北角墓地的M202出土了甲组墓地中唯一的一件有铭青铜器：铜盘（M202∶5），铜盘内底有铭文2行共10字，曰："鲁白（伯）者父乍孟姬媵朕（媵）般

[①] 《曲阜鲁国故城》，第92页。

(盘)。"① 这是鲁伯父为孟姬做的媵器。鲁伯父是鲁国的宗室贵族,孟姬是他的女儿或者姐妹,也就是鲁国宗室的女子。鲁伯者父盘(《集成》16.10087)的出土,表明 M202 的墓主人,很可能是嫁到商系族群中的、来自周系族群鲁国宗室的贵族女子——孟姬;这证明了商、周两个族群存在通婚关系。《曲阜鲁国故城》根据 M202 的陶器组合和铜器式样,认为甲组墓葬 M202 是春秋早期墓;② 马承源也将"鲁伯者父盘"的年代定在春秋早期。③

图 5-31　鲁伯者父盘铭文④　　　　图 5-32　鲁伯者父盘⑤

《曲阜鲁国故城》没有提供 M202 墓主人头向、是否有腰坑、随葬物品的完全清单等详细资料;但是我们仍可根据《曲阜鲁国故城》的相关阐述和图片、图版资料,对 M202 墓主人的葬式、性别等做出推断;并根据 M202 随葬陶器和青铜器的特点,讨论姬姓周人族群的女子出嫁到商系族群后的生存情况,以及其在葬俗上保持周系族群习俗和跟从夫家习惯等问题。

---

① 马承源主编:《商周青铜器铭文选》第 4 卷,文物出版社 1990 年版,第 516 页。
② 关于甲组墓葬的断代,可参看《曲阜鲁国故城》,第 113—114 页。
③ 马承源主编:《商周青铜器铭文选》第 4 卷,第 516 页。
④ 图片引自《曲阜鲁国故城》,第 108 页,"图六五-3,盘 M202∶5"。
⑤ 图片引自《曲阜鲁国故城》,"图版肆柒-3"。

第五章　西周春秋时期鲁国的族群、婚姻与地缘政治

《曲阜鲁国故城》虽然没有提供 M202 墓主人的性别认定，但是 M202 随葬物品中有一串象牙项链（M202：13），如图 5-33 所示，"由扁圆牙珠和管形牙珠串成"，[①] 具有明显的女性装饰物特征；同时根据牙项链的尺寸和造型推测，这串牙项链很可能是戴在墓主人颈项上，或者放置于墓主人胸前的。由此牙项链推测，M202 的墓主人很可能是女性。这进一步佐证了 M202 的墓主人就是姬姓周人的贵族女子，鲁伯者父盘的主人——孟姬。

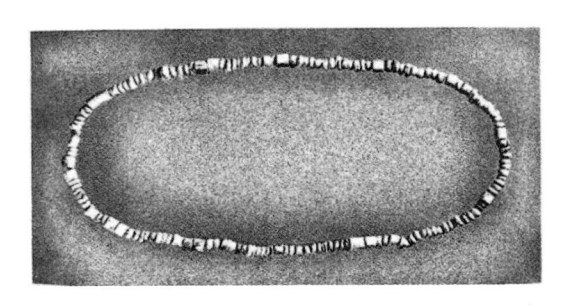

图 5-33　曲阜鲁国故城县城西北角墓地 M202 出土牙项链[②]

如图 5-34 所示，M202 没有腰坑，但是有二层台。《曲阜鲁国故城》指出 M202 的随葬品和殉人都放在二层台上："（陶器）有的放在椁顶东二层台上（如 M202）"，"（铜器）有的放在身侧的二层台上（如 M202）"，"发现一个殉人，放在北二层台上"。[③] 将随葬品放置于二层台上，是乙组墓葬所属姬姓周人族群的核心特征之一，作为姬姓周人的孟姬虽然嫁入商系族群，其葬式仍然保持了父系族群的主要特征。这种女性葬俗与父系族群的相似性表明，西周春秋时期的已婚女性，被允许保留与父系族群的关联。

M202 出土有陶鬲、陶罍、陶盆等多件陶器。其中陶鬲 2 件，见图 5-35。《曲阜鲁国故城》将之列为"Ⅷ式"，并做出如下描述："夹细砂灰陶"，"口微敞，窄平沿，沿上有一道凹弦纹，矮领，有肩，连裆近平，颈和肩部抹平，腹饰粗绳纹"。[④] 夹砂灰陶，是曲阜鲁国故城出土陶器的常用材质之一，在甲组墓葬和乙组墓葬中都有大量出土。《曲阜鲁国故城》虽

[①]《曲阜鲁国故城》，第 110 页。
[②] 图片引自《曲阜鲁国故城》，"图版伍叁 -1"。
[③]《曲阜鲁国故城》，第 92 页。
[④]《曲阜鲁国故城》，第 96 页。

然将 M202 出土的 2 件陶鬲独立列为"Ⅷ式"（图 5-36），但是甲组墓葬的Ⅷ式陶鬲在口、领、肩、颈、裆、腹部饰以绳纹等形制方面与Ⅸ式陶鬲极为相近，与Ⅶ式陶鬲的形制差别也非常有限，关于甲组墓葬陶鬲的形制特征，可参见图 5-7，"曲阜鲁国故城甲组墓葬陶鬲类型图"。乙组墓葬出土的陶鬲因其"仿铜陶鬲"的特征而迥然有别于甲组陶鬲，M202 出土的甲组Ⅷ式陶鬲与乙组墓葬陶鬲无法寻找到类型学上的关联；关于乙组墓葬陶鬲的形制特征，可参见图 5-8，"曲阜鲁国故城乙组墓葬陶鬲类型"。

图 5-34　M202 墓坑[1]　　　　图 5-35　M202 出土陶鬲[2]

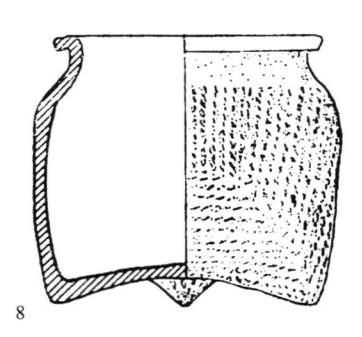

图 5-36　M202 出土陶鬲类型[3]

《曲阜鲁国故城》将 M202 出土的 2 件陶甗列为Ⅸ式，见图 5-37、图

---

[1]　图片引自《曲阜鲁国故城》，"图版叁壹，2"。
[2]　图片引自《曲阜鲁国故城》，"图版叁壹，2"。
[3]　图片引自《曲阜鲁国故城》，第 95 页，"图五六-8"。

第五章 西周春秋时期鲁国的族群、婚姻与地缘政治

5-38、图5-39。甲组墓葬的Ⅸ式与Ⅹ式陶罍形制近似，与乙组墓葬的Ⅰ式陶罍（图5-40）形制也很相似，都是直口、折沿、圆唇、圜底、鼓肩、收腹、有碗形盖，通体磨光，材质为泥质黑陶或者泥质灰陶。甲、乙两组墓葬的陶罍在形制和材质上没有本质的差别，故笔者仅将陶鬲的形制视为甲、乙两组墓葬所属族群文化的标志性特征。

图5-37 M202 陶罍图

图5-38 M202 陶罍[①]

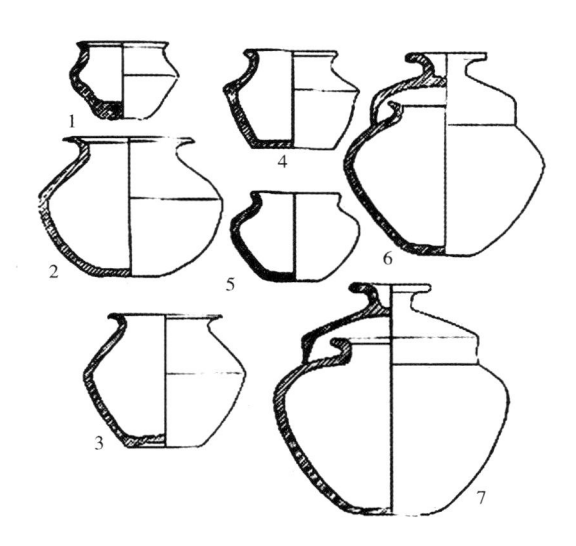

图5-39 甲组陶罍类型[②]

---

① 图片引自《曲阜鲁国故城》，"图版肆壹，3、4"。
② 图片引自《曲阜鲁国故城》，第101页，"图六〇，甲组墓陶罍"。

215

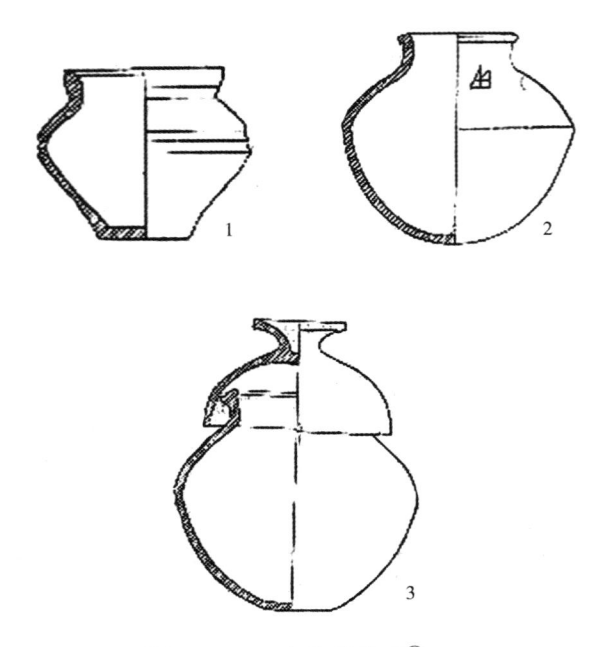

图 5-40　乙组陶罍类型①

《曲阜鲁国故城》将 M202 出土的陶盂列为Ⅲ式，见图 5-41、图 5-42。Ⅲ式陶盂虽然在口沿、腹体曲线等形制方面与Ⅰ、Ⅱ式陶盂有所差别，但甲组墓葬三个式样的四件陶盂仍应该被视为同一个文化类型的陶器。

图 5-41　M202 出土陶盂②

---

① 图片引自《曲阜鲁国故城》，第 142 页，"图八八，乙组墓陶罍"。
② 图片引自《曲阜鲁国故城》，"图版肆陆，1"。

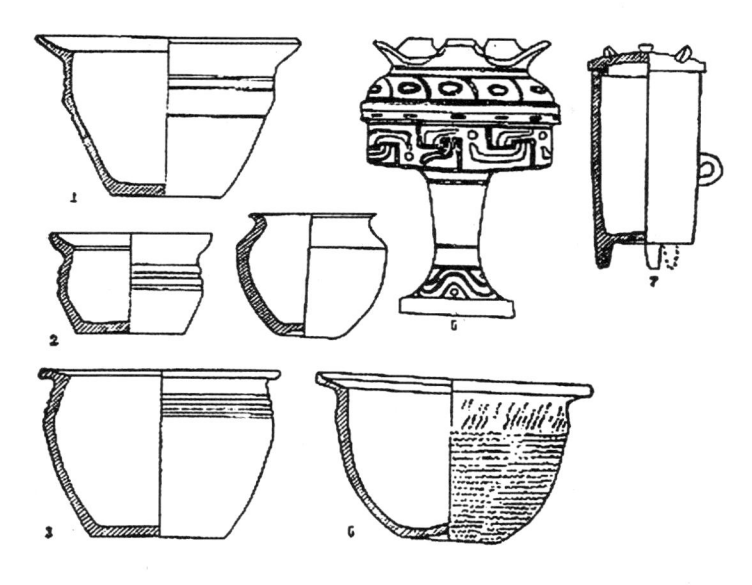

第五章 西周春秋时期鲁国的族群、婚姻与地缘政治

图 5-42 甲组墓葬陶盂类型①

M202 出土的陶鬲、陶罍、陶盂在材质、形制等方面与甲组墓葬的同类陶器没有文化类型的差别。甲、乙两组墓葬出土的陶鬲因乙组墓葬的"仿铜陶鬲"特征而在类型上可以被截然分开；M202 所出陶鬲展现出鲜明的甲组陶鬲特征，而与乙组陶鬲迥然有别。

相较于青铜器经常具有的礼器特征，陶器更多的展现出墓主人的生活特征。M202 出土陶器的甲组陶器类型特征表明，作为姬姓周人的孟姬，在嫁入夫家商系族群之后，其生活习俗基本与夫家族群趋同。这种生活习俗上的趋同，也被认为应该在墓葬中表现出来。

甲组墓葬共出土 22 件青铜容器，包括 2 件铜鼎（M201：1、M116：4），2 件铜盆（M201：20、M202：7），3 件铜盨（M116：1），2 件铜盘（M202：5），2 件铜匜（M116：5、M202：6），2 件铜盖豆（M116），9 件铜舟（M305：1、M201：7、M203：8、M202：4、M103：1、M115：6）。乙组墓葬出土青铜容器 46 件，包括 12 件铜鼎，1 件铜甗，3 件铜盨，5 件铜簋，1 件铜簠，5 件铜盘，4 件铜匜，9 件铜壶，2 件铜鐎壶，2 件铜罐，

---

① 图片引自《曲阜鲁国故城》，第 106 页，"图六四，甲组墓陶器"。

1件铜缶，1件铜钵。甲、乙两组墓葬共同具有的铜器形制有鼎、簋、盘、匜，甲组墓葬的盆、盖豆、舟的铜器形制不见于乙组墓葬，笔者在此将之视为甲组墓葬所属族群的文化标志性器物。

M202出土了5件青铜容器，1件铜盆（M202：7）；2件铜盘，其中一件破碎，《曲阜鲁国故城》未说明其形制，铜盘（M202：5）是甲组墓葬中唯一的有铭青铜器；1件铜匜（M202：6）和1件铜舟（M202：4）。铜盘（M202：5，鲁伯者父盘），铭文曰"鲁白（伯）者父乍孟姬媵朕（媵）般（盘）"，表明此盘是孟姬的媵器，孟姬来自姬姓的周人族群。鲁伯者父盘（M202：5），见图5-31、5-32，在形制、纹饰和铭文字体方面都与乙组墓葬M48出土的鲁司徒中齐盘（M48：8）极为相似（图5-25、图5-26、图5-27）；都是折沿、附耳、圈足，铭文铸于盘内底。鲁伯者父盘的铭文进一步确证了此盘乃是姬姓周人族群女子孟姬的媵器，其铸造于姬姓周人族群。

M202出土的铜匜（M202：6），见图5-43，在形制上与乙组墓葬M30、M48、M49出土的铜匜非常相似（图5-44）；尤其是与M48出土的有铭铜匜（M48：11，鲁司徒中齐匜）相比，两者的形制、纹饰可谓别无二致：两匜的把手都是龙形，作为把手的龙身上都饰以重环纹，匜足为兽足形四扁足，匜的口部和流下饰以窃曲纹，匜的腹部饰以瓦纹。

图5-43 甲组墓葬M202出土铜匜[①]

---

① 图片引自《曲阜鲁国故城》，"图版肆柒，4"。

《 第五章　西周春秋时期鲁国的族群、婚姻与地缘政治

图 5-44　乙组墓葬 M30、M48、M49 出土铜匜[①]

铜匜（M202∶6）应该也是孟姬的媵器，与铜盘（M202∶5）都是孟姬从姬姓周人族群带入夫家的陪嫁铜器。

铜舟是甲组墓葬中出土数量最多的青铜容器，共有 9 件，占甲组墓葬出土青铜容器的 40.91%。铜舟仅见于甲组墓葬，于是我们可以将之视为甲组墓葬所属族群的标志性器物。铜盆也不见于乙组墓葬，M202 出土 1 件铜盆（M202∶7，图 5-45）和 1 件铜舟（M202∶4，图 5-46），应视为孟姬嫁入夫家之后获得的铜器。《曲阜鲁国故城》将 9 件铜舟分为 5 式，M202 出土的铜舟被独列为Ⅲ式；[③] 但是 M202 所出铜舟与甲组墓葬所出其他铜舟在形制上没有本质的区别；铜舟是甲组

图 5-45　甲组墓葬 M202 出土铜盆[②]

---

① 图片引自《曲阜鲁国故城》，"图版柒玖"。
② 图片引自《曲阜鲁国故城》，"图版肆捌，3"。
③ 《曲阜鲁国故城》，第 108—109 页。

墓葬出土比例最高的青铜器,又完全不见于乙组墓葬,将 M202 出土的铜舟认定为孟姬从夫家获得的器物应该是没有问题的。

图 5-46　甲组墓葬出土铜舟①

姬姓周人族群的孟姬在嫁入商系族群之后,其死后应葬入夫家族群的墓地,其墓葬形制被允许保存父系族群的特征,比如墓坑中的二层台。孟

---

①　《曲阜鲁国故城》,"图版肆玖"。

第五章 西周春秋时期鲁国的族群、婚姻与地缘政治

姬的随葬器物包括自己的陪嫁和得自夫家的器物。孟姬的随葬陶器没有与父系族群的明显关联，陶器的生活性特征表明，女性在嫁入夫家之后，其日常生活基本完全融入夫家的族群。青铜器，尤其是青铜容器和青铜礼器具有明显的礼法性特征；孟姬随葬青铜器物同时具有周人和商系族群青铜器的特点表明，生活在商系族群中的姬姓周人女子孟姬，在礼法上被允许保留父系的特征。

西周、春秋春秋时期的已婚女性并不会因为婚姻被排除在父系家族之外，而是通过婚姻具有了父系和夫族的双重身份。宝鸡強国墓地茹家庄2号墓出土的"強伯鼎"（《集成》5.2676，又称"井姬鼎"）的铭文曰："井姬䁤亦列祖考㚖公宗室，□孝祀孝祭，佳強白乍井姬用鼎毁。"① 在嫁给強伯以后，井姬仍然向自己的"祖考"献祭，并且这一行为得到她的丈夫——強伯的认可。女性在婚姻中是沟通父系和夫家两个氏族的使者，而非因婚姻即被排除于父系之外。甲组墓葬 M202 在葬制、葬俗和随葬器物方面体现出来的商、周两系族群的文化特征，与 M202 墓主人作为姬姓周人女子嫁入商系族群的身份有关；这表明，女子在葬制、葬俗、随葬器物方面可以承载父系和夫族双方族群的特征。

（二）县城西北角墓地所见春秋时期鲁国的文化交融

甲组墓葬集中分布在药圃、县城西北角和斗鸡台墓地，三处墓地共有两周时期墓葬75座。腰坑殉狗是甲组墓葬最核心的标志性特征。印群基于《曲阜鲁国故城》提供的有具体考古分期的 13 座甲组西周墓葬，对西周时期鲁地商系族群的"腰坑殉狗"习俗，及其展现出的鲁地商系族群在西周时期的社会和文化情况做了深入的分析。指出：有腰坑殉狗的殷民墓葬头向全为南向，而没有腰坑殉狗的殷民墓葬则出现了头向的改变；秉承殷民核心传统的墓葬主人，其社会地位在西周早、中、晚期呈现明显的下降趋势。② 在维持葬式基本稳定的同时，我们注意到了甲组墓葬在头向上表现

---

① 宝鸡茹家庄西周墓发掘队：《陕西省宝鸡市茹家庄西周墓发掘简报》，《文物》1976 年第 4 期；张亚初编著：《殷周金文集成引得》，第 44 页。
② 印群：《论曲阜鲁国故城遗址西周时期殷遗民墓的腰坑殉狗》，《东方考古》第 12 集。

西周春秋时期的女性、联姻与政治格局演进研究

出来的变化,尤其是全为春秋时期墓葬的县城西北角墓地头向北的占比问题。反映商系族群与姬姓周人族群通婚关系的 M202 墓葬,正是出于县城西北角墓地,我们有理由认为,在与姬姓周人族群的通婚和文化交流中,商系族群的文化发生了实质性的改变。

《曲阜鲁国故城》并没有列出甲组墓所有墓葬的具体头向,我们只能通过一些概括性的文字和墓葬平面图、图版对甲组墓葬的头向情况做出大致的推论。

> 《曲阜鲁国故城》:墓主人的头向绝大部分向南,占五十七座,向北的十三座,向东的两座,有六座头向不明。西周墓头基本向南,东周墓墓地之间还有不同。药圃墓地的东周墓,头向基本向南;县城西北角的东周墓,头向基本上向北。[①]

《曲阜鲁国故城》用以计算甲组墓头向比例的两周墓葬共 78 座,包括药圃墓地 34 座,斗鸡台墓地 27 座,县城西北角墓地 14 座,以及北关村西北的两座东周墓和孔府后花园的一座西周早期墓葬。

据《曲阜鲁国故城》所绘甲组墓葬平面图"图五一"至"图五五","图版贰玖"至"图版叁壹"所示,墓主人头向北的西周墓葬只有 M301。印群《论曲阜鲁国故城遗址西周时期殷遗民墓的腰坑殉狗》所列 13 座甲组西周墓葬,墓主人头向北的也只有 M301。[②]《曲阜鲁国故城》言"向北的十三座",去掉确知为北向的甲组西周墓葬 M301,则甲组东周墓葬中最多有 12 座北向墓葬。《曲阜鲁国故城》言"东周墓墓地之间还有不同。药圃墓地的东周墓,头向基本向南;县城西北角的东周墓,头向基本上向北",这个表述过于模糊,我们很难确知"基本"的比例;但依汉语的语言习惯论,以"基本"言整体中的一部分,比例一定要大于 50%,更多的情况下要超过三分之二或者 80%。县城西北角墓地的 14 座墓葬都属于春秋时期,则县城西北角墓地的北向墓葬应该不少于 7 座,或者可以达到 9

---

① 《曲阜鲁国故城》,第 90 页。
② 印群:《论曲阜鲁国故城遗址西周时期殷遗民墓的腰坑殉狗》,《东方考古》第 12 集。

第五章　西周春秋时期鲁国的族群、婚姻与地缘政治

座到11座。由此，我们可以确认北向的春秋时期甲组墓葬主要分布在县城西北角墓地。县城西北角墓地葬式表现出来的头向上的变化，很可能与其所属族群在文化和习俗上的改变有关，而这种变化很可能是因为受到了乙组墓所属族群的影响。县城西北角墓地M202出土的有铭青铜器鲁伯者父盘，证明了县城西北角墓地所属族群与姬姓周人族群存在通婚关系。

据《曲阜鲁国故城》所列甲组墓葬的分期清单，[①] M208是县城西北角墓地中唯一一座有腰坑的墓葬，没有任何随葬品出土。县城西北角墓地的14座墓葬有9座有随葬品，占比64.29%。我们似乎可以做出如下推断：县城西北角甲组墓葬所属商系族群的葬俗，在春秋时期发生了较大的改变；作为商系族群核心丧葬特征的腰坑，基本被抛弃，墓主人头向南的葬俗，也因受到周人葬俗的影响而更多地转向了北方。坚持商人葬俗习惯的部族成员，其社会地位和经济情况相对较差。

78座甲组两周墓葬中有8座随葬铜器，占比10.26%；51座乙组两周墓葬中有12座随葬铜器，占比23.53%，乙组墓葬随葬铜器的墓葬比例超过甲组墓葬的两倍。78座甲组墓葬有33座有随葬品（32座随葬陶器；1座有铜器而无陶器随葬），占比42.31%；51座乙组墓葬有48座有随葬品，占比94.12%，乙组墓葬有随葬品墓葬的比例又是甲组墓葬的两倍多。县城西北角墓地14座墓葬中有3座随葬铜器，占比21.43%；14座墓葬中有9座有随葬品，占比64.29%。县城西北角墓地是甲组墓葬中出土青铜器比例最高的墓区，也是甲组墓葬中有随葬品墓葬比例最高的墓区，其随葬铜器和有随葬品墓葬的比例都远高于药圃和斗鸡台的甲组两周时期墓葬；随葬铜器墓葬的比例基本接近于乙组望父台墓地。我们可以据此认为，县城西北角墓地所属人群在甲组墓葬所属族群中的经济情况较好。同时，县城西北角墓地所属人群中的上层有能力随葬青铜器，尤其是青铜容器；并且，乐于在墓葬中随葬青铜容器的习俗，很可能也是受到了乙组墓葬所属族群的影响，而这种影响的媒介之一，很可能就是两组墓葬所属族群的通婚。

曲阜鲁国故城县城西北角墓地相较于药圃和斗鸡台墓地，腰坑殉狗、

[①]《曲阜鲁国故城》，第114页。

墓主人南向等商系族群特征都被明显淡化了，反而与望父台周人墓葬在头向和随葬铜器的偏好上有更多的相似性。县城西北角墓地葬制、葬俗体现出来的其所属族群的文化、习俗转变，很可能与县城西北角所属商系族群与姬姓周人族群的通婚和交流有关。M202墓葬葬制、葬俗、随葬器物的周人和商系族群双重特征表明，西周春秋时期的已婚女性具有父系、夫族的双重身份，可以成为父系和夫族之间的使者，促成父系和夫族之间的文化和习俗交流。伯禽治鲁力求"变其俗，革其礼"，而这种对商奄之地原住居民和"殷民六族"等族群"俗"和"礼"的改变，有赖于姬姓周人族群与鲁地其他系统族群的通婚。

（三）M48所见姬姓周人与姒姓女子的通婚

女仲簠（《集成》9.4534）铭文曰："妘仲乍（作）甫妘朕（媵）簠，子子孙孙永宝用。"[1] 女仲簠是"妘仲"为"甫妘"所作的媵器，很可能是鲁仲齐夫人的陪嫁器物，鲁仲齐的夫人很可能就是"甫妘"。西周时期的鲁地附近有丰国，"甫妘"当即为此国之女子。

图5-47　女仲簠铭文[2]　　　　图5-48　女仲簠[3]

---

[1] 张亚初编著：《殷周金文集成引得》，第96页。
[2] 图片引自《曲阜鲁国故城》，第147页，"图九三-3，簠铭（M48：28）"。
[3] 图片引自《曲阜鲁国故城》，"图版柒柒，4"。

第五章　西周春秋时期鲁国的族群、婚姻与地缘政治

《今本竹书纪年》成王十年有"周文公出居于丰"。① 既言"出居",则此"丰"地当非西周都城丰镐之丰。《墨子·耕柱》中也有一段墨子关于周公出居东方的论述:"去之苟道,受狂何伤!古者周公旦非关叔,辞三公,东处于商盖,人皆谓之狂。后世称其德,扬其名,至今不息。且翟闻之,为义非避毁就誉,去之苟道,受狂何伤。"② 将高石子去卫卿之位与周公去周,居于东方的商盖相提并论。高石子去卫就齐,墨子将商盖与东方连言,不知是否有周公出居和高石子适齐地域和方位上的类比?若有,则可以佐证商盖就在齐鲁之地。盖即奄,传世文献、金文中盖、奄常混用。商盖即商奄,鲁国就是在商奄旧地上建立起来的西周封国。

《今本竹书纪年》记载成王时周公、成王征伐东方,几次将奄和蒲姑连言。

> 成王元年,武庚以殷叛。周文公出居于东。
> 二年,奄人、徐人及淮夷入于邶以叛。秋,大雷电以风,王逆周文公于郊。遂伐殷。
> 三年,王师灭殷,杀武庚禄父。迁殷民于卫。遂伐奄。灭蒲姑。
> 四年春正月,初朝于庙。夏四月,初尝麦。王师伐淮夷,遂入奄。
> 五年春正月,王在奄,迁其君于蒲姑。夏五月,王至自奄。迁殷民于洛邑。遂营成周。③

成王三年,成王、周公杀武庚禄父之后,剑锋东指,攻打奄和蒲姑;成王五年,成王在奄,把原来奄的国君迁到蒲姑。奄和蒲姑应该相距不远,且都在殷的东方。成王二年,将奄、徐、淮夷和邶放在一起,邶是殷

---

① 王国维:《今本竹书纪年疏证》,方诗铭、王修龄《古本竹书纪年辑证》(修订本),第245页。
② (清)孙诒让:《墨子间诂》卷11《耕柱》,孙启治点校,中华书局2001年版,第432—433页。
③ 王国维:《今本竹书纪年疏证》,方诗铭、王修龄《古本竹书纪年辑证》(修订本),第244页。

商旧邑，徐、淮夷在殷的东南方；成王四年，又将淮夷和奄连言，两者之间应该有位置的关联。由此断定奄与蒲姑、淮夷、徐都在殷的东方应该是没有问题的。

蒲姑，《史记》、谭其骧《中国历史地图集》作"薄姑"。薄姑在济水东南，齐都临淄的西北，距离临淄直线距离约50千米。① "胡公徙都薄姑"，② 薄姑在齐胡公时期曾短暂地做过都城。蒲姑在殷的东方，徐、淮夷也都在殷的东方或者东南方，奄与蒲姑、徐、淮夷尝连言，其位置也在殷的东方。

舆方鼎（《集成》5.2739）铭文曰：

> 隹周公于征伐东
> 尸（夷），丰白（伯）、専古（薄姑）咸伐。公
> 归舆于周庙。戊
> 辰，酓秦酓，公商（赏）舆
> 贝百朋，用乍尊鼎。③

周公征伐东夷，平灭丰伯、薄姑。舆方鼎铭文将丰伯和薄姑连言，两者的位置当相距不远，且都在殷的东方，可以"东夷"视之。

《史记·鲁周公世家》关于周公临终遗言的记载，也指向了西周都城丰镐之外的另一个丰地的存在：

> 成王在丰，天下已安，周之官政未次序，于是周公作《周官》，官别其宜。作《立政》，以便百姓。百姓说。
> 周公在丰，病，将没，曰："必葬我成周，以明吾不敢离成王。"周公既卒，成王亦让，葬周公于毕，从文王，以明予小子不敢臣周公也。④

---

① 可参看谭其骧《中国历史地图集》，第26—27页。
② 《史记》卷32《齐太公世家》，第1481页。
③ 马承源主编：《商周青铜器铭文选》第3卷，第17页。
④ 《史记》卷33《鲁周公世家》，第1522页。

第五章 西周春秋时期鲁国的族群、婚姻与地缘政治

成王在丰，周公也在丰；周公临终表示："必葬我成周，以明吾不敢离成王"，则周公所居之丰与成王所在之丰，应该不是同一个丰。周公因受成王猜忌而出居在丰，临终之时为了表示自己并未真的背弃成王，乃求葬成周。成王时周的都城在丰镐，如果周公在丰镐之丰，其离成王显然较成周更近，周公何必舍近求远？故周公出居之丰，并非丰镐之丰，而是位于东方，鲁国附近的丰地。此东方之丰在成周之东，故周公求葬成周雒邑，乃为表达自己不敢背弃成王的拳拳之心。

根据上述舆方鼎铭文、《今本竹书纪年》《史记》《墨子》的相关记载，可以推定在鲁国的附近有丰国，此丰是周公出居之丰。

妣即姒，甫妣是来自丰国的姒姓女子。甫妣与姬姓周人鲁仲齐的婚姻，是鲁国附近异姓族群之间的通婚。姒姓被认为是夏系族群的核心姓族。《史记·夏本纪》太史公曰："禹为姒姓，其后分封，用国为姓，故有夏后氏、有扈氏、有男氏、斟寻氏、彤城氏、褒氏、费氏、杞氏、缯氏、辛氏、冥氏、斟戈氏。"[①] 女仲簠可以视为姬姓周人与姒姓女子通婚的见证。西周、春秋时期鲁国的周围分布着杞、鄫、费等姒姓诸侯和方国，姒姓族群广泛分布在姒姓国和非姒姓国中。西周、春秋时期姬姓周人和姒姓族群存在广泛的联姻，西周中期的鲁仲齐和甫妣即是一例；春秋时期鲁成公有配偶定姒，定姒虽非成公正夫人，但其子嗣位为襄公；鲁定公夫人为定姒。鲁国附近的杞、纪、鄫、邾、莒等国彼此之间也存在普遍的联姻关系，通婚和联姻有效地促进了鲁国及其周围姬姓周人与非姬姓族群的文化和血缘交融。

侯母壶是女性为其夫作器，"侯母"很可能就是鲁仲齐的夫人甫妣，而"侯父"则是鲁仲齐。侯母壶（《集成》15.9657）铭文曰："侯母乍侯父戎壶，用征行，用求福无疆。"[②]

侯母壶是甫妣为鲁仲齐所作器，作器的时间在鲁仲齐的生前。侯母壶是9件乙组铜壶中最大的一件，并且是唯一有铭文的铜壶，做工精致、纹饰华美。"作器"是标志作器者财力、权力和地位的行为，甫妣为鲁仲齐

[①]《史记》卷2《夏本纪》，第89页。
[②]《曲阜鲁国故城》，第151页。

所作铜壶表明，嫁入姬姓周人族群的姒姓女子甫妀，在夫家享有崇高的经济和家族权力地位。

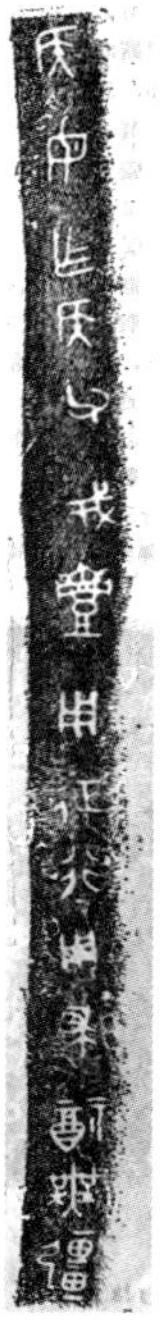

图 5－49　侯母壶铭文①

图 5－50　侯母壶②

M48 的墓主人是鲁国姬姓周人的宗室贵族鲁仲齐，其葬制上呈现出的与周人通行葬制的差别：随葬品主要摆放在椁顶和棺椁之间，而非乙组墓葬随葬品多摆放在二层台上的主流习俗，很可能与 M48 墓主人的婚姻情况有关。M48 墓主人的夫人是来自夏系姒姓族群的女子“甫妀”，甫妀来自鲁国附近的丰国。女仲簠作为甫妀的媵器，出现在其夫鲁仲齐的墓葬中，应该是作为“助葬之物”，则甫妀应该卒于鲁仲齐之后。参考甫妀为鲁仲齐铸造侯母壶的情况，甫妀在鲁仲齐家族中应该具有很高的礼法和经济地位，鲁仲齐墓葬的葬仪很可能受到了甫妀对葬制、葬仪、葬俗理解的影响。

① 图片引自《曲阜鲁国故城》，第 147 页，“图九三－5，壶（M48：16）器铭”。

② 图片引自《曲阜鲁国故城》，“图版捌壹”。

第五章 西周春秋时期鲁国的族群、婚姻与地缘政治

通过对曲阜鲁国故城甲组 M202 墓葬和乙组 M48 墓葬所见婚姻关系，以及其墓葬形式因婚姻关系而体现出的与同组墓葬主流差别的分析；我们可以确定，在西周、春秋时期的鲁国，姬姓周人与当地和周边的非姬姓族群之间存在通婚，而这些族群之间的通婚促进了鲁地不同族群之间的文化和社会交融。嫁入异姓族群的女性，在夫家享有与其父系家族地位相对应的经济和家族权力。

（四）M58 所见春秋战国之际鲁国的人员流动

M58 是乙组墓中最大的 5 座墓葬之一，《曲阜鲁国故城》将其年代定在战国早期。[①] 在中国史学界，关于春秋战国的分界有公元前 475 年、公元前 453 年和公元前 403 年三种观点；战国早期和春秋晚期在时间上很相近，春秋晚期和战国早期的很多文化、社会现象都具有相似性，故文章在此将 M58 纳入了讨论。

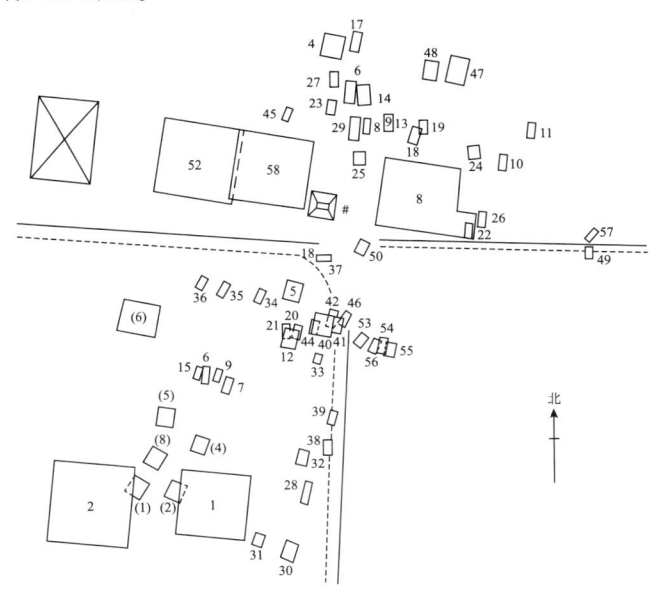

图 5-51　望父台墓地墓葬分布[②]

[①] 关于乙组两周墓葬的年代认定，可参看《曲阜鲁国故城》，第 128 页。
[②] 图片引自《曲阜鲁国故城》，第 21 页，"图一一，'望父台'墓地墓葬分布图（约 1/1000）（加括号者是马坑，加 × 者未发掘）"。

鼎、盨两种铜器形制虽然为甲、乙两组墓葬所共有，但是甲组墓葬 M116（图5-55）、M201（图5-56）出土的铜鼎在形制上迥异于乙组墓葬铜鼎的主流形制。《曲阜鲁国故城》将乙组墓葬出土的 12 件铜鼎分为 7 式，Ⅰ-Ⅵ式铜鼎形制相近，皆为直口、折沿、立耳、圜底、半圆柱形足或半筒形兽蹄足（图5-52、图5-53），笔者在此将之视为同一文化类型的铜鼎。Ⅰ-Ⅵ式铜鼎包含了乙组墓葬 M11、M14、M20、M23、M30、M46、M48 七座墓葬出土的 11 件铜鼎，占乙组墓葬出土铜鼎的 91.67%，将之视为乙组墓葬铜鼎的主流形制应该是没有问题的。

图 5-52 乙组 M11、M20、M23、M30 出土铜鼎[①]

---

① 图片引自《曲阜鲁国故城》，"图版柒肆"。

第五章 西周春秋时期鲁国的族群、婚姻与地缘政治

1

2

3

4

图 5-53　乙组 M14、M46、M48 出土铜鼎[1]

M58 出土的 1 件铜鼎（M58:95）其形制迥异于乙组其他的 11 件铜鼎，为"子母口微敛，附耳，平底，腹下部微鼓，三凿形高足微撇，盖饰三环钮，有凸弦纹三圈，素面"（图 5-54）;[2] 是乙组墓葬铜鼎中的特例，其形制与甲组墓葬 M116 出土的铜鼎（M116:4，图 5-55）很像。M58 还出土了铜鐎壶（M58:98）、铜缶（M58:100）、铜钵（M58:91）三种仅见于 M58 的铜器形制，M58 铜器形制与乙组其他出土青铜容器墓葬的差

---

[1] 图片引自《曲阜鲁国故城》，"图版柒伍"。
[2] 《曲阜鲁国故城》，第 148 页。

异，使我们有理由推测 M58 的墓主人很可能来自非姬姓周人的族群。《曲阜鲁国故城》认为 M116 属于春秋晚期，M58 属于战国早期，两者的时间断代很近，相近年代墓葬中相似铜器类型的关联，使我们有理由怀疑两者之间的族群和文化关联。

图 5-54　乙组 M58 出土铜鼎① 　　　图 5-55　甲组 M116 出土铜鼎②

图 5-56　甲组 M201 出土铜鼎③

《曲阜鲁国故城》对 M58 随葬器物的情况做了详细的描述：

---

① 图片引自《曲阜鲁国故城》，"图版柒叁，2"。
② 图片引自《曲阜鲁国故城》，"图版肆柒，2"。
③ 图片引自《曲阜鲁国故城》，"图版肆柒，1"。

第五章　西周春秋时期鲁国的族群、婚姻与地缘政治

随葬器物放于椁室周围和棺内。椁东面有铜器1（组）（鼎1、壶2、罐1、缶1）、陶罐4、瓷罐2、铁带钩1、铜带钩1、牙"孝顺"1、牙管1、玉环2、红绿玛瑙环各1（图版伍伍，4）；椁南面有陶罐8、陶匜范1、陶范1、铜钵1、夔龙玉饰2；椁西面有铜剑1（残碎）、铜矛镦1、陶罐9、夔龙玉饰1；椁北面有绿松石串珠1、四翼形牙玉器1（组），以及铜环、骨棒器、料管等小件。棺盖放一石圭，形制与M52基本相同。

棺内死者身上身下各置一层玉璧（共计16枚，因骨架腐朽，已不能确定身上身下各放多少）（表四）。另有玉环4、夔龙玉饰2、圆玉片3、玉带钩1、玉璜3；棺底有玉佩1（组）（包括带穿玉璧、圆管形玉饰4、方玉珠3、长鼓形玉珠2、夔龙玉饰等饰件）；此外还有料珠、玉环、玉片等小件（图八二；图版伍伍，3）。[①]

大量装饰性玉器的出土，让我们倾向于考虑墓主人可能的女性身份；但是铜剑、铜矛镦和石圭的出土，又让我们质疑墓主人可能的女性身份。由于无法断定M58墓主人的性别，我们很难推测M58的墓主人是通过什么渠道进入姬姓周人族群的——婚姻还是士的流动。M58是望父台墓地最大的5座墓葬之一，随葬品丰富，包含大量的铜器和玉器；无论M58的墓主人是以何种身份进入姬姓周人族群的，很显然其在姬姓族群中获得了认可和很高的社会地位。

乙组望父台墓地中存在非姬姓周人的墓主人，但是他们是通过什么渠道进入姬姓周人族群，并融入其中，最终获准进入周人族群墓葬的权力，我们还需要更多的墓葬资料才能确定。不过鉴于以M58墓主人为代表的乙组墓葬中的非姬姓周人，享有很高的经济和社会地位，我们有理由认为，春秋时期的鲁国对人员流动是比较宽容的，这种人员的流动是春秋、战国时期各诸侯国制度和文化、社会变革的重要动力。

[①]《曲阜鲁国故城》，第128—129、131页。

第三节　春秋时期鲁国与杞、郳等姒姓国的联姻和鲁国的区域整合

本章第二节，笔者基于对曲阜鲁国故城墓葬的分析，从族群的角度讨论了鲁地的姬姓周人与非姬姓族群之间的通婚，尤其关注于姬姓周人与商系族群的通婚和社会、文化交融问题。本节则将主要讨论鲁国与姒姓杞、郳等国的联姻与鲁国的区域整合问题。

一　西周春秋时期鲁人与姒姓族群的通婚和联姻

夏、商、周是三个相继的朝代，但是夏系、商系、周系族群在商周时期是一个共时的存在，以族姓相区分，并且在社会、文化上拥有一些不同于其他族群的特征。西周、春秋时期，通婚和联姻在三个族群之间普遍进行，促进了三个族群之间的社会和文化交融。

春秋时期，鲁国附近有杞、郳、费等姒姓方国，姒姓族群与姬姓周人族群和商系族群共同生活在鲁国及其周围的方国。曲阜鲁国故城 M48 出土的女仲簠（M48：28，《集成》9.4534）铭文，见证了一桩西周中期姬姓周人鲁仲齐与丰国女子甫妃的婚姻。

春秋时期，鲁成公有配偶定姒。关于定姒的母国，杜预认为是杞国："成公妾，襄公母。姒，杞姓；"[1] 何休认为是莒国；杨伯峻认为有可能是莒国也有可能是郳国。[2] 莒国之姓，何休《春秋公羊传解诂》、杨伯峻认为是姒；司马迁《史记》、班固《汉书》、郦道元《水经注》、齐文涛等认为是嬴（盈）；《国语》《路史》等认为是曹；《世本》《潜夫论·志氏姓》、顾栋高、陈槃、李学勤等认为是己。《左传·文公七年》："穆伯娶于莒，曰戴己，

---

[1] （西晋）杜预：《春秋经传集解》上册，第 812 页。
[2] 杨伯峻编著：《春秋左传注》（修订本）第 3 册，第 931 页。

第五章 西周春秋时期鲁国的族群、婚姻与地缘政治

生文伯,其娣声己生惠叔。"① 以《左传》内证论,则莒国应该是己姓。由是,则定姒不太可能来自莒国,而应该是来自杞国或者鄫国的女子。

鲁定公夫人定姒,《公羊注疏》认为是杞国女子,说:"姒氏,杞女。"② 丰、杞、鄫都位于鲁国的周围,姬姓周人与三国姒姓女子的通婚和联姻,有效地促进了鲁国与周围异姓方国和异姓族群的交流,有利于周文化的传播和鲁地的文化和族群交融。

在姬姓周人娶姒姓女子的同时,也有很多姬姓女子嫁到姒族群,西周、春秋时期姬姓与姒姓族群的通婚和联姻是双向的。西周晚期的鲁侯鬲(《集成》3.545)铭文曰:"鲁侯乍(作)姬番鬲",③ 是鲁侯为出嫁的女儿或者姐妹所作的媵器,"番"是女名,姬番所嫁何人难以确定。吴镇烽编著《商周青铜器铭文暨图像集成》中收有一件鲁侯匜(《铭图》14923),其铭文曰:"鲁侯作杞姬番媵匜,其万年眉寿宝。"④ 鲁侯鬲和鲁侯匜都是西周晚期器,时代相近,"杞姬番"和"姬番"都是名为"番"的姬姓女子,两人当是同一个人。则西周晚期有鲁侯的女儿或姐妹嫁到杞国。《春秋》庄公二十五年(前669),鲁庄公长女嫁为杞成公夫人,杞桓公又娶有两位来自鲁国的叔姬,春秋时期鲁国与杞国的联姻透露出很多鲁国与杞国的关系和地缘政治的细节问题。

  僖公十四年(前646),
  《春秋》:夏六月,季姬及鄫子遇于防,使鄫子来朝。⑤
  《左传》:鄫季姬来宁,公怒止之,以鄫子之不朝也。夏,遇于防而使来朝。⑥
  僖公十五年(前645),《春秋》:季姬归于鄫。⑦

---

① (西晋)杜预:《春秋经传集解》上册,第459页。
② 《春秋公羊传注疏》卷26,(清)阮元校刻《十三经注疏》下册,第2344页。
③ 张亚初编著:《殷周金文集成引得》,第20页。
④ 吴镇烽编著:《商周青铜器铭文暨图像集成》第26册,上海古籍出版社2012年版,第299页。
⑤ (西晋)杜预:《春秋经传集解》上册,第285页。
⑥ (西晋)杜预:《春秋经传集解》上册,第286页。
⑦ (西晋)杜预:《春秋经传集解》上册,第287页。

僖公十六年（前644），《春秋》：夏四月丙申，鄫季姬卒。①

鲁季姬嫁为鄫国国君夫人，鲁僖公因鄫子不来朝鲁而阻止归宁的季姬回到鄫国。防为鲁地，季姬在防地与鄫子会面，显然是受到鲁国的挟制。鄫子因夫人受鲁国挟制，还是因为季姬的请求朝见鲁僖公不得而知，但是鄫子朝见鲁僖公显然是出于被迫而非自愿。鄫子朝见鲁僖公之后，鄫季姬也并未随之回到鄫国，而是在次年的九月之后才回到鄫国。杜《注》曰："来宁不书，而后年书归鄫，更嫁之文也。明公绝鄫昏，既来朝而还。"② 杜预认为鄫子朝见鲁僖公之后，鄫季姬仍未被允许回到鄫国，是因为鲁僖公已经决定断绝鄫季姬与鄫子的联姻关系，而将季姬再嫁。鄫季姬滞留鲁国超过一年的时间，杜预的解释是有道理的。鄫季姬在滞留鲁国一年多以后终于回到鄫国，则很可能是因为鄫季姬拒绝了鲁僖公的更嫁要求，而坚持回到鄫国。鄫季姬在回到鄫国之后半年就死亡了，鄫季姬的死亡是一个不幸的偶然，还是因为抑郁而卒，我们不得而知。在鄫季姬与鄫子的联姻关系中，鲁国是强势的一方，并且通过联姻强迫鄫子表达对鲁国的服从。

鲁国姬姓周人与姒姓族群的通婚，有效地促进了鲁地及其附近地区的社会、文化交融；而具体的联姻关系，则可以反映当时的族群关系和地缘政治，笔者将借助鲁庄公长女伯姬的婚姻和伯姬在鲁、杞关系中的地位，对具体联姻关系反映的族群关系和地缘政治格局做出讨论。

二 伯姬嫁杞与鲁国和杞国的地缘政治

杞国是夏系族群在西周、春秋时期最重要的封国，《史记·陈杞世家》关于杞国在西周的封建有如下论述："杞东楼公者，夏后禹之后苗裔也。殷时或封或绝。周武王克殷纣，求禹之后，得东楼公，封之于杞，以奉夏后氏祀。"③ 周武王翦商成为天子之后，本着存三统的原则，对之前的虞

---

① （西晋）杜预：《春秋经传集解》上册，第303页。
② （西晋）杜预：《春秋经传集解》上册，第286页。
③ 《史记》卷36《陈杞世家》，第1583页。

第五章　西周春秋时期鲁国的族群、婚姻与地缘政治

舜、夏、商的后人都进行了分封。陈国被认为是舜帝后人的封国；商的后人，武王封了商纣的儿子武庚禄父；周公杀武庚禄父，成王又封微子于宋。杞国是西周、春秋时期夏系族群中最重要的国家，关于杞国的位置，陈槃《春秋大事表列国爵姓及存灭表譔异》说："国于雍丘，今河南开封府杞县。成公迁缘陵，在今山东青州府昌乐县东南五十里。文公迁淳于，在今青州府安丘县东北三十里。其雍丘之地，不知何年入于宋。"① 杞地本在今河南开封附近，后迁入今山东青州地区；杞国迁入今山东青州地区的时间，应该早于陈槃所说的杞成公时期。隐公四年（前719）是杞武公三十二年，《春秋》说："四年春，王二月，莒人伐杞，取牟娄"，② 莒、牟娄都在今山东东部，则此时的杞国不可能仍位于河南开封附近。杞国迁入今山东青州地区的时间一定在公元前719年之前，很可能是在杞武公时期。

杞国迁入今山东青州地区之后，与周围的齐、莒、鲁等诸侯国发生了相当多的关联，鲁庄公二十五年（前669），鲁庄公长女伯姬嫁为杞成公夫人，杞伯姬在杞、鲁两国的交流中尤其具有特别的地位。

春秋庄公二十五年（前669），《春秋》曰："伯姬归于杞，"③ 鲁国国君的嫡长女嫁为杞国国君夫人。鲁庄公于桓公六年，公元前706年出生，此时38岁，则伯姬当为鲁庄公长女。伯姬所适，杨伯峻以为是杞成公："据《杞世家索引》，盖为杞成公之夫人。"④《史记·陈杞世家》记春秋早期杞国世系与《左传》多有出入，《史记》曰："武公立四十七年卒，子靖公立。靖公立二十三年卒，子共公立。共公八年卒，子德公立。德公十八年卒，弟桓公姑容立。"⑤《左传》僖公二十三年（前637）记杞成公之卒："十一月，杞成公卒"，⑥ 则《左传》于杞国世系认为有成公。《左传》僖公二十七年（前633）年记杞桓公朝鲁："二十七年春，杞桓公来朝"，⑦ 则《左传》认为的杞国世系，在成公之后是桓公。《史记》有"桓公"而

---

① 陈槃：《春秋大事表列国爵姓及存灭表譔异》（三订本），第208页。
② （西晋）杜预：《春秋经传集解》上册，第24页。
③ （西晋）杜预：《春秋经传集解》上册，第191页。
④ 杨伯峻编著：《春秋左传注》（修订本）第1册，第231页。
⑤ 《史记》卷36《陈杞世家》，第1584页。
⑥ （西晋）杜预：《春秋经传集解》上册，第332页。
⑦ （西晋）杜预：《春秋经传集解》上册，第364页。

不见"成公";《史记》在桓公前为德公,且以德公、桓公为兄弟。

  僖公五年（前655）,《春秋》：杞伯姬来,朝其子。①
  僖公三十一年（前629）,《春秋》：冬,杞伯姬来求妇。②
  文公十二年（前615）,《左传》：杞桓公来朝,始朝公也。且请绝叔姬而无绝昏,公许之。③
  成公四年（前587）,《左传》：杞伯来朝,归叔姬故也。④

  僖公五年杞伯姬带儿子朝见鲁僖公,僖公三十一年杞伯姬到鲁国"求妇",应该是为子求妇。文公十二年,杞桓公朝鲁,论及自己与鲁国叔姬婚姻的事情,则杞桓公应该是杞伯姬之子；也就是说,在《左传》的叙述体系里,杞桓公是成公的儿子,杞桓公之前的国君是成公而非德公。关于杞成公、德公、桓公的称谓和彼此关系,《左传》《史记》之说的是非难以一言以定。《左传》称杞成公、杞桓公处,《春秋》唯称"杞子"或者"杞伯";《左传》几处关于杞国史事的叙述涉及诸多细节,而《史记》徒论杞国国君的世系,故本书关于杞、鲁关系和地缘政治的论述,暂依《左传》为据。公元前669年,鲁庄公长女所嫁为杞桓公；杞伯姬又为其子杞桓公娶鲁女叔姬；杞桓公休鲁女叔姬,又立叔姬之娣为夫人；杞成公、桓公父子两代皆娶鲁女,杞国在此两代国君在位期间与鲁国的关系受到三位来自鲁国宗室女子的影响。

  庄公二十七年（前667）,
  《春秋》：二十有七年春,公会杞伯姬于洮。
  冬,杞伯姬来。
  莒庆来逆叔姬。

---

① （西晋）杜预：《春秋经传集解》上册,第249页。
② （西晋）杜预：《春秋经传集解》上册,第399页。
③ （西晋）杜预：《春秋经传集解》上册,第481页。
④ （西晋）杜预：《春秋经传集解》上册,第672页。

第五章 西周春秋时期鲁国的族群、婚姻与地缘政治

杞伯来朝。①

《左传》：二十七年春，公会杞伯姬于洮，非事也。天子非展义不巡守，诸侯非民事不举，卿非君命不越竟。②

冬，杞伯姬来，归宁也。凡诸侯之女，归宁曰来，出曰来归。夫人归宁曰如某，出曰归于某。③

庄公二十七年春天，鲁庄公与嫁为杞成公夫人的长女伯姬在鲁地洮会面；当年冬天，鲁伯姬回国看望父母；杞国的国君来朝见鲁庄公。鲁庄公与杞伯姬的会面，伯姬的归宁与杞国国君朝见鲁庄公是否有直接的关系呢？笔者倾向于给出肯定的回答。鲁庄公通过与杞伯姬的会面和伯姬的归宁，向杞伯姬和杞国国君施加压力，以促成杞国对鲁国的服从。杞国国君朝见鲁庄公，则此时在杞国和鲁国的关系中，鲁国显然是更加强大和强势的一方。鲁庄公与杞伯姬在鲁地会面，《左传》君子认为鲁庄公的行为是不合适的；同理，杞伯姬的行为也是有违礼法的。杞伯姬可以出境与鲁庄公会面，表明此时鲁国在与杞国的关系中处于绝对的强势，鲁国女子在杞国因此也享有很大的政治权力。

庄公二十七年，杨伯峻认为是"杞惠六年"，④ 杨伯峻据以论定杞国世系者，盖《史记索引》引徐广之语："《世本》曰惠公立十八年生成公及桓公，成公立十八年，桓公立十七年。"⑤ 但是《左传》《世本》《史记》《史记索引》、杨伯峻所定春秋前期杞国世系都有难以自圆其说的地方。杨伯峻论杞国世系，是对《左传》《世本》《史记》《史记索引》的拼合。杨伯峻将杞武公四十七年系于桓公八年（前704）；继之以靖公，将杞靖公二十三年系于庄公十三年（前681）；继之以共公，将共公八年系于庄公二十一年（前673）；以杞惠公继共公，将《史记》所谓的"德公十八年"定为惠公十八年，将杞惠公十八年系于鲁僖公五年（前655）；在桓公之前加

---

① （西晋）杜预：《春秋经传集解》上册，第194页。
② （西晋）杜预：《春秋经传集解》上册，第195页。
③ （西晋）杜预：《春秋经传集解》上册，第196页。
④ 杨伯峻编著：《春秋左传注》（修订本）第1册，第234页。
⑤ 《史记》卷36《陈杞世家》，第1584页。

入十八年的成公在位时间，依《左传》将成公十八年系于僖公二十三年（前637）；以僖公二十四年（前636）为杞桓公元年。按照杨伯峻对杞国世系的推定，则庄公二十七年朝鲁的杞国国君是杞惠公，为杞成公的父亲，杞伯姬的公公。

《春秋》在"杞伯姬来"和"杞伯来朝"之间有一条看似与鲁、杞关系不相干的"莒庆来逆叔姬"；但是这条莒国大夫迎娶鲁国女子，应该也是鲁庄公女儿——叔姬的记载，却透露出其时鲁国在今山东地区诸侯中的地位以及和莒国和杞国的微妙关系。

> 隐公四年（前719）
> 《春秋》：四年春，王二月，莒人伐杞，取牟娄。①
> 桓公十二年（前700）
> 《春秋》：夏六月壬寅，公会杞侯、莒子，盟于曲池。②
> 《左传》：十二年夏，盟于曲池，平杞、莒也。③

隐公四年，莒人攻打杞国，占有了杞国的城邑牟娄；桓公十二年，在鲁桓公的斡旋下，鲁国、杞国、莒国三国的国君在鲁地曲池会盟，实现了杞国和莒国的和平。杞国迁入今山东青州地区后，与莒国为近邻，两国因利益而发生过不止一次的冲突。鲁桓公曾促成了杞国和莒国的和平。在鲁、杞、莒三国中，鲁国是最强大的国家，故莒庆在杞成公娶伯姬之后，也向鲁庄公求娶叔姬，并在庄公二十七年赴鲁国迎娶叔姬。

僖公五年（前655），《春秋》曰："杞伯姬来，朝其子。"④ 杞伯姬作为鲁庄公的长女，是鲁僖公的姑母。杞伯姬带儿子朝见鲁僖公，表明此时在鲁国和杞国的关系中，鲁国是处于优势的一方。杞伯姬带儿子来朝见鲁僖公，意在确保鲁国对杞国和自己儿子的支持。

---

① （西晋）杜预：《春秋经传集解》上册，第24页。
② （西晋）杜预：《春秋经传集解》上册，第108页。
③ （西晋）杜预：《春秋经传集解》上册，第109页。
④ （西晋）杜预：《春秋经传集解》上册，第249页。

第五章　西周春秋时期鲁国的族群、婚姻与地缘政治

僖公十三年（前647），

《春秋》：公会齐侯、宋公、陈侯、卫侯、郑伯、许男、曹伯于鹹。①

《左传》：夏，会于鹹，淮夷病杞故，且谋王室也。②

僖公十四年（前646），

《春秋》：十有四年春，诸侯城缘陵。③

杜《注》：缘陵，杞邑。辟淮夷，迁都于缘陵。④

《左传》：十四年春，诸侯城缘陵而迁杞焉。不书其人，有阙也。⑤

杜《注》：阙，谓器用不具，城池未固而去，为惠不终也。不言城杞，杞未迁也。⑥

僖公十三年、十四年，鲁国两次参与与杞国有关的事情。十三年，鲁僖公与齐、宋等国的国君在鹹地会盟，商讨应对淮夷对杞国的侵扰和安定周王室的事情。诸侯将对杞国的关注放在了周王室之先。十四年，诸侯为杞国筑缘陵城，表现出对杞国的支持。不过城缘陵之事似乎成为杞国与鲁国等诸侯关系的转折点。《左传》认为《春秋》言"诸侯城缘陵"，不说明具体参与的国家，是因为"诸侯城缘陵"之事有缺憾。杜预则具体解释了"诸侯城缘陵"的缺憾所在，一是，诸侯为惠不终，为杞国城缘陵，并没有完全把缘陵建设好，也没有给予杞国必需的器用支持；二是，杞国此时并未把都城迁到缘陵。杞国因"城缘陵"之事而与鲁国等诸侯产生了矛盾，矛盾的具体情况和因何而起我们已经无法考定；但是杞国与鲁国的矛盾是真实存在的。

僖公二十三年（前637），

---

① （西晋）杜预：《春秋经传集解》上册，第283页。
② （西晋）杜预：《春秋经传集解》上册，第283页。
③ （西晋）杜预：《春秋经传集解》上册，第285页。
④ （西晋）杜预：《春秋经传集解》上册，第285页。
⑤ （西晋）杜预：《春秋经传集解》上册，第286页。
⑥ （西晋）杜预：《春秋经传集解》上册，第286页。

《春秋》：冬十有一月，杞子卒。①

《左传》：十一月，杞成公卒。书曰"子"。杞，夷也。不书名，未同盟也。凡诸侯同盟，死则赴以名，礼也。赴以名则亦书之，不然则否，辟不敏也。②

《春秋》桓公二年、三年、十二年言杞国的国君皆称"杞侯"，则僖公二十三年书杞成公之死曰"杞子"，是为了表达对杞国的贬斥。《左传》更言称"杞子"，因为杞国本是东夷，又与鲁国不是同盟，故称"子"以贬斥之。鲁国在僖公十三年、十四年分别参与了帮助杞国对抗淮夷和协助杞国筑缘陵的事情，很显然两国当时应该是同盟。何以在僖公二十三年鲁国与杞国又不是同盟了呢？其中的关节，可能就是僖公十四年的"诸侯城缘陵"为惠不终之事；而诸侯之所以为惠不终，或亦因杞国与鲁国的关系恶化而起。

鲁国与杞国的关系，在僖公二十三年表现出来的是"未同盟"；于是，杞桓公即位之后有意寻求与鲁国改善关系，并亲自付诸了实践。

僖公二十七年（前633），

《春秋》：二十有七年春，杞子来朝。

乙巳，公子遂帅师入杞。③

《左传》：二十七年春，杞桓公来朝。用夷礼，故曰"子"。公卑杞，杞不共也。

秋，入杞，责无礼也。④

杞桓公来朝见鲁僖公，可以视为杞国对鲁国的尊崇和示好。但是这次朝见因杞桓公的礼仪有失而不欢而散，甚至演化出鲁国对杞国的进攻。很显然，在鲁僖公二十七年的鲁国同杞国的关系中，鲁国处于绝对的强势地

---

① （西晋）杜预：《春秋经传集解》上册，第329页。
② （西晋）杜预：《春秋经传集解》上册，第332页。
③ （西晋）杜预：《春秋经传集解》上册，第363页。
④ （西晋）杜预：《春秋经传集解》上册，第364页。

第五章　西周春秋时期鲁国的族群、婚姻与地缘政治

位，鲁国因为杞桓公有违礼法的行为而直接出兵进攻杞国，并攻入了杞国的都城。杞国同鲁国因礼法而发生的政治危机，在杞伯姬的斡旋下才得以化解：《春秋》僖公二十八年（前632），"秋，杞伯姬来"。① 僖公二十八年杞伯姬亲赴鲁国，应该是为去年其子杞桓公与鲁僖公的不快而斡旋、说和。鲁国责杞国"无礼"，又出兵攻打杞国；嫁入杞国的鲁国女子亲赴鲁国，以排解两国的矛盾，可见此时的鲁国，在与杞国的关系中处于优势地位，而鲁国嫁入杞国的杞伯姬也由此获得了很大的政治权力，并直接参与杞、鲁两国的外交关系中。

僖公三十一年（前629），《春秋》：冬，杞伯姬来求妇。②

杞伯姬到鲁国"求妇"，应该是为其子杞桓公求娶鲁女。结合二十七年杞、鲁两国的外交矛盾和战争，以及二十八年的伯姬聘鲁，三十一年杞伯姬的"求妇"可以看作杞国对鲁国的再次示好。同时杞伯姬到鲁国为子"求妇"，也是希望通过联姻，为在杞、鲁关系中处于弱势地位的杞桓公营造一层婚姻的保障。

从庄公二十五年（前669）嫁入杞国，到僖公三十一年（前629）年为子"求妇"，前后40年间，杞伯姬在杞国同鲁国的关系中展现出了极大的参与度；这种参与度与杞伯姬自己的政治期望和政治智慧有关，更基于此时在杞、鲁关系中鲁国绝对的优势地位。春秋时期诸侯国之间的联姻，总是基于一定的政治目的和地缘格局，而通过对联姻与其时诸侯政治和地缘格局的分析，可以有效地解析诸侯政治联姻与具体政治事件和地缘格局的关联。

庄公（前693—前662）、闵公（前661—前660）、僖公（前659—前627）时期，在鲁国与杞国、鄫国的关系中，鲁国始终是处于强势的一方，杞伯姬和鄫季姬作为鲁国嫁往杞国和鄫国的女子，因父系鲁国的影响力，对杞国和鄫国的政治产生了很大的影响。鲁国利用联姻施加对杞国和鄫国政治的影响，特别表现在庄公二十七年，鲁庄公在鲁地会见杞伯姬和杞子

---

① （西晋）杜预：《春秋经传集解》上册，第364页。
② （西晋）杜预：《春秋经传集解》上册，第399页。

来朝；僖公十四年、十五年，将鄫季姬强行留在鲁国以及僖公十四年，以"季姬"为胁，要强迫鄫子来朝等。鲁国有意识地将联姻作为一种政治手段；鲁国通过与杞国和鄫国的联姻，意在将杞国和鄫国纳入自己的势力范围，拓展鲁国的影响力和政治空间。

三 杞、晋联姻对杞国和鲁国地缘政治的影响

鲁国在与杞国、鄫国的联姻中处于强势地位，并通过联姻施加了对杞国、鄫国政治的影响。但是，一旦有更强势的势力通过婚姻加入鲁国与鲁国周围诸侯、方国的关系中，就将对鲁国及其周边诸侯、方国的地缘政治产生深刻的影响。杞桓公时期杞女与晋悼公的婚姻，就对杞国同鲁国的关系和地缘政治产生了重要的影响。

杞桓公、孝公、文公时期，杞国通过与晋国的联姻有效地改善了杞国在诸侯中的地位。

> 《史记·陈杞世家》：德公十八年卒，弟桓公姑容立。桓公十七年卒，子孝公匄立。孝公十七年卒，弟文公益姑立。文公十四年卒，弟平公郁立。平公十八年卒，子悼公成立。[1]

《史记》认为杞桓公在位十七年。《左传》庄公二十三年言杞成公卒，庄公二十七年言杞桓公朝鲁，则杞成公之后是桓公，桓公即位在僖公二十四年，公元前636年。杞桓公之卒《春秋》《左传》皆有记载：

> 襄公六年（前567）
> 《春秋》：六年春，王三月壬午，杞伯姑容卒。[2]
> 秋，葬杞桓公。[3]

---

[1] 《史记》卷36《陈杞世家》，第1584页。
[2] （西晋）杜预：《春秋经传集解》上册，第826页。
[3] （西晋）杜预：《春秋经传集解》上册，第827页。

第五章　西周春秋时期鲁国的族群、婚姻与地缘政治

《左传》六年，春，杞桓公卒。始赴以名，同盟故也。①

依《左传》，则杞桓公在位七十年。杞桓公的母亲是来自鲁国的杞伯姬，伯姬又为杞桓公娶鲁女叔姬以为夫人。

文公十二年（前615），
《春秋》：杞伯来朝。
二月庚子，子叔姬卒。②
《左传》：杞桓公来朝，始朝公也。且请绝叔姬而无绝昏，公许之。二月，叔姬卒。不言"杞"，绝也。书"叔姬"，言非女也。③
杜《注》：不绝昏，立其娣以为夫人。④

文公十二年，杞桓公朝见鲁文公，这是杞桓公初次朝见鲁文公。杞桓公朝见鲁文公的目的，在于请求鲁文公同意杞桓公休鲁女叔姬。杞桓公休妻之前先朝见鲁文公，表明此时的杞国对鲁国是有所畏惧的，故在休鲁女之前要先征求鲁文公的同意；并向鲁国表明，杞桓公休妻乃是出于个人原因，而非对鲁国的不满，故曰："且请绝叔姬而无绝昏"。叔姬在被休的次月即死亡，很可能是忧愤而卒。以成公四年、五年关于杞桓公休妻和叔姬之娣归鲁的时间，以及成公八年、九年对叔姬之娣的死亡和鲁国、杞国的应对来看，杞叔姬死时应该尚在杞国。杞桓公休妻之后又立叔姬之娣为夫人，故仍曰"叔姬"。

成公四年（前587），《左传》：杞伯来朝，归叔姬故也。⑤
成公五年（前586），《春秋》：五年春，王正月，杞叔姬来归。⑥

---

① （西晋）杜预：《春秋经传集解》上册，第827页。
② （西晋）杜预：《春秋经传集解》上册，第479页。
③ （西晋）杜预：《春秋经传集解》上册，第481页。
④ （西晋）杜预：《春秋经传集解》上册，第481页。
⑤ （西晋）杜预：《春秋经传集解》上册，第672页。
⑥ （西晋）杜预：《春秋经传集解》上册，第672页。

成公四年，杞桓公再次朝见鲁成公，谈的又是休妻之事。杞桓公休妻必先请求鲁国的同意，则此时的杞国对鲁国是有所畏惧的。杞桓公一生多次朝见鲁国国君：杞桓公在僖公二十七年曾朝见过鲁僖公；僖公五年，杞伯姬带儿子朝见鲁僖公，其子很可能就是杞桓公；杞桓公在文公十二年和成公四年两次为休妻而朝鲁；成公十八年杞桓公再次朝见鲁成公。杞桓公多次朝鲁表明，此时的杞国处于鲁国的势力范围之内，并被要求表现出对鲁国的服从。

> 成公八年（前583），
> 《春秋》：冬十月癸卯，杞叔姬卒。[1]
> 《左传》：冬，杞叔姬卒。来归自杞，故书。[2]
> 成公九年（前582），
> 《春秋》：九年春，王正月，杞伯来逆叔姬之丧以归。[3]
> 《左传》：九年春，杞桓公来逆叔姬之丧，请之也。杞叔姬卒，为杞故也。逆叔姬，为我也。[4]
> 杜《注》：叔姬已绝于杞，鲁复强请杞，使还取葬。
> 既弃而复逆其丧，明为鲁故。[5]

成公八年冬，杞叔姬去世。成公九年春，杞桓公到鲁国迎回叔姬的灵柩，归葬杞国。《左传》认为杞桓公迎回叔姬灵柩是受鲁国的请求，则鲁国在与杞国断绝联姻关系之后，仍然保有对杞国政治的影响力。

> 成公十八年（前573），
> 《春秋》：秋，杞伯来朝。[6]

---

[1] （西晋）杜预：《春秋经传集解》上册，第691页。
[2] （西晋）杜预：《春秋经传集解》上册，第697页。
[3] （西晋）杜预：《春秋经传集解》上册，第698页。
[4] （西晋）杜预：《春秋经传集解》上册，第700页。
[5] （西晋）杜预：《春秋经传集解》上册，第700页。
[6] （西晋）杜预：《春秋经传集解》上册，第783页。

第五章 西周春秋时期鲁国的族群、婚姻与地缘政治

《左传》：秋，杞桓公来朝，劳公，且问晋故。公以晋君语之。杞伯于是骤朝于晋而请为昏。①

成公十八年，杞桓公再次朝见鲁成公，并向鲁成公打听晋悼公的情况。鲁成公应该表达了对晋悼公的赞美，杞桓公立即赴晋国朝见晋悼公，并请求与晋国联姻。晋悼公娶杞女为夫人，就是襄公二十九年的晋悼夫人。杞国借助与晋国的联姻，有效地提升了杞国在诸侯中的地位，杞国频繁地参与诸侯的会盟中；晋悼夫人更试图借助晋国的力量，改变鲁国对杞国的压迫。

襄公二十九年（前544），

《春秋》：仲孙羯会晋荀盈、齐高止、宋华定、卫世叔仪、郑公孙段、曹人、莒人、滕人、薛人、小邾人城杞。

晋侯使士鞅来聘。

杞子来盟。②

《左传》：晋平公，杞出也，故治杞。六月，知悼子合诸侯之大夫以城杞，孟孝伯会之，郑子大叔与伯石往。子大叔见大叔文子，与之语。文子曰："甚乎！其城杞也。"子大叔曰："若之何哉？晋国不恤周宗之阙，而夏肆是屏。其弃诸姬，亦可知也已。诸姬是弃，其谁归之？吉也闻之，弃同即异，是谓离德。《诗》曰：'协比其邻，婚姻孔云。'晋不邻矣，其谁云之？"

范献子来聘，拜城杞也。公享之，展庄叔执币。射者三耦。公臣不足，取于家臣。家臣：展瑕、展王父为一耦。公臣：公巫召伯、仲颜庄叔为一耦，鄫鼓父、党叔为一耦。

晋侯使司马女叔侯来治杞田，弗尽归也。晋悼夫人愠曰："齐也取货。先君若有知也，不尚取之！"公告叔侯，叔侯曰："虞、虢、焦、滑、霍、扬、韩、魏，皆姬姓也，晋是以大。若非侵小，将何所

---

① （西晋）杜预：《春秋经传集解》上册，第791页。
② （西晋）杜预：《春秋经传集解》下册，第1111页。

取？武、献以下，兼国多矣，谁得治之？杞，夏馀也，而即东夷。鲁，周公之后也，而睦于晋。以杞封鲁犹可，而何有焉？鲁之于晋也，职贡不乏，玩好时至，公卿大夫相继于朝，史不绝书，府无虚月。如是可矣！何必瘠鲁以肥杞？且先君而有知也，毋宁夫人，而焉用老臣？"杞文公来盟，书曰"子"，贱之也。①

襄公二十九年，晋、鲁、齐、宋、卫、郑、曹、莒、滕、薛、小邾的卿大夫参与"城杞"，是因为晋国的要求。郑国的子大叔和卫国的大叔文子都抱怨晋国令诸侯"城杞"之事。晋、鲁、卫、郑、曹、滕都是姬姓的周人封国，子大叔和大叔文子对晋国不关照姬姓周人封国，而厚待夏人后裔杞国的行为，表达了强烈的不满。晋国又要求鲁国归还侵占杞国的土地，主持此事的是晋国的司马女叔侯。鲁国迫于晋国的压力，归还了部分杞国的土地；晋悼公夫人向其子晋平公抱怨叔侯的处事不力，并说叔侯因受鲁国的贿赂而不责令鲁国归还全部杞国的土地。晋平公将晋悼公夫人的责问告诉了叔侯，通过叔侯的回答，我们可以看出晋悼公夫人对晋国政策的影响，以及晋国大夫对于晋国处理诸侯关系的态度。晋悼公夫人作为杞国女子，希望借助夫国晋国的权力帮助父国杞国获得利益。已婚女性在婚后具有父系和夫族的双重身份，晋悼公夫人就是借助其在夫族——晋国获得的权力，影响了父系——杞国的政治利益。叔侯反对晋平公要求鲁国归还杞国土地的主张，指出以大侵小、兼国并地是春秋时期的通例，晋国正是通过灭亡周围的国家和占有周围国家的土地而发展强大的；鲁国与晋国同是姬姓的周人封国，且一直是晋国的忠实盟友；鲁国的国君、卿大夫频繁地朝见晋国国君，对晋国职贡无缺；杞国是夏人的后裔，又与东夷交好。在叔侯看来，晋国应该重视与同姓鲁国的关系，而不是因为一桩联姻就"瘠鲁以肥杞"。

重视姬姓周人的利益是郑国子大叔、卫国大叔文子和晋国女叔侯共同的观点，这一观点的核心，在于强调姬姓周人的共同利益。对同姓族群利益的强调，是周礼的理想，而在具体的政治关系中，其执行程度则会因事、因人而异有所差异。晋平公因母亲是杞国女子而要求诸侯"城杞"，

---

① （西晋）杜预：《春秋经传集解》下册，第1117—1119页。

第五章 西周春秋时期鲁国的族群、婚姻与地缘政治

并受母亲之托而要求鲁国归还杞国的土地,联姻关系是春秋时期政治中的重要变量,可以对诸侯政治产生影响。

杞国自与晋国联姻之后,频繁参与诸侯会盟,晋平公要求诸侯"城杞"和要求鲁国归还杞国土地的事情表明,杞国通过与晋国的联姻,改变了在诸侯中的地位;晋国作为变量对杞国与鲁国的关系产生了很大的影响。春秋时期诸侯国层面的政治联姻,可以反映其时诸侯之间的政治关系和地缘政治,并有可能对诸侯之间的政治关系和地缘政治产生影响。

四 族群、婚姻与鲁国的地缘政治

顾栋高论春秋时期的鲁国疆域曰:"鲁在春秋,兼有九国之地,极、项、鄟、邿、根牟,鲁所取也;向、须句、鄫、鄆,则邾、莒灭之而鲁从而有之者也。"[1] 春秋时期,不唯齐、晋、楚、秦等大国大规模地拓展控制区域和势力范围;鲁国、郑国、宋国这样的中等国家也兼国并地,展现出对周围方国、城邑侵夺和控制的野心。鲁国所兼极、项、鄟、邿、根牟、向、须句、鄫、鄆之地和对邾、莒部分土地的侵夺,是鲁国区域扩张所得;如何处理鲁国控制区域内不同族群的社会和文化交融问题,是鲁国扩张之后必须考虑的事情。今天的山东被称为"齐鲁大地",乃是以春秋时期今山东地区两个最重要的诸侯国的名字来命名的。"齐鲁"可以概指广阔的今山东地区,是因为齐、鲁两国在春秋时期兼国并地的扩张之后,对控制区域的社会和文化进行了有效的整合。

今山东地区,在商代是商文化广泛覆盖的区域;周公东征之后,西周封国鲁、齐、曹、滕代表的周人势力进入山东,与当地原有的方国、部族杂居共处。鲁国是在殷商奄国旧地上建立起来的周人封国,奄国作为殷商属国,其地本多殷商部族的居民,故又被称为"商奄";鲁国在西周初年的分封中又获得了"殷民六族",则商系族群和周系族群在西周时期的鲁国并存,乃不争的事实。曲阜鲁国故城甲、乙两组墓葬的发掘,从考古学上印证了商、周两系族群在西周、春秋时期的鲁国并存,并且各自保持着

---

[1] (清)顾栋高辑:《春秋列国疆域表》,《春秋大事表》卷4,第507页。

自己的文化、习俗、社会风尚和族群认同。

鲁国在西周初年获得的"殷民六族",包括六个氏族的殷商贵族和隶属于他们的庶民和奴隶。这些迁移到鲁国的殷商贵族,一方面,保持着商人的文化、习俗和族群认同;另一方面,又通过通婚和联姻等与周人贵族建立起政治关系,并在与周人族群的交流中发生了或多或少的改变。

《史记·鲁周公世家》记载西周初年,伯禽治理鲁国时说:"鲁公伯禽之初受封之鲁,三年而后报政周公。周公曰:'何迟也?'伯禽曰:'变其俗,革其礼,丧三年然后除之,故迟。'"[①] 伯禽在治理鲁国之初,致力于用周礼改变鲁地旧有的习俗;"三年"虽未必是实数,却足以表明这是一个漫长的过程。伯禽"变其俗,革其礼",是对鲁地原有族群风俗和礼仪的改变,可以视为以姬姓周人为主的鲁国上层贵族,在鲁地推广周礼和周文化的长期政策。

周王把康叔分封到殷商旧地——卫,并告诫卫康叔要"启以商政,疆以周索"。[②] "启以商政",就是继续沿用部分商代的政策;"疆以周索",则意味着周人的政策和制度是最根本的准绳。鲁国也有大量的殷商遗民和"殷民六族",则"启以商政,疆以周索"的方针在鲁国也部分地适用。曲阜鲁国故城的甲组墓葬,从西周初年一直延续到春秋晚期;春秋时期的甲组墓葬,在保持甲组墓葬核心陶器特征的同时,又展现出了与西周时期甲组墓葬的差别;这个事实说明,以甲组墓葬所属族群为代表的鲁地商系族群,其固有的社会风尚在西周、春秋时期的鲁国一直牢固地、长时间地存在着,并经历了自己发展变化的过程。"商政"在鲁国的延续性和强大的生命力,在葬制、葬俗方面表现得尤其持久。曲阜鲁国故城"甲组墓殉狗的腰坑,流行于西周时期,春秋早期仍有孑遗,以后完全消失",[③] 商系族群在与周系族群的交流中和"周索"的疆理下,逐渐改变了自己的某些文化和习俗。

通婚,是西周、春秋时期鲁地附近不同姓氏族群之间,血缘和文化交融的有效手段;而联姻,则在更大程度上反映了诸侯、卿大夫之间的政治

---

① 《史记》卷33《鲁周公世家》,第1524页。
② (西晋)杜预:《春秋经传集解》下册,第1620页。
③ 《曲阜鲁国故城》,第189页。

《 第五章 西周春秋时期鲁国的族群、婚姻与地缘政治

关系和政治交流。

西周、春秋时期,在距离鲁国国都200千米的范围内分布着杞、郯、薛、纪、邾、莒、根牟、须句等诸侯、方国和部族,鲁国与这些国家普遍存在联姻;春秋时期鲁国的兼国和扩张,也是以这些方国和部族为目标的。联姻与鲁国的政治处境和地缘政治策略有关,透过联姻,可以对鲁国的政治处境和地缘政治做出有效的分析。

第四节 春秋时期鲁国与宋、齐的联姻与鲁国的地缘政治

宋是商王后裔微子的封国,春秋前期,鲁惠公、鲁隐公皆娶宋女为夫人;鲁伯者父盘的出土又证明了鲁国境内商、周两系族群的通婚和联姻。鲁国周系族群与商系族群通婚,以及鲁国国君与殷商后裔宋国公族女子的联姻,对于春秋早期鲁国的政治和族群融合具有重要的意义。鲁国自桓公以下,庄公、僖公、文公、宣公、成公相继娶齐女为夫人,鲁国国君婚姻选择的转变,伴随着鲁国政治处境和政治选择的变化。宋国在鲁国的西南,齐国在鲁国的东北,两者都是与鲁国地缘相近的异姓大国;建立与宋、齐的联姻,在鲁国政治中具有举足轻重的地位。鲁国国君的婚姻,在春秋时期有一个明显的由宋到齐的转向,这与当时诸侯的强弱和地缘政治格局直接相关。

一 《春秋·隐公二年》"夫人子氏薨"之"子氏"考

《左传》哀公二十四年(前471),鲁国的宗人衅夏言历任鲁国国君的夫人时说:"周公及武公娶于薛,孝、惠娶于商,自桓以下娶于齐",[1] 认为鲁隐公的父亲惠公、祖父孝公都娶宋女为妻。史传所记鲁惠公的三位妻妾都是宋国的女子;鲁桓公以下,庄公、僖公、文公、宣公、成公皆娶齐

---

[1] (西晋)杜预:《春秋经传集解》下册,第1845—1846页。

女为夫人。鲁国国君婚姻选择的转变,与鲁国的政治处境和政治选择息息相关。鲁隐公的夫人史传没有明确的记载,而考知隐公的夫人,对探讨春秋前期鲁国的地缘政治问题至关重要。笔者据《春秋》经、传隐公元年、二年、三年相关记载的考证认为,《春秋·隐公二年》"夫人子氏薨"中的"子氏"是鲁隐公的夫人,《穀梁》之说为是。鲁惠公、隐公皆娶宋女为夫人,桓公以下则娶齐女,鲁国在政治上的转向:由宋向齐,主要发生在隐、桓更迭前后。

(一)《春秋·隐公二年》:"夫人子氏薨"

《左传》记鲁惠公的妻妾三人,皆为宋女:

> 惠公元妃孟子,孟子卒,继室以声子,生隐公。宋武公生仲子;仲子生而有文在其手,曰"为鲁夫人",故仲子归于我。生桓公而惠公薨,是以隐公立而奉之。[①]

《史记》有鲁惠公夺子之妻之事:

> 初,惠公嫡夫人无子,公贱妾声子生子息。息长,为娶于宋。宋女至而好,惠公夺而自妻之。生子允。登宋女为夫人,以允为太子。及惠公卒,为允少故,鲁人共令息摄政,不言即位。[②]

司马迁以声子为"贱妾";又以仲子,本是为隐公所娶之宋女,后因貌美被惠公劫夺,成为惠公的夫人,生太子允(桓公)。史公之说,不知何据,但就孟子、声子、仲子皆为宋女而言,《左传》《史记》并无矛盾,鲁惠公见于史传记载的妻妾皆来自宋国。

《春秋》隐公二年(前721):"十二月乙卯,夫人子氏薨"。[③]"子氏"

[①] (西晋)杜预:《春秋经传集解》上册,第1页。
[②] 《史记》卷33《鲁周公世家》,第1528—1529页。
[③] (西晋)杜预:《春秋经传集解》上册,第14页。

第五章　西周春秋时期鲁国的族群、婚姻与地缘政治

是何人之夫人？《左传》于此条无传。杜《注》《公羊传》《穀梁传》的解释各异。

> 杜《注》：桓未为君，仲子不应称夫人。隐让桓以为大子，成其母丧以赴诸侯，故《经》于此称夫人也。①
>
> 《公羊》：夫人子氏者何？隐公之母也。何以不书葬？成公意也。何成乎公之意？子将不终为君，故母亦不终为夫人也。②
>
> 《穀梁》：夫人者，隐之妻也。卒而不书葬。夫人之义，从君者也。③

杜预认为"子氏"是桓公的母亲仲子，仲子卒于隐公二年，则隐公元年"宰咺归赗"之时仲子尚在世。《公羊》认为"子氏"是隐公的母亲声子，《穀梁》认为"子氏"是隐公的夫人。

（二）《春秋·隐公三年》："君氏卒"

《春秋》隐公三年（前720）："夏四月辛卯，君氏卒"。《左传》解之曰："夏，君氏卒。声子也。不赴于诸侯，不反哭于寝，不祔于姑，故不曰薨。不称夫人，故不言葬。不书姓，为公故，曰君氏"。④《左传》既然以隐公三年夏天去世的"君氏"是隐公的母亲声子，则显然不认为隐公二年冬天去世的"子氏"是隐公的母亲。"君氏卒"，《公羊》《穀梁》皆作"尹氏卒"，认为"尹氏"是周天子的大夫，则此"尹氏"与隐公二年"子氏"的考证无关。⑤

程颐、胡安国、吕大圭、《钦定春秋传说汇纂》都认为《穀梁》将"子氏"解为隐公的夫人比较合适，因为依《春秋》之礼，声子、仲子都

---

① （西晋）杜预：《春秋经传集解》上册，第15页。
② 《春秋公羊传注疏》卷2，（清）阮元校刻《十三经注疏》下册，第2203页。
③ 《春秋穀梁传注疏》卷1，（清）阮元校刻《十三经注疏》下册，第2367页。
④ （西晋）杜预：《春秋经传集解》上册，第17页。
⑤ 《春秋公羊传注疏》卷2，（清）阮元校刻《十三经注疏》下册，第2204页；《春秋穀梁传注疏》卷1，（清）阮元校刻《十三经注疏》下册，第2368页。

253

没有资格称"夫人"。① 《左传》说"为鲁夫人",《史记》言"登宋女为夫人";仲子虽为继室,但是确实是鲁惠公的夫人,称"夫人"本无不妥。杜预以隐公为摄位,桓公是惠公太子,故说隐公让桓公以成其母丧;单以"夫人子氏薨"一条论,道理也说得通。顾栋高、杨伯峻都赞同杜预"子氏"为仲子之说。② 但若考之《春秋·隐公元年》宰咺归赗之事,则"子氏"为仲子之说也应该排除。

(三)《春秋·隐公元年》:"天王使宰咺来归惠公、仲子之赗"

隐公元年(前722)

《春秋》:秋七月,天王使宰咺来归惠公、仲子之赗。③

《左传》:秋七月,天王使宰咺来归惠公、仲子之赗。缓,且子氏未薨,故名。天子七月而葬,同轨毕至;诸侯五月,同盟至;大夫三月,同位至;士逾月,外姻至。赠死不及尸,吊生不及哀,豫凶事,非礼也。④

《公羊》:惠公者何?隐之考也。仲子者何?桓之母也。何以不称夫人?桓未君也。赗者何?丧事有赗,赗者盖以马,以乘马束帛。车马曰赗,货财曰赙,衣被曰襚。桓未君,则诸侯曷为来赗之?隐为桓立,故以桓母之丧告于诸侯。其言惠公、仲子何?兼之。兼之,非礼也。何以不言及仲子?仲子,微也。⑤

《穀梁》:仲子者何?惠公之母,孝公之妾也。礼,赗人之母则可,赗人之妾则不可。⑥

《左传》将"惠公仲子"解为两个人,即鲁惠公和仲子,认为宰咺归

---

① (清)顾栋高辑:《春秋大事表》卷42,《春秋之传异同表》,第2249—2250页。
② (清)顾栋高辑:《春秋大事表》卷42,《春秋之传异同表》,第2249页。杨伯峻编著:《春秋左传注》(修订本)第1册,第21页。
③ (西晋)杜预:《春秋经传集解》上册,第3页。
④ (西晋)杜预:《春秋经传集解》上册,第10页。
⑤ 《春秋公羊传注疏》卷1,(清)阮元校刻《十三经注疏》下册,第2199页。
⑥ 《春秋公羊传注疏》卷1,(清)阮元校刻《十三经注疏》下册,第2366页。

赗的时候，惠公已去世超过五个月，故曰"缓"；而仲子尚未去世，宰咺归赗的时机不合礼法。《公羊》也解"惠公仲子"为两个人，认为宰咺同时归二人之赗不合礼法。《穀梁》认为"惠公仲子"是一个人，即惠公的仲子；并认为仲子是惠公的母亲，孝公的妾。"赗人之妾"不合礼法，所以"惠公仲子"，是惠公的母亲仲子；一如文公五年（前622），庄公妾成风受赗，因其子僖公是国君之故。《公羊》《穀梁》对仲子身份的解释虽有差异，《公羊》认为仲子是桓公的母亲，《穀梁》认为仲子是惠公的母亲，但是都认为隐公元年（前722）秋，仲子已死，故周王派宰咺来助丧。

《左传》也认为仲子是桓公的母亲，却认为宰咺归赗之时，仲子尚未去世。《左传》对《春秋》所有与仲子相关条目的解释，都为隐公二年的"夫人子氏薨"，"子氏"为仲子留下了空间，但是隐公二年的"子氏"真的是仲子吗？综合考察《春秋》隐公元年至三年的相关记载，此说恐不合适。

"赗"，《说文》说："赠死者。从贝从冒。冒者，衣衾覆冒之意。"① 《公羊》特别强调赗为丧事之用，并指出诸侯来赗仲子，因为隐公"以桓母之丧告于诸侯"。依《公羊》义例，则仲子在受赗之时必已死亡。杨伯峻也说"赗，助丧之物，用车马束帛"。② 赗，是送给死者的衣帛车马等物，周平王再怎么糊涂、宰咺再怎么糊涂，也不可能做出给生者送"助丧之物"的事情吧。于是笔者认为，《左传》解"天王使宰咺来归惠公、仲子之赗"，为"缓，且子氏未薨，故名"，过于牵强了。

文公四年（前623）
《春秋》：冬十有一月壬寅，夫人风氏薨。③
文公五年（前622）
《春秋》：五年春，王正月，王使荣叔归含，且赗。
《春秋》：三月辛亥，葬我小君成风。④

---

① （汉）许慎：《说文解字》卷六下，中国书店1989年影印本。
② 杨伯峻编著：《春秋左传注》（修订本）第1册，第8页。
③ （西晋）杜预：《春秋经传集解》上册，第437页。
④ （西晋）杜预：《春秋经传集解》上册，第440、441页。

文公四年（前623）冬，僖公的母亲成风去世；文公五年（前622）春正月，周王派荣叔来送助丧的含玉和车马衣帛；三月，成风下葬。荣叔归赗，在成风去世之后、下葬之前。

归赗应在受赗者去世以后、下葬之前，则隐公元年"宰咺来归惠公、仲子之赗"，表明仲子在隐公元年秋已经去世。隐公元年，《左传》有鲁惠公的改葬之事，在冬十月。宰咺秋七月来归惠公之赗当即为惠公的改葬之礼，这也符合"归赗"在受赗者去世以后、下葬之前的时间礼仪。

综合考察《春秋》隐公元年至三年"仲子""子氏""君氏"的相关记载和《左传》《公羊》《穀梁》的相关解释，笔者认为，隐公元年受赗的"仲子"，是桓公的母亲，仲子在隐公元年秋已经去世；隐公三年去世的"君氏"，是隐公的母亲声子；隐公二年去世的"子氏"，应该是隐公的夫人，以《穀梁》之说为是。鲁隐公与其父惠公、祖父孝公一样，娶宋女为夫人。

二 从宋到齐：鲁国的政治选择

鲁惠公、鲁隐公皆娶宋女，桓公以下，鲁君多娶齐女，鲁国国君联姻由宋到齐的转向发生在隐公、桓公的权力嬗替前后。这与鲁、齐，鲁、宋关系的转变有关，更受到隐公、桓公权力交替方式的影响。

（一）鲁隐公与宋国的关系

鲁隐公因为母贱而不能正式即位为君，只能称"摄"。

> 隐公元年（前722）
> 《左传》：元年春，王周正月。不书即位，摄也。[1]
> 《左传》：冬十月庚申，改葬惠公。公弗临，故不书。惠公之薨也有宋师，大子少，葬故有阙，是以改葬。卫侯来会葬。不见公，

---

[1] （西晋）杜预：《春秋经传集解》上册，第4页。

第五章　西周春秋时期鲁国的族群、婚姻与地缘政治

亦不书。①

鲁惠公的改葬之礼，鲁隐公"弗临"，即不为"丧主"；卫桓公来"会葬"，又不见鲁隐公，则鲁国的卿大夫、国人、卫国国君，甚至鲁隐公自己都认可鲁隐公"摄位"的身份。故隐公十一年（前712），羽父请鲁隐公杀桓公而正式称君；鲁隐公回答"为其少故也，吾将授之矣"。②

卫侯的"不见公"，表明鲁隐公在即位之初并未得到同姓诸侯的认可，这其中可能与周系族群尤其看重"嫡子"的身份有关。受到同姓诸侯冷落的鲁隐公转而寻求异姓诸侯的支持，首先与邾和宋建立了良好的关系。

隐公元年（前722）

《春秋》：三月，公及邾仪父盟于蔑。③

《左传》：三月，公及邾仪父盟于蔑，邾子克也。未王命，故不书爵。曰仪父，贵之也。公摄位而欲求好于邾，故为蔑之盟。④

《春秋》：九月，及宋人盟于宿。⑤

《左传》：惠公之季年，败宋师于黄。公立而求成焉。九月，及宋人盟于宿，始通也。⑥

邾是鲁国的近邻，其都城距离鲁国都城曲阜不足五十千米，即邾在鲁的百里之内。建立与邾国的同盟关系，成为受到同姓诸侯排斥的鲁隐公的当务之急。这也得到了《左传》认可："曰仪父，贵之也。公摄位而欲求好于邾，故为蔑之盟。"

鲁隐公的母亲和妻子都来自宋国，寻求母族和妻族的支持，成为鲁隐公消除父系族群排斥的有效手段。鲁惠公晚年曾在黄地打败宋国，鲁惠公

---

① （西晋）杜预：《春秋经传集解》上册，第12页。
② （西晋）杜预：《春秋经传集解》上册，第63页。
③ （西晋）杜预：《春秋经传集解》上册，第2页。
④ （西晋）杜预：《春秋经传集解》上册，第5页。
⑤ （西晋）杜预：《春秋经传集解》上册，第3页。
⑥ （西晋）杜预：《春秋经传集解》上册，第11页。

的葬礼因为宋军报复性地进攻鲁国而不完备,于是有了隐公元年十月的"改葬惠公"。鲁隐公在改葬鲁惠公之前,就已经向宋国求和,并与宋人在宿地盟誓,再次建立了与宋国的盟好关系。

(二) 鲁隐公时期的鲁宋和鲁齐关系

与鲁隐公即位元年就与邾、宋的会盟不同存《春秋》《左传》所记鲁隐公与齐国国君的首次会盟发生在鲁隐公即位的六年之后。

隐公六年(前717)
《春秋》:夏五月辛酉,公会齐侯,盟于艾。①
《左传》:夏,盟于艾,始平于齐也。②
杜《注》:春秋前,鲁与齐不平,今乃弃恶结好,故言始平于齐。③

杜预将隐公六年与齐僖公的会盟解成齐、鲁自西周交恶以来的首次结好,恐怕未必合适。但是隐公六年齐、鲁国君的会盟确实是鲁隐公以来的第一次,这次会盟至少标志着齐、鲁在鲁隐公时代的首次交好。

隐公六年,鲁隐公和齐僖公的首次会盟之后,鲁、齐关系步上了向好的快车道,而鲁、宋的关系却开始出现裂痕,并再次兵戎相见。

《左传·隐公六年》:冬,京师来告饥,公为之请籴于宋、卫、齐、郑,礼也。④

周王室遭遇饥荒,周王遣使到鲁国"告饥"。鲁隐公依礼通知宋、卫、齐、郑等诸侯国,共同向周王室输送粮食。周王遣使向鲁国"告饥",盖因鲁为周的同姓,此时又是姬姓国中的强国之故;而鲁隐公通知宋、卫、

---

① (西晋)杜预:《春秋经传集解》上册,第36页。
② (西晋)杜预:《春秋经传集解》上册,第37页。
③ (西晋)杜预:《春秋经传集解》上册,第37页。
④ (西晋)杜预:《春秋经传集解》上册,第39页。

齐、郑，则表明此时鲁国与宋、卫、齐、郑为同盟国。

隐公七年（前716），"齐侯使其弟年来聘"。①《左传》的解释是："齐侯使夷仲年来聘，结艾之盟也。"②《左传》把隐公七年齐僖公派遣弟弟夷仲年到鲁国聘问，视为对隐公六年齐、鲁两国国君在艾地会盟达成的两国盟好关系的再次确认。

隐公八年（前715）齐僖公几经斡旋，终于使宋、卫与郑国言归于好，齐侯派使者将宋、卫、郑三国言归于好的事情告知鲁隐公："冬，齐侯使来告成三国。公使众仲对曰：'君释三国之图，以鸠其民，君之惠也，寡君闻命矣，敢不承受君之明德。'"③ 齐僖公的遣使告知应该是出于善意，基于对鲁国的尊重，将诸侯之间重要的会盟、结好的事情知会鲁隐公。鲁隐公遣使众仲的回答却透出一丝不甘和酸意。这次齐僖公遣使来告和鲁僖公遣使的回答，也许可以视为齐、鲁在诸侯中和周王室地位变化的重要节点。齐国在诸侯国中的影响力越来越强，齐国还通过郑庄公的引荐再次建立了与周王的密切关系："八月丙戌，郑伯以齐人朝王，礼也。"④ 而鲁国在诸侯国中的影响力则明显减弱了，众仲的回答透着不甘，却已经无能为力了。

隐公九年（前714），鲁隐公再次与齐僖公会盟："冬，公会齐侯于防。"⑤ 相比于鲁、齐关系的层层向好，鲁、宋关系从隐公五年宋人的伐邾之役开始恶化，并在隐公九年、十年达到了冰点。

> 《左传》隐公五年（前718）：宋人取邾田。邾人告于郑曰："请君释憾于宋，敝邑为道。"郑人以王师会之。伐宋，入其郛，以报东门之役。宋人使来告命。公闻其入郛也，将救之，问于使者曰："师何及？"对曰："未及国。"公怒，乃止，辞使者曰："君命寡人同恤社稷之难，今问诸使者，曰：'师未及国'，非寡人之所敢知也。"⑥

---

① （西晋）杜预：《春秋经传集解》上册，第40页。
② （西晋）杜预：《春秋经传集解》上册，第41页。
③ （西晋）杜预：《春秋经传集解》上册，第47页。
④ （西晋）杜预：《春秋经传集解》上册，第47页。
⑤ （西晋）杜预：《春秋经传集解》上册，第49页。
⑥ （西晋）杜预：《春秋经传集解》上册，第35页。

隐公五年，宋人攻打邾国，邾国向郑国求援；郑国联合周王的军队进攻宋国的都城，宋国派使者请求鲁国救援。鲁隐公听说郑人和周王的军队已经攻入宋国都城的外郭城，准备出兵救宋。鲁隐公问使者宋国的战况，使者说郑人、周王的军队还没有打到宋国的都城。鲁隐公认为宋国的战况没有到鲁国必须出兵的程度，就严词拒绝了宋国使者的请求。隐公五年，鲁隐公拒绝出兵救宋，鲁隐公在对待宋国要求上表现出的是一种理性的态度，而不是尽可能满足宋国的要求。这种对于宋国要求理性的态度，从一个侧面表明，在对待宋国的问题上，鲁隐公倾向于理性，而不是唯宋国马首是瞻。鲁隐公对待宋国的这种态度，在隐公四年（前719）已经有所表现："秋，诸侯复伐郑。宋公使来乞师，公辞之。羽父请以师会之，公弗许，固请而行。故书曰'翚帅师'，疾之也。诸侯之师败郑徒兵，取其禾而还。"[①] 宋殇公率陈、蔡、卫等诸侯攻打郑国，宋国派使者请求鲁国出兵，鲁隐公拒绝了宋国的要求。鲁国的公子翚坚持请求鲁隐公出兵助宋，并不顾鲁隐公的反对，坚持帅兵助宋："秋，翚帅师会宋公、陈侯、蔡人、卫人伐郑。"[②] 隐公四年，公子翚的坚持出兵，使得宋国并没有马上察觉鲁隐公对宋国态度的转变；隐公五年，鲁隐公对宋国出兵请求的拒绝，则直接表明了鲁国对宋国的态度。

鲁隐公七年（前716），《春秋》："秋，公伐邾。"[③]《左传》的解释是："公伐邾，为宋讨也。"[④] 鲁隐公尝试通过攻打邾国向宋国示好，缓和与宋国的关系，但是宋国却并不领情，于是鲁国选择站在郑、齐的一边，彻底与宋国决裂。

《左传》隐公九年（前714）：

宋公不王。郑伯为王左卿士，以王命讨之，伐宋。宋以入郛之役怨公，不告命。公怒，绝宋使。秋，郑人以王命来告伐宋。冬，公会

---

① （西晋）杜预：《春秋经传集解》上册，第27页。
② （西晋）杜预：《春秋经传集解》上册，第24页。
③ （西晋）杜预：《春秋经传集解》上册，第40页。
④ （西晋）杜预：《春秋经传集解》上册，第42页。

第五章 西周春秋时期鲁国的族群、婚姻与地缘政治

齐侯于防,谋伐宋也。①

隐公九年,宋人仍然对隐公五年鲁国不出兵救宋之事耿耿于怀,于是没有将郑人、周王出兵攻打宋国的事情告诉鲁国。鲁隐公认为宋国"不告"的举动是对鲁国的漠视,就断绝了与宋国的外交往来。郑人适时地向鲁国抛来橄榄枝,于是鲁国决定加入郑、齐、王师一方攻打宋国。隐公九年,鲁隐公决定弃宋就齐,这是隐公时期鲁国政治、外交选择的重大转向。

隐公十年(前713):
《春秋》:十年春,王二月,公会齐侯、郑伯于中丘。
夏,翚帅师会齐人、郑人伐宋。
六月壬戌,公败宋师于菅。辛未,取郜。辛巳,取防。②
《左传》:十年春,王正月,公会齐侯、郑伯于中丘。癸丑,盟于邓,为师期。
夏五月,羽父先会齐侯、郑伯伐宋。
六月戊申,公会齐侯、郑伯于老桃。壬戌,公败宋师于菅。庚午,郑师入郜;辛未,归于我。庚辰,郑师入防;辛巳,归于我。君子谓:"郑庄公于是乎可谓正矣。以王命讨不庭,不贪其土,以劳王爵,正之体也。"③

隐公十年,鲁隐公用行动实践了鲁国政治、外交的转向,先是在春天与齐侯、郑伯会盟,并约定攻打宋国的日期;继而派公子翚率师与齐人、郑人一起攻打宋国;并亲自在菅地打败宋国的军队。郑国的军队攻下宋国的郜和防,并在攻下两座城邑的第二天将之交给鲁国;《左传》君子将之视为郑庄公的德行:以王命讨伐不朝觐周王的宋国,但并不贪图宋国的土地,而是将获得的宋国的城邑,给予了在周室分封体系中爵位更加尊贵的

---

① (西晋)杜预:《春秋经传集解》上册,第49页。
② (西晋)杜预:《春秋经传集解》上册,第51页。
③ (西晋)杜预:《春秋经传集解》上册,第52—53页。

鲁国。不过郑国将攻下的郜和防交给鲁国的行为，也许并非因为郑庄公的德行或是鲁国的爵位更尊，而纯粹是一种利益的考量，郑国要用郜和防坚定鲁国站在郑国、齐国一方的决心。

> 隐公十一年（前712）：
> 《春秋》：夏，公会郑伯于时来。
> 秋七月壬午，公及齐侯、郑伯入许。①
> 《左传》：齐侯以许让公。公曰："君谓许不共，故从君讨之。许既伏其罪矣，虽君有命，寡人弗敢与闻。"乃与郑人。②

隐公十一年，鲁隐公与齐、郑结盟进攻许国，并攻下了许国的都城。齐僖公要将许国给予鲁隐公，鲁隐公拒绝了，说：许国不供周王的职贡，我就与您一起讨伐许国，但是占有许国并非鲁国该有的行为。于是在齐、鲁、郑攻下许国之后，将许国交由郑国处置。鲁国拒绝接受许国，有可能是出于对周室分封体系的维护，也有可能是出于对鲁国力量的权衡：许国在郑国的南面，以鲁国的能力要跨过郑国统治许国的土地，显然是不现实的。"齐侯以许让公"，大概也是出于齐国与许国地域区隔的考虑。

> 《左传·隐公八年》：郑伯请释泰山之祀而祀周公，以泰山之祊易许田。三月，郑伯使宛来归祊，不祀泰山也。③

郑伯因有助祭泰山的责任而拥有泰山旁的祊邑；许地有成王赐予周公的属田，在后世归鲁国所有。郑庄公请求用郑国的祊交换鲁国的许田，因为祊在泰山旁，距离鲁国近而距离郑国远；许田在郑国的南方，距离郑国近而距离鲁国远，郑庄公提出以祊邑与鲁国交换许田的建议，乃是出于地缘远近的考虑。观隐公八年鲁、郑易地之事，则鲁国在隐公十一年拒绝许

---

① （西晋）杜预：《春秋经传集解》上册，第54页。
② （西晋）杜预：《春秋经传集解》上册，第56页。
③ （西晋）杜预：《春秋经传集解》上册，第45—46页。

国土地出于地域区隔考虑的可能性更大。

鲁国与宋国的关系在宋穆公去世（隐公三年）和宋殇公即位（隐公四年）之后由亲密转向平淡；在隐公五年鲁国拒绝出兵救宋之后开始恶化；中间虽有隐公七年，鲁国为向宋国示好而进攻邾国，但是宋国并不领情；于是鲁、宋关系因隐公九年鲁国"绝宋使"，和隐公十年鲁国参与齐国、郑国对宋国的战争，而达到冰点。鲁国同齐国的关系在隐公六年齐、鲁两国国君的初次会盟之后快速向好，鲁国在外交上的去宋就齐，既有对宋国几次无礼行为的不满，也与此时郑、齐方强的诸侯政治形势有关，并因受到齐、郑两国的拉拢和郜、防等利益的鼓励。

（三）鲁桓公的婚姻与鲁国外交政策的彻底转向

鲁隐公时期，鲁国在外交上已经展现出去宋就齐的趋向；鲁桓公纵容羽父弑隐公之后，鲁国在外交上彻底转向了郑、齐。

《左传》桓公元年（前711）：元年春，公即位，修好于郑。郑人请复祀周公，卒易祊田。公许之。三月，郑伯以璧假许田，为周公，祊故也。[①]

鲁桓公即位元年同意了郑国以祊邑交换鲁国许田的请求，这是郑庄公致力于实现却被鲁隐公拒绝的交换。鲁桓公时期，郑庄公用玉璧和祊邑交换许田，表明许田的价值应该大于祊邑，这恐怕就是鲁隐公当年没有答应与郑国交换的原因。鲁桓公答应郑国祊邑与许田的交换，有以利益换取郑国支持的目的。在与郑国交好之外，鲁桓公又通过联姻加强了与齐国的盟好关系。

桓公三年（前709），鲁桓公与齐僖公女儿文姜的联姻，是《春秋》《左传》记载中受到礼遇最高的婚礼。桓公三年，《春秋》用4条记录记载了与鲁桓公和文姜婚姻相关的事情：

[①] （西晋）杜预：《春秋经传集解》上册，第66页。

> 《春秋》：三年春正月，公会齐侯于嬴。
> 公子翚如齐逆女。
> 九月，齐侯送姜氏于讙。公会齐侯于讙。夫人姜氏至自齐。
> 冬，齐侯使其弟年来聘。①

首先，在正月，鲁桓公为了与齐国的联姻而在嬴地与齐僖公会面；其次，鲁国的上卿公子翚代表鲁桓公到齐国迎娶文姜；再次，齐僖公亲自送女出嫁，直至鲁国的地界，这远远超出了诸侯嫁女应有的礼仪，而被《左传》的君子认为是"非礼也"；最后，在九月鲁桓公与文姜大婚之后，齐僖公又迫不及待地遣使聘问，所谓"致夫人也"。② 鲁桓公亲赴齐国与齐僖公商讨齐、鲁联姻之事，齐僖公对嫁女于鲁桓公给予了远超通例的礼遇；齐、鲁两国对鲁桓公与文姜联姻之事的重视表明，此时的齐、鲁两国都迫切地要求与对方交好。

> 桓公六年（前706）：
> 《春秋》：九月丁卯，子同生。③
> 《左传》：九月丁卯，子同生。以大子生之礼举之，接以大牢，卜士负之，士妻食之，公与文姜、宗妇命之。④

《春秋》记公子的出生，唯此一例。出生即以太子之礼对待，《左传》所记也唯此一例。鲁国在桓公六年文姜生子之事上，给予文姜和其子子同的礼遇，不但回报了齐国对齐鲁联姻的期望，更展现出了鲁国对齐国的敬畏，以及爱屋及乌地对齐国女子和其子嗣的尊崇。

如果说鲁桓公与文姜联姻之时，齐、鲁两国的国力尚处均势的话，在桓公末年，鲁国已经处于齐国的压力之下了。

---

① （西晋）杜预：《春秋经传集解》上册，第76—77页。
② （西晋）杜预：《春秋经传集解》上册，第79页。
③ （西晋）杜预：《春秋经传集解》上册，第86页。
④ （西晋）杜预：《春秋经传集解》上册，第92页。

第五章 西周春秋时期鲁国的族群、婚姻与地缘政治

《左传》桓公十八年（前694）：

十八年春，公将有行，遂与姜氏如齐。申繻曰："女有家，男有室，无相渎也，谓之有礼。易此必败。"公会齐侯于泺，遂及文姜如齐。齐侯通焉。公谪之。以告。

夏四月丙子，享公。使公子彭生乘公，公薨于车。

鲁人告于齐曰："寡君畏君之威，不敢宁居，来修旧好，礼成而不反，无所归咎，恶于诸侯。请以彭生除之。"

齐人杀彭生。[①]

鲁桓公要到齐地与齐襄公会盟，将携夫人文姜同行。鲁大夫申繻以"女有家，男有室"，女子嫁入夫家之后不能随便回归母国为由，阻止鲁桓公带文姜同往齐国。申繻的阻止也许单纯是出于礼法的考虑，但也有可能是因为知晓了文姜与齐襄公的私情。鲁桓公并未采纳申繻的建议，这很可能是因为受到齐襄公的压力，即所谓"寡君畏君之威"是也。鲁桓公在齐国知悉了文姜与齐襄公的不伦关系，责问文姜；文姜将鲁桓公知悉和责问之事告诉了齐襄公。齐襄公选择杀死鲁桓公。鲁人明知鲁桓公是被齐襄公授命所杀，却不敢向齐襄公兴师问罪，只能提议归咎于直接杀人的公子彭生，作为对鲁国国人和诸侯的交代。鲁人慑于齐襄公和齐国的威势，不敢追究文姜与齐襄公的私通，也不敢追究鲁桓公真正的死因；在此时的齐、鲁关系中，鲁国处于弱势是显而易见的。

鲁国自桓公至成公，国君都娶齐女为夫人，这其中有鲁国出于政治、外交利益选择；更因其时齐国强大，欲借联姻施加对鲁国政治的影响力；而鲁国处于弱势，不得不与齐国联姻。春秋中期以后，鲁襄公夫人是胡女敬归，鲁昭公娶吴女，鲁定公夫人是定姒，鲁国国君联姻的转向与齐国的衰落和晋、吴的兴起有关。

春秋时期鲁国国君的婚姻与鲁国的政治和外交选择有关，并受到其时诸侯间政治格局的影响。本节通过对鲁隐公、鲁桓公的婚姻与鲁国当时国情和诸侯间政治格局的分析证明，诸侯国国君的婚姻既受到诸侯国政治、

[①] （西晋）杜预：《春秋经传集解》上册，第126—127页。

外交政策和诸侯间政治格局的影响，又可以作为分析诸侯国政治、外交政策和诸侯间政治格局的佐证。

小　结

西周的分封，周王分封给诸侯国国君的包括土地、当地的人口、礼器、爵号以及部分外来人口和史官等职官。西周的封国，从贵族到平民都不是由单一族群构成的，以鲁国为例，则至少包括了姬姓周人族群、子姓商人族群和原来生活在商奄旧地的各姓部族。

曲阜鲁国故城的129座两周时期墓葬，因其在葬制、葬俗、随葬器物类型方面的明显差别被分为甲、乙两组。甲组墓葬78座，其中75座集中分布于药圃、县城西北角和斗鸡台墓地；乙组墓葬51座，集中分布于望父台墓地。甲、乙两组墓葬分布区域、葬制、葬俗、随葬器物类型的差别，源于其所属族群文化和传统的差别。甲组墓葬的墓主人主要来自商系族群，乙组墓葬的墓主人则主要是姬姓周人族群，且包含鲁国的宗室贵族。

曲阜鲁国故城甲、乙两组墓葬的发掘，从考古学上印证了商、周两系族群在西周、春秋时期的鲁国共存，并且各自保持着自己的文化、习俗、社会风尚和族群认同。甲组墓葬M202、乙组墓葬M48所见婚姻关系和甲组墓葬M202、乙组墓葬M48、M58所见随葬器物组合、葬俗特征表明，西周、春秋时期的鲁国，不同族群之间存在联姻等人员流动，这些人员流动带来了鲁地的族群和文化交融。

甲组墓葬M202的墓主人是嫁入商系族群的姬姓周人女子，其墓葬形制保存了姬姓周人族群的特征，随葬陶器与甲组墓葬的主流陶器特征没有明显差别，随葬青铜器有来自母家的媵器和得自夫家用器。M202墓葬在形制、随葬器物方面兼具父系和夫族的特征，印证了西周、春秋时期的已婚女性并不会因为婚姻而被排除在父系氏族之外，而是基于婚姻获得父系和夫族的双重身份。M202所属县城西北角墓地，在葬俗上表现出的与同属甲组墓葬的药圃、斗鸡台墓地的差别，与县城西北角墓地所属族群与姬姓周人族群的通婚和交往有关。不同族群之间的通婚和交往，有效促进了

第五章 西周春秋时期鲁国的族群、婚姻与地缘政治

西周、春秋时期鲁地的社会和文化交融，是《史记》所言鲁伯禽"变其俗，革其礼"的具体实践。

春秋时期鲁国在与姒姓的杞国、鄫国的联姻中是强势的一方，鲁国有意识地利用婚姻关系施加对杞国和鄫国政治的影响，联姻是鲁国拓展控制区域和势力范围的有效手段。联姻可以反映诸侯之间的地缘政治和强弱关系；联姻也可以影响诸侯之间的地缘政治，杞桓公时期杞国与晋国的联姻就对杞国和鲁国的地缘政治产生了很大的影响。

鲁国隐公时期在政治和外交上出现了由宋到齐的转向，鲁桓公与齐国的联姻与鲁国的政治转向有关，也与鲁桓公弑兄而立之后迫切需要获得诸侯的认可有关。鲁国自桓公以下，庄公、僖公、文公、宣公、成公皆娶齐女为夫人是因为齐国的强大和齐、鲁之间的地缘政治格局。鲁襄公娶胡女、鲁昭公娶吴女、鲁定公娶杞女，鲁国国君的婚姻在齐国霸权衰落之后开始转向晋、吴一系，并继续通过联姻加强与周边杞、鄫等姒姓国家的关系。

第六章　婚姻、女性经济与春秋时期的齐国政治

《史记·货殖列传》论齐地的地理和经济特点时说："齐带山海，膏壤千里，宜桑麻，人民多文彩布帛鱼盐。临菑亦海岱之间一都会也。"① 司马迁所言是战国、秦汉时期齐地的情况。齐国的具体控制区域在春秋和战国时期是有差别的，但是春秋、战国时期今山东地区的海岸线和山地、丘陵、平原等地貌情况几乎没有变化，齐国处于今渤海和泰山之间的核心地形、地貌特征也没有根本的变化。春秋、战国时期，齐国西北部的海岸线较之今天山东西北部的海岸线要向西南深入内陆大概 10 千米，② 也就是说，春秋时期齐国临淄的所在地比今天的位置离海更近；于是，依于海洋的鱼盐之利，就成为齐国发展经济的重要选择。史传论及齐太公、齐桓公时期齐国的大发展，总是特别强调齐国对鱼盐之利的利用。在鱼盐之外，齐国的另外一个经济重点就是桑麻和布帛生产。由于桑麻、布帛生产在很大程度上有赖于女性的劳动，使得齐国在女性经济、女性风俗、女性文化和女性对政治的参与方面都呈现出一些值得关注的特点。

---

① 《史记》卷 129《货殖列传》，第 3265 页。
② 关于全新世以来山东西北部的海岸线问题可参看赵松龄等《关于渤海湾西岸海相地层与海岸线问题》，《海洋与湖沼》1978 年第 1 期。

第六章　婚姻、女性经济与春秋时期的齐国政治

第一节　女性经济与齐地的"巫儿"习俗

《汉书·地理志》记齐地的"巫儿"习俗曰：

> 始桓公兄襄公淫乱，姑姊妹不嫁，于是令国中民家长女不得嫁，名曰"巫儿"，为家主祠，嫁者不利其家，民至今为俗。①

认为齐地存在一种"巫儿"习俗，从春秋一直延续到东汉时期。"巫儿"是家中的长女，不出嫁，留在母家，主持家中的祠堂和祭祀。《汉书》将齐地的"巫儿"习俗与齐襄公与其"姑姊妹"淫乱的事情关联起来，指出齐襄公与其姑姊妹淫乱，造成其姑姊妹不出嫁；齐襄公为了掩盖自己的秽事，就让百姓家的长女也不能出嫁，于是齐地就形成了长女不嫁、为家主祠的"巫儿"习俗。

"巫儿"，中华书局1962年标点本《汉书》作"巫見（见）"。文渊阁四库全书本《汉书》作"巫儿"；② 清人王先谦《汉书补注》作"巫儿"；③ 清人顾炎武《天下郡国利病书·风俗》曰："齐不嫁姑，而后乃有长女不嫁，立'巫儿'以主家祠者，"④ 论及此习俗作"巫儿"；清人方苞《方苞集·读齐风》曰："及少长，见班固《地理志》……齐自襄公鸟兽行，下令国中：长女不得嫁，为家主祠，名曰巫儿。至东汉之初，俗犹未改。"⑤ 论及此习俗亦作"巫儿"。考以文义，中华书局1962年标点本《汉书》"見（见）"字当为"兒（儿）"字形近之误。

齐地长女不嫁、为家主祠的"巫儿"习俗，从春秋一直延续到东汉时期，而其最早的起源很可能远早于春秋时期。吕思勉《先秦史·昏制》论

---

① 《汉书》卷28下《地理志下》，第1661页。
② 《汉书》，文渊阁四库全书本。
③ （清）王先谦：《汉书补注》卷28下《地理志》，上海古籍出版社2008年版，第2846页。
④ （清）顾炎武：《天下郡国利病书·风俗》，四部丛刊本。
⑤ （清）方苞：《方苞集·读齐风》，上海古籍出版社2008年版，第13页。

及齐地长女不嫁的"巫儿"习俗,将之系于齐地上古男方嫁入女方风俗的遗留,[①] 此后王志民、[②] 蔡锋、[③] 侯强、[④] 高兵、[⑤] 侯文学[⑥]等皆以风俗论之。吴凡明认为齐地"巫儿"习俗并非始于齐襄公,而是始于齐桓公。[⑦] 安作璋、[⑧] 刘德增[⑨]认为"巫儿"习俗的延续,与女子在齐地经济中占有的特殊地位有关。对于齐地"巫儿"习俗的讨论涉及上古遗俗在齐地的流传和延续,"巫儿"习俗与齐襄公、齐桓公行为和政令的关联,齐地的祭祀特点和女性在家族祭祀中的地位,齐地的女性经济和"巫儿"与家族经济的关联等问题。本书将从齐地社会、经济、文化、风俗等方面对"巫儿"习俗的形成和在齐地长期流传的原因做出讨论。

一 "巫儿"习俗与齐襄公、桓公之关联考

《汉书·地理志》所记齐地的"巫儿"习俗涉及如下问题:①齐地春秋时期即有长女不嫁的习俗,并且延续到东汉时期;②班固认为这一习俗与春秋时期齐襄公与其姑姊妹的淫乱行为有关;③"巫儿"习俗的形成由于齐襄公的政令;④不嫁的"巫儿"可以"为家主祠";⑤不嫁的"巫儿"在齐地是普遍存在的。班固既然说"民至今为俗",则齐地长女不嫁的"巫儿"习俗,到东汉初年依然存在。齐襄公公元前697—前686年在位,班固的生卒年是公元32—92年,则"巫儿"习俗在齐地的延续至少超过七百年。"巫儿"习俗是否导源于齐襄公之时,又是否与齐襄公淫于

---

① 吕思勉:《先秦史》,上海古籍出版社2005年版,第248页。
② 王志民主编:《齐文化概论》,山东人民出版社1993年版,第354页。
③ 蔡锋:《齐国"姑姊妹不嫁"与"巫儿之俗辨疑"》,《中华女子学院学报》1999年第2期。
④ 侯强:《齐"巫儿"婚俗探析》,《管子学刊》2001年第2期;侯强:《再谈齐"巫儿"婚俗》,《管子学刊》2003年第3期。
⑤ 高兵:《齐"巫儿婚俗"再探讨》,《管子学刊》2005年第3期。
⑥ 侯文学:《巫—神女—上仙——道教女仙瑶姬形象的生成与演变》,《哈尔滨工业大学学报》(社会科学版)2006年第5期。
⑦ 吴凡明:《齐"巫儿"婚俗始于桓公考》,《兰州学刊》2009年第7期。
⑧ 安作璋主编:《山东通史·先秦卷》(增订版),人民出版社2009年版,第303页。
⑨ 刘德增:《女闾、巫儿、不亲迎及其他——齐地女性与婚俗问题新考》,《山东社会科学》2012年第3期。

第六章　婚姻、女性经济与春秋时期的齐国政治

其姊妹有关呢？以"淫风"成俗的"巫儿"，何以能主持家庭的祭祀？为了廓清齐地"巫儿"习俗的形成和长期延续的原因，笔者尝试从讨论"巫儿"习俗与齐襄公关联的真实性入手。

齐襄公确实有与其姊妹淫乱之事，其与鲁桓公夫人文姜的淫乱导致了春秋时期鲁桓公、鲁庄公时代，齐、鲁多年的国事动荡；并直接或间接导致了鲁桓公、齐公子彭生、齐襄公、齐公孙无知、齐公子纠、齐大臣召乎等多位君臣的死亡。对于相关事迹，《诗经·齐风·南山》《敝笱》《载驱》《猗嗟》等篇皆有记录和评述。

　　《齐风·南山》：南山崔崔，雄狐绥绥。鲁道有荡，齐子由归。既曰归止，曷又怀止。
　　《毛序》：南山，刺襄公也。鸟兽之行，淫乎其妹，大夫遇是恶，作诗而去之。①

《南山》以巍峨的高山起兴，以绥绥的雄狐映射性欲旺盛，与姊妹有不伦关系的齐襄公。"鲁道有荡，齐子由归"，说的是嫁为鲁文公夫人的齐僖公之女，襄公之妹——文姜，说文姜从大道嫁到鲁国；但是文姜嫁到鲁国后，却不安于鲁，而总是怀恋旧国，这是对文姜与齐襄公不伦关系的委婉表达。《毛序》直陈齐襄公与文姜的秽事，曰"鸟兽行"。

《左传》自鲁桓公三年（前709）齐女文姜嫁到鲁国，到鲁庄公二十一年（前673）"秋七月戊戌，夫人姜氏薨"，② 文姜薨逝，对文姜相关之事迹多所记录；《史记·齐太公世家》《鲁周公世家》对齐襄公、文姜相关之史事亦有详细之记录。

　　《左传》桓公十八年（前694）：公会齐侯于泺，遂及文姜如齐。齐侯通焉。公谪之。以告。
　　夏四月丙子，享公。使公子彭生乘公，公薨于车。

---

① 《毛诗正义》卷5《齐风·南山》，（清）阮元校刻《十三经注疏》上册，第352页。
② （西晋）杜预：《春秋经传集解》上册，第176页。

齐人杀彭生。①

鲁桓公十八年与文姜同赴齐国与齐襄公会盟；文姜与齐襄公私通；鲁桓公知道了文姜与齐襄公的秽事，责问文姜；文姜把鲁桓公责问之事告诉了齐襄公；齐襄公命公子彭生在扶鲁桓公上车的时候暗施手脚，鲁桓公死亡；鲁人请齐人杀彭生作为交代；齐人杀彭生以谢鲁国。文姜与齐襄公的秽事间接造成了鲁桓公的死亡，齐国的公子彭生也作为替罪羊被处死。

《左传》庄公八年（前686）：冬十二月，齐侯游于姑棼，遂田于贝丘，见大豕，从者曰："公子彭生也。"公怒曰："彭生敢见！"射之，豕人立而啼。公惧，队于车，伤足丧屦。②

连称、管至父、公孙无知共谋弑君作乱。齐襄公在贝丘田猎，因见到伪装的彭生而惊惧摔下车，伤到了脚；齐襄公回到住处，随即遭到杀害。齐襄公的死亡虽然与公子彭生没有直接的关系；但是很显然，弑君者利用了齐襄公对彭生的愧疚和由此产生的恐惧，造成齐襄公的慌乱，最终完成了弑君。齐襄公对彭生的愧疚和恐惧则源于八年前，齐襄公命彭生暗害鲁桓公又将彭生作为替罪羊处死。

我们不能确定齐襄公是否只与文姜有淫乱之事；但可以确定的是，史籍有确切记载的，与齐襄公有兄妹淫乱之事的文姜，是曾经嫁人的，嫁为鲁桓公夫人。不过据《管子》《荀子》《新语》的记载，齐桓公确实提到他曾与姑姊妹有染，并且有因之而不嫁者。《春秋·庄公十五年（前679）》："夏，夫人姜氏如齐"，③ 似乎也在暗示，文姜与齐桓公亦有兄妹淫乱之事。

《管子·小匡》：（齐桓）公曰："寡人有污行，不幸而好色，而

---

① （西晋）杜预：《春秋经传集解》上册，第126—127页。
② （西晋）杜预：《春秋经传集解》上册，第144页。
③ （西晋）杜预：《春秋经传集解》上册，第164页。

第六章 婚姻、女性经济与春秋时期的齐国政治

姑姊有不嫁者。"①

《荀子·仲尼》：齐桓，五伯之盛者也，前事则杀兄而争国；内行则姑姊妹之不嫁者七人，闺门之内，般乐奢汰。②

《新语·无为》：齐桓公好妇人之色，妻姑姊妹，而国中多淫于骨肉。③

齐襄公是桓公之兄，桓公的姑姊妹也当是襄公的姑姊妹，那么班固所谓"桓公兄襄公淫乱，姑姊妹不嫁"，在事实上也是成立的；只是襄公淫乱之人，与其不嫁的姑姊妹也许不是同样的人而已。那么班固为什么对齐桓公的淫行避而不提，将所有的过错与"巫儿"习俗的成因都归咎于齐襄公呢？

这其中的原因大概有二：第一，齐桓公虽然与姑姊妹有淫行，但并不曾危害国家。齐桓公死后因三位夫人皆无子，又女宠过多，形成诸子争位的乱局，但这其中并不曾有同姓女的记载。而齐襄公与文姜的秽事则间接导致了鲁桓公、齐公子彭生、齐襄公的死亡；在齐襄公和公孙无知先后被弑之后，又发生了公子纠与公子小白的争位，小白即位为齐桓公。齐襄公和文姜的不伦关系对齐国和鲁国政治都产生了很大的影响。先秦时期，对于不危害国家的宫闱之事，卿大夫是不会多加苛责的；前引管仲、荀子，皆对齐桓公淫于姑姊妹之事给予了宽容。而孔子关于卫灵公的一段评述，也可以看出这种宽容：

《说苑·尊贤》：鲁哀公问于孔子曰："当今之时，君子谁贤？"对曰："卫灵公。"公曰："吾闻之：其闺门之内，姑姐妹无别。"对曰："臣观于朝廷，未观于堂陛之间也。"④

---

① 黎翔凤：《管子校注》卷8《小匡第二十》，梁运华整理，中华书局2004年版，第446页。
② （清）王先谦：《荀子集解》卷3《仲尼篇第七》，第106—107页。
③ 王利器：《新语校注》卷上《无为第四》，中华书局1986年版，第67页。
④ （汉）刘向著，向宗鲁校证：《说苑校证》卷8《尊贤》，中华书局1987年版，第192页。

鲁哀公问孔子当时天下的贤君,孔子对以"卫灵公"。鲁哀公言卫灵公有闺门秽事,孔子则说,自己论贤与不肖只以朝堂之事论,而不关注闺阁之事。孔子评价卫灵公,以其处理国政的是非,而不对其宫闱之事多加指摘,表现出对君主闺阁秽事的宽容。

第二,也是更为关键的一点,是因为,将"巫儿"习俗系于早于齐桓公的齐襄公,则将此习俗的存在时间提前了;透露出齐地"巫儿"习俗产生的时间,很可能早于史传作者将之归于的时代的隐含信息。齐国史事大量见于《诗经》《左传》,始于齐襄公;将民俗系于具体的时间和人事,以期增强其历史性和可信度,这是精英历史逻辑思维的结果。

一个地区因其地理、经济、社会、历史、文化等原因,会形成一些流行于民间的习俗,而随着历史的发展,人们会考虑为这些"习俗"寻求起源点,并建构其产生的逻辑。这时候,人们经常会把一些本来不相关,但是在历史上很有名的人和事拉拢到一起。齐地长女不嫁的"巫儿"习俗,既有当地母系文化遗存的原因,又在齐地女性经济的支持下得以长期保存。但作为后人的班固,希望赋予这一习俗更为笃定的意义,构建上行下效的风俗生成逻辑,于是他找到了齐襄公。

公元前841年以前的中国历史,是没有办法具体到某一年的;从公元前841年到公元前722年的历史,虽可系之于年,但仍失之简略。中国传世文献中有详细纪年的开始,是《春秋》,更有为之作传的《左传》,才使我们可以对鲁隐公元年,公元前722年,到鲁哀公十四年,公元前481年(《春秋》经的下限),鲁哀公二十七年,公元前468年(《左传》的下限)的历史有详细而清晰的了解。

齐国,进入《春秋》纪年的第一位国君是齐僖公,鲁隐公元年,公元前722年,是齐僖公九年。齐襄公是进入《春秋》纪年的第二位齐国国君,其即位在鲁桓公十五年,公元前697年。《诗经·齐风》共11篇,未有与齐僖公相关者;而与齐襄公、文姜、鲁桓公、鲁庄公相关者有6篇之众:《南山》《甫田》《卢令》《敝笱》《载驱》《猗嗟》。《春秋》《左传》在齐僖公的时代记齐事很少,而襄公以后记齐事,可谓长篇累牍。充足的文献,使得班固将齐地"长女不嫁"的习俗系于齐襄公,有了现实的依据。

关于齐襄公与鲁桓公夫人文姜淫乱之事,《诗经》《左传》都有极详细

第六章　婚姻、女性经济与春秋时期的齐国政治

的记载。《诗·齐风·南山》直指其弊，毫无讳言；言齐襄公之淫荡，文姜既已嫁至鲁国为夫人，却依然惦念她的哥哥，文辞犀利、直率。《诗经》直刺其弊，《左传·桓公十八年》则把整件事情的前因后果叙述得清晰而周详。

《诗经》《春秋》《左传》对于齐襄公与文姜的淫乱之事所记甚详，而此事对齐、鲁两国国事产生的影响也极大。班固感于齐襄公、文姜秽事之影响，依托诗、史的记载，将齐地长女不嫁的"巫儿"习俗归咎于齐襄公与其姊妹的淫乱，这是中国古代儒家历史观在习俗建构中的体现。儒家在圣人史观的影响下，总是习惯将历史的是非、习俗归咎于大圣或者其反面——大恶之人；而忽视大多数民间习俗并非出于圣、恶之人的行为和主张，而是基于社会、经济、文化和万千升斗小民的生活而形成的。中国古代的儒家学者总是习惯于将习俗系于具体的时间和人事，以期增强其历史性和可信度。《汉书·地理志》将"巫儿"习俗与齐襄公及其姑姊妹的淫行和政令关联起来，是一种"名人归咎"，即将习俗关联到具体的名人身上，而淡化习俗的社会和经济背景。这是中国古代儒家精英历史观和儒家史观思维的结果。

如果齐地的"巫儿"习俗真是源于有淫行的齐襄公、桓公的姑姊妹，这一因淫风成俗的"巫儿"又怎能主持家庭的祭祀呢？所谓"国之大事，在祀与戎，祀有执膰，戎有受脤，神之大节也"。[①] 在中国古代，祭祀是极其庄严、隆重之事，其在国事中的地位尚在战争之前；且祭祀重以丰洁，因秽行成俗的"巫儿"，何以能承担如此重要的职责？同时，齐地长女不嫁的"巫儿"习俗，自齐襄公算起，至班固的时代已逾七百年，一个因淫行和政令成俗的"巫儿"习俗，怎能延续如此之久？遑论其中尚经历了田氏代齐、秦一六国、秦汉异代、新莽改制、东汉继兴等多次政治变局。"巫儿"习俗在齐地长期存在的唯一合理解释就是："巫儿"习俗本与齐襄公、桓公与其姑姊妹的淫行、秽事无关，只是班固在儒家历史观和精英历史逻辑思维的影响之下，将之附会在一起。齐地长女不嫁的"巫儿"习俗，究竟源起何时？其产生和维系的原因又何在呢？笔者以为，齐地"巫

---

① （西晋）杜预：《春秋经传集解》上册，第722页。

儿"习俗的存在远早于齐襄公、桓公的时代，当与母系氏族社会和原始血缘内婚的习俗在齐地的遗存有关；而此习俗在齐地的长期流传，则主要与女性在齐地经济中的特殊地位有关。

二 "女功"与春秋、战国时期齐国的强盛

春秋五霸之盛者，首推齐桓公。而齐国强盛的基础，"女功"确实贡献颇多。

> 《史记·货殖列传》：故太公望封于营丘，地潟卤，人民寡，于是太公劝其女功，极技巧，通鱼盐，则人物归之，繦至而辐凑。故齐冠带衣履天下，海岱之间敛袂而往朝焉。其后齐中衰，管子修之，设轻重九府，则桓公以霸，九合诸侯，一匡天下；而管氏亦有三归，位在陪臣，富于列国之君。是以齐富强至于威、宣也。①

《汉书·地理志》亦云：

> 古有分土，亡分民。太公以齐地负海舄卤，少五谷而人民寡，乃劝以女工之业，通鱼盐之利，而人物辐凑。后十四世，桓公用管仲，设轻重以富国，合诸侯成伯功，身在陪臣而取三归。故其俗弥侈，织作冰纨绮绣纯丽之物，号为冠带衣履天下。②

西周、春秋时期的齐国在今山东的东北部，临近渤海，土地低平潮湿，多有盐碱之地，太公就国即因地制宜，发展渔盐和纺织产业，鼓励通商，齐由此而富强。"女功"，就是桑蚕、纺织之业，因主要由女性承担，故被称为"女功"。蚕桑、纺织业是齐国经济的重要支撑，太公、桓公时期齐国的富国、强国政策都把蚕桑、纺织业作为发展的重点。齐国的桑

---

① 《史记》卷129《货殖列传》，第3255页。
② 《汉书》卷28下《地理志下》，第1660页。

第六章 婚姻、女性经济与春秋时期的齐国政治

蚕、纺织业特别强调工艺、技术，即所谓的"极技巧"和"织作冰纨绮绣纯丽之物"。对蚕桑、纺织技术的强调，是因为齐国的纺织业不只供给齐贵族、百姓的日常穿着，更要进行广泛的商品贸易和交换。齐国纺织产品的贸易范围很广，《史记》说的"齐冠带衣履天下"，虽然有夸张的成分，但是的确反映了齐国纺织业的发达和广泛进入商品流通的情况。齐国的桑蚕、纺织业发达，不仅产量巨大，而且质量上乘、品质精美，齐国通过纺织业的生产和交换获得了巨大的财富，这是齐国强盛的基础和重要表征。桑蚕、纺织业的生产需要大量的女性劳动，而织作精美的丝织品更需要技术的传承；将长女留在家中、传承纺织技艺，很可能是齐国纺织业发展过程中对生产力和技艺传承要求的反映。齐地长女不嫁的"巫儿"习俗与齐国桑蚕、纺织业的发展有关；同时，由于纺织业能获得巨大的财富，掌握纺织技术的长女在家中的地位很高，于是得以"为家主祠"。

《管子·轻重》记齐桓公与管仲的问答曰：

> 桓公曰："何谓来天下之财？"管子对曰："昔者桀之时，女乐三万人，端噪晨乐，闻于三衢，是无不服文绣衣裳者。伊尹以薄（亳）之游女工文绣纂组，一纯得粟百钟于桀之国。夫桀之国者，天子之国也。桀无天下之忧，饰妇女钟鼓之乐，故伊尹得其粟而夺之流。此之谓来天下之财。"①

齐桓公问管仲怎样聚敛天下的财富，管仲举商之伊尹以文绣丝绸换取夏桀的粮食为对。"纯"，《辞源》的解释是："丝绵布帛一段曰纯。"②"钟"，《辞源》的解释是："古容量单位，受六斛四斗，十釜为一钟。"③"一纯得粟百钟于桀之国"就是说，一束上好的丝绵布帛可以换取百钟的粮食。杨伯峻《孟子译注》注"万钟"曰："万钟则为六万四千石。但古代一升，仅合今日 0.1937 升，则六万四千石犹不足今日之一万三千石。"④

---

① 黎翔凤：《管子校注》卷23《轻重甲第八十》，第1398页。
② 《辞源》（修订本），商务印书馆1981年版，第2406页。
③ 《辞源》（修订本），第3203—3204页。
④ 杨伯峻：《孟子译注》卷4《公孙丑章句下》，中华书局1960年版，第105页。

依杨伯峻的估算，先秦的百钟约合今日之一百三十石，约为16250千克。一束上好的丝织品即可换得超过16吨的粮食，可见其价值之高。管仲的言语虽不无夸饰之嫌，但这个交换的对比，确实说明，在管仲看来，精致的丝织品是非常重要的财富来源；可以通过技巧，大幅提高丝织品的财富附加值，这是齐国致富强大的重要途径。在中国传统的农业社会，粮食就是国力，是支撑国家军力的基础。伊尹通过用精美的丝织品换取夏桀的粮食，在削弱夏的国力的同时，又增强了商的实力，为此后商汤灭夏奠定了坚实的基础。管仲治齐，亦选择以精美的丝织品为齐国快速地累积财富、增强国力。齐桓公"九合诸侯，一匡天下"，[①] 则以事实证明了齐国采取女功、纺织富国政策的有效性。

"极技巧"的齐地"冰纨绮绣纯丽之物"通过交换、贸易行于天下，为齐国换来了巨额的财富。《国语·晋语二》记周公宰孔对晋献公评论公元前651年齐桓公召集的葵丘之会曰："夫齐侯好示，务施于力而不务德，故轻致诸侯而重遣之，使至者劝而叛者慕。"[②] 何谓"轻致诸侯而重遣之"？就是说齐桓公会盟诸侯，诸侯皆轻装而来，厚载而走；周公宰孔对此虽然颇为不屑和鄙夷，但是我们需要思考的是：齐桓公用以施惠给诸侯、让其重归的是什么？这些东西可以使"至者劝而叛者慕"，齐国是如何得到这些财富的呢？这些财富中恐怕有大量齐地的精美丝织品，以及由这些精美丝织品换来的财富。

《史记·货殖列传》记子贡曰："七十子之徒，赐最为饶益。……子贡结驷连骑，束帛之币以聘享诸侯，所至，国君无不分庭与之抗礼。夫使孔子名布扬于天下者，子贡先后之也。此所谓得势而益彰者乎？"[③] 子贡以帛为币，聘享于诸侯；进而以此与各国国君分庭抗礼，则丝织品在春秋时期，是财富的重要载体和象征。同时，亦可见，春秋时期实在是可以以财富抗衡权力的时代。正是在这样的时代，在以"女功"著称的齐地，为了保证齐国在丝织业中的优势，必须把掌握纺织技术的女性留在家中，以确

[①] 《史记》卷32《齐太公世家》，第1491页。
[②] 《国语》卷8《晋语二》，上海师范大学古籍整理组校点《国语》上册，第300页。
[③] 《史记》卷129《货殖列传》，第3258页。

第六章 婚姻、女性经济与春秋时期的齐国政治

保高端纺织技术在齐地的保密和传承,于是长女不嫁的"巫儿"习俗在齐地得以长久地保存。

《战国策·秦策一》记苏秦说赵王曰:

> 赵王大悦,封为武安君。受相印,革车百乘,锦绣千纯,白璧百只,黄金万溢,以随其后,约纵散横,以抑强秦。①

苏秦说赵王以合纵,赵王给予苏秦用以游说他国君主的珍宝,包括兵车、精美的丝织品、玉璧和黄金,以"锦绣千纯"为与"革车百乘""白璧百只""黄金万溢"相并提的力量和财富,认为这是足以游说他国君主,以与自己同仇敌忾的筹码。由此可见,在春秋、战国时期,精美的丝织品是巨额的财富象征,并且是春秋、战国时期诸侯之间交通、聘问等不可或缺的礼物。

《韩非子·内储说下》曰:

> 卫人有夫妻祷者而祝曰:"使我无故,得百束布。"其夫曰:"何少也?"对曰:"益是,子将以买妾。"②

精美的丝织品在诸侯的聘问、交往中发挥着重要的作用,布帛则对普通百姓的生活和家庭经济意义重大。卫国女子祈祷,求"百匹布",她的丈夫问她为何只求百匹,女子说超过"百匹布",家中就有了足以"买妾"的余财。百匹布,即可维持一家的小康生活,而多于此,家庭则有余财可以买妾。布帛等纺织品在春秋、战国时期,始终是财富的象征,当时人习惯以布帛衡量财富的多寡,布帛在当时可以直接用于交换。

《尚书·禹贡》记兖州、青州、徐州的丝织品贡赋和三地的交通曰:

> 济、河惟兖州。……桑土既蚕,……厥贡漆丝,厥篚织文。浮于

---

① (汉)刘向集录:《战国策》卷3《秦策一》,第87页。
② (清)王先慎:《韩非子集解》卷10《内储说下六微第三十一》,第246页。

济、漯，达于河。

海、岱惟青州。……厥贡盐、絺，海物惟错，岱畎丝、枲、铅、松、怪石，……厥篚檿丝。浮于汶，达于济。

海、岱及淮惟徐州。……厥篚玄纤缟。浮于淮、泗，达于河。①

春秋时期的齐地，其范围不出《禹贡》青州、兖州、徐州的范围，此三地皆有树桑、养蚕、缫丝、织锦之业。三州的贡赋经由汶、济、漯、淮、泗、河转运，三州商品的贸易、交通亦可经由这些水系往来，齐由此得以实现"冠带衣履天下"，并以衣履换取、汇聚天下的财富。

司马迁《史记·货殖列传》说"齐、鲁千亩桑麻"。② 齐、鲁皆以桑麻、女织著称，但是"巫儿"习俗为何独存于齐地呢？这恐怕要追溯到齐、鲁开国政策的差别：齐太公治国"因其俗，简其礼"；③ 鲁伯禽治国"变其俗，革其礼"。④《汉书·地理志》说"古有分土，亡分民"。西周的分封，乃是将土地分封给诸侯，使之统治这片土地上原有的居民。诸侯就国会带官员、亲故、随从等，但诸侯国土地上的原有居民，仍占据当地人口的大多数。于是，齐太公的治国政策，使齐地更多地保存了当地原有的习俗；而鲁国则以周礼校正当地风俗。齐太公因齐地的地理、土地、植被、人口情况，鼓励女性的桑麻、纺织生产以发展经济；同时对于东夷风俗和齐地原有的风俗亦多有保存。齐地长女不嫁的"巫儿"习俗，是上古男方嫁入女方婚俗的遗留，亦因为女性生产和女性劳动在齐地经济中的重要地位而得以长期的保存。

女性在采桑、养蚕、缫丝、纺绩中的重要作用，使得致力于生产高质量、高等级丝织品，并将纺织作为国家重要经济来源的齐地，女性在经济中的地位被特别地凸显出来，于是长女不嫁的"巫儿"习俗得以在齐地长期保存下来。

---

① 《尚书正义》卷6《禹贡》，（清）阮元校刻《十三经注疏》上册，第147—148页。
② 《史记》卷129《货殖列传》，第3272页。
③ 《史记》卷32《齐太公世家》，第1480页。
④ 《史记》卷33《鲁周公世家》，第1524页。

第六章　婚姻、女性经济与春秋时期的齐国政治

第二节　春秋时期的齐卫交通与齐卫联姻的地缘基础

陈槃《春秋列国的交通》、[①] 史念海《春秋以前的交通道路》《春秋时代的交通道路》[②] 都提到了齐、卫之间交通道路的存在，但是由于陈先生、史先生的文章是对春秋时期交通的整体述评，故对齐、卫之间的交通细节未作深入考证。黄书涛的硕士学位论文《春秋战国时期山东地区的交通发展》[③] 是对山东地区春秋战国时期陆路、内河、海运交通的综合述评，但偏重于交通发展原因的探析，对于齐、卫之间的交通路线只是一笔带过。探讨齐、卫之间的交通细节和齐、卫交通对于齐国的重要性，是学术界暂未关注的问题和研究的薄弱环节。本书力图在对莘、新台的位置做细致考证的基础上，全面考察春秋时期涉及齐、卫的会盟、征伐地点，并结合春秋时期黄河、济水的河道、通航等情况对春秋时期齐卫之间交通道路的细节，水陆交通的具体路线和可能的水陆交通转换地点等问题做出论述；并结合春秋前期[④]齐、卫之间频繁联姻的问题，对齐卫交通和齐卫频繁联姻的地缘基础进行研究。

一　黄河与春秋时期的齐卫交通

《左传》僖公四年（前656），管仲答楚使时说："昔召康公命我先君大公曰：'五侯九伯，女实征之，以夹辅周室。'赐我先君履，东至于海，

[①] 陈槃：《春秋列国的交通》，《旧学旧史说丛》上册，上海古籍出版社2010年版，第169—248页。
[②] 史念海：《春秋以前的交通道路》，《中国历史地理论丛》1990年第3辑；史念海：《春秋时代的交通道路》，《人文杂志》1960年第6期。
[③] 黄书涛：《春秋战国时期山东地区的交通发展》，硕士学位论文，暨南大学，2008年。
[④] 笔者倾向于将齐桓公之死作为春秋前期和中期的分界，即僖公十七年，公元前643年。齐桓公称霸诸侯和齐桓公死后齐国的政治动荡，齐桓公死后晋、楚争霸成为诸侯间政治的主轴，齐桓公之死是春秋时期诸侯政治格局变化的一个分界线。

西至于河，南至于穆陵，北至于无棣。"① 管仲提到的海、河、穆陵、无棣不太可能是西周初年对齐国分封区域的界定，而应该是春秋时期齐桓公时代齐国的大致疆域，谭其骧在《西汉以前的黄河下游河道》中对管仲所论齐国疆域的时代问题做了清晰的论证和说明。② 春秋时期，齐的西境以黄河为界，齐要拓展空间、跨河而西，卫是重要的关节。

齐桓公西征白狄经由卫地。《管子·小匡》《国语·齐语》《史记·齐太公世家》都记载了"齐桓公西征攘白狄"的事迹，周书灿在综合考察相关地名和交通的基础上认为："齐桓公西征'攘白狄'仅仅到达晋、陕交界处的今陕西韩城一带。而其征伐之地大体上仅局限于今晋南平陆县一带。"③ 齐桓公的西征乃是由卫入晋。《左传》成公二年（前589），晋、齐鞌之战，在有鲁国参与的情况下，晋国依然选择经由卫地攻入齐国："季文子帅师会之，及卫地。"④ 鲁国上卿季文子帅师在卫地迎候晋军，共同攻打齐国。《左传》僖公二十三年（前637），记述重耳的流亡路线：僖公五年（前655），重耳由晋的蒲城到狄。十二年后，重耳离开狄去齐国，中间经过卫国的都城和五鹿："过卫，卫文公不礼焉。出于五鹿。"⑤ 重耳离开齐国之后经过曹、宋、郑，然后到了楚国，最后到秦国。僖公二十四年（前636），秦穆公出兵送重耳回国即位。狄在晋的西北，重耳由狄到齐经过卫国，表明晋、卫、齐之间交通的存在。《左传》襄公二十九年（前544），吴公子季札的出使路线，乃由吴经徐到鲁，再到齐、郑、卫、晋。季札由卫入晋，经过戚地："自卫如晋，将宿于戚"，⑥ 表明了卫与晋之间直接交通的存在。

卫国在齐、晋两个大国的交通中占有重要地位。齐与卫的联姻，一是要借此保证齐国向西的交通。二是在公元前660年被狄人灭而复建之前，卫国是具有强大政治能量和扼守重要地理区位的诸侯国。卫国作为周室宗

---

① （西晋）杜预：《春秋经传集解》上册，第244页。
② 谭其骧：《西汉以前的黄河下游河道》，《长水集》下册，第78—79页。
③ 周书灿：《有关齐桓公西征的几个地理问题》，《烟台师范学院学报》（哲学社会科学版）2003年第2期。
④ （西晋）杜预：《春秋经传集解》上册，第641页。
⑤ （西晋）杜预：《春秋经传集解》上册，第333页。
⑥ （西晋）杜预：《春秋经传集解》下册，第1123页。

第六章 婚姻、女性经济与春秋时期的齐国政治

亲、卫康叔之后，又携有原殷商遗民和商的王畿旧地，齐国希望通过与卫国的联姻获得参与中原诸侯事务的有力同盟。齐桓公自庄公九年（前685）即位，到僖公九年（前651）葵丘会盟确立霸主地位，其势力的扩张有着清晰的脉络：鲁、谭、邢、卫相继被纳入齐国的势力范围，然后僖公四年（前656）齐侯携诸侯之势侵蔡、伐楚，召陵之盟确立了齐、楚两国的势力范围。

公元前660年，卫国被狄人所灭，宋桓公迎卫国遗民于河上："宋桓公逆诸河，宵济。"① 不管卫国的遗民是通过水路还是沿着河走，都可以认为，此时黄河是卫国向南方的重要通道。那么向北和向东呢，卫国是否也会借助黄河？答案是肯定的。卫宣公为公子急（伋）娶妻于齐，后因齐女美，乃夺子之妻而自妻之。《毛序》以《邶风·新台》为刺卫宣公之作："《新台》，刺卫宣公也。纳伋之妻，作新台于河上而要之，国人恶之，而作是诗也。"② "新台"是卫宣公为情挑宣姜在黄河上新筑的高台。卫宣公在黄河上筑台以劫夺宣姜，则宣姜由齐至卫，在新台附近的路线必临近黄河，或即乘船而行。关于新台的位置，清代马瑞辰《毛诗传笺通释》说：

> 新台，瑞辰按：《水经·河水注》："河水又东，迳鄄城县北，故城在河南十八里。河之北岸有新台鸿基层，广高数丈，卫宣公所筑新台矣。"《太平寰宇记》："新台在濮州鄄城县东北十七里，北去河四里。"鄄城，今曹州府濮州是也。至《汉志》东郡阳平有莘亭，乃《左传》宣公"使盗待诸莘"之莘，毛大可以释新台，失之。③

北魏鄄城县与北宋鄄城县的位置基本相当，春秋时称"鄄"，在今山东省鄄城县北，较之清代的濮州稍偏东南；《水经注》《太平寰宇记》所述新台与黄河相对位置的差别盖因黄河河道的轻微改变所致，两书所说的新台当为同一处遗址。考之谭其骧《中国历史地图集》"春秋时期·郑、宋、

---

① （西晋）杜预：《春秋经传集解》上册，第223页。
② 《毛诗正义》卷2《邶风·新台》，（清）阮元校刻《十三经注疏》上册，第311页。
③ （清）马瑞辰：《毛诗传笺通释》上册，第158页。

卫"图,① 鄄地在春秋时并不在黄河边上,距离黄河有相当远的距离,《水经注》《太平寰宇记》所说恐怕并非春秋时"新台"的位置所在。程俊英、蒋见元认为新台在"今河南省临漳县西黄河旁"。② 临漳县今属河北省邯郸市,在《禹贡》《山经》记载的河道上,考之春秋时的黄河故道,此说近是。

史念海在《论〈禹贡〉的导河和春秋战国时期的黄河》中指出:不存在公元前602年(周定王五年)的黄河宿胥口改道;公元前660年,卫、狄战争的地点和卫之后的迁都地点,公元前632年晋向卫假道渡河的事情表明,在周定王五年之前,黄河即在宿胥口向东流,在濮阳折而向北,经戚地继续北流,经流《汉志》河道。③ 谭其骧认为战国筑堤的黄河是《汉书·地理志》记载的河道,春秋时期黄河以走《汉志》河道为主,有时也走《禹贡》河道或者《山经》河道。④ 卫国的都城,从最初的沫(朝歌)到屡次迁移的曹(漕)、楚丘、帝丘(濮阳),距离《汉志》大河或者《禹贡》《山经》河道都不远,在春秋时期的航运条件下,取道黄河向东北去往齐国是方便而可行的。从卫都取道黄河东北行,在什么时候要转向陆路呢?《左传》桓公十六年(前696)记载的,卫宣公买通强盗杀害公子急、寿的莘地,为我们解决这个问题提供了一个空间上的参照。

《邶风·二子乘舟》,《毛序》说:"思伋、寿也。卫宣公之二子,争相为死,国人伤而思之,作是诗也。"⑤ 清代姚际恒,今人程俊英、蒋见元等反对将此诗与卫宣公的儿子伋(急)、寿关联起来。⑥ 但是《二子乘舟》是一首与水行有关的送别诗,或者挂念远行之人的诗是毋庸置疑的,不同解诗人对诗旨蠡测的差别只是在于乘舟之人是否伋(急)、寿而已。此诗言"二子乘舟",又言"不瑕有害",颇与《毛序》相照应。《左传·桓公

---

① 谭其骧主编:《中国历史地图集》第1册,第24—25页。
② 程俊英、蒋见元:《诗经注析》上册,第118页。
③ 史念海:《论〈禹贡〉的导河和春秋战国时期的黄河》,《陕西师大学报》(哲学社会科学版)1978年第2期。
④ 谭其骧:《西汉以前的黄河下游河道》,《长水集》下册,第81页。
⑤ 《毛诗正义》卷2《邶风·二子乘舟》,(清)阮元校刻《十三经注疏》上册,第311页。
⑥ (清)姚际恒:《诗经通论》,顾颉刚标点,中华书局1958年版,第68—69页;程俊英、蒋见元:《诗经注析》上册,第120页。

第六章 婚姻、女性经济与春秋时期的齐国政治

十六年》:"宣姜与公子朔构急子。公使诸齐,使盗待诸莘,将杀之。"① 卫宣公听信宣姜和公子朔的谗言,假手强盗杀死奉自己之命出使齐国的公子急。强盗等候杀人的地方在"莘",杜预认为莘是卫地,在西晋的阳平县。② 西晋的司州阳平郡阳平县在今山东省聊城市的莘县,地当河南、河北、山东三省的交界处。基于《毛序》和《左传》的记载,我们可以得出如下推断:卫宣公二子急、寿离开卫国到齐国去,最初出发的一段是水行,故可以"二子乘舟"名之;卫宣公买通强盗杀人的"莘"地在陆上,表明齐卫之间的交通,在莘地附近要做水陆的转换,并且莘是齐、卫之间交通的必经之地。

新台和莘基本处在一个平行的纬度上,今天的河北临漳到山东莘县虽然没有直接的国道相通,但是今国道309线通过河北邯郸和山东聊城,这两座城市也基本位于平行的纬度上,分别比临漳县和莘县稍微偏北。一条连接河北南部和山东西部的道路在春秋时期和今天都是存在的,只是由于黄河等水系的变迁和城邑分布情况的差别,这条路的具体路线稍有差别。春秋时期在新台和莘的连线上有马陵,笔者据此推断在新台、马陵、莘之间存在一条道路。从卫国到齐国,在黄河走《禹贡》《山经》河道时,可以舟行至新台附近,然后改行陆路折向东行;在黄河走《汉志》河道时,则是舟行至马陵附近再由陆路折而东行。当然全程陆路,沿着黄河走到新台或者马陵,然后折而东行也是可行的,只是舟行更加方便快捷。

二 春秋时期齐卫交通在齐地的路线考

《左传》成公二年(前589)的晋、齐鞌之战,详细记录了整个战争的过程和战场地点;齐军从鞌地一直败退到爰娄,由西南向东北穿越齐国。通过对晋、鲁、卫联军进攻路线和齐军败退路线的考察,可以对当时齐国境内的交通情况有一个大致的了解。晋、齐鞌之战,晋、鲁、卫联军

---

① (西晋)杜预:《春秋经传集解》上册,第121页。《左传》"公子急",《诗经》《史记》皆作"伋",急、伋同音。
② (西晋)杜预:《春秋经传集解》上册,第121页。

从莘地入齐："师从齐师于莘"；① 在靡笄山下与齐顷公率领的齐军对峙："六月壬申，师至于靡笄之下"；② 在鞌地与齐军大战："癸酉，师陈于鞌"；③ 晋、鲁、卫联军追逐败绩的齐师绕华不注山三圈："齐师败绩。逐之，三周华不注"；④ 齐顷公路遇辟司徒之妻，问君、父是否脱难，齐侯因其有礼，将石窌赏赐给她："予之石窌"；⑤ 晋军继续追逐齐军经过丘舆，攻击马陉："晋师从齐师，入自丘舆，击马陉"；⑥ 晋人在鲁、卫的说和下终于同意了齐国的求和，晋师与齐人在爰娄立盟："秋七月，晋师及齐国佐盟于爰娄"；⑦ 晋人在归国途中与鲁成公会于上鄍："公会晋师于上鄍。"⑧

顾栋高《春秋时卫莘地为今东昌府莘县论》说："莘县在东昌府治西南七十里，从府治聊城县东历茌平、长清、齐河三县，而后至济南府治历城，共二百四十里。华不注山在城北，则从莘至鞌约计三百一十里。"⑨ 靡笄山、鞌、华不注山都在今山东省济南市附近，今天从聊城市莘县到济南，有省道相通，其路线与顾氏所说吻合。春秋时期，在今天的莘县附近有莘、上鄍等城邑；在今天的聊城市附近有邢国的都城夷仪、清、聊等城邑；在今天的茌平县附近有牡丘、重丘等城邑；在今天的长清县附近有卢、平阴、石窌等城邑；在今天的济南市附近有甗、野井、鞌、鲍等城邑。从莘地到鞌地，其间城邑密布，中间有道路相通应该在情理之中。今国道309线途经聊城、茌平、济南，莘县到聊城之间有省道相通，鞌之战晋军进攻的路线或当即与这些道路的走向大致相当。

晋军从华不注山经徐关、丘舆、马陉到爰娄。《穀梁传》说"爰娄，去国五十里"。⑩ 爰娄在临淄西，距齐国都城临淄近在咫尺，齐军数败，被

---

① （西晋）杜预：《春秋经传集解》上册，第641页。
② （西晋）杜预：《春秋经传集解》上册，第641页。
③ （西晋）杜预：《春秋经传集解》上册，第641页。
④ （西晋）杜预：《春秋经传集解》上册，第642页。
⑤ （西晋）杜预：《春秋经传集解》上册，第643页。
⑥ （西晋）杜预：《春秋经传集解》上册，第643页。
⑦ （西晋）杜预：《春秋经传集解》上册，第644页。
⑧ （西晋）杜预：《春秋经传集解》上册，第644页。
⑨ （清）顾栋高：《春秋时卫莘地为今东昌府莘县论》，《春秋大事表》第1册，第890页。
⑩ 《春秋穀梁传注疏》卷13，（清）阮元校刻《十三经注疏》下册，第2418页。

第六章 婚姻、女性经济与春秋时期的齐国政治

逼为城下之盟,故齐国求和的态度甚卑:"齐侯使宾媚人赂以纪甗、玉磬与地。不可,则听客之所为。"① 李宗侗认为,丘舆"在山东省章丘县以东淄川县以西",马陉"在今山东省益都西南淄川县的东北";② 杨伯峻认为徐关"在今山东省淄川镇西",③ 丘舆、马陉都在今益都县西南,马陉在丘舆北。④ 李宗侗、杨伯峻所说丘舆、马陉的方位与谭其骧《中国历史地图集》"春秋时期·齐、鲁"图⑤所绘位置正相对应。丘舆、马陉在今山东省淄博市南,爰娄、临淄在今淄博市北。今国道308线途径济南、章丘、淄博,丘舆、马陉在这条线以南。春秋时期,在今济南市到淄博市之间城邑寥落,尤其是位于两市中间位置的章丘县附近,几无城邑;春秋时期从华不注山到临淄,恐怕并没有如今国道308线走向的道路存在,虽然这条路在地图上看来是最方便、直接的。史念海认为鞌之战后晋军是"循泰山之北和济水之南向齐都临淄进发的"。⑥ 考之石窌、徐关、丘舆、马陉的位置,史先生之说甚是。鞌之战后,齐军的败退路线很可能是从华不注山折向南方,经石窌,沿泰山北麓东行,进入徐关,再沿淄水东北行,经丘舆、马陉,来到爰娄附近。《左传》虽然没有明言齐军败退经过石窌,但是齐顷公路遇辟司徒之妻问君、父是否脱难,顷公认为她的行为符合礼法,就把石窌赏赐给她,则齐顷公与辟司徒之妻相遇的地方很可能就在石窌的附近。

鞌之战后晋人向齐国提出"使齐之封内尽东其亩"的要求,齐国使者据理力争:"先王疆理天下物土之宜,而布其利,故《诗》曰:'我疆我理,南东其亩。'今吾子疆理诸侯,而曰'尽东其亩'而已,唯吾子戎车是利,无顾土宜,其无乃非先王之命也乎?"⑦ 晋人要求齐国的耕地田垄全部改成东西向,因为春秋时期农田的疆界是可以通行车马的,从晋国经卫

---

① (西晋)杜预:《春秋经传集解》上册,第643页。
② 李宗侗:《春秋左传今注今译》中册,叶庆炳校订,新世界出版社2012年版,第547页。
③ 杨伯峻:《春秋左传注》(修订本)第2册,第795页。
④ 杨伯峻:《春秋左传注》(修订本)第2册,第796页。
⑤ 谭其骧主编:《中国历史地图集》第1册,第26—27页。
⑥ 史念海:《春秋时代的交通道路》,《人文杂志》1960年第6期。
⑦ (西晋)杜预:《春秋经传集解》上册,第643页。

国到齐国，基本就是从西往东走。晋文公在城濮之战后也曾经"东卫之亩",① 可见晋、卫、齐之间东西向交通的重要性。

从石窌到徐关一线为山地的边缘，人烟稀少，几无城邑，军队通行虽然无妨，但是对于普通的商旅之人，这样的道路就过于凶险了。那么对于普通的商旅之人，从莘地到临淄可能的路线是怎样的呢？笔者认为在祝柯或者鞌地附近乘船沿济水东北行到薄姑，或者沿济水陆行，再折向东南到达临淄，应该是一条可行的路线。济水是否通船，《左传》《国语》《史记》等史籍没有明言。《春秋》庄公二十八年（前666）说，"大无麦禾。臧孙辰告籴于齐",② 鲁国因禾苗、麦子没有收成，向齐国借粮食。《左传》对此的解释是："冬，饥。臧孙辰告籴于齐，礼也。"③ 鲁国粮食歉收向邻国借粮被认为是符合礼法的行为，不过对于齐国的粮食如何运到鲁国，《春秋》《左传》都未明言。陈槃《春秋列国的交通》引竹添光鸿之语说"归粟必壤地相接，水道可通：鲁归蔡粟以淮也，告籴于齐以济也，秦输晋粟以河也"，并认为"鲁向齐告籴和归粟给蔡国，虽然没有航行济水和淮水的明文，而竹添氏据理推测。但是也可以说得通"。④ 从齐国到鲁国的粮食转运应该是通过济水，济水有航行之利，祝柯、鞌、薄姑都在济水南侧，从祝柯或者鞌地由济水乘船到薄姑应该是可行的。薄姑是齐国的大邑，在齐胡公时曾短暂地做过都城，薄姑距临淄很近，两者之间有方便的道路交通是可以期望的。

基于以上的考证和分析，笔者认为，春秋时期从卫国的都城到齐都临淄存在一条便捷的水陆结合的通道：从卫都乘船沿《禹贡》《山经》大河到新台，或者沿《汉志》大河到马陵附近；改由陆路东行到莘地，然后向东北陆行，经夷仪；到祝柯附近改行水路，或沿济水陆行，到薄姑；再向东南，陆行到临淄。笔者给出的水陆转接地点只是一种可能性，在这些地点的周围一定还有其他的适合水陆转换的地点。从卫都到齐都临淄以水陆结合的方式，借助黄河和济水的航运最为便捷，全程也可皆由陆行。黄河

---

① 许维遹：《吕氏春秋集释》卷8《仲秋纪·简选》，第186页。
② （西晋）杜预：《春秋经传集解》上册，第197页。
③ （西晋）杜预：《春秋经传集解》上册，第201页。
④ 陈槃《春秋列国的交通》，《旧学旧史说丛》上册，第202页。

第六章 婚姻、女性经济与春秋时期的齐国政治

在春秋时期以经流《汉志》河道为多,其两岸城邑分布密集,重耳流亡途中路过的五鹿,季札由卫到晋路过的戚,《诗·卫风·氓》中涉淇而至的顿丘,① 都在《汉志》大河的东岸。

三 春秋前期齐卫联姻的地缘基础与齐国的婚姻策略

齐、卫之间方便的水陆交通,以及卫国作为齐、晋之间交通节点的重要地理位置,使得齐国特别注意与卫国的关系,并通过联姻施加对卫国的政治影响,将卫国纳入自己的势力范围。

春秋前期齐、卫频繁联姻,见诸《左传》者有:卫庄公娶齐女为夫人,是为庄姜:"卫庄公娶于齐东宫得臣之妹,曰'庄姜'";② 卫宣公娶齐女为夫人,是为宣姜:"为之(公子急)娶于齐而美,公(卫宣公)娶之(宣姜)";③ 齐桓公的内宠中有二卫姬:"长卫姬生武孟,少卫姬生惠公。"④《史记》说齐桓公小白的母亲是卫女:"小白母,卫女也。"⑤ 20世纪30年代出土于浚县辛村5号墓的"卫夫人文君叔姜鬲"(《集成》3.595),马承源将其年代定在春秋早期;⑥ 李学勤认为辛村17号和5号墓,应分别是卫君及其夫人的墓葬,年代可能是卫惠公(前699—前669)或者卫懿公(前668—前660)时期。⑦ 这位卫侯夫人是一位姜姓女子,很可能即来自齐国。

齐、卫之间频繁的联姻建立在政治的需要和便利的交通之上。许穆夫人评论许、齐的求婚时说:"古者诸侯之有女子也,所以苞苴玩弄,系援于大国也。言今者许小而远,齐大而近。若今之世,强者为雄。如使边境有寇戎之事,维是四方之故,赴告大国,妾在,不犹愈乎?今舍近而就

---

① 《毛诗正义》卷3《卫风·氓》,(清)阮元校刻《十三经注疏》上册,第324页。
② (西晋)杜预:《春秋经传集解》上册,第22页。
③ (西晋)杜预:《春秋经传集解》上册,第121页。
④ (西晋)杜预:《春秋经传集解》上册,第308页。
⑤ 《史记》卷32《齐太公世家》,第1485页。
⑥ 马承源主编:《商周青铜器铭文选》第4卷,第509页。
⑦ 李学勤:《东周与秦代文明》,上海人民出版社2016年版,第67页。

远,离大而附小,一旦有车驰之难,孰可与虑社稷?"① 认为诸侯之间的联姻首先即应考虑政治利益,小国应与大国建立联姻,以获得强有力的外援;并指出"齐大而近",卫懿公应该把自己许配给齐桓公而不是许穆公。许穆夫人的评述,揭示出春秋时期诸侯联姻所要考虑的政治和地理因素。许穆夫人评论许、齐求婚之事不见于《左传》《国语》《史记》,刘向《列女传》之说不可确信。但是公元前660年卫被狄所灭,迎卫国遗民,在曹地重建卫国的宋桓公,其夫人是卫宣姜之女;许穆夫人"控于大邦",齐桓公派军队戍守卫国,领军者公子无亏,其母亲也是卫女;在卫国危难的时候伸出援手的是与卫有婚姻关系,并与卫国地缘相近的宋、齐两个大国,联姻选择"大而近"的国家确实是有现实意义的。文公六年(前621),晋襄公死后,赵孟(赵盾)主张立公子雍,给出的理由就包括:"且近于秦,秦旧好也","秦大而近,足以为援"。②

春秋时期齐国尤其注重通过联姻施加对其他诸侯国的影响。鲁庄公夫人哀姜纵容庆父弑鲁闵公,齐人杀哀姜:"齐人取而杀之于夷",③即因哀姜以一己之私破坏了齐在鲁的重要利益依托。卫宣公死后,齐人强迫宣姜与昭伯烝:"初,惠公之即位也少,齐人使昭伯烝于宣姜。不可,强之",④是因为经历公子急、寿之事,卫惠公在卫国根基不稳;此时卫惠公年少而其母宣姜未老,要在卫国培养亲齐的宗室,以宣姜的再嫁和生育子嗣为最可行的方案。闵公二年(前660),狄灭卫,重建卫国的卫戴公、文公,都是宣姜与昭伯的儿子;在黄河边迎接卫国遗民,帮助卫国遗民在曹地重建卫国的宋桓公的夫人,是宣姜与昭伯的女儿;请求齐桓公出兵戍卫的许穆夫人,是宣姜与昭伯的女儿。齐国对宣姜婚姻的干预可谓未雨绸缪、影响深远,通过婚姻施加对他国政治的影响力,是齐国一以贯之的婚姻策略。僖公十七年(前643),"齐人为徐伐英氏",⑤是因为齐桓公有夫人徐嬴之故。联姻是齐国建构地缘政治的重要手段,齐国通过联姻有效地拓展了自

---

① (清)王照圆:《列女传补注》卷3《仁智传·许穆夫人》,第98页。
② (西晋)杜预:《春秋经传集解》上册,第448—449页。
③ (西晋)杜预:《春秋经传集解》上册,第221页。
④ (西晋)杜预:《春秋经传集解》上册,第223页。
⑤ (西晋)杜预:《春秋经传集解》上册,第307页。

第六章 婚姻、女性经济与春秋时期的齐国政治

己的政治空间,并在能力所及的范围内对相关国家施加齐国的影响力。

西周分封之初,姬姓诸侯国大都占据有利的地理位置和肥饶的土地,异姓诸侯即使功高如齐太公得到的也只是"地潟卤,人民寡"① 之地,面临莱侯等东夷方国的威胁,并处于鲁、卫、邢等姬姓诸侯国的包夹之下。齐国要向外扩张,一方面要挤压背后的东夷势力,另一方面则是要越过鲁、卫、邢向南、向西扩张。

鲁国的初封者是周公旦,而实际就国为第一任鲁侯的是周公的长子伯禽。周公旦在周武王死后曾经摄位当政,西周初年获得封国的姬姓宗族子弟,主要是文王、武王和周公的儿子。《左传》僖公二十四年(前636)说:"昔周公吊二叔之不咸,故封建亲戚以蕃屏周。管蔡郕霍,鲁卫毛聃,郜雍曹滕,毕原酆郇,文之昭也。邘晋应韩,武之穆也。凡蒋邢茅胙祭,周公之胤也。"② 鲁、卫作为周文王的儿子获得分封,邢国作为周公的儿子获得分封。成王时器大祝禽鼎(《集成》4·1937)铭文曰:"大祝禽鼎,"③ 表明伯禽在西周初年曾为太祝。李峰认为太祝是"周朝中央政府的主要宗教类官员,掌握国家的各种仪式与祭祀周人先祖的仪式,也许是在周朝政府中服务的众多祝官之长"。④ 禽簋(《集成》7·4041)铭文曰:"王伐楚(奄)侯,周公某(谋)禽祝,禽又(有)敐(脤)祝。王易金百孚。禽用乍宝彝。"⑤ 记载了伯禽作为祝参与伐奄之战,并获得百金的封赏。鲁国是在奄的土地上建立起来的周人封国。《史记》记载伯禽参与平定管叔、蔡叔、武庚、淮夷、徐戎的叛乱:"伯禽即位之后,有管、蔡等反也,淮夷、徐戎亦并兴反。于是伯禽率师伐之于肸,作《肸誓》。"⑥ 鲁国是西周初年最重要的辅臣周公旦的封国,并由其长子伯禽就国和治理。伯禽是周王室重要的宗教类长官"太祝",并以太祝的身份参与成王的伐奄战争,获得奄国的旧地。同时,周公、伯禽也是西周分封秩序的重要捍

---

① 《史记》卷129《货殖列传》,第3255页。
② (西晋)杜预:《春秋经传集解》上册,第345页。
③ 马承源主编:《商周青铜器铭文选》第3卷,第18页。
④ 李峰:《西周金文中所见官名列表》,《西周的政体:中国早期的官僚制度和国家》,第311页。
⑤ 马承源主编:《商周青铜器铭文选》第3卷,第18页。
⑥ 《史记》卷33《鲁周公世家》,第1524页。

卫者，参与平定了管叔、蔡叔、淮夷和徐戎的叛乱。

卫国的初封者卫康叔是周武王的弟弟，他在周公旦平定武庚、管叔、蔡叔的叛乱之后，获得了原来商都旧地的土地和人民。《尚书·康诰》《酒诰》《梓材》都是康叔封卫时所受周公和成王的训诫，三篇传世文献的记载表明卫国的封建对于西周国家的重要性。成王时铜器康侯簋（《集成》7·4059）的铭文曰："王朿（刺）伐商邑，诞令康侯啚（鄙）于卫，"①明确记载了成王攻伐商邑，封康叔于卫之事。西六师和东八师是西周国家最重要的军事力量，东八师又称为"成周八师"或者"殷八师"，最初就驻扎在卫都，也就是原来商朝都城朝歌的附近。西周初年，率领"八师"征伐东夷的最高指挥官伯懋父，是卫国的第二任诸侯。师旅鼎（《集成》5.2809）、小臣𫍯簋（《集成》8.4238）、吕行壶（《集成》15.9689）等西周青铜器都提到"伯懋父"。郭沫若考证伯懋父就是康伯髦，②陈梦家、马承源等学者皆认可郭沫若的观点。《左传》定公四年（前506）叙述鲁、卫初封时获得的尊荣，虽未可全信，但足以证明鲁、卫在西周分封体系中的重要地位。

邢国，按照《左传》僖公二十四年（前636）的说法，其初封者是周公的儿子。康王时器邢侯簋（《集成》8.4241）记载了周王封邢之事，其铭文的最后有"乍（作）周公彝"，印证了邢与周公的关系。③康王时器麦方尊（《集成》11·6015）有铭文8行167字，④记载了邢侯到宗周觐见周王，很可能是康王，受到周王高规格的礼遇：王在璧雍中为邢侯举行射礼，王带邢侯进入了他位于内宫中的寝殿，赐予邢侯乘坐王车的权力，还给予邢侯丰厚的物质赏赐。这些足以证明邢侯在西周宗法体系中的重要地位。

鲁、卫、邢三国都是重要的姬姓封国，春秋前期的齐国没有足够的实力吞并鲁、卫、邢三国，于是通过联姻与三国结盟或者向三国施加政治影响就成为齐国重要的和可行的政治策略。《诗·卫风·硕人》说："齐侯之

---

① 马承源主编：《商周青铜器铭文选》第3卷，第19—20页。
② 郭沫若：《两周金文辞大系图录考释》，科学出版社1958年版，第23页。
③ 马承源主编：《商周青铜器铭文选》第3卷，第45页。
④ 马承源主编：《商周青铜器铭文选》第3卷，第46—48页。

第六章 婚姻、女性经济与春秋时期的齐国政治

子,卫侯之妻,东宫之妹,邢侯之姨,谭公维私",① 勾勒出当时齐国通过联姻建立起来的关系网。公元前 753 年,齐庄公的嫡女庄姜嫁为卫庄公夫人;而与此相前后,齐庄公的另外两个女儿分别嫁到了邢国和谭国。1975 年在内蒙古哲里木盟(通辽市)巴雅尔吐胡硕出土的"邢姜太宰簠"(《集成》7·3896),② 其中的"邢姜"就是一位嫁给邢侯的姜姓夫人,很可能就来自齐国,甚至就是卫庄姜的姐妹。邢姜太宰簠之所以在内蒙古出土,可能与庄公三十二年到僖公元年(前 662—前 659)狄人对邢国的侵袭和掳掠有关。北齐时期(550—577),在今河北省邢台地区出土过五件邢侯夫人姜氏鼎,很可能就是一位嫁给邢侯的齐国女子,也很有可能就是卫庄姜的姐妹。

公元前 709 年齐僖公的女儿文姜嫁为鲁桓公夫人,此后鲁庄公、僖公、文公、宣公、成公相继娶齐女为夫人,《春秋》鲁国十二公中有六位娶齐女为夫人。鲁闵公因年少被弑未曾婚娶,③ 这样算来,《春秋》鲁国十二公以齐女为夫人的比例超过了 50%,而且是连续的六公娶齐女为夫人,这其中的原因就是,齐国要借助联姻施加对鲁国政治的影响。借联姻施加对他国政治的影响,是齐国一以贯之的国家策略。

卫惠公、宣姜谗言害死公子急和寿,桓公十六年(前 696),卫惠公在左公子、右公子的压力下出奔齐国,就是因为他的母亲宣姜是齐国女子。八年后,庄公六年(前 688),卫惠公的复位,也是基于齐国的鼎力相助。齐国通过联姻施加对卫国政治的影响,在强迫宣姜与昭伯烝一事上表现得最为突出。春秋前期,齐国与卫国的联姻,作为强势一方的齐国更多地向卫国施加了政治影响;卫国的公子们,则更多的是凭借与齐国的亲缘关系,巩固自己在卫国的地位,即所谓"文公为卫之多患也,先适齐"。④

卫国与邢国临近,卫庄公时期两国是否因为共同与齐国的联姻而交好虽然不能确定;但是隐公四年(前 719),州吁弑卫桓公自立,石碏大义灭

---

① 《毛诗正义》卷 3《卫风·硕人》,(清)阮元校刻《十三经注疏》上册,第 322 页。
② 张柏忠:《霍林河矿区附近发现的西周铜器》,《内蒙古文物与考古》1982 年第 2 期;《殷周金文集成》第 7 册,第 110 页。
③ 杨伯峻认为鲁闵公"即位时,至多八岁"。(杨伯峻:《春秋左传注》(修订本)第 1 册,第 255 页。)
④ (西晋)杜预:《春秋经传集解》上册,第 223 页。

亲诱杀了州吁和石厚，继位而立的卫宣公当时就避难在邢国："卫人逆公子晋于邢。"① 卫宣公在邢国避难，因为邢国在卫国的左近，交通方便。谭国处在齐国到卫国的交通线上。僖公元年（前659）迁到夷仪之前，邢国在今河北邢台附近，扼守齐国向北的通道；迁到夷仪之后，邢国成为齐、卫交通的重要节点。齐国通过联姻，有效地实现了地域整合，为其势力的扩张奠定了坚实的基础。齐桓公自庄公九年（前685）即位，到僖公九年（前651）葵丘会盟确立霸主地位，其势力的扩张有着清晰的脉络：收服鲁国，灭亡谭国，救邢、迁邢、封卫，稳定自己的势力范围；然后僖公四年（前656）齐桓公携诸侯之势侵蔡、伐楚，召陵之盟确立了齐、楚两国的势力范围。

　　僖公二年（前658）春的齐桓公封卫，是一件很值得玩味的事情。此时的卫国，在曹邑重建国都已经一年有余，基本上从公元前660年的灭国之难中恢复过来了，齐桓公为什么要将卫都迁到楚丘呢？楚丘和曹，都在大河的东南，离河的距离大致相当，不超过十千米；两者相距不足十五千米，且两者没有明显的地势、地形差别。《左传》闵公二年（前660），评价齐桓公对邢、卫救助时的用词是："迁邢于夷仪"，"封卫于楚丘"，② 一个"迁"，另一个"封"道出了二者的分别："迁"，是危难时的紧急救助，"诸侯救邢。邢人溃，出奔师。师遂逐狄人，具邢器用而迁之，师无私焉"。③ "封"，《说文》说："封，爵诸侯之土也。"④《春秋》僖公二年（前658）："二年春，王正月，城楚丘。"⑤《左传》对此的解释是"二年春，诸侯城楚丘而封卫焉"。⑥ 杜预《注》说"君死国灭，故《传》言封"，⑦ 将"封"与封建诸侯联系起来，但是杜预说的时间点显然不合适。卫国之灭在闵公二年（前660），当时卫懿公死、卫国灭；然后宋桓公在黄河边迎接卫国的遗民，在曹地重建卫国："立戴公以庐于曹"。僖公二年

---

① （西晋）杜预：《春秋经传集解》上册，第28页。
② （西晋）杜预：《春秋经传集解》上册，第230页。
③ （西晋）杜预：《春秋经传集解》上册，第235页。
④ （汉）许慎著，（清）段玉裁注：《说文解字注》，第687页。
⑤ （西晋）杜预：《春秋经传集解》上册，第236页。
⑥ （西晋）杜预：《春秋经传集解》上册，第237页。
⑦ （西晋）杜预：《春秋经传集解》上册，第238页。

第六章 婚姻、女性经济与春秋时期的齐国政治

(前 658)卫国没有灭国之祸,卫文公一年多以前因为戴公的死亡而继位,是正常的权力更迭,所以僖公二年的齐桓公"封卫"不是"君死国灭,故《传》言封",而是齐桓公为了彰显自己的权力和地位而对卫国做的徙封,是齐国对其势力范围和诸侯影响力的宣示。

《清华简·系年》关于卫文公奔齐的记载中有一处关于卫文公奔齐时间的细节记录:

> 周惠王立十又七年,赤翟王峚啻起师伐卫,大败卫师于睘,幽侯灭焉。翟(述)遂居卫,卫人乃东涉河,罨(迁)于曹,[焉]立戴公申,公子启方奔齐。戴公卒,齐桓公会者(诸)侯以成(城)楚丘,公子启方焉,是文公。文公即殜(世),成公即立(位)。翟人或涉河,伐卫于楚丘,卫人自楚丘罨(迁)于帝丘。①

卫文公在戴公即位之后奔齐,暗示卫戴公、卫文公之间可能存在权力的争斗。宋桓公立卫戴公,而卫文公奔齐,寻求齐国的支持,暗示卫戴公和卫文公分别得到宋国和齐国的支持。卫文公奔齐,恐怕是期望借助齐国的势力获得卫国的君位。卫戴公在位不足两个月就死亡了,齐国在卫戴公死后派重兵戍卫,又城楚丘;两年后,僖公二年(前 658),齐国在卫国没有受到外敌威胁的情况下,将卫国的都城从曹邑迁到楚丘。齐桓公派重兵戍卫和城楚丘,有标识卫文公与齐的联盟和齐国对卫国的权力优势的意味在。

闵公二年(前 660),齐桓公派出戍卫军队的规模暴露了齐国的目的和企图,"齐侯使公子无亏帅车三百乘、甲士三千人以戍曹",② 三百辆兵车加上三千名甲士,一共是三千九百人,这在当时是一个规模很大的军队了。卫国被狄人所灭,逃到曹地的人口数不过是"卫之遗民男女七百有三十人,益之以共、滕之民为五千人",③ 卫国在曹地的人口,男女老少不过

---

① 李学勤主编:《清华大学藏战国竹简》(贰),第 144 页。
② (西晋)杜预:《春秋经传集解》上册,第 223 页。
③ (西晋)杜预:《春秋经传集解》上册,第 223 页。

五千余人，齐桓公一下子就派去了近四千人的军队，堪称重兵。卫国在曹邑重建，卫文公元年，仅有战车30辆："元年革车三十乘"，① 齐国派去戍曹的军队是卫国军队的10倍。卫文公经过25年的励精图治，才发展到战车300辆："季年乃三百乘"，② 这是一支足以让卫文公有能力灭掉邢国的军事力量："二十有五年春，王正月丙午，卫侯毁灭邢。"③ 僖公二十八年（前632）的城濮之战，作为晋、楚争霸中具有决定性意义、奠定了晋文公霸主地位的一场大战，获胜一方晋国的兵力是"晋车七百乘"；④ 胜利之后晋国向周王献俘"驷介百乘，徒兵千"，⑤ 周王赏赐给晋侯"虎贲三百人"。⑥ 春秋时期，百辆战车，千名徒兵是足够强大的军事力量。齐桓公在卫国已经在曹地安定下来的情况下，派出了三百辆兵车和三千名甲士，其用心显然不只是"戍曹"，而是要借此推进齐国的势力范围。僖公二年（前658）的"城楚丘""封卫"，则是要中原诸侯承认齐国的霸主地位。这些为两年之后齐国率领诸侯之师侵蔡、伐楚奠定了坚实的基础。

小　结

联姻是春秋时期诸侯之间维持彼此关系、向对方施加政治影响或者借助对方势力以影响本国政治的重要手段；联姻也是春秋时期齐、晋、楚、秦等大国实现区域整合的重要手段；齐国尤其注重通过联姻施加对其他诸侯国的影响。《诗经·陈风·衡门》说："岂其食鱼，必河之鲂？岂其取妻，必齐之姜？岂其食鱼，必河之鲤？岂其取妻，必宋之子？"⑦ 虽然可以单纯理解为落拓贵族的自我安慰，却真实地揭示出"齐之姜""宋之子"在春秋时期婚姻选择中所受到的推崇。

---

① （西晋）杜预：《春秋经传集解》上册，第230页。
② （西晋）杜预：《春秋经传集解》上册，第230页。
③ （西晋）杜预：《春秋经传集解》上册，第352页。
④ （西晋）杜预：《春秋经传集解》上册，第375页。
⑤ （西晋）杜预：《春秋经传集解》上册，第375页。
⑥ （西晋）杜预：《春秋经传集解》上册，第375页。
⑦ 《毛诗正义》卷7《陈风·衡门》，（清）阮元校刻《十三经注疏》上册，第377页。

第六章　婚姻、女性经济与春秋时期的齐国政治

西周国家在王国东部的土地上分封了大量的同姓诸侯；在西周国家的东部土地上，还有很多非姬姓的诸侯和方国，这些异姓诸侯和方国在周代的外婚制下，成为姬姓诸侯们联姻的对象，并且在适当的时候建立起与周王室的联姻。齐、宋是异姓诸侯国中的佼佼者，就成为诸姬联姻的重要选择。春秋前期齐国有效地利用在政治联姻中的优势获得政治利益，并向他国施加齐国的影响力。庄公元年（前692），齐襄公娶王姬为夫人："王姬归于齐；"① 庄公十一年（前683），齐桓公娶王姬为夫人："冬，王姬归于齐；"②《诗经·召南·何彼襛矣》中的"齐侯之子，平王之孙"，③ 出嫁齐女的母亲是周平王的女儿王姬，考以年齿，则此王姬所嫁者很可能是齐庄公或者齐僖公。春秋前期，齐国与周王室的频繁联姻是齐国实力的有力证明；而齐国通过与卫、邢、谭、鲁等近邻诸国的联姻，不仅获得了有力的政治盟友，还凭借自己的国力向对方施加了巨大的政治影响，获得了可观的政治利益；更重要的是，与这些近邻诸国的联姻为齐国实现区域整合打下了坚实的基础，是齐国拓展控制区域和势力范围，实现区域整合的重要依托。

长女不嫁的"巫儿"习俗自春秋至东汉时期长期存在于齐地，"巫儿"享有主持家庭祭祀的地位，"巫儿"习俗的存在和延续不可能只是源于齐襄公、桓公的内行和一道政令。齐地"巫儿"习俗存在和长期延续的核心原因在于齐地经济的特点，以及女性在齐地纺织经济中的核心地位。《汉书·地理志》将"巫儿"习俗系于齐襄公，依托于齐襄公的历史评价和《诗经》《左传》等典籍对齐襄公、齐桓公、鲁桓公、鲁庄公、鲁文姜的大量记载；反映出中国古代习俗生成的逻辑：将民俗系于具体的时间和人事，以期增强习俗的历史性和可信度。这是儒家史观和精英历史思维的结果。

春秋时期卫国处在齐、晋两个大国交通的路线上，从卫国到齐国的交通以水、陆并行的方式最为便捷。从卫国都城取道黄河，在新台或者马陵

---

① （西晋）杜预：《春秋经传集解》上册，第129页。
② （西晋）杜预：《春秋经传集解》上册，第153页。
③ 《毛诗正义》卷1《召南·何彼襛矣》，（清）阮元校刻《十三经注疏》上册，第293页。

附近改行陆路到莘地，经夷仪东北行，在祝柯附近取道济水到薄姑，再陆行到临淄，全程也可皆由陆行。齐国利用周代外婚制下异姓诸侯是姬姓诸侯主要联姻对象的优势和齐、卫间便利的交通，成功实现了齐、卫间的频繁联姻。齐国利用交通和政治联姻中的优势获取政治利益，主导中原诸侯事务，并实现了与联姻诸侯国卫国等的区域整合。交通便利优势和齐、卫联姻既是齐国政治扩张的重要地缘基础，又是齐国实现区域整合的重要依托。

第七章 "春秋五霸"与公元前7世纪中国的区域整合

"春秋五霸"是春秋时期最具标志性的概念。"霸"不仅是简单的诸侯盟主,更关涉到其背后的诸侯国和地缘政治格局。所有关于春秋时期的全面性历史叙述都无法回避"春秋五霸"的问题,20世纪80年代以来关于"春秋五霸"的专篇论文也不下20篇,[1] 但是几乎所有关于"春秋五霸"的论述都是针对个人的,即"春秋五霸"诸说的提出与流传;何为"霸","伯""霸"的区别;"霸功","春秋五霸"的入围标准,哪些春秋时期的著名君主可以称为"霸"等。翦伯赞认为春秋五霸不是五个人,而是五个国家,并以齐、晋、秦、楚、郑五国为"五霸继起",[2] 首次提出"春秋五霸"关涉国家和区域政治,而非仅只是君主个人的事功。桑东辉从春秋时期军事史和战略格局演变的角度对"春秋五霸"的继起做出论述,亦关注

---

[1] 张有智:《"春秋五霸"正名》,《山西师大学报》(社会科学版)1986年第1期;程刚:《也谈"春秋五霸"正名》,《山西师大学报》(社会科学版)1986年第4期;卫平:《"春秋五霸"再正名》,《苏州大学学报》1986年第3期;王玉德:《"春秋五霸"提法不科学》,《史学月刊》1988年第3期;刘浦江:《"春秋五霸"辨》,《齐鲁学刊》1988年第5期;陈筱芳:《"春秋五霸"质疑与四霸之成功》,《西南民族学院学报》(哲学社会科学版)1992年第5期;钟继彬:《春秋五霸与吴王夫差》,《文史杂志》1998年第5期;徐德龙:《春秋五霸的兴衰及其历史启示》,《广西梧州师范高等专科学校学报》1999年第4期;尤德艳:《"五霸"考释》,《许昌师专学报》,2001年第4期;朱浩毅:《春秋五霸之异说及其流传》,《长安大学学报》(社会科学版),2015年第2期;侯捷飞:《春秋五霸现象与战国效率驱动型文化的形成》,《名作欣赏》2017年第8期;侯捷飞:《〈左传〉所载泓之战与宋襄公霸业论析》,《名作欣赏》2017年第8期。

[2] 翦伯赞:《先秦史》,北京大学出版社2001年版,第290—298页。

于"五霸"背后的国家和地缘政治。① 平势隆郎从战国时期的叙述者借"春秋五霸"建构起来的特别区域和历史观念的角度,探讨了"春秋五霸"与区域的关系。② 笔者认同于翦伯赞和平势隆郎的观点,认为所谓"春秋五霸",最核心的问题在于每个霸主背后代表的国家。相对于翦伯赞、桑东辉强调"五霸继起"的延续性,笔者更关注公元前7世纪,齐、晋、秦、楚、宋兴起的共时性。笔者以齐桓、晋文、秦穆、宋襄、楚庄之说为基础进行本书的论述,因为齐、晋、秦、楚、宋的崛起时间相近,齐桓、晋献—晋惠—晋文、秦穆、楚成、宋襄的在位时间多有重合,其时正是齐、晋、秦、楚、宋等诸侯国崛起,并大力拓展控制区域的时期。"春秋五霸"是对春秋时期强力诸侯崛起,兼国并地,拓展并整合控制区域的概括性描述。春秋时期强力诸侯的崛起和围绕强力诸侯国的区域整合,是中国国家形态从西周封建到秦汉大一统帝国演进过程中的重要环节。

第一节 "春秋五霸"与公元前7世纪的诸侯格局

关于"春秋五霸"③,见于先秦、秦汉文献的说法凡四种:一是齐桓、晋文、楚庄、吴阖闾、越勾践,《荀子·王霸》《荀子·议兵》《墨子·所染》《吕氏春秋·当染》主此说;二是齐桓、晋文、秦穆、楚庄、越勾践,王褒《四子讲德论》主此说;三是齐桓、晋文、秦穆、楚庄、吴阖闾,班固《白虎通·号》主此说;四是齐桓、晋文、秦穆、宋襄、楚庄,《白虎通·号》、应劭《风俗通义·皇霸》,赵岐注《孟子·告子下》、高诱注《吕氏春秋·当务》《淮南子·氾论训》主此说。诸说虽有异,但所论国家

---

① 桑东辉:《"春秋五霸"与战略格局的嬗变》,《军事历史研究》2006年第3期。
② [日] 平势隆郎:《从城市国家到中华:殷周、春秋战国》,第260—284页。
③ "五霸"有"三代五霸"和"春秋五霸"两种,前者非关本书主题,故对此问题本书不做讨论。关于"春秋五霸",唐颜师古、宋黄仲元、清全祖望,今人黎东方、马毓良、孙景坛等又有新说,然其所论国君不出齐、晋、秦、宋、楚、吴、越七国,因本书的主要关注点不在"春秋五霸"究竟指何人,而在"春秋五霸"的说法所反映的春秋时期的区域分化与整合,故对东汉以后"春秋五霸"的异说不做阐述。关于"春秋五霸"诸说的考证可参看朱浩毅《春秋五霸之异说及其流传》,《长安大学学报》(社会科学版),2015年第2期。

第七章 "春秋五霸"与公元前7世纪中国的区域整合

不出齐、晋、秦、宋、楚、吴、越;所论国君齐桓、晋文、楚庄为诸说所共有。四说之中齐桓、晋文、秦穆、宋襄、楚庄一说最为流行,《白虎通》之后持此说者代不乏人,笔者本书也将采用此说作为论述的基础。

笔者选择齐桓、晋文、秦穆、宋襄、楚庄一说,因为此说展现出的春秋五霸与春秋时期的区域分化和区域整合的关联最为明显和清晰。在不执着于个人,而将春秋五霸与国家相关联的情况下,如果把楚庄换成楚成,就会发现一个重要的关联,齐桓、晋文、秦穆、宋襄、楚成五位国君生活在一个相近的年代,他们之中的某些人彼此见过面,而晋文公重耳分别见过他们每一个人。齐桓公和管仲曾将太子,后来的齐孝公托付给宋襄公:"公与管仲属孝公于宋襄公,以为大子。"[1] 僖公二十二年(前638)宋襄公与楚人有泓之战:"冬十有一月己巳朔,宋公及楚人战于泓,宋师败绩,"[2] 楚国当时的国君是楚成王。晋文公重耳在流亡过程中先后见过齐桓公、宋襄公、楚成王、秦穆公:"及齐,齐桓公妻之";[3] "及宋,宋襄公赠之以马二十乘";[4] "及楚,楚子飨之";[5] "秦伯纳之"。[6] 观《左传》僖公二十三、二十四年(前637、前636)关于重耳流亡所过各诸侯国对其态度的叙述,颇可见出其时的诸侯政治格局。

齐桓公公元前685—前643年在位,晋文公公元前636—前628年在位,秦穆公公元前659—前621年在位,宋襄公公元前650—前637年在位,楚成王公元前671—前626年在位。晋文公在位时间仅9年,晋国的崛起并非因文公一人之力,晋献公公元前676—前651年在位,晋惠公公元前650—前637年在位,晋文公的霸业是在献公、惠公的基础上实现的。将晋献公、惠公、文公作为一个整体来考察,则晋国的崛起与齐、楚、秦、宋的时间相近。从公元前685到公元前621年,60多年间齐、晋、秦、楚、宋都出现了强力君主,60多年间的诸侯霸政,从一个侧面反映出

---

[1] (西晋)杜预:《春秋经传集解》上册,第309页。
[2] (西晋)杜预:《春秋经传集解》上册,第323页。
[3] (西晋)杜预:《春秋经传集解》上册,第333页。
[4] (西晋)杜预:《春秋经传集解》上册,第333页。
[5] (西晋)杜预:《春秋经传集解》上册,第334页。
[6] (西晋)杜预:《春秋经传集解》上册,第339页。

公元前7世纪诸侯的政治格局和区域整合的趋势。

一 晋国的崛起与区域整合

晋文公自僖公五年（前655）避骊姬之乱流亡国外，至僖公二十四年（前636）返国即位，前后凡19年。僖公二十八年（前632），晋文公即位仅五年，便在城濮之战打败楚军："夏四月己巳，晋侯、齐师、宋师、秦师及楚人战于城濮，楚师败绩"；① 在践土会盟诸侯，成为诸侯盟主："五月癸丑，公会晋侯、齐侯、宋公、蔡侯、郑伯、卫子、莒子，盟于践土。陈侯如会"；② 并召天子于河阳："是会也，晋侯召王，以诸侯见，且使王狩。"③《春秋》虽以"天王狩于河阳"④贬斥晋文公，并为周襄王讳："仲尼曰：'以臣召君，不可以训。'故书曰'天王狩于河阳。'言非其地也，且明德也。"⑤《论语》中孔子直言"晋文公谲而不正，齐桓公正而不谲"，⑥但晋文公在短期内建立起了堪与齐桓公相媲美的霸业，是毋庸置疑的。五年，在春秋时期的政治制度和生产力情况下，其所能够完成的强国成就实在非常有限。晋文公所做的就是在晋献公、晋惠公的基础上，修正晋国的问题，将原本强大的晋国带向了辉煌。

晋献公、晋惠公时的政治、军制改革和对周边诸侯的征伐，为晋文公成为诸侯霸主奠定了实力的基础。《史记·晋世家》对晋穆公少子成师一系对晋文侯仇子孙的攻伐和取而代之做了概括的论述："武公称者，先晋穆侯曾孙也，曲沃桓叔孙也。桓叔者，始封曲沃。武公，庄伯子也。自桓叔初封曲沃以至武公灭晋也，凡六十七岁，而卒代晋为诸侯。"⑦ 曲沃桓叔、曲沃庄伯、曲沃武公，三代人用了67年的时间，终于取代了晋文侯仇的子孙，成为新的晋侯，史称"曲沃代翼"。晋献公在父、祖的基础上进

---

① （西晋）杜预：《春秋经传集解》上册，第368页。
② （西晋）杜预：《春秋经传集解》上册，第368页。
③ （西晋）杜预：《春秋经传集解》上册，第389页。
④ （西晋）杜预：《春秋经传集解》上册，第369页。
⑤ （西晋）杜预：《春秋经传集解》上册，第389页。
⑥ （宋）朱熹：《论语集注》卷7《宪问》，《四书章句集注》，第153页。
⑦ 《史记》卷39《晋世家》，第1640页。

第七章 "春秋五霸"与公元前7世纪中国的区域整合

一步使晋国走向强大。

闵公元年（前661），也就是晋献公的十六年，晋献公的扩军举措为晋国的强大奠定了军力的基础；晋献公对赵、魏的封赐，则展现出晋国政治体制上的变化，并为晋国六卿坐大和三家分晋埋下了伏笔。

> 《左传·闵公元年》：晋侯作二军，公将上军，大子申生将下军。赵夙御戎，毕万为右，以灭耿、灭霍、灭魏。还，为大子城曲沃。赐赵夙耿，赐毕万魏，以为大夫。①

晋国原本只有一军，《左传·庄公十六年》说："王使虢公命曲沃伯以一军为晋侯。"② 庄公十六年（前678），曲沃武公灭晋侯缗，周僖王承认曲沃武公为新的晋侯，并给予晋武公拥有"一军"军力的权力。《周礼·夏官·叙官》云："凡制军，万有二千五百人为军。王六军，大国三军，次国二军，小国一军。"③ 军的多少是等级和国力的标志。闵公元年，晋献公扩大晋军的规模，将晋国的军力由一军增至二军，晋献公时期实现了晋国军力的成倍增长，也开启了晋国征伐周边诸侯的脚步。晋献公灭耿、霍、魏在闵公元年；襄公二十九年（前544），叔侯直言晋国先后灭掉了"虞、虢、焦、滑、霍、扬、韩、魏"等姬姓国。④《古本竹书纪年》有："晋武公灭荀，以赐大夫原氏黯，是为荀叔"，⑤ 则晋武公时已灭荀国。荀、耿、霍、魏、虞、虢、焦、扬、韩等诸侯、方国都位于晋国的周围，甚至比晋献公为其子重耳、夷吾营建的蒲和屈离晋国的都城绛更近。笔者倾向于把蒲和屈视为晋国控制区域的外围，那么晋献公、惠公、文公以来的灭国和联姻都有明显的区域整合的用意在。

晋献公和太子申生都娶于贾，晋献公娶大戎狐姬、小戎子、骊姬、骊姬之娣，皆戎狄之女，晋文公亦娶狄女季隗。晋国通过联姻与贾、狄、戎

---

① （西晋）杜预：《春秋经传集解》上册，第216页。
② （西晋）杜预：《春秋经传集解》上册，第167页。
③ 《周礼注疏》卷28《夏官司马第四》，（清）阮元校刻《十三经注疏》上册，第830页。
④ （西晋）杜预：《春秋经传集解》下册，第1119页。
⑤ 方诗铭、王修龄：《古本竹书纪年辑证》（修订本），第76页。

等保持着密切的关系，也致力于将之纳入晋国的控制范围。晋献公为重耳、夷吾筑城，蒲和屈距晋都甚远，而边狄，晋献公有意识地在边地筑城，让宗子镇守边地，以此拓展和稳固晋国的势力范围。晋国的强大和扩张，自献公始。

《左传》僖公二十三年、二十四年（前637、前636）记述重耳的流亡甚详，其中不乏故事性的夸张、穿凿，非可尽以史实目之，如曹共公观重耳裸浴之事："及曹，曹共公闻其骈胁，欲观其裸。浴，薄而观之。"① 但是其中透露出的诸国对重耳的态度应为事实：狄、齐、宋、楚、秦是接纳重耳，并给予重耳良好待遇的国家；而卫、曹、郑则对重耳不礼，甚至不给予重耳基本的饮食，以至于重耳一行要向路人乞食："出于五鹿，乞食于野人。"② 周代的礼法，特别要求同姓国之间相互扶助，郑国叔詹在劝郑文公尊礼重耳时就说："晋、郑同侪，其过子弟，固将礼焉。"③ 卫、曹、郑作为晋的同姓国，为何不礼于重耳呢？

卫文公、郑文公，谥号皆为"文"，杜预《春秋经传集解》引《谥法》曰："慈惠爱民曰文；忠信接礼曰文。"④ 卫文公、郑文公，既然谥号为"文"，则其必然不是不通礼法、昏庸无道的君主，他们对重耳轻慢、无礼的态度应该是迫于时势的压力。顾栋高《晋公子重耳适诸国论》道出了其中的关键："幸有齐、狄、秦、楚诸大国，其力足与晋相抗，得庇护公子。余如郑、卫诸小邦，则晋令朝下，而夕且絷公子而献于晋耳。"⑤ 卫、曹、郑国力弱，且三国皆处于晋国势力所及的范围之内；三国作为姬姓国，其尤其听命于此时的姬姓强国晋国；三国对于重耳的态度乃迫于晋惠公的压力所致。

重耳"处狄十二年而行"。⑥ 重耳自僖公五年奔狄，在狄十二年，其时应为僖公十六年（前644）。重耳安居于狄十二年，为何在僖公十六年要去

---

① （西晋）杜预：《春秋经传集解》上册，第333页。
② （西晋）杜预：《春秋经传集解》上册，第333页。
③ （西晋）杜预：《春秋经传集解》上册，第334页。
④ （西晋）杜预：《春秋经传集解》上册，第417页。
⑤ （清）顾栋高：《晋公子重耳适诸国论》，《春秋大事表》第1册，第554页。
⑥ （西晋）杜预：《春秋经传集解》上册，第333页。

狄适齐呢？重耳去狄，恐怕是为时势所迫。僖公二十三年，晋怀公即位之初便下达命令："怀公命无从亡人。期，期而不至，无赦。"① 限期让卿大夫召回自己跟随重耳流亡的亲属，如果跟随重耳的亲属不在限期之内回到晋国，就杀死他们在晋国的亲属。狐突就因为不肯召回自己跟随重耳的两个儿子狐毛和狐偃而被杀。僖公十六年，正是晋惠公经韩原之败后回国，励精图治、大举改革的时期。晋惠公当时恐怕也采取了类似怀公的，限制重耳发展的举动。狄离晋国很近，晋惠公甚至有可能直接派人到狄威胁重耳、迫使其离开。

晋国在献公、惠公时期取得了巨大的发展，蒲和屈可以视为此时晋国的西北边界。晋国通过灭国、联姻等措施拓展控制区域和势力范围，并努力整合晋国的控制区域。晋惠公时期，晋国对卫、郑、曹等姬姓国家具有很大的影响力。

二 秦国的崛起与"秦霸西戎"

战国时期叙述秦国的发展历程，多以秦穆公作为开始。北宋嘉祐（1056—1063）、治平（1064—1067）年间在凤翔、平凉、洛阳出土了三块战国时期的秦国刻石，文辞基本相同，而告祭的神灵各异，分别是巫咸、大沈厥湫和亚驼。《告亚驼文》发现于洛阳，蔡挺对之得而复弃；南宋的《绛帖》和《汝帖》，都只收"巫咸"和"大沈厥湫"二石，而不及"亚驼"刻石；郭沫若、② 杨宽③皆以《告亚驼文》刻石为赝品。《告巫咸文》刻石共326字，有34字模糊不可辨认。郭沫若《诅楚文考释》以《告大沈厥湫文》为基础，参校《告巫咸文》写成："我现在把《大沈厥湫文》作为基础，依着刊本的行款把释文写出，并把《巫咸文》的歧异处注在行下。"④

---

① （西晋）杜预：《春秋经传集解》上册，第331页。
② 郭沫若：《诅楚文考释》，《郭沫若全集·考古编》第9卷，科学出版社1982年版，第279—285页。
③ 杨宽：《战国史料编年辑证》上册，上海人民出版社2016年版，第585页。
④ 郭沫若：《诅楚文考释》，《郭沫若全集·考古编》第9卷，第295页。

《诅楚文》言"楚王率诸侯之兵以临加我",杨宽以为即指楚怀王十一年,即秦惠文王更元七年(前318),《楚世家》所言"山东六国共攻秦,楚怀王为纵长"之事。① "(楚王)述取吾边新郢及鄘、长、敎,吾不敢曰可,今又悉兴其众",杨宽用容庚之说,将之系于楚怀王十六年,即秦惠文王更元十二年(前313),在秦相张仪入楚欺骗楚怀王,以献"商於之地方六百里"诱使楚与齐绝交,又背楚约之后,楚怀王大怒而发兵攻秦之事。② 则《诅楚文》刻石大概立于秦惠文王之时,即公元前337—前311年。

《诅楚文》言秦楚两国曾经的交好说:"昔我先君穆公及楚成王,是勠力同心,两邦若一,绊以婚姻,袗以齐盟。曰叶万子孙,毋相为不利。亲卬大沈厥湫而质焉。"③ 把秦穆公、楚成王时期作为秦、楚两国交好的发端。秦穆公、楚成王时期也是秦、楚两国最早取得跨越性发展和向中原诸侯靠拢的时期。

李斯《谏逐客书》曰:"昔缪公求士,西取由余于戎,东得百里奚于宛,迎蹇叔于宋,来丕豹、公孙支于晋。此五子者,不产于秦,而缪公用之,并国二十,遂霸西戎。"④ 以秦穆公霸西戎作为秦国霸业的开始。在叙述完公元前7世纪的秦穆公之后,直接跳到公元前4世纪,任用商鞅变法图强的秦孝公。在李斯看来,奠定秦国统一六国基础的就是秦穆公和秦孝公。秦孝公至秦始皇,是秦国走向强大并最终灭六国的一个连续的历史过程;而先于秦孝公近三百年的秦穆公,则以"霸西戎",奠定了秦国强大和扩张的区域基础。

公元前771年,犬戎攻占镐京,周平王东迁,"(秦)襄公以兵送周平王。平王封襄公为诸侯,赐之岐以西之地。"⑤ 周平王封秦襄公为诸侯,是秦被正式接纳进入周人分封系统的开始,对秦国在春秋时期的地位和与齐、晋等诸夏之国的交往具有决定性的意义。但是所谓的"赐之岐以西之

---

① 杨宽:《战国史料编年辑证》上册,第583页。
② 杨宽:《战国史料编年辑证》上册,第583—584页。
③ 郭沫若:《诅楚文考释》,《郭沫若全集·考古编》第9卷,第296页。
④ 《史记》卷87《李斯列传》,第2541—2542页。
⑤ 《史记》卷5《秦本纪》,第179页。

地",则只能算是顺水人情。周平王也实话实说:"戎无道,侵夺我岐、丰之地,秦能攻逐戎,即有此地。"① 此时的"岐以西之地"都已经被犬戎攻占,秦要想真正拥有周平王赐予其的土地,必须自己去收复。《秦风·无衣》说:"岂曰无衣?与子同袍。王于兴师,修我戈矛,与子同仇。"② 秦穆公时期"霸西戎"所赋"王于兴师",即就周平王当年的封赐而言。秦在春秋之初,致力于稳定周室东迁之后遭戎狄大举入侵的岐、丰之地。李峰指出:"周人东迁后,秦人不但要应付西部的压力,同时还必须同东面的戎人作斗争。这就意味着,要进入陕西中部原属周人的家园就要用武力打进这个地区。"③ 这个过程历时一百多年,即所谓的"秦霸西戎"。秦穆公(前659—前621年在位)时期,秦国基本稳定地占有了西周时期周人的岐、丰旧地。也正是在秦穆公时期,秦国开始努力寻求介入华夏诸国的事务,频繁参与诸夏的征伐、会盟。与此相伴的是秦开始与华夏诸国频繁联姻,尤其是与晋国:秦穆公娶晋献公之女为夫人,是为秦穆夫人;晋怀公夫人怀嬴;晋文公娶秦女五人,夫人文嬴,怀嬴再嫁重耳为辰嬴;晋襄公夫人为穆嬴。

秦穆公是秦国历史上一个特别的存在,其霸西戎的功业为春秋和战国时期秦国的发展,并最终灭六国、建立大一统的秦帝国奠定了坚实的基础。

三 楚国的崛起与楚国的北扩

楚成王在楚国历史上具有多方面的开创性,他是楚国第一个称"王"的君主,楚武王、楚文王皆为追称;秦国的《诅楚文》叙述秦楚的交流始于秦穆公和楚成王。从楚成王开始,楚国频繁地介入中原诸侯的事务,并多次与中原诸侯为争夺霸权而发生战争。庄公二十三年(前671),楚成王即位元年,遣使到鲁国沟通关系:"荆人来聘;"④ 并朝觐天子:"成王恽元

---

① 《史记》卷5《秦本纪》,第179页。
② 《毛诗正义》卷6《秦风·无衣》,(清)阮元校刻《十三经注疏》上册,第373页。
③ 李峰:《西周的灭亡:中国早期国家的地理和政治危机》,第311页。
④ (西晋)杜预:《春秋经传集解》上册,第184页。

年，初即位，布德施惠，结旧好于诸侯。使人献天子，天子赐胙。"① 这是春秋时期楚国与鲁国的第一次正式官方交往，也是春秋时期楚子朝觐周王的开始。楚成王即位之初便主动与鲁国和周王室交往表明，楚成王迫切希望参与诸夏的事务中来。庄公二十八年（前666），楚国以六百辆战车进攻郑国："秋，子元以车六百乘伐郑，入于桔柣之门。"② 对中原重要诸侯国郑国的进攻，是楚成王向诸夏之国发出的强力挑战；而作为诸夏之国代表的齐、鲁、宋、郑四国也适时地对楚国的挑战给予了强有力地回击："秋，荆伐郑。公会齐人、宋人救郑。"③ 齐、鲁、宋、郑与楚国的对抗，此时齐国的国君是齐桓公，鲁国的国君是鲁庄公，宋国的国君是宋桓公，郑国的国君是郑文公，楚国的国君是楚成王。楚成王率先向诸夏之国发起了进攻；而十年之后，僖公四年（前656），齐桓公率诸侯之师的侵蔡、伐楚，则是齐国迫使楚国承认齐国势力范围的兵临城下。在楚成王时期，重要的中原诸侯郑国，第一次倒向楚国的阵营；见于史料记载的楚国与郑国、卫国的联姻也首次发生在楚成王的时期。楚成王是一位堪与齐桓、晋文、秦穆比肩的君主，楚成王时期也是楚国北扩和强势参与诸夏之国事务的重要时期。

僖公二十八年（前632），栾贞子说"汉阳诸姬，楚实尽之"，④ 楚国的北扩伴随着对汉水北岸姬姓诸国的灭亡。同时，楚国的北扩不仅灭亡了很多姬姓国，也将曼姓的邓、姜姓的申等纳入楚国的控制范围。庄公六年（前688），楚文王灭邓："十六年，楚复伐邓，灭之。"⑤ 楚文王时又"县申、息"，⑥ 楚文王时期是楚国北扩，将控制区域推向汉水北岸，并直指汝、淮流域的重要时期。而楚成王则在其父文王的基础上，与齐、宋、晋诸国分庭抗礼，全面参与诸夏事务。

在楚国北扩的过程中，楚国和楚国周边的诸侯、方国之间的联姻对

---

① 《史记》卷40《楚世家》，第1697页。
② （西晋）杜预：《春秋经传集解》上册，第200页。
③ （西晋）杜预：《春秋经传集解》上册，第197页。
④ （西晋）杜预：《春秋经传集解》上册，第374页。
⑤ （西晋）杜预：《春秋经传集解》上册，第140页。
⑥ （西晋）杜预：《春秋经传集解》下册，第1829页。

第七章 "春秋五霸"与公元前7世纪中国的区域整合

江、淮、汝、汉流域的诸侯格局有很大的影响。春秋前期，黄国与曾国的多次联姻，与两国处于楚国政治压力之下的联合抗楚有关，《左传·桓公八年（前704）》："夏，楚子合诸侯于沈鹿。黄、随不会。"① 春秋前期的黄季鼎（《集成》5.2565），铭文曰："黄季乍（作）季嬴宝鼎，其万年，子孙永宝用享"，② 是黄季为其女季嬴出嫁所作的媵器。黄季鼎1972年在湖北随县熊家老湾曾国铜器群中出土，表明此黄国季嬴所适夫家应该就是曾国。青铜器铭文中的曾国，就是历史文献中所说的随国。同为春秋前期器的曾侯簠（《集成》9.4598，又称"叔姬霝簠"），铭文曰："叔姬霝乍（连）黄邦，曾侯乍（作）叔姬、邛（江）嬭（芈）媵（媵）器鬻彝，其子子孙孙其永用之，"③ 是曾侯为其女叔姬和叔姬之媵邛嬭所作的媵器，曾国叔姬所适夫家为黄国。黄国与曾国在春秋前期的联姻有效地保证了黄、曾两国的联合和对楚国压力的对抗。

庄公六年（前688），《左传》记邓祁侯的三位卿大夫骓甥、聃甥、养甥请求杀楚子。邓祁侯的三位卿大夫被称为"三甥"，因为这三位卿大夫的名字中都包含了其母国、母族的国氏或者族氏，表明三人的母亲分别来自聃国、骓氏和养氏，三人分别是聃国、骓氏和养氏的外甥。聃国是位于汝水流域的方国。僖公五年（前655），《左传》言"江、黄、道、柏方睦于齐，皆弦姻也"，④ 江、黄、道、柏、弦都是位于淮河流域的方国。春秋前期，随、黄、江、道、柏、邓、聃等汉、淮、汝水流域的方国倾向于通过联姻等方式结成抗楚的同盟；在齐桓公时代，这些汝、淮流域的方国又得到了齐桓公的支持：

《春秋·僖公二年》：秋九月，齐侯、宋公、江人、黄人盟于贯。⑤
《春秋·僖公三年》：秋，齐侯、宋公、江人、黄人会于阳谷。⑥

---

① （西晋）杜预：《春秋经传集解》上册，第97页。
② 张亚初编著：《殷周金文集成引得》，第41页。
③ 张亚初编著：《殷周金文集成引得》，第97—98页。
④ （西晋）杜预：《春秋经传集解》上册，第254页。
⑤ （西晋）杜预：《春秋经传集解》上册，第237页。
⑥ （西晋）杜预：《春秋经传集解》上册，第240页。

《春秋·僖公四年》：秋，及江人、黄人伐陈。①

杜《注》：受齐命讨陈之罪而以与谋为文者，时齐不行，使鲁为主。②

僖公二年（前658）、三年（前657），江、黄与齐、宋的会盟，以及僖公四年（前656），江、黄与受齐国之命的鲁国共同伐陈，江、黄在诸侯政治格局中选择站在齐、鲁、宋一方，而与楚国对立。

《左传·僖公五年》：楚斗穀于菟灭弦，弦子奔黄。于是江、黄、道、柏方睦于齐，皆弦姻也。弦子恃之而不事楚，又不设备，故亡。③

僖公五年（前655），弦国仗势与江、黄、道、柏的联姻，以及江、黄、道、柏等国与齐国的盟好关系，不事楚，又不设备，以至于被楚国灭亡。在春秋时期的弦国看来，婚姻之国可以对其安全形成保障，强大的齐国也可以为其安全提供保护；不过婚姻和齐国庇护的保障，都在近邻楚国的强力攻击之下崩溃了。黄国也不幸很快步了弦国的后尘：

《左传·僖公十一年》：黄人不归楚贡。冬，楚人伐黄。④

《左传·僖公十二年》：黄人恃诸侯之睦于齐也，不共楚职，曰："自郢及我九百里，焉能害我？"夏，楚灭黄。⑤

黄国与弦国的灭亡如出一辙，都是在诸侯政治格局中选择站在齐国的一方，并依仗齐国的强大和与齐国的关系而不服从楚国。弦国和黄国都错误地估计了本国与齐国和楚国空间距离的远近悬殊对国家选择应有的影响。《穀梁传·僖公十二年》对此不无感慨地评论道：

---

① （西晋）杜预：《春秋经传集解》上册，第243页。
② （西晋）杜预：《春秋经传集解》上册，第244页。
③ （西晋）杜预：《春秋经传集解》上册，第254页。
④ （西晋）杜预：《春秋经传集解》上册，第280页。
⑤ （西晋）杜预：《春秋经传集解》上册，第281页。

第七章 "春秋五霸"与公元前7世纪中国的区域整合

贯之盟,管仲曰:"江、黄远齐而近楚,楚为利之国也,若伐而不能救,则无以宗诸侯矣。"桓公不听,遂与之盟。管仲死,楚伐江灭黄,桓公不能救,故君子闵之也。①

管仲反对齐桓公将江、黄纳入齐国的势力范围,管仲认为江、黄与齐国的空间距离和江、黄近邻楚国的强大,超越了齐国拓展控制区域的极限。春秋时期,江、黄、道、柏、随等汉、淮流域的方国,处于楚国势力的辐射范围之内,诸国尝试通过彼此联姻和与齐国结盟共同对抗楚国,不过这种努力最终都失败了。这与楚国的强力崛起和楚国在地缘上与汉、淮、汝水流域的关联密切相关。随国在桓公八年(前704)败于楚国之后改从楚国,由此获得了更长的存续时间。

《左传·定公四年》:吴人从之,谓随人曰:"周之子孙在汉川者,楚实尽之。天诱其衷,致罚于楚,而君又窜之,周室何罪?君若顾报周室,施及寡人,以奖天衷,君之惠也。汉阳之田,君实有之。"

随人卜与之,不吉,乃辞吴曰:"以随之辟小而密迩于楚,楚实存之。世有盟誓,至于今未改。若难而弃之,何以事君?执事之患,不唯一人。若鸠楚竟,敢不听命。"吴人乃退。②

随人在楚昭王遭遇郢都被破和奔亡流离的情况下,在吴人动之以周人诸姬之义,诱之以汉水北岸土地之利的情况下,仍然选择坚定地站在楚国的一边,即在于,随侯认可楚国的崛起,并不惮于楚国一时的受挫;随侯认为吴国对楚国的毁灭性攻击具有偶然性,并认为楚国将重新崛起。随侯对于吴、楚、随政治形势的判断,建立在对诸侯政治和汉、淮流域地缘格局的判断之上,即"随之辟小"和"密迩于楚"。随侯在吴、楚之间的政治选择,是基于对楚国实力和楚国与江、淮、汝、汉流域诸侯、方国地缘关联的清晰认识和判断。楚国的实力和楚国与江、淮、汝、汉流域诸侯、

---

① 《春秋穀梁传注疏》卷8,(清)阮元校刻《十三经注疏》下册,第2397页。
② (西晋)杜预:《春秋经传集解》下册,第1630页。

西周春秋时期的女性、联姻与政治格局演进研究

方国的地缘关联,是楚国北扩和最终将汝、淮流域纳入楚国势力范围的政治和地缘基础。春秋前期,汉、淮、汝水流域的小国尝试通过联姻和借助齐国势力建立对抗楚国的同盟,但是终因楚近齐远的地缘格局和楚国的强力崛起而被各个击破,都被纳入了楚国的控制区域或势力范围。楚国也通过联姻对汉、淮流域的小国施加影响,而楚国对于婚姻的态度,使得楚国更倾向于从政治联姻中获取直接的利益。

《左传·庄公六年》:楚文王伐申,过邓。邓祁侯曰:"吾甥也。"止而享之。骓甥、聃甥、养甥请杀楚子,邓侯弗许。三甥曰:"亡邓国者,必此人也。若不早图,后君噬齐,其及图之乎?图之,此为时矣。"邓侯曰:"人将不食吾馀。"对曰:"若不从三臣,抑社稷实不血食,而君焉取馀。"弗从。还年,楚子伐邓。十六年,楚复伐邓,灭之。①

邓祁侯顾忌联姻双方应有的盟好之谊,不愿对楚文王暗施毒手;楚文王却不介意利用邓祁侯对联姻关系的顾忌和邓祁侯因联姻关系而对楚军放松戒备,直接灭亡了邓国。

昭公五年(前537),楚灵王在求婚于晋,并得到"晋侯送女于邢丘",②"晋韩宣子如楚送女,叔向为介",③ 高规格的礼遇后,想要"以韩起为阍,以羊舌肸为司宫"④ 来羞辱晋国。虽然在薳启强晓之以利害,惧之以晋国实力的劝谏下放弃了羞辱晋国的打算,但是很显然,楚国与晋国在面对政治联姻的态度上,是有很大区别的。楚国更少受到周礼的约束,倾向于考虑政治联姻的直接利益;而晋国则在注重政治联姻直接利益的同时,也会兼顾礼法的呈现。楚国对政治联姻直接利益的追求,使得我们可以通过联姻有效窥探楚国的政治意图。

---

① (西晋)杜预:《春秋经传集解》上册,第139—140页。
② (西晋)杜预:《春秋经传集解》下册,第1263页。
③ (西晋)杜预:《春秋经传集解》下册,第1265页。
④ (西晋)杜预:《春秋经传集解》下册,第1265页。

第七章 "春秋五霸"与公元前7世纪中国的区域整合

第二节 疆域概念的产生与晋、楚诸国政治、军事制度上的变革

公元前7世纪齐、晋、秦、楚、宋等诸侯国共时性的崛起,同时伴随着诸国在内政、外交和军事领域的多项变革。制度的变革因诸国的强大而起,并有利于诸国的持续发展。

一 疆域概念的产生与齐、楚的疆域主张

公元前7世纪,齐、晋、秦、楚等诸侯国在思想和制度上都发生着,或者开始酝酿着巨大的变革,这其中非常重要的一点就是疆域概念的产生。庄公二十八年(前666)骊姬请梁五和东关嬖五进言晋献公让奚齐、卓子之外的群公子都离开晋国的都城绛:

> 骊姬嬖,欲立其子,赂外嬖梁五与东关嬖五,使言于公曰:"曲沃,君之宗也。蒲与二屈,君之疆也。不可以无主。宗邑无主,则民不威,疆场无主,则启戎心。戎之生心,民慢其政,国之患也。若使大子主曲沃,而重耳、夷吾主蒲与屈,则可以威民而惧戎,且旌君伐。"使俱曰:"狄之广莫,于晋为都。晋之启土,不亦宜乎?"晋侯说之。夏,使大子居曲沃,重耳居蒲城,夷吾居屈。群公子皆鄙。唯二姬之子在绛。二五卒与骊姬谮群公子而立奚齐,晋人谓之二五耦。[①]

晋献公外嬖梁五和东关嬖五以保障晋国宗邑稳定和边邑安全的理由,劝晋献公让太子申生镇守曲沃,重耳镇守蒲城,夷吾镇守屈地。晋献公一支由"曲沃代翼"而为晋侯,曲沃是其宗族的根脉所在;故僖公二十四年

[①] (西晋)杜预:《春秋经传集解》上册,第198页。

晋文公重耳回国即位，先入曲沃："丙午，入于曲沃。丁未，朝于武宫"；①僖公三十二年晋文公死后也要归葬曲沃："冬，晋文公卒。庚辰，将殡于曲沃，出绛，柩有声如牛。"② 曲沃是晋国的宗邑，蒲和屈是晋国重要的边邑："蒲边秦，屈边翟。"③ 在晋献公时期，宗邑和边邑是晋国稳定和向外扩张的基石，故晋献公非常乐于采纳"二五"的建议，让三个年长、又有能力的儿子分别镇守曲沃、蒲和屈。梁五、东关嬖五和晋献公都特别强调边邑对于保障国家安全和作为晋国进一步向外扩张的基石的作用；同时将边邑视为"疆"，表现出将晋国的统治区域视为一个有边界的整体，而非城邑的联合的疆域观念。

《左传》僖公四年（前656）春，管仲答楚使时说："昔召康公命我先君大公曰：'五侯九伯，女实征之，以夹辅周室。'赐我先君履，东至于海，西至于河，南至于穆陵，北至于无棣。"④ 谭其骧已经指出：管仲提到的海、河、穆陵、无棣等齐国疆域的四至，不太可能是西周初年对齐国分封区域的界定，而应该是春秋时期，齐桓公时代齐国的大致疆域。⑤ 管仲对齐国疆域的主张包括东、西、南、北的四至，管仲认为齐国的控制区域不是多个城邑的组合，而是从齐国都城向外画圈的范围，我们必须将之视为明确的"疆域概念"。这种对本国疆域的认知和主张，是公元前7世纪很多诸侯国都展现出来的特点。

在管仲提出齐国疆域主张的同年夏，楚使屈完在召陵应对齐桓公对楚国的威胁时，也宣示了楚国对自己疆域的主张："君若以德绥诸侯，谁敢不服？君若以力，楚国方城以为城，汉水以为池，虽众，无所用之。"⑥ 屈完把方城、汉水作为楚国北方疆域的边界。楚文王时已经将汉水以北的邓、申、息纳入了统治范围，而楚成王时屈完却说"楚国方城以为城，汉水以为池"，屈完对楚国北界的认定小于楚国此时的实际控制区域。在公

---

① （西晋）杜预：《春秋经传集解》上册，第339页。
② （西晋）杜预：《春秋经传集解》上册，第403页。
③ 《史记》卷39《晋世家》，第1641页。
④ （西晋）杜预：《春秋经传集解》上册，第244页。
⑤ 谭其骧：《西汉以前的黄河下游河道》，《长水集》下册，第78—79页。
⑥ （西晋）杜预：《春秋经传集解》上册，第245页。

第七章 "春秋五霸"与公元前7世纪中国的区域整合

元前7世纪的中叶,诸侯的疆域概念主要表现在概念层面,与诸侯国的实际控制区域有可能有差别。

管仲、屈完关于齐、楚疆域的主张,反映出公元前7世纪齐、楚等诸侯国开始具有了疆域的观念,并且对自己国家的疆域有了大概的期望和认定。这是公元前7世纪齐、晋、秦、楚等诸侯国在观念和制度上发生的重大变革之一。

二 晋、楚地方行政制度的新变化

公元前7世纪的齐、晋、秦、楚等诸侯国,通过灭亡周围国家和政治斗争中对敌对贵族采邑的剥夺,形成了很多直属于国君的土地,基于对这些新获得土地的处置,诸国在地方行政制度方面都发生了相应的变化。在地方行政变革的方面,最明显的例子来自晋国和楚国。

晋武公三十九年(前676),晋灭荀,将荀赐给大夫原氏黯,李晓杰认为这是晋国设县的开始。① 春秋时期,晋国从晋武公开始,对灭国和剥夺敌对贵族采邑获得的新土地设县。李晓杰认为"县"的含义有三种,即"县鄙之县""县邑之县"和"郡县之县"。② 春秋时期晋国的县具有"县鄙之县"或"县邑之县"的性质,还没有发展成为"郡县之县"。李晓杰指出晋献公"赐赵夙耿,赐毕万魏",给予赵夙、毕万封邑,"但这种封邑与过去封建同姓的'大夫立家'的性质不同,其表面形式是派异姓大夫对新邑实行管理,因此这种封邑可能只是食邑的性质,并非锡土而成相对独立状态"。"这是地方行政制度产生的端倪。"③ 晋献公灭耿、魏而设邑,并将灭国所得的新邑封赐给赵夙和毕万;晋献公通过任命国君直属卿大夫管理新邑的方式,加强了对新邑的管理。

周襄王因晋文公平定王子带之乱(僖公二十五年,前635)有功,赏赐其阳樊、温、原、攒茅之田。晋文公任命赵衰为原大夫、狐溱为温大

---

① 李晓杰:《中国行政区划通史·先秦卷》(第二版),第277页。
② 李晓杰:《中国行政区划通史·先秦卷》(第二版),第240页。
③ 李晓杰:《中国行政区划通史·先秦卷》(第二版),第246—247页。

夫，在任命两县的大夫之前，晋文公曾就原守问题征询左右的意见："晋侯问原守于寺人勃鞮。对曰：'昔赵衰以壶飧从径，馁而弗食。'故使处原。"① 晋文公向近臣勃鞮询问"原守"的人选，勃鞮从德行和对晋文公的忠心方面举荐了曾随晋文公出亡的赵衰。"原守"是原地的主管，在一定条件下可以世袭，但不同于分封制下贵族采邑的绝对世袭性质。勃鞮对赵衰的举荐则更像是官僚体制下对官员的举荐，而非分封制下对封君的举荐。李晓杰仔细考察了原、温的历任大夫，原大夫有赵衰、原轸、赵同（原同）等；温大夫有狐溱、阳处父、郤至、赵氏等，指出："温、原二县都数易其主，并非大夫的世袭采邑。退一步说，即使是赐给大夫的的食邑，也是国君可以随便予夺的，具有国君直属地的性质。"② 晋文公对原、温大夫的任命，以及此后原、温大夫来自不同家族的事实表明，晋国自献公以来，对新邑的处置已经不同于传统封建制下的"大夫立家"，而更多地采用了"县邑之县"的形制，国君通过直接任命大夫管理新邑的方法，加强了对地方的控制。

晋国自献公以来在行政制度上呈现出来的重要变化有两个，一个是国君和中央权力的加强，另一个是非晋公族和异姓卿大夫权力的加强。这两者为晋国的强大奠定了制度和人才的基础。

楚国自武王灭权设县，武王灭蓼设县；文王灭邓、申、息、吕设县；成王置商县；县公皆有来自不同家族的卿大夫。③ 晋、楚两国的置县，以及国君对县长官的任命和县长官的不完全世袭，标志着晋、楚地方行政制度的变化，"地方行政制度的形成，同时也是中央集权已经产生的标志"。④ 公元前7世纪，晋、楚等国的中央和地方行政制度都开始发生变化。这些变化的直接原因是晋、楚等国灭他国和夺贵族采邑，获得了直属于国君的土地。国君可以选择继续将新获得的土地分封给贵族作为采邑；或者改变

---

① （西晋）杜预：《春秋经传集解》上册，第358页。
② 李晓杰：《中国行政区划通史·先秦卷》（第二版），第247—248、278—281页。
③ 关于春秋时期楚县的具体情况，可参看李晓杰：《中国行政区划通史·先秦卷》（第二版），第255—262页。
④ 关于春秋时期楚县的具体情况，可参看李晓杰：《中国行政区划通史·先秦卷》（第二版），第251页。

第七章 "春秋五霸"与公元前7世纪中国的区域整合

分封采邑的传统,将之作为贵族的食邑;或者将这些新获得的土地作为国君直接管辖的县邑,直接派遣官员进行管理。春秋时期晋、楚设县尤多,因晋、楚拓地广、灭国多:《韩非子·难二》说"昔者吾先君献公并国十七,服国三十八";①《韩非子·有度》说"荆庄王并国二十六,开地三千里";②《吕氏春秋·直谏》说"(荆文王)兼国三十九",③ 其数字虽未必确切,但足见晋、楚灭国之多。顾栋高在对晋、楚疆域变化做细致考证的基础上指出:"晋所灭十八国,又卫灭之邢、秦灭之滑皆归于晋";"楚在春秋吞并诸国凡四十有二",④ 顾氏所说当为实数。

春秋时期,晋国在边县之外尚有内地之县,楚国则只在边地"灭国为县"。⑤ 这种差别源于晋、楚两国中央权力建构的差别和公族强弱的差异。晋国经历曲沃桓叔、庄伯、武公对晋文侯仇子孙的攻杀;晋献公时的去桓、庄之族;晋献公时的骊姬之乱和晋献公死后的里克弑君造成的太子申生、奚齐、卓子之死;晋文公、怀公争位,怀公死后惠、怀之后绝迹于晋国;晋襄公死后,文公子乐,又因赵盾和贾季的立嗣之争而为赵盾所杀,晋国的公族在一次次的杀戮中凋零殆尽。晋国的公族弱是一把双刃剑,一方面使国君有更大的权力,并可以选贤任能多用异姓卿大夫;另一方面又造成了君权的旁落,六卿坐大,终成三家分晋。晋国诛杀公族剥夺的原来贵族的采邑,一部分继续作为采邑分封给其他的贵族;另一部分则变成了贵族的食邑;还有一部分成为新设的县,晋国内地的县多由此而来。顾栋高论春秋时期周、晋的国家形态说:"然使晋不兼并诸国,周亦无能联络形势以自强。何则?周行封建,其势散;而晋并列国为郡邑,其势聚。封建之不如郡县,自春秋之世不已较然哉!"⑥ 春秋时期晋国的设县,在灭国拓地和诛杀公族之外,更因其统治观念的转变:晋国的国君和主政的卿大夫特别注意加强中央权力;在地方上变贵族采邑为食邑,或者直接设县,

---

① (清)王先慎:《韩非子集解》卷15《难二》,第368页。
② (清)王先慎:《韩非子集解》卷2《有度》,第31页。
③ 许维遹:《吕氏春秋集释》卷23《贵直论·直谏》,第627页。
④ (清)顾栋高辑:《春秋大事表》卷4,《春秋列国疆域表》,第517、524页。
⑤ 郑殿华:《论春秋时期的楚县与晋县》,《清华大学学报》(哲学社会科学版)2002年第4期。
⑥ (清)顾栋高:《晋疆域论》,《春秋大事表》第1册,第518页。

以加强中央对地方的控制。

李晓杰在深入考察春秋时期诸侯国设县和县的具体性质的基础上,将公元前514年晋国韩、赵、魏、知、范、中行氏六卿灭祁氏、羊舌氏,分其邑为十县,看作中国"地方行政制度萌芽的标志"。① 晋国实现地方行政制度上的突破性转变,经历了一个很长的过程;而这个过程的起点,可以追溯到晋献公、晋文公以来对新邑的处置和对非晋国公族大夫的任用。

三 晋、楚的军制改革

公元前7世纪,晋国发生了军制上的改革,首先是晋献公时期的"作二军",扩大了军队的规模。而晋惠公的"作爰田""作州兵"则具有划时代的意义,为晋文公以下晋国的强大奠定了坚实的基础。

《左传·僖公十五年》(前645):

晋侯使郤乞告瑕吕饴甥,且召之。子金教之言曰:"朝国人而以君命赏,且告之曰:'孤虽归,辱社稷矣。其卜贰圉也。'"众皆哭。晋于是乎作爰田。吕甥曰:"君亡之不恤,而群臣是忧,惠之至也,将若君何?"众曰:"何为而可?"对曰:"征缮以辅孺子。诸侯闻之,丧君有君,群臣辑睦,甲兵益多。好我者劝,恶我者惧,庶有益乎!"众说。晋于是乎作州兵。②

晋献公在韩原之战为秦所获,秦穆姬以死相逼,请求秦穆公释放晋惠公;秦穆公在权衡杀晋惠公和与晋讲和的利弊之后,释放了晋惠公。晋惠公派郤乞回国告知瑕吕饴甥自己即将回国之事,并召瑕吕饴甥来迎接。瑕吕饴甥让郤乞假借惠公之命,以爰田收入赏赐众人,以此获得国中民众的支持;并在众人的感恩戴德和慷慨激昂中实现了"作州兵"的强军计划。

---

① 李晓杰:《中国行政区划通史·先秦卷》(第二版),第249—251页。
② (西晋)杜预:《春秋经传集解》上册,第291—292页。

第七章 "春秋五霸"与公元前7世纪中国的区域整合

"爱田",杜《注》曰:"分公田之税应入公者,爱之于所赏之众",① 杜预以"税"解"爱田"。"爱田",《国语》作"辕田",曰:"且赏以悦众,众皆哭,焉作辕田。"② 韦昭《注》引贾侍中之语曰:"辕,易也,为易田之法,赏众以田。易者,易疆界也。"③ 杨伯峻综合考察诸家之说,认为"爱田"(辕田)与"赏众"有关。并征引《汉书·地理志》"孝公用商君,制辕田,开阡陌,东雄诸侯"之语,指出:"商君之制辕田,即晋惠之作爱田也。商君制辕田而后开阡陌,则此之作爱田亦必开阡陌,从可知也。""盖晋惠既以大量田土分赏众人,自必变更旧日田土所有制,一也;所赏者众,所得必分别疆界,又不能不开阡陌以益之,二也。商鞅"'制辕田,开阡陌',然后孝公得以'东雄诸侯',则晋此之作爱田,其作用亦可知矣"④。杨伯峻将晋惠公的"作爱田"与秦孝公时商鞅变法的"制辕田"相类比,认为二者都是给予民众赏田,二者也都伴随着对土地的重新划界和对新土地的开垦。杨伯峻进而以商鞅变法对秦国强大的作用类比晋惠公时"作爱田"对晋国强大的作用。晋惠公"作爱田"是以田赏众,在韩原新败之后以利益收买人心;爱田之作促进了晋国的农业生产和土地开垦,为晋国的发展奠定了坚实的基础。

"州兵",杜《注》曰:"五党为州,州二千五百家也,因此又使州长各缮甲兵。"⑤ 杨伯峻综合考察杜预、沈钦韩、惠栋、洪亮吉、蒙文通、李亚农诸家之说,认为"作州兵为改革兵制"。⑥ 众说皆以"州兵"为一种军制改革,但是如何改革却并未说清楚。晋惠公以田赏众的直接目的就是为了"作州兵","州兵"是一种军制改革和强军之法,杜预将"州兵"与一种类似于行政区划的地域单位"州"关联起来;"州兵"是一种把土地和军队关联起来的方式,一个特定的地域出一定的兵源,这个特定的地域又提供相关兵源的补给。"州兵"是一种新型的军队组织形式,能够有

---

① (西晋)杜预:《春秋经传集解》上册,第296页。
② 《国语》卷9《晋语三》,上海师范大学古籍整理组校点《国语》上册,第330页。
③ 《国语》卷9《晋语三》,上海师范大学古籍整理组校点《国语》上册,第330页。
④ 杨伯峻编著:《春秋左传注》(修订本)第1册,第361—362页。
⑤ (西晋)杜预:《春秋经传集解》上册,第297页。
⑥ 杨伯峻编著:《春秋左传注》(修订本)第1册,第363页。

效保证兵源和军队的后勤补给。

晋国在惠公时期率先实现了军制改革,类似的军制改革不仅出现在晋国。《左传》成公七年(前584),申公巫臣反对将申、吕作为赏田给予子重的论述,表明楚国也存在土地与军赋的关联:

> 楚围宋之役,师还,子重请取于申、吕以为赏田。王许之。申公巫臣曰:"不可。此申、吕所以邑也,是以为赋,以御北方。若取之,是无申、吕也。晋、郑必至于汉。"王乃止。①

申公巫臣指出申、吕作为楚王的直属领地,为楚国的军队提供军赋,是楚国北扩和对抗中原诸侯的基础。申公巫臣所说的"赋",应该不只是钱粮军赋,还包括军队的兵源。

僖公二十八年(前632),楚遭城濮之败,楚成王使人诘问子玉说"大夫若入,其若申、息之老何",②以"申、息之老"的名义迫使子玉自杀。随子玉征战的楚军很多是来自申、息两邑的子弟,申、息作为楚邑,与楚国的兵源之间有直接的关联。申、息、吕都是楚王的直属领地,顾栋高、李晓杰等都将之视为"楚县"。楚县与楚国的兵源、军赋之间有直接的关联。楚国地方行政制度方面的变化与楚国军制的变化彼此相关。

韩原之战后晋国"作爰田""作州兵",对土地制度和兵制都做出了改革,晋国的强大至此步上快车道。此后,晋文公即位五年即霸诸侯;以灵公之不君,晋仍得为诸侯之盟主,皆因晋国制度之利也。瑕吕饴甥、郤乞矫晋惠公之命以成"爰田""州兵"之事,晋卿的权力之大可想而知。晋文公以后六卿的坐大绝非偶然,乃根源于晋国的政治建构,所有别者仅是何家之卿坐大而已。

晋文公(前636—前628)到晋悼公(前586—前558)时期近一百年的晋、楚争霸,绝非因某几个强力君主而起,实在根源于晋、楚两国制度的变革,以及由此成就的两国军事和政治的强大。

---

① (西晋)杜预:《春秋经传集解》上册,第688页。
② (西晋)杜预:《春秋经传集解》上册,第376页。

四 晋国大量任用异姓卿大夫

晋国的公族弱，晋国对群公子的猜忌，晋国对群公子的数次驱逐和杀戮，为异姓的大夫在晋国的发展留下了空间。晋国也特别注意接纳和任用流亡到晋国的他国卿大夫。《左传》襄公二十六年（前547），声子为劝楚令尹子木迎纳伍举，发"楚材晋用"之论："晋卿不如楚，其大夫则贤，皆卿材也"；"虽楚有材，晋实用之"。[①] 声子的言论，虽然有为了让楚令尹迎伍举重回楚国的危言耸听和夸大其词，却也真实地道出了晋国对外国流亡卿大夫的接纳和重用。

韩虎泰将晋献公以降众多他国公子、贵族流亡到晋国归因于晋国的强大和晋国的地缘政治格局。[②] 不过这里还有一个关键因素没有被提及，就是晋国对流亡而来的他国公子、卿大夫的任用。赵夙和毕万都被晋献公任命为大夫，并在晋国获得了封邑，赵氏和魏氏在晋国取得了极大的发展，甚至最后成为分晋的重要力量。晋国对他国公子、卿大夫的量才任用，成为大量他国公子、卿大夫奔晋的重要原因。

晋国大量任用他国流亡而来的公子和卿大夫，与晋国的公族弱有关；而更为核心的原因则在于，晋国自"曲沃代翼"以来制度上的变革，晋国在献公、惠公、文公时期，主动选择由世卿世禄的贵族政治向选贤任能的官僚制度的转变。

第三节 政治联姻与公元前7世纪齐、晋诸国的扩张和区域整合

公元前7世纪，以疆域概念的产生，晋、楚开始设县，晋、楚的军制

[①]（西晋）杜预：《春秋经传集解》下册，第1061—1062页。
[②] 韩虎泰：《试论春秋流亡与晋国地缘政治格局》，《山西师大学报》（社会科学版）2016年第4期。

改革和晋国大量任用非公族的异姓卿大夫为标志，齐、晋、秦、楚等国在思想和制度上都开始发生变革。同时，齐、晋、秦、楚等国也开始了频繁的对外扩张，拓展控制区域和势力范围，如何整合控制区域是诸国必须面对和一直在努力完成的任务，政治联姻在这其中起到了重要的作用。

一 联姻与齐国控制区域的拓展及整合

齐桓公自庄公九年（前685）即位，到僖公九年（前651）葵丘会盟确立霸主地位，其势力的扩张有着清晰的脉络。庄公九年，"八月庚申，及齐师战于乾时，我师败绩"；"九月，齐人取子纠，杀之"。[①] 齐桓公在即位之初首先打败了支持自己对手公子纠的鲁国，并强迫鲁国杀死公子纠，以绝后患。齐桓公在这场战争中更大的收获是得到了管仲，如孔子所言："桓公九合诸侯，不以兵车，管仲之力也。"[②] 孔子认为管仲对齐国政治、军事的改革和决策是齐桓公称霸诸侯的关键。庄公十年（前684），"冬十月，齐师灭谭。谭子奔莒"。[③] 在迫使鲁国屈服之后，齐桓公灭亡了齐国西面的谭国。齐桓公时期，齐国拓展控制区域和势力范围，建立齐国对鲁、卫、邢、郑等诸侯国和周王室的影响力，采用恩威并施的方法，服鲁、灭谭是威，救邢、迁邢、封卫则是恩。闵公元年（前661），"齐人救邢"；[④] 僖公元年（前659），"齐师、宋师、曹师次于聂北，救邢"；"夏六月，邢迁于夷仪"；[⑤] 僖公二年（前658），"二年春，诸侯城楚丘而封卫焉"。[⑥] 如果说齐桓公救邢、迁邢是纯粹的救危扶难的话，僖公二年齐桓公的封卫则更像是一种权力的宣示。两年前的闵公二年（前660），卫国被狄人所灭，宋桓公第一个伸出援手，"宋桓公逆诸河"，"立戴公庐于曹"。[⑦] 齐桓公此后派重兵"戍曹"，又在两年之后封卫于楚丘，似乎是在向宋国宣示

[①] （西晋）杜预：《春秋经传集解》上册，第146页。
[②] （宋）朱熹：《论语集注》卷7《宪问》，《四书章句集注》，第153页。
[③] （西晋）杜预：《春秋经传集解》上册，第149页。
[④] （西晋）杜预：《春秋经传集解》上册，第213页。
[⑤] （西晋）杜预：《春秋经传集解》上册，第233页。
[⑥] （西晋）杜预：《春秋经传集解》上册，第237页。
[⑦] （西晋）杜预：《春秋经传集解》上册，第223页。

第七章 "春秋五霸"与公元前7世纪中国的区域整合

齐国的实力,并确定北方诸侯对齐国的服从。僖公四年(前656)齐桓公携诸侯之势侵蔡、伐楚,召陵之盟确立了齐、楚两国的势力范围。

在将鲁、谭、邢、卫纳入自己势力范围的过程中,政治联姻是齐国的重要手段。齐庄公曾将自己的三个女儿分别嫁给卫、邢、谭国的国君,《诗·卫风·硕人》说:"齐侯之子,卫侯之妻,东宫之妹,邢侯之姨,谭公维私,"① 勾勒出当时齐国通过联姻建立起来的关系网。《史记·卫康叔世家》说:"庄公五年,取齐女为夫人";② 《左传》隐公三年(前720)说:"卫庄公娶于齐东宫得臣之妹,曰庄姜。"③ 卫庄公公元前757—前735年在位,卫庄公五年是公元前753年。"东宫"指太子,《诗·硕人》《左传》都特别强调庄姜是太子的妹妹,在陈述事实之外,更意在强调庄姜是齐庄公的嫡女。公元前753年,齐庄公的嫡女庄姜嫁为卫庄公夫人。而与此相前后,齐庄公的另外两个女儿分别嫁到了邢国和谭国。1975年在内蒙古哲里木盟(通辽市)巴雅尔吐胡硕出土的"邢姜太宰簋"(《集成》7·3896),其中的"邢姜"就是一位嫁给邢侯的姜姓夫人,④ 很可能就来自齐国,甚至就是卫庄姜的姐妹。邢姜太宰簋之所以在内蒙古出土,可能与庄公三十二年到僖公元年(前662—前659)狄人对邢国的侵袭和掳掠有关。北齐时期(550—577),在今河北省邢台地区出土过五件邢侯夫人姜氏鼎,⑤ 很可能就是一位嫁给邢侯的齐国女子,也很有可能就是卫庄姜的姐妹。

桓公三年(前709),齐僖公的女儿文姜嫁为鲁桓公夫人。文姜大婚、生子都受到了极高的礼遇,表明齐、鲁两国对鲁桓公与文姜联姻都很重视。齐桓公时代,鲁桓公的夫人文姜,也就是齐襄公、齐桓公的姐妹尚在人世;庄公、僖公又娶齐女为夫人。此后鲁文公、宣公、成公相继娶齐女为夫人,《春秋》鲁国十二公中有六位娶齐女为夫人。鲁闵公因年少被弑

---

① 《毛诗正义》卷3《卫风·硕人》,(清)阮元校刻《十三经注疏》上册,第322页。
② 《史记》卷37《卫康叔世家》,第1592页。
③ (西晋)杜预:《春秋经传集解》上册,第22页。
④ 张柏忠:《霍林河矿区附近发现的西周铜器》,《内蒙古文物与考古》1982年第2期;中国社会科学院考古研究所编:《殷周金文集成》第7册,第110页。
⑤ 李峰:《西周的灭亡:中国早期国家的地理和政治危机》,第80页。

未曾婚娶,①《春秋》鲁国十二公以齐女为夫人的比例超过50%，而且是连续的六公娶齐女为夫人，这其中的原因就是齐国要借助联姻施加对鲁国政治的影响。

齐国通过联姻对鲁国的政治干预，在立鲁闵公和杀鲁庄公哀姜一事上表现得最为明显。鲁庄公娶齐女哀姜为夫人在庄公二十四年（前670）：

> 《春秋》：夏，公如齐逆女。
> 秋，公至自齐。
> 八月丁丑，夫人姜氏入。
> 戊寅，大夫、宗妇觌，用币。②

春秋时期，国君娶妇通常只是由卿大夫代为出国"逆女"；哀姜嫁鲁，鲁庄公至齐国"亲迎"，可见鲁庄公对这次齐、鲁联姻非常重视。《春秋》分别记鲁庄公回国和哀姜入鲁，哀姜入鲁和告庙又分在两日，《公羊传》对此的解释是："其言入何？难也。其言日何？难也。其难奈何？夫人不俀，不可使入。与公有所约，然后入。"③《公羊传》特别关注哀姜不与鲁庄公同入，认为这是因为有些事情不能令哀姜满意；而只有当鲁庄公同意了姜氏的要求之后，鲁庄公和哀姜才最终完成了告庙的仪式，正式完婚。哀姜能以不与同入威胁鲁庄公，事情最后的解决又是以鲁庄公的妥协而告终，哀姜在与鲁庄公的婚姻中拥有很大的话语权；哀姜话语权的获得乃是基于此时齐国强大的国力。鲁国的大夫、宗妇见哀姜"用币"，也被御孙和《左传》君子认为超越了国君夫人应该享受的礼仪。

> 秋，哀姜至，公使宗妇觌，用币，非礼也。御孙曰："男贽大者玉帛，小者禽鸟，以章物也。女贽不过榛栗枣修，以告虔也。今男女

---

① 杨伯峻认为鲁闵公"即位时，至多八岁。"［杨伯峻：《春秋左传注》（修订本）第1册，第255页。］
② （西晋）杜预：《春秋经传集解》上册，第187页。
③ 《春秋公羊传注疏》卷8，（清）阮元校刻《十三经注疏》下册，第2237页。

第七章 "春秋五霸"与公元前7世纪中国的区域整合

同贽,是无别也。男女之别,国之大节也,而由夫人乱之,无乃不可乎?"①

鲁国大夫御孙指出宗妇对国君夫人的觌见之礼,所带礼物应该是"榛栗枣修"等果品、干肉而已,现在"用币",远远超过了礼法的规定。哀姜之所以能享受到大夫、宗妇觌见皆"用币"的礼仪,应该是基于鲁国君臣对哀姜背后母国齐国的敬畏。

鲁庄公娶齐女为夫人,或者也并非出于心之所愿,而是迫于齐国的压力。《左传》庄公三十二年(前662),有一段关于鲁庄公和孟任的记载:

> 初,公筑台临党氏,见孟任,从之。閟,而以夫人言许之。割臂盟公,生子般焉。②

鲁庄公爱幸孟任,并曾经许下立其为夫人的誓言。庄公二十四年,杜预阐发《公羊传》意,将哀姜不与鲁庄公同入的原因归咎为孟任的存在:"《公羊传》以为姜氏要公,不与公俱入,盖以孟任故,丁丑入而明日乃朝庙。"③ 鲁庄公未能兑现立孟任为夫人的誓言,因为其必须娶齐女哀姜为夫人,这其中一个关键的原因,恐怕就是来自齐国的压力。齐国嫁女于鲁庄公,即意在借联姻施加对鲁国政治的影响。齐人立鲁闵公和杀哀姜,则将对鲁国政治的干预做得直接又强势。

鲁庄公夫人哀姜无子,鲁庄公欲立孟任之子般,甚至不惜联合季友(成季)酖杀支持庆父的兄弟叔牙。子般被弑,鲁闵公之立也,《左传》认为是基于齐国的意愿:"闵公,哀姜之娣叔姜之子也,故齐人立之。"④ 哀姜与庆父私通,并纵容庆父弑鲁闵公,打乱了齐国在鲁国的政治布局,齐人亲自出手杀哀姜:"齐人取而杀之于夷。"⑤ 齐人在夷地杀死哀姜,《左

---

① (西晋)杜预:《春秋经传集解》上册,第189页。
② (西晋)杜预:《春秋经传集解》上册,第210页。
③ (西晋)杜预:《春秋经传集解》上册,第188页。
④ (西晋)杜预:《春秋经传集解》上册,第221页。
⑤ (西晋)杜预:《春秋经传集解》上册,第221页。

传》对此的评价是"君子以齐人之杀哀姜也为已甚矣，女子，从人者也"。① 齐国之所以亲自出手杀死已嫁为鲁侯夫人的哀姜，就是因为哀姜因一己之私，纵容庆父弑闵公，破坏了齐国在鲁国的政治依托。齐国要借联姻施加对鲁国政治的影响是一以贯之的国家策略。

卫惠公、宣姜谗言害死公子急和寿，桓公十六年（前696），卫惠公在左公子、右公子的压力下出奔齐："十一月，左公子洩、右公子职立公子黔牟。惠公奔齐"，② 就是因为他的母亲宣姜是齐国女子。八年后，庄公六年（前688）卫惠公的复位："（六年）夏六月，卫侯朔入于卫"，③ 也是基于齐国的鼎力相助："（五年）冬，公会齐人、宋人、陈人、蔡人伐卫"；"冬，伐卫，纳惠公也"。④ 齐国为了支持卫惠公，与鲁、宋、陈、蔡诸国联合攻卫，甚至与救卫的周王军队为敌。齐国对卫惠公的鼎力支持，乃是基于卫惠公母亲齐女的身份和确保卫国国君为亲齐派。

齐国通过联姻施加对卫国政治的影响，在强迫宣姜与昭伯烝一事上表现得最为突出。

> 初，惠公之即位也少，齐人使昭伯烝于宣姜。不可，强之。生齐子、戴公、文公、宋桓夫人、许穆夫人。文公为卫之多患也，先适齐。及败，宋桓公逆诸河，宵济。卫之遗民男女七百有三十人，益之以共、滕之民为五千人，立戴公以庐于曹。许穆夫人赋《载驰》。齐侯使公子无亏帅车三百乘、甲士三千人以戍曹。归公乘马，祭服五称，牛、羊、豕、鸡、狗皆三百，与门材。归夫人鱼轩，重锦三十两。⑤

卫宣公死后，齐人因即位的卫惠公年少，强迫惠公的母亲宣姜与惠公的异母兄长昭伯烝。齐人对外嫁齐女的婚姻干涉，是因为经历公子急、寿

---

① （西晋）杜预：《春秋经传集解》上册，第236页。
② （西晋）杜预：《春秋经传集解》上册，第121页。
③ （西晋）杜预：《春秋经传集解》上册，第138页。
④ （西晋）杜预：《春秋经传集解》上册，第137、138页。
⑤ （西晋）杜预：《春秋经传集解》上册，第223页。

第七章 "春秋五霸"与公元前7世纪中国的区域整合

被卫惠公和宣姜谗言害死之事,卫惠公在卫国根基不稳。此时惠公年少而宣姜未老,要在卫国培养亲齐的宗室,以宣姜的再嫁和生育子嗣为可行的方案。闵公二年(前660),卫懿公被狄人所杀,卫国被狄人所灭后,重建卫国的卫戴公和之后即位的卫文公,都是宣姜与昭伯的儿子;在黄河西岸迎接卫国遗民,协助卫国遗民渡河而东,帮助卫戴公在曹地重建卫国的宋桓公,所娶卫女是宣姜与昭伯的女儿;请求齐国出兵戍卫的许穆夫人,是宣姜与昭伯的女儿;受齐桓公之命出兵戍曹的齐国公子无亏的母亲也是卫女,很可能就是宣姜与昭伯的女儿齐子。齐人强迫宣姜与昭伯烝,为卫国生育了大量子嗣,这些子嗣对卫国在闵公二年灭而复建之后的发展,具有决定性的作用。齐国在卫宣姜问题上的婚姻策略,直接影响了闵公二年之后的卫国政治。春秋前期齐国与卫国的联姻,作为强势一方的齐国更多地向卫国施加了政治影响,卫国的公子们则更多的是凭借与齐国的亲缘关系,巩固自己在卫国的地位:"文公为卫之多患也,先适齐。"卫文公适齐,是为了寻求齐国的庇护和支持。卫戴公重建卫国,即位不足两月即死亡。《春秋》记狄入卫在闵公二年的十二月:"十有二月,狄入卫。"[1]《左传》在闵公二年已言卫文公:"卫文公大布之衣,大帛之冠。"[2]《春秋》用周历,《左传》兼用周历和夏历,周历十二月相当于夏历的十月。《左传》闵公二年记卫文公事,最晚在夏历的十二月,则卫戴公在位至多两个月。卫文公的励精图治是卫国重新崛起的基础,卫文公在即位之前就已经确定了亲齐的决策,而齐国也确实在卫文公时期卫国的复兴过程中给予了很多帮助。

联姻在齐国与鲁国和卫国的交往中发挥了巨大的作用,齐国主动地通过联姻施加对鲁国和卫国政治的影响力。鲁国和卫国是齐桓公确立霸主地位的重要支持者,与鲁国和卫国的联姻为齐国拓展势力范围和整合服从于齐国的诸侯国提供了有效的政治保证。齐国通过联姻,有效地实现了北方地区的区域整合,为齐国势力向淮河以南的推进奠定了坚实的基础。

---

[1] (西晋)杜预:《春秋经传集解》上册,第219页。
[2] (西晋)杜预:《春秋经传集解》上册,第230页。

二 联姻与晋国控制区域的拓展及整合

晋献公到晋文公时期，晋国国君频繁地娶同姓和戎狄之女。这些姬姓国和戎狄部族都分布在晋国的附近，晋国的联姻策略有着明显的地域化倾向，晋国意在通过与周边诸侯、方国、部族的联姻拓展晋国的控制区域，并整合晋国的控制区域。

晋献公和太子申生都娶于贾，贾距离晋国都城绛不足 50 千米。《左传》庄公二十八年（前666）说："晋献公娶于贾"，杜预《注》云："贾，姬姓国也。"① 出于区域整合的目的，"同姓不婚"的原则对晋献公已经不再具有约束力。在原配贾姬之外，晋献公还有至少三位姬姓妃嫔："大戎狐姬生重耳"，"晋伐骊戎，骊戎男女以骊姬。归生奚齐。其娣生卓子"。② 大戎狐姬、骊姬和骊姬之娣都是姬姓的戎狄之女，晋献公不避同姓，不贱夷狄的婚娶，与晋国此时的扩张和区域整合需要直接相关。

晋献公太子申生的婚娶情况史传未有明言，但考以僖公十年（前650）和僖公十五年（前645）的相关记载，申生夫人应该来自贾国。

> 《左传·僖公十年》：晋侯改葬共太子。秋，狐突适下国，遇太子，太子使登仆而告之曰："夷吾无礼，余得请于帝矣。将以晋畀秦，秦将祀余。"对曰："臣闻之，神不歆非类，民不祀非族，君祀无乃殄乎？且民何罪。失刑乏祀，君其图之。"君曰："诺。吾将复请。七日新城西偏，将有巫者而见我焉。"许之，遂不见。及期而往，告之曰："帝许我罚有罪矣，敝于韩。"③

申生在晋献公时被骊姬诬以"欲弑君"之罪，被迫自杀，其丧仪势必很简陋。晋惠公夷吾即位后以太子之礼改葬太子申生。申生的旧臣狐突在

---

① （西晋）杜预：《春秋经传集解》上册，第198页。
② （西晋）杜预：《春秋经传集解》上册，第198页。
③ （西晋）杜预：《春秋经传集解》上册，第275—276页。

第七章 "春秋五霸"与公元前7世纪中国的区域整合

申生的封邑曲沃遇到了申生的灵魂,申生告诉狐突:夷吾无礼,他要请求天帝惩罚夷吾,要将晋国给予秦国,让秦国祭祀自己。狐突劝阻申生,说:秦晋异姓,是不同的族、类,申生无法享用秦人的祭祀;并且就算申生憎恨夷吾,但是晋国的民众有什么罪过呢?于是申生放弃了请求天帝惩罚晋国的打算,转而请求天帝惩罚夷吾本人,让夷吾在韩原之战被俘。

晋惠公改葬太子申生应该是出于好意,申生何以对夷吾恨之入骨呢?甚至不惜请求天帝将晋国给予秦国;在狐突的劝说下,才勉强同意只是请求天帝惩罚夷吾本人,让夷吾在韩原遭遇战场上的失败和被俘。僖公十年,申生对夷吾的憎恨,看起来有点突兀和不知所起,不过考以僖公十五年的一段记载,我们也许可以找到申生憎恨夷吾的原因。

《左传·僖公十五年》:晋侯之入也,秦穆姬属贾君焉,且曰:"尽纳群公子。"晋侯烝于贾君,又不纳群公子,是以穆姬怨之。①

晋惠公夷吾"烝于贾君","贾君"为谁?晋献公有夫人曰贾姬,贾姬是晋献公的原配夫人,是秦穆夫人、晋惠公的嫡母。秦穆夫人无须为夷吾"嘱托"贾姬,在礼法上秦穆夫人也没有资格"嘱托"贾君。且贾姬为晋献公元配,此时纵然在世,年事应已极高。唐固认为贾君是太子申生的夫人,顾栋高、洪亮吉、杨伯峻皆从之,② 考以僖公十年申生怨恨夷吾之事,此说甚是。僖公十五年所言秦穆姬在僖公十年晋惠公回国即位之前对贾君的嘱托,秦穆姬嘱托的贾君是太子申生的夫人;夷吾烝于贾君,这才有了申生鬼魂对夷吾的恨之入骨。太子申生亦娶于贾,晋献公和太子申生与贾国的联姻,很大程度上出于贾国在晋都左近的地缘考虑。

晋献公娶大戎狐姬、小戎子、骊姬、骊姬之娣,皆戎狄之女;晋文公亦娶狄女季隗:"狄人伐廧咎如,获其二女:叔隗、季隗,纳诸公子。公子取季隗,生伯儵、叔刘;以叔隗妻赵衰,生盾。"③ 晋献公娶骊姬和骊姬

---

① (西晋)杜预:《春秋经传集解》上册,第289页。
② 杨伯峻编著:《春秋左传注》(修订本)第1册,第351页。
③ (西晋)杜预:《春秋经传集解》上册,第333页。

之娣是骊戎对晋国的求和之举；晋文公娶季隗也是晋文公流亡在狄时，狄人对其的笼络。婚姻在晋国国君、公子与周边戎狄的关系中始终扮演着重要的角色。而在晋国内部，国君似乎也会通过联姻密切与卿大夫之间的关系。

赵衰是晋文公、晋襄公时期最重要的辅臣之一；赵盾在晋襄公、晋灵公、晋成公时期有能力决定国君的废立；晋成公即位之初便在赵盾的请求下设公族，以上卿之子为公族；宣公十二年（前597），晋景公三年的晋楚邲之战，晋国三军九位主要将领中，赵氏家族有三人，占比达到三分之一，赵氏家族在晋文公、晋襄公、晋灵公、晋成公时期对晋国政治具有重要的影响；尤其是晋灵公、晋成公时期的赵盾，直接左右了晋国的政治决策。赵氏家族与晋侯的联姻究竟是对赵氏家族功劳的表彰，还是国君笼络强势的赵氏家族的策略？也许这两方面都有。但是不管原因如何，晋侯与赵氏家族的婚姻关联，都彰显了赵氏家族在晋国的地位；而重耳之女赵姬的让嫡，真真实实地影响到了赵氏家族的发展和晋国的政治。

晋文公重耳流亡在狄时，狄人将攻打廧咎如获得的叔隗和季隗献给重耳，重耳娶了季隗，而将叔隗嫁给了赵衰。在跟随自己流亡的众人中，重耳给予赵衰特别的重视。不过，这也可能只是出于偶然，比如赵衰的年龄正好合适，赵衰尚未娶亲等；但是重耳又将女儿嫁给赵衰，却让我们必须忽略这些偶然性的可能，而更加倾向于将重耳嫁叔隗于赵衰，视为一种政治上的笼络。

> 《左传》僖公二十四年（前636）：文公妻赵衰，生原同、屏括、楼婴。赵姬请逆盾与其母，子余辞。姬曰："得宠而忘旧，何以使人？必逆之。"固请，许之，来，以盾为才，固请于公以为嫡子，而使其三子下之，以叔隗为内子而己下之。①

晋文公重耳在将叔隗嫁给赵衰之后，又把自己的女儿嫁给赵衰作为嫡妻。赵姬在晋文公重耳回国即位之后，请求赵衰迎回在狄的叔隗和叔隗的

---

① （西晋）杜预：《春秋经传集解》上册，第340页。

第七章 "春秋五霸"与公元前7世纪中国的区域整合

儿子赵盾。赵衰本不欲迎回叔隗和赵盾,在赵姬的坚持下才将叔隗和赵盾接回晋国。赵姬认为赵盾有才,坚持请求晋文公立赵盾为赵衰的嫡子,并将自己的嫡妻之位让给叔隗。晋文公将女儿嫁给赵衰是一种政治上的笼络;赵衰在回归晋国之后并未主动迎回叔隗和赵盾,恐怕也不仅是因为得宠忘旧,更是对晋文公政治笼络的积极回应。不过晋文公和赵衰之间男人的默契在赵姬的坚持下发生了改变,赵姬不仅坚持让赵衰迎回叔隗和赵盾,还将嫡妻、嫡子的身份给予了叔隗和赵盾。赵姬的行为是出于爱惜赵盾之才的公心,还是对晋国政治生态洞察之后的理性选择,我们不得而知;但是很显然,赵姬的让嫡选择直接影响到了赵氏家族和晋国政治的发展。如果没有赵姬的坚持,如果赵盾生活在狄,或者即使赵盾回到了晋国,但是没有获得嫡子的身份;赵盾都很难继承赵衰的卿位,更难以成为正卿,左右晋国的政治。

联姻不仅影响着晋国与周边国家和蛮夷戎狄的关系,也对晋国国内晋侯与卿大夫之间的关系产生着影响。联姻在晋献公到晋文公时期晋国的扩张和区域整合中发挥着重要的作用。

小　结

公元前221年秦始皇灭六国,建立了大一统的秦帝国。秦帝国在国家建构和国家运行方面,以大一统、郡县制、中央集权、官僚行政、律令制度等为标志区别于西周国家的建构和运行。从西周初年到秦统一六国,时间跨度超过八百年,西周国家与秦帝国在国家建构和国家运行方面的差别不是突然出现的,而是经历了长期的发展过程。

公元前7世纪齐、晋、秦、楚等诸侯国的崛起和兼国并地,彻底打破了西周分封的秩序。虽然名义上周王还是天下的共主,但是齐、晋、秦、楚已经在事实上成为各个区域的大国。"春秋五霸"的核心不是强力君主,而是强力君主背后的国家和区域。齐、晋、秦、楚的扩张和区域整合奠定了"战国七雄"的地缘基础,"战国七雄"的区域整合又是秦、汉帝国大一统的基础。

公元前 7 世纪齐、晋、秦、楚等诸侯国的崛起，同时伴随着诸国在国家建构和国家运行方面的变革，其中尤以晋、楚两国最为突出。晋、楚两国的大量设县和军制改革，晋国大量任用非公族的异姓卿大夫，在国家运行方面呈现出从世卿世禄向官僚行政的转变。

联姻，作为诸侯国之间关系的物质表征，能够有效反映诸侯国之间的政治关系，又可以对诸侯国之间的关系产生影响。春秋时期，齐、晋、秦、楚等诸侯国的扩张和区域整合，同时伴随着区域性的联姻；齐与鲁、卫的联姻，秦、晋的联姻，晋多娶同姓和戎狄之女，楚国与邓、江、郑、卫的联姻，都与齐、晋、秦、楚的扩张和区域整合的目的有关。

从西周封国到秦汉帝国，这一中国历史上国家制度的最大变革，并非一蹴而就。公元前 7 世纪齐、晋、秦、楚等诸侯国的同时崛起和兼国并地，以及围绕齐、晋、秦、楚等强力诸侯国的区域整合，是中国国家形态从西周封建到秦、汉大一统帝国演进过程中的重要环节。

第八章　族群交融与西周春秋时期华夏区的演进

中国传统文化中的华夷概念包含两个对立的主体：代表文化先进、发达的农耕文明、居于中心区的华；以及与之相对的，代表文化落后、简单农业或者农牧渔猎并行、居于华四周的夷。华又可以称为夏、华夏、诸夏、诸华等，夷则可以泛指夷狄、戎狄、蛮夷戎狄。华夏与夷狄之间巨大的价值判断上的落差，在这两个词产生之日就有了，还是在之后的社会发展和历史建构中被逐渐强化的？葛剑雄曾援引中西文献对马戛尔尼来华事件记载的巨大差异指出，"二十四史"中关于中原王朝对于四夷优越性的记载，很可能并非历史的真实；我们形成的华夏对于夷狄优越性的感觉，是因为我们只读到了汉语的记载。[1]

作为史学界"五朵金花"之一的汉民族形成问题，[2] 其根源可以追溯到西周春秋时期华夏区的演进和族群交融。中国历史上的华夏与蛮夷戎狄族群，就西汉大一统帝国而言，华夏居于中央，夷狄分处四周；但是西周、春秋时期呢？学界对此的回答主要有两种，一种观点认为：华夏与夷狄在地域分布上有明显的分野，华在中央，蛮夷戎狄在四方。这是司马迁以来中国人的主流历史观，持此论者代不乏人。另一种观点则认为华、夷在地域上可能有西、东之别，如傅斯年；[3] 或者认为西周、春秋时期华夏

---

[1] 葛剑雄：《统一与分裂：中国历史的启示》，商务印书馆2013年版，第10—11页。
[2] 可参看宋德金《关于汉民族形成问题的不同见解》，《历史研究》编辑部《建国以来史学理论问题讨论举要》，齐鲁书社1983年版，第286—303页。
[3] 傅斯年：《夷夏东西说》，《民族与古代中国史》，第1—71页。

与蛮夷戎狄族群杂处，如史念海、[1] 陈致、[2] 李峰、[3] 王明珂、[4] 胡鸿、[5] 辛迪、[6] 冯盛国。[7] 学界对"华夏"观念在西周、春秋时期的形成和演变多有关注，但是对于西周、春秋时期华夏区的演进和族群范围的变化，论述尚有欠缺；故笔者拟对西周、春秋时期华夏与蛮夷戎狄族群的交融，华夏区的拓展和充实做出论述，以求愚者之一得。

第一节 西周时期的华夏概念和华夏区域

华夏又称为夏、华、诸夏、诸华，其在汉语文献中最早的使用形式是"夏"，时间在商、周之际。"夏"在中文语境里有"西""大"和文化正统的含义。《尚书·牧誓》周武王向周人和参与周人反商同盟的"庸、蜀、羌、髳、微、卢、彭、濮人"军队做誓师发言，即以"西土之人"称呼众部族的将士。[8] 周武王用"西土之人"指称和凝聚以周人为首的反商同盟，因这些方国、部族都位于商人的西方。《尚书·康诰》成王有言曰："用肇造我区夏，越我一二邦，以修我西土。"[9] 成王以"区夏"与"西土"并言，指的是周人翦商之前的生活区域。周公也曾用"夏"指称周人翦商之前的生活区域。《君奭》篇，周公言文王的功绩时说："惟文王尚克修和我有夏"；[10]《立政》篇，周公论为政用人之道时说："帝钦罚之，乃伻我有夏，式商受命，奄甸万姓"，[11] 周公以"有夏"与"商"对举，"有夏"即

---

[1] 史念海：《西周与春秋时期华族与非华族的杂居及其地理分布》（上篇），《中国历史地理论丛》1990年第1辑；史念海：《西周与春秋时期华族与非华族的杂居及其地理分布》（下篇），《中国历史地理论丛》1990年第2辑。
[2] 陈致：《夷夏新辨》，《中国史研究》2004年第1期。
[3] 李峰：《西周的灭亡：中国早期国家的地理和政治危机》。
[4] 王明珂：《华夏边缘：历史记忆与族群认同》（增订本）。
[5] 胡鸿：《能夏则大与渐慕华风：政治体视角下的华夏与华夏化》，北京师范大学出版社2017年版。
[6] 辛迪：《两周戎狄考》，博士学位论文，北京大学，2006年。
[7] 冯盛国：《两周时期华夷关系研究》，博士学位论文，陕西师范大学，2014年。
[8]《尚书正义》卷11《牧誓》，（清）阮元校刻《十三经注疏》上册，第183页。
[9]《尚书正义》卷14《康诰》，（清）阮元校刻《十三经注疏》上册，第203页。
[10]《尚书正义》卷16《君奭》，（清）阮元校刻《十三经注疏》上册，第224页。
[11]《尚书正义》卷17《立政》，（清）阮元校刻《十三经注疏》上册，第231页。

第八章 族群交融与西周春秋时期华夏区的演进

指西方的周。对于周人翦商之后控制的商人旧地，以及在商人旧地上建立起来的洛阳和东方封国，成王、周公则将之称为"东国"或者"东土"。《康诰》叙述周公营建洛邑时说"周公初基作新大邑于东国洛"；[1] 对于封康叔于卫，成王则曰"肆汝小子封，在兹东土"。[2]

周人称"夏"，最初乃因周人居于商人的西方而起。《史记·周本纪》记载先周时期周人的活动区域，公刘的时候，"自漆、沮度渭，取材用"，庆节的时候，"国於豳"；[3] 古公亶父的时候，"乃与私属遂去豳，度漆、沮，逾梁山，止于岐下"；[4] 文王的时候，"作丰邑，自岐下而徙都丰"。[5] 周人自公刘至于文王，主要的活动区域始终位于今陕西境内的渭河流域。陕西境内先周文化遗址的分布广泛，尤以泾、渭流域的长武、宝鸡、岐山、武功、长安最为集中。其中年代最早的是长武碾子坡先周文化遗址，其碳十四数据指向公元前 1285 ± 145 年。[6] 这一年代相当于商代后期，与古公亶父的时代相近。陕西碾子坡、郑家坡、斗鸡台、北吕、岐山、扶风等先周和周初遗址的发掘，为周人在古公亶父至文王时期以陕西的泾、渭流域为活动中心，提供了有力的考古学依据。先周时期周人的居住区域就是"夏"的范围。

在周人翦商的过程中，以"夏"作为我群的称谓，用以团结周人和以周人为首的反商同盟；随着周人翦商的完成，周王成为天下的共主，"夏"又具有了"大"的意思，用以赞美周人的功业。伴随着西周的分封，以及周人向东方和东南方的拓展，周人将其东都洛邑和东方的封国全部纳入了"夏"的范围，成为周人控制区域的通称。《诗·周颂·时迈》说"我求懿德，肆于时夏，允王保之"，[7] 将周王朝的统治范围统称为"夏"，祈求天帝的保佑。《时迈》被认为描述的是武王翦商之后，巡狩和祭祀山川百

---

[1]《尚书正义》卷14《康诰》，(清) 阮元校刻《十三经注疏》上册，第202页。
[2]《尚书正义》卷14《康诰》，(清) 阮元校刻《十三经注疏》上册，第203页。
[3]《史记》卷4《周本纪》，第112页。
[4]《史记》卷4《周本纪》，第114页。
[5]《史记》卷4《周本纪》，第118页。
[6] 许倬云：《西周史》(增补二版)，第55页；雷兴山：《先周文化探索》，科学出版社2010年版，第90页。
[7]《毛诗正义》卷19《周颂·清庙之什·时迈》，(清) 阮元校刻《十三经注疏》上册，第589页。

神之事，《时迈》所称的"夏"，超越了文王时期周人在西方的控制区，囊括了周人翦商之后控制的商畿旧地和周人封国的范围。《周颂·思文》有"无此疆尔界，陈常于时夏"之说，① "夏"是一个与周人族群和控制区域有关的概念，并随着周人族群和控制区域的变化而变化。

《尚书·尧典》中虽然有"蛮夷猾夏"之语，② 表达出夏与蛮夷的对立，以及站在夏的角度对蛮夷的贬斥；但是《尧典》绝非作于尧、舜的时代，已为当代《尚书》研究者所证明，《尧典》的创作年代要晚至春秋、战国，甚至可能是秦、西汉时人所作。③ 于是，《尧典》中的"蛮夷猾夏"，不能用以证明尧、舜时代的人已经使用与"蛮夷"相对的、作为文化正统含义的——"夏"的概念。商代文献未见商人自称为"夏"的记录，"夏"最早出现在西周的文献中，用以表示我群的称谓或者文化的正统。

葛志毅、④ 陈致、⑤ 周书灿⑥等学者认为"夏"即"夏后氏"之夏，因周人自认为绍基夏禹的传统，并奉夏为正统，故称"夏"，以对抗商和控制商曾经统治的广大的东方地区。周人称"夏"与其同商人的对抗有关，并在区域上指称与商人统治的东方地区相对的西方地区，但是这个指称西方的"夏"，并非表示周人与"夏后氏"的族群关联。夏为姒姓，周是姬姓，《史记》记周武王灭商之后"求禹之后，得东楼公，封之于杞，以奉夏后氏祀"。⑦ 在血统上，周人显然不认为自己是夏的后人。《国语·晋语》说"异姓则异德，异德则异类"，⑧ 异姓的夏人，被周人视为异类。《左传》僖公二十三年（前637），解释《春秋》称"杞子"时说："书曰

---

① 《毛诗正义》卷19《周颂·清庙之什·思文》，（清）阮元校刻《十三经注疏》上册，第590页。

② （清）皮锡瑞：《今文尚书考证》，中华书局1989年版，第77页。《尚书正义》阮元校刻《十三经注疏》本，将"蛮夷猾夏"分入《舜典》。[《尚书正义》卷3《舜典》，（清）阮元校刻《十三经注疏》上册，第130页。]

③ 刘起釪认为《尧典》成书于春秋。（刘起釪：《尚书校释译论》，中华书局2005年版，第357—391页。）屈万里则认为《尧典》是后人的述古之作，"最早亦不能前于战国之世"。（屈万里注译：《尚书今注今译》，新世界出版社2011年版，第3页。）

④ 葛志毅：《"周人尊夏"辨析》，《求是学刊》1984年第3期。

⑤ 陈致：《夷夏新辨》，《中国史研究》2004年第1期。

⑥ 周书灿：《由姬姜姓族论及"周人尊夏"说》，《人文杂志》2011年第5期。

⑦ 《史记》卷36《陈杞世家》，第1583页。

⑧ 《国语》卷10《晋语四》，上海师范大学古籍整理组校点《国语》下册，第356页。

第八章 族群交融与西周春秋时期华夏区的演进

'子'。杞，夷也。"①《左传》二十七年（前633），说："杞桓公来朝，用夷礼，故曰子。"②《左传》襄公二十九年（前544），又说"杞，夏余也，而即东夷"。③ 姬姓的鲁人、晋人称杞国国君为"子"，一方面是因为杞人在血统上与周人的差异，另一方面则是因为杞与东夷的关系和用夷礼。周人称杞为"夷"并不始于春秋，1986年陕西安康出土的西周中期青铜器"史密簋"中即有"杞夷"之语。④ 沈长云极力驳斥"华夏"之夏乃"夏后氏"之夏的观点，认为周人称"夏"，只是取其"大"之意。⑤ 胡鸿根据《左传·襄公二十九年》"季札观乐"对《秦风》的评价和杨伯峻对"夏声"的解释，旁引朱骏声、吴汝纶、屈万里、童书业等人关于《尚书》《诗经》中有关"夏"的释读，并索以《穆天子传》《山海经》《逸周书》《管子》《史记》和清华简《尹诰》等文献中与地名有关的"夏"的所指，认为"夏"应"训为'西'"，周人因居于殷商的西方，故自称为"夏"。⑥ 沈长云、胡鸿的论证有力地排除了周人称"夏"与"夏后氏"的关联，为本书讨论"夏"与"夷狄"对举问题的时间建构提供了佐证。

作为与蛮夷戎狄对举的"夏"的概念，其产生在商、周之际，是周人用以指称以自己为首的反商同盟的称谓。"夏"概念在产生之初，更多标举的是一个地域和族群的概念，即相对于商人的西方周人和加入周人联盟的各方国、部族。"夏"是我群的标志，用以区分我者与他者。"夏"在产生之初，并不具有绝对的社会、文化和道德上的优势。周人可以称商人为戎：《尚书·康诰》中有"天乃大命文王，殪戎殷，诞受厥命"；⑦《国语·周语》引《大誓》语曰"戎商必克"；⑧《逸周书·世俘解》曰"谒戎

---

① （西晋）杜预：《春秋经传集解》上册，第332页。
② （西晋）杜预：《春秋经传集解》上册，第364页。
③ （西晋）杜预：《春秋经传集解》下册，第1119页。
④ 沈长云：《由史密簋铭文论及西周时期的华夷之辨》，《河北师院学报》（社会科学版）1994年第3期。
⑤ 沈长云：《华夏族、周族起源与石峁遗址的发现和探究》，《历史研究》2018年第2期；沈长云：《华夏民族的起源与形成过程》，《中国社会科学》1993年第1期。
⑥ 胡鸿：《能夏则大与渐慕华风：政治体视角下的华夏与华夏化》，第28—32页。
⑦ 《尚书正义》卷14《康诰》，（清）阮元校刻《十三经注疏》上册，第203页。
⑧ 《国语》卷3《周语下》，上海师范大学古籍整理组校点《国语》上册，第100页。

殷于牧野"。① 也可以面对"大邑商"自称"小邦"或"小国":《尚书·大诰》言"天休于宁王,兴我小邦周";②《多士》有"肆尔多士,非我小国敢弋殷命"。③ 周人称殷商为"戎",乃就双方是敌对阵营而言;周人称殷商为"大邑",而自称"小邦",则就双方的力量对比来说。作为"戎"的殷商可以比作为"夏"的周更强大,也可以比周具有更高的文化和社会发展水平,周人并不一定比"戎"具有社会和文化上的优势。

《诗·小雅》中有四篇涉及周人与猃狁的战争:《采薇》《出车》《六月》和《采芑》。《毛序》认为《采薇》《出车》是文王时诗,④《六月》《采芑》是宣王时诗,⑤ 王先谦所辑"三家诗"之《鲁诗》以《采薇》是懿王时诗,《出车》《六月》《采芑》均是宣王时诗。⑥ 程俊英、蒋见元主张《采薇》《出车》不可能作于文王的时代,而其所言史事,应在懿王以下,或者亦与《六月》《采芑》皆为宣王时诗。⑦《采薇》《出车》《六月》《采芑》皆为西周中后期诗,西周中后期的青铜器铭文有多件涉及周人与猃狁的战争,多友鼎(《集成》5.2835)、不嬰簋盖(《集成》8.4329)、虢季子白盘(《集成》16.10173)、兮甲盘(《集成》16.10174)、四十二年逨鼎(《集录二》1.328),可与《诗·小雅》互相印证。

多友鼎铭文,涉及周人与猃狁战争的诸多细节,为我们推知猃狁的社会、经济情况提供了可靠的史料。李学勤、⑧ 马承源⑨将多友鼎断代在厉王时期。多友鼎铭文共22行,277字,记录猃狁进攻京师,周王命武公,武

---

① 《逸周书》卷4《世俘解》,黄怀信、张懋镕、田旭东《逸周书汇校集注》(修订本),第427—428页。原文作"甲寅,谒我殷于牧野。王佩赤白旂"。《汇校》:"我,卢校改'戎',庄校改'伐'。顾颉刚以卢校"戎殷"为是。笔者认同卢文弨、顾颉刚"戎殷"之观点。
② 《尚书正义》卷13《大诰》,(清)阮元校刻《十三经注疏》上册,第199页。
③ 《尚书正义》卷16《多士》,(清)阮元校刻《十三经注疏》上册,第219页。
④ 《毛诗正义》卷9《小雅·鹿鸣之什·采薇》,(清)阮元校刻《十三经注疏》上册,第412—413页;《毛诗正义》卷9《小雅·鹿鸣之什·出车》,(清)阮元校刻《十三经注疏》上册,第415页。
⑤ 《毛诗正义》卷10《小雅·南有嘉鱼之什·六月》,(清)阮元校刻《十三经注疏》上册,第424页;《毛诗正义》卷10《小雅·南有嘉鱼之什·采芑》,(清)阮元校刻《十三经注疏》上册,第425页。
⑥ (清)王先谦:《诗三家义集疏》下册,第580、585、607、614页。
⑦ 程俊英、蒋见元:《诗经赤析》下册,第463—464、469—470、498—499、505页。
⑧ 李学勤:《论多友鼎的时代及意义》,《人文杂志》1981年第4期。
⑨ 马承源主编:《商周青铜器铭文选》第3卷,第283页。

第八章 族群交融与西周春秋时期华夏区的演进

公命多友反击狁狁的入侵,并追逐败逃的狁狁之事。

> 唯十月,用严(玁)狁放(方)兴,广伐京䏍(师),告追于王。命武公遣乃元士羞追于京䏍(师),武公命多友率公车羞追于京䏍(师)。癸未,戎伐筍(郇),衣(以)孚(俘)。多友西追,甲申之脣(晨),搏于郑,多友右(有)折首、执讯,凡䏍公车折首二百又囗又五人,执讯廿又三人,孚戎车百乘一十又七乘,衣(以)复筍(郇)人孚。或(又)搏于龚(共),折首卅又六人,执讯二人,孚车十乘。从至,追搏于世,多友或(又)右(有)折首、执讯。乃趚追至于杨冢。公车折首百又十又五人,执讯三人,唯孚车不克目,衣焚,唯马殴(驱)尽。复夺京䏍(师)之孚。多友乃献孚、戎、讯于公。武父乃献于王,乃曰(谓)武公曰:"女(汝)既静京䏍(师),釐女(汝),易女土田。"丁酉,武公才献宫,乃命向父召多友,乃俲于献宫,公寴曰(谓)多友曰:"余肇事(使)女(汝),休不逆,又(有)成事,多禽(擒),女(汝)静京䏍(师)。易女(汝)圭瓒一、汤(锡)钟一肆、铩鏊百匀(钧)。"多友敢对扬公休,用乍尊鼎,用倗(朋)用㸵(友),其子子孙永宝用。①

多友率军先后在京师、郇、郑、共、世、杨冢与狁狁发生战争,并都获得了战争的胜利。多友是亲自指挥战争的前方将领,铭文对战争和战果的记述非常细致,对于战争的时间、战争的地点、每次战争的杀敌、俘虏和缴获战车等的数量都记录精确。多友率军共杀敌366—446人。记载甲申日,多友在郑地杀敌数量的铭文十位数模糊不能辨认:"凡目公车折首二百又囗又五人","囗"可能是一到九的数字,代表十到九十。俘虏28人,缴获战车127辆,这个人车比例表明,多友军与狁狁的战争是以战车为主的战争,就是《采薇》所说的"彼路斯何?君子之车","驾彼四牡,四牡骙骙;君子所依,小人所腓"。②"四牡",是《诗经》提到周人战车时

---

① 马承源主编:《商周青铜器铭文选》第3卷,第283—285页。
② 《毛诗正义》卷9《小雅·鹿鸣之什·采薇》,(清)阮元校刻《十三经注疏》上册,第412—413页

频繁出现的词语。四匹雄马拉的战车，既需要足够的技术能力，又需要足够的社会经济实力才能支撑。西周中期以后，周人与猃狁的战争一直是互有胜负的；西周的灭亡也是拜申侯、鄫侯和猃狁的一支犬戎所赐；我们有理由认为，在战争中与周人势均力敌的猃狁，其战车技术不会与周人有太大的差距，猃狁也使用四马战车。猃狁在一次战争中被缴获的战车有127辆，其实际参战的战车数量很可能不止于此；猃狁的社会生产和经济情况要支持如此多的战车、战马、相关人员和粮草补给；还要有与之相应的社会管理体系，以保证社会和军队的运行。

同为厉王时器的禹鼎（又名"穆公鼎"，《集成》5.2833）提供了西周军力的一个细节："王廼（乃）命西六自（师）、殷八自（师）……弗克伐噩（鄂）。肆武公廼（乃）遣禹率公戎车百乘，斯驭二百，徒千……惠西六自（师）、殷八自（师），伐噩（鄂）侯驭方……雩禹以武公徒驭至于噩（鄂）。敦伐噩（鄂），休隻（获）氒君驭方。"[①] 周王，应该是厉王，在动用西六师和殷八师的情况下，仍然不能平定鄂侯驭方率领的南淮夷和东夷对西周国家南方和东方的进攻；对整个战局具有决定意义的增援，是武公派遣禹率领"戎车百乘，斯驭二百，徒千"加入战斗，才最终俘获了鄂侯驭方。武公派禹率以征伐反叛的鄂侯驭方的军力是战车100辆，斯驭200人，步兵1000人。这些军队足以改变西六师、殷八师与鄂侯驭方的胶着战局。虽然不是同一场战争的军力不具有绝对的可比性，但是多友鼎中猃狁的军力和禹鼎中周人的军力对比还是足以表明，拥有至少127辆战车的猃狁，在西周时期是具有强大军力的政治体。基于上述战车与军力、国力的分析，笔者认为，西周时期的猃狁社会绝非落后的游牧部族，而应该是拥有强大军事力量的，在经济和社会方面可以与西周国家抗衡的政治体。

西周时期，周王室、周的封国与戎狄的关系，常依政治利益和当时情势形成联合或对抗的关系，没有绝对的分隔和贵贱、高低之分。在周幽王废申后和太子宜臼，而立褒姒为后、伯服为太子之后，申侯就与鄫、西戎结成了反周幽王的同盟。《今本竹书纪年》载"（幽王）九年，申侯聘西

---

① 马承源主编：《商周青铜器铭文选》第3卷，第281—283页。

戎及鄫";①《国语·晋语》言"申人、鄫人召西戎以伐周";②《国语·郑语》则有"申、缯、西戎方强，王室方骚……若伐申，而缯与西戎会以伐周，周不守矣！缯与西戎方将德申，申、吕方强"。③ 申侯因为周幽王废申后和太子宜臼的行为损害了申国的利益，就选择与鄫国和西戎联合，以对抗周王室。在申侯的选择中，申国的利益是最关键的因素，戎、夏之别根本不在考虑之列。姓族（clan）在西周时期是一个比较重要的纽带，诸侯、方国常因同姓而结成同盟。《郑语》将吕纳入申、鄫、西戎的阵营，讨论其与周王室的力量对比，即因申、吕同为姜姓之故。西周时期，华夏与蛮夷戎狄的对称，以族群的我者和他者为基础；华夏与周人和周人封国的族群集合和控制区域直接相关。

第二节　春秋时期华夷对立的凸显与华夏区的形成

春秋时期，华夏与蛮夷戎狄之间具有了绝对的、包含巨大道德和价值判断差距的界限。闵公元年（前661）管仲说"戎狄豺狼，不可厌也。诸夏亲昵，不可弃也";④ 襄公四年（前569）魏绛说："劳师于戎，而楚伐陈，必弗能救，是弃陈也。诸华必叛。戎，禽兽也。获戎，失华，无乃不可乎？"⑤ 管仲、魏绛说"戎狄豺狼"，"戎，禽兽也"，将戎狄置于文化和道德低下的位置，甚至不惜以"豺狼""禽兽"贬低之。而所谓"诸夏""诸华"，则用一个"诸"字，将华夏诸国纳入了一个共同的范畴。并认为华夏诸国在面对华夏和戎狄的矛盾时，不能单纯从本国利益的角度考虑，而首先必须做出对华夏整体有利的选择。

春秋时期，华夏诸国之间的战争和涉及华夏与蛮夷戎狄的战争被置于两个不同的层面上。《左传》庄公三十一年（前663），评述齐国向鲁国献

---

① 王国维：《今本竹书纪年疏证》卷下，方诗铭、王修龄《古本竹书纪年辑证》（修订本），第262页。鄫，在文献中也被写作"缯"。
② 《国语》卷7《晋语一》，上海师范大学古籍整理组校点《国语》上册，第255页。
③ 《国语》卷16《郑语》，上海师范大学古籍整理组校点《国语》下册，第519页。
④ （西晋）杜预：《春秋经传集解》上册，第214页。
⑤ （西晋）杜预：《春秋经传集解》上册，第817页。

俘时说："齐侯来献戎捷，非礼也。凡诸侯有四夷之功，则献于王，王以警于夷。中国则否。诸侯不相遗俘。"①《左传》论齐侯向鲁献俘为"非礼也"，因齐、鲁皆为周王朝的封国，彼此之间不应该有献俘之举。诸侯献俘的对象应该是周王，而且只能献蛮夷戎狄之俘。诸侯是否向周王献俘，是战争所涉范围的标志。在华夏逐渐成为一个整体的春秋时期，周王作为这个整体名义上的首领，不接受华夏范围内征伐的战利品；因为华夏范围内的战争，不论胜者、败者，都是华夏的一分子，作为华夏共主的周王，不应该对之有喜怒爱憎之分。华夏范围内的诸侯国，因其作为周王下属封国的身份，彼此不应该互相统属，故不应该彼此献俘、献捷。周王和华夏诸国处理与华夏或者与蛮夷戎狄族群的关系时，其指导原则也具有本质的不同，即所谓："德以柔中国，刑以威四夷。"②

春秋时期，"诸侯有四夷之功，则献于王"，"中国则否"被很好地执行了。成公二年（前589），《左传》言："晋侯使巩朔献齐捷于周，王弗见，使单襄公辞焉，曰：'蛮夷戎狄，不式王命，淫湎毁常，王命伐之，则有献捷，王亲受而劳之，所以惩不敬，劝有功也。兄弟甥舅，侵败王略，王命伐之，告事而已，不献其功，所以敬亲昵，禁淫慝也。'"③周定王义正词严地拒绝了晋景公鞌之战胜利后的"献齐捷"，因为这有违诸夏亲昵的宗旨。不过周定王也不敢彻底无视晋景公的献捷，而是"王使委于三吏，礼之如侯伯克敌使大夫告庆之礼，降于卿礼一等。王以巩伯宴而私贿之。使相告之曰：'非礼也，勿籍。'"④周定王以"告事"之礼宴享晋侯的使者巩朔，而赠予"私贿"；又嘱咐巩朔此次宴享不合礼仪，请晋国不要将此事载入史册。周定王不以"献捷"之礼接见晋侯的使者，因为晋、齐之战是华夏内部的战争，无论胜者、败者，都是周王朝的封国，周王只需要知道有此战争的发生即可，而不能表现出对胜者的偏爱。但是周定王又必须接见晋侯的使者，甚至以"私贿"相赠，因为晋国此时是强国，周室的维系实有赖于晋国的支持。周定王处于礼法和利益的包夹之

---

① （西晋）杜预：《春秋经传集解》上册，第207页。
② （西晋）杜预：《春秋经传集解》上册，第355页。
③ （西晋）杜预：《春秋经传集解》上册，第662页。
④ （西晋）杜预：《春秋经传集解》上册，第662页。

第八章　族群交融与西周春秋时期华夏区的演进

下，只能嘱咐巩朔不要将此事载入史册，以求获得礼法和利益的双重收益。春秋时期"华夏"概念和华夏区的强化，是以礼法的确认为先导的。

春秋时期，"诸侯不相遗俘"的威慑力和执行情况却非常有限。春秋时期，周王逐渐丧失了天下共主的地位，与之相应的西周外服体系也趋于崩溃；齐、宋、晋、楚、秦、吴、越试图以力量建立新的诸侯之间关系的秩序，诸侯之间的献捷、献俘即因诸侯国间即时的关系和力量对比而起。

春秋时期，华夏诸国之间，不管矛盾有多深重，战争有多惨烈，再也不会称对方为"戎"。华夏与戎狄，成为标志文化、道德高下，文明进步与落后的相互对立的词汇。陈致、[①]李峰[②]认为，华夏与戎狄界分概念的强化，源于西周后期周人与猃狁之间旷日持久的战争，和周人对猃狁灭亡西周的惨痛记忆；以及春秋前期，戎狄对中原华夏诸国的进攻、侵扰和华夏诸国面对夷狄侵扰而产生的忧患意识。春秋时期，"华夏"与"夷狄"从简单的族群区分，发展成为具有价值和道德高下之别的表征性词语。周人和居于中原地区的周人核心封国被称为"夏"；北戎、西戎、犬戎、陆浑之戎、伊洛之戎、赤狄、白狄、南夷、舟夷、淮夷等名字中冠以"戎""狄""夷"字眼者，则是蛮夷戎狄。楚、秦等异姓国，因其族源与周人较远，又长期与蛮夷戎狄杂处，其自我认同和周人对之的评价都经历了一个由华夏边缘逐渐被华夏核心成员接纳的过程。

《春秋》242年中，戎狄对华夏诸国的攻击频繁发生，齐、鲁、曹、邢、郑、卫、宋、晋等国都曾受到戎狄的攻击；邢、卫还曾因狄人的进攻而亡国、徙都。华夏诸国也会与戎狄结成同盟，进攻或者支援周王室和其他的华夏之国。《左传》僖公十一年（前649），"夏，扬拒、泉皋、伊雒之戎同伐京师，入王城，焚东门。王子带召之也。秦、晋伐戎以救周。秋，晋侯平戎于王"。[③] 王子带为了与周襄王争夺王位，援引扬拒、泉皋、伊雒的戎人武力进攻周王朝的都城；秦穆公、晋惠公出兵援救周襄王。王子带与"扬拒、泉皋、伊雒之戎"结盟，周襄王依靠秦、晋的支持才避免了被王子带驱逐的命运。《春秋》僖公十八年（前642），"五月戊寅，宋

[①] 陈致：《夷夏新辨》，《中国史研究》2004年第1期。
[②] 李峰：《西周的灭亡：中国早期国家的地理和政治危机》，第322—331页。
[③] （西晋）杜预：《春秋经传集解》上册，第279页。

师及齐师战于甗，齐师败绩。狄救齐"。"冬，邢人、狄人伐卫。"[1] 同为诸夏之国的宋、齐发生战争；狄人介入，援救战败的齐军。作为诸夏之国的邢人联合狄人进攻另一个诸夏之国卫国。《左传》昭公二十二年（前520），"冬十月丁巳，晋籍谈、荀跞帅九州岛之戎及焦、瑕、温、原之师，以纳王于王城"。[2] 晋卿籍谈、荀跞帅以纳周敬王的军队，不仅有来自焦、瑕、温、原四邑的晋国士兵，还有"九州岛之戎"的军队。春秋时期，华夏诸国仍然会出于政治选择和政治利益而与蛮夷戎狄结盟；但是，华夏与戎狄的对称不再是基于敌我，而有了文化上的绝对区分；华夏诸国从未再因敌对，而称同为华夏之国的对手为戎狄。春秋时期，华夏与戎狄的区分成为固定的界限，而这一界限更多地与文化和生产、生活方式有关，而非商、周之际和西周时期的我群与他群。

姜戎与晋国有着长期的良好关系，并多次参与晋国对他国的战争。清华简《系年》记僖公二十八年（前632）的城濮之战说："文公率秦、齐、宋及群戎之师以败楚师于城濮。"[3] 群戎的军队作为晋国的友军，参与了奠定晋文公霸主地位的城濮之战。《春秋》僖公三十三年（前627）记述秦晋殽之战说："夏四月辛巳，晋人及姜戎败秦师于殽。"[4] 晋襄公败秦军于殽，也得到了姜戎军队的支持。但是襄公十四年（前559），姜戎要求参加晋国与诸侯的会盟却遭到了拒绝。晋国上卿范宣子亲自在朝堂之上责问姜戎的首领驹支，并以逮捕驹支相威胁，命令姜戎不得参加晋国与诸侯的会盟。驹支义愤填膺地历数姜戎在晋惠公、晋文公、晋襄公时代与晋人的联合、对晋国的帮助，并反驳范宣子莫须有的指责。

> 对曰："昔秦人负恃其众，贪于土地，逐我诸戎。惠公蠲其大德，谓我诸戎是四岳之裔胄也，毋是翦弃。赐我南鄙之田，狐狸所居，豺狼所嗥。我诸戎除翦其荆棘，驱其狐狸豺狼，以为先君不侵不叛之臣，至于今不贰。昔文公与秦伐郑，秦人窃与郑盟而舍戍焉，于是乎有殽之

---

[1] （西晋）杜预：《春秋经传集解》上册，第310页。
[2] （西晋）杜预：《春秋经传集解》下册，第1487页。
[3] 李学勤主编：《清华大学藏战国竹简》（贰），第153页。
[4] （西晋）杜预：《春秋经传集解》上册，第405页。

第八章 族群交融与西周春秋时期华夏区的演进

师。晋御其上，戎亢其下，秦师不复，我诸戎实然。譬如捕鹿，晋人角之，诸戎掎之，与晋踣之。戎何以不免？自是以来，晋之百役，与我诸戎相继于时，以从执政，犹殽志也，岂敢离逷？今官之师旅，无乃实有所阙，以携诸侯，而罪我诸戎！我诸戎饮食衣服，不与华同，贽币不通，言语不达，何恶之能为？不与于会，亦无瞢焉！"①

驹支的这段话透露出如下信息：第一，作为戎狄的姜戎，其饮食、衣服、货币、语言与华夏诸国不同。姜戎饮食、衣服与华夏不同，因其生产方式以畜牧经济为主，而华夏诸国则以农耕经济为主。农耕经济不仅形塑了华夏诸国的饮食和衣服，而且是华夏诸国经济交往和文化发展的基础，并成为华夏与蛮夷戎狄相区分的核心标志。葛剑雄论及公元前1世纪的西汉疆域时说："公元前1世纪的西汉，已经将疆域扩展到当时的全部宜农地区。与今天中国的领土比较，未包括在西汉疆域的大致只有青藏高原、蒙古高原和东北地区。而西汉未将它们囊括在内的主要原因，并非由于缺乏军事实力，而是因为在当时条件下这些地区无法进行农业开发或者适合农业人口居住。"② 西汉疆域与春秋时期的华夏区虽然在范围上有所不同，但是构成两者的核心基础都是宜农地区和农耕区域的范围。春秋时期戎狄与华夏的区分，就是畜牧、游牧、渔猎经济区与农耕区的差别，同时伴以语言和文化的差异。第二，晋人拒绝姜戎参与会盟，是为了迎合华夏诸侯。这表明春秋中期以后，华夏意识地加强和华夏诸国普遍排斥戎狄的态度。晋国虽然与姜戎有着良好的关系，并在多次战争中得到过姜戎的支持，但是为了迎合华夏诸国的期望，只能放弃姜戎。华夏与戎狄，在春秋时期已经有了绝对的界限和高下之分，华夏诸国，在面对戎狄与华夏出现矛盾的时候，认为应该弃戎狄而保华夏。

春秋时期，"华夏"成为对以周王室、姬姓周人封国和齐、宋、陈等处于中原地区的异姓封国为核心的族群集合及其控制区域的称谓，形成"华夏区"的概念。但是，春秋时期的华夏区并不是一个完整的闭合区域，

---

① （西晋）杜预：《春秋经传集解》上册，第902页。
② 葛剑雄：《中华文化自信的根由》，《北京日报》2019年10月14日。

将非华夏的族群排除在外,而是一个华夏族群与蛮夷戎狄族群共处的空间。两周之际,史伯为郑桓公论洛邑附近的诸侯、方国、部族时说:"当成周者,南有荆、蛮、申、吕、应、郑、陈、蔡、随、唐;北有卫、燕、狄、鲜虞、潞、洛、泉、徐、蒲;西有虞、虢、晋、隗、霍、杨、魏、芮;东有齐、鲁、曹、宋、滕、薛、邹、莒;是非王之母弟甥舅也,则皆蛮、荆、戎狄之人也。"① 在成周洛邑的四周有姬姓封国:应、郑、蔡、随、卫、燕、虞、虢、晋、霍、杨、魏、芮、鲁、曹、滕等;异姓封国:申、吕、陈、唐、齐、宋、薛、邹、莒等;以及蛮夷戎狄族群:荆、蛮、狄、鲜虞、潞、洛、泉、徐、蒲、隗等。《左传·僖公二十一年》说:"任、宿、须句、颛臾,风姓也,实司大皞与有济之祀,以服事诸夏。"② 既言"服事诸夏",则《左传》的作者,显然把任、宿、须句、颛臾等太皞的后裔,排除在了诸夏之外。任、宿、须句、颛臾,都在今山东的西南部,鲁国的附近;春秋时期,任、宿、须句、颛臾或已处于鲁国城邑的包围之中,《论语·季氏》孔子论"季氏将伐颛臾"说:"夫颛臾,昔者先王以为东蒙主,且在邦域之中矣,是社稷之臣也。何以伐为?"③ 冉有则言:"今夫颛臾,固而近于费。今不取,后世必为子孙忧。"④ 春秋时期的颛臾,虽然仍是不从属于鲁国的城邦国家,但其已经处于鲁国城邑的包围之中,并成为鲁国势力拓展的重要目标。任、宿、须句、颛臾,因作为太皞后裔的身份而被排除在诸夏之外;但在春秋时期,其已成为华夏诸国拓展势力范围的重要目标,并因为灭国并地,而被纳入了华夏的范围之内。顾栋高《鲁疆域表·案》说:"鲁在春秋,兼有九国之地,极、项、鄅、邿、根牟,鲁所取也;向、须句、鄫、郳,则邾、莒灭之而鲁从而有之者也。"⑤ 须句之地终入鲁国,宿地入齐国:"《表》谓宿'后入齐为邑',当据此。"⑥ 华夏诸国的发展和灭国并地,直接促进了华夏族群的发展和华夏区的拓展和充实。

---

① 《国语》16《郑语》,上海师范大学古籍整理组校点《国语》下册,第507页。
② (西晋)杜预:《春秋经传集解》上册,第321页。
③ (宋)朱熹:《论语集注》卷8《季氏第十六》,《四书章句集注》,第169页。
④ (宋)朱熹:《论语集注》卷8《季氏第十六》,《四书章句集注》,第170页。
⑤ (清)顾栋高辑:《春秋列国疆域表》,《春秋大事表》卷4,第507页。
⑥ 陈槃:《春秋大事表列国爵姓及存灭表譔异》(三订本)上册,第256页。

第八章　族群交融与西周春秋时期华夏区的演进

华夏族群以农耕经济和共同的语言、文字系统彼此联系，发展成为一个有力的经济和文化共同体；其生产、生活方式和文化，对蛮夷戎狄族群具有吸引力，华夏族群和蛮夷戎狄族群存在往来和交融。

第三节　春秋时期的族群交融与华夏区的拓展和充实

春秋时期，华夏诸国的生产方式以农耕经济为主；农耕经济的生产方式和基于农耕经济的生活方式、社会、文化发展对蛮夷戎狄族群具有吸引力；有些蛮夷戎狄族群表现出了向华夏学习和进入华夏阵营的强烈愿望；并通过建立与华夏族群祖源上的关联，在生产、生活方式、文化方面与华夏诸国趋同，参与诸夏的征伐、会盟，建立与诸夏的联姻关系等，为华夏诸国所接纳，这其中最有代表性的就是荆蛮吴国融入华夏阵营的过程。

《史记》载太伯奔吴之事说："太伯之奔荆蛮，自号句吴。荆蛮义之，从而归之千余家，立为吴太伯"，[1] 则吴地本是荆蛮族群的居住区域。《春秋》襄公十二年（前561），记吴国国君寿梦之死，曰："秋九月，吴子乘卒。"《左传》详细叙述了鲁国对于吴君寿梦之死采用的礼仪："秋，吴子寿梦卒。临于周庙，礼也。凡诸侯之丧，异姓临于外，同姓于宗庙，同宗于祖庙，同族于祢庙。是故鲁为诸姬，临于周庙。为邢、凡、蒋、茅、胙、祭，临于周公之庙。"[2] 鲁国在"周庙"为吴君寿梦设祭，认可了吴国作为太伯、仲雍之后，与鲁国同为姬姓国的身份。杨伯峻注云："吴君书卒，以此为始，盖以其始与列国会同也。"[3] 对于鲁国之外国君之死的书名与否，在《春秋》中有着严格的标准："凡诸侯同盟，于是称名，故薨则赴以名，告终称嗣也，以继好息民，谓之礼经。"[4] 《春秋》记吴君寿梦之死书名，因为吴国与鲁国是同盟。《春秋》记吴国国君之死从寿梦开始，寿梦是吴国发展中具有划时代意义的一位国君。吴国在寿梦的时代，参与

---

[1]　《史记》卷31《吴太伯世家》，第1445页。
[2]　（西晋）杜预：《春秋经传集解》上册，第891、891—892页。
[3]　杨伯峻编著：《春秋左传注》（修订本）第3册，第995页。
[4]　（西晋）杜预：《春秋经传集解》上册，第41页。

华夏诸国的征伐、会盟，其姬姓、周人后裔的身份得到广泛的认可。但是，春秋时期的吴国国君真的是仲雍的后人吗？此事甚为可疑。

1984年江苏丹徒考古队在大港—谏壁北山顶发掘的春秋晚期墓葬84DBM，为土墩封土墓，墓坑两侧有平台，台上有殉人，各有少量随葬器物，台上有烧土痕迹，推测为"人祭"。《发掘报告》认为墓主人很可能是吴王余昧。① 84DBM出土有铭青铜器15件，"尸祭缶盖"1件，"余昧矛"1件，"蓳邟钟"12件，"甚六鼎"1件，周晓陆、张敏在其铭文中解读出"余祭""余昧"等名字，② 进一步证明此墓是春秋时期吴国国君的墓葬。84DBM既为吴王墓，则其土墩墓的葬式、墓葬格局分布以及人祭、人殉的情况表明，春秋时期的吴国国君很可能并非周系族群。

吕思勉、③ 童书业④都质疑太伯、仲雍为了避让王位而逃奔到千里之外的苏南的可能性；而认为太伯、仲雍所奔之地就在山西，去周不远。依《史记》的记载，周武王灭商之后，一方面认可仲雍曾孙周章在吴地的统治，另一方面又把周章的弟弟虞仲封到虞，列为诸侯。司马迁进一步概括吴、虞的关系说："自太伯作吴，五世而武王克殷，封其后为二：其一虞，在中国；其一吴，在夷蛮。十二世而晋灭中国之虞。中国之虞灭二世，而夷蛮之吴兴。"⑤ 周章、虞仲的称名方式不同，虞仲是典型的周人称名方式，以伯（孟）、仲、叔、季的排行，配以私名而成；周章则不见排行标志。周章、虞仲两人不同的称名方式表明，两人很可能并非真正的兄弟，两人的兄弟关系乃出于后人的攀附和建构。司马迁认为吴和虞的始封者是兄弟，关系极为密切。吕思勉指出："《史记》之虞、吴，当本同字，故以中国夷蛮别之。"⑥《说文》说"虞，从虍吴声"，⑦ 吴、虞两字在文字学上可通用。张筱衡认为太伯、仲雍所奔之"吴"就是虞。⑧ 吴、虞两字古音

---

① 江苏省丹徒考古队：《江苏丹徒北山顶春秋墓发掘报告》，《东南文化》1988年3—4期。
② 周晓陆、张敏：《北山四器铭考》，《东南文化》1988年第3—4期。
③ 吕思勉：《先秦史》，第178—180页。
④ 童书业：《春秋史》，商务印书馆2010年版，第8、28—29、128—129页。
⑤ 《史记》卷31《吴太伯世家》，第1446、1448页。
⑥ 吕思勉：《先秦史》，第179页。
⑦ （清）段玉裁：《说文解字注》，第209页。
⑧ 张筱衡：《散盘考释》（下），《人文杂志》1958年第4期。

第八章 族群交融与西周春秋时期华夏区的演进

相通,在西汉尚可通用,故司马迁《史记》写周武王封虞、吴两国,不独别之以"虞""吴"之名,更以"中国""夷蛮"区分之。太王古公亶父之子太伯、仲雍所奔之地,当在今之山西,即武王所以封虞国之地也。夷蛮之吴,是南方蛮夷族群建立的方国,至吴子寿梦时兴起;欲建立与诸夏之国的关联,乃借吴、虞同音,并因中原之虞已为晋国所灭(前655),攀附了与周人太伯、仲雍的关系。吴国的攀附得到了当时华夏诸国的普遍认可,《论语》《左传》《国语》等文献都保存着鲁国、晋国等国君臣认为吴国是姬姓周人的国家、虞仲后人的记录。华夏诸国之所以承认吴国与吴太伯的历史关联,并愿意接纳吴国进入华夏阵营,一是因为,春秋时人对于与自己有着共同祖先记忆的族群总是怀着亲近感,而基本不会怀疑其记忆的真实性;二是因为,当时晋楚争霸的局面,晋人和中原的华夏诸国都愿意有吴国这样一个强援。

襄公二十九年(前544),吴公子季札出使列国,在鲁观周乐,[1] 展现出吴国在生活方式、文化方面与华夏诸国的趋同;而季札四次让国,则像太伯让国在春秋时期的重演,展现了吴国在价值追求上与周人的相似性。襄公二十九年,吴公子季札在鲁国观周乐,其对《周南》《召南》《邶》《鄘》《卫》《王》《郑》《齐》《豳》《秦》《魏》《唐》《陈》《小雅》《大雅》《颂》《象箾》《南籥》《大武》《大夏》《韶箾》的评价,表现出季札对周人礼乐的熟悉,暗示吴国的上层贵族也像华夏诸国的贵族一样,有良好的诗歌、礼乐修养。季札在鲁国与叔孙穆子,在齐国与晏平仲,在郑国与子产,在卫国与蘧瑗、史狗、史鳅、公子荆、公叔发、公子朝,在晋国与赵文子、韩宣子、魏献子、叔向的交流与互动,以及对戚地孙文子听乐的评价,表现出季札对华夏诸国政治的了解和与诸侯上卿良好的关系。季札作为吴国重要的政治人物和文化符号,展现了吴国在生活方式和文化上与华夏诸国的趋同。季札是吴子寿梦之子,"季札"是典型的周人称名方式:排行+私名;季札的三位兄长分别名曰诸樊、余祭和余昧,与季札的称名方式不同。季札与其父、兄称名方式的差别,很可能表明,吴人与周人的亲缘关系是出于历史和文化的建构;故只有接受周礼和周文化,并履

---

[1] (西晋)杜预:《春秋经传集解》下册,第1120—1123页。

践周礼的价值取向、生活方式和文化习俗的季札获得了周人的称名方式。

成公七年（前584），"巫臣请使于吴，晋侯许之。吴子寿梦说之。乃通吴于晋"。① 吴国开始与晋国建立同盟关系，并攻击楚国、巢国、徐国、州来等，从背后牵制与晋国争霸的楚国，参与晋国主持的诸侯会盟。吴国自寿梦以来，与晋结盟，与楚为敌，展现出与中原华夏诸国的亲近。定公四年（前506），吴军攻入楚国的都城郢，楚昭王逃到随地，吴人劝随人交出楚子，其阐述的理由如下："周之子孙在汉川者，楚实尽之。天诱其衷，致罚于楚，而君又窜之，周室何罪？君若顾报周室，施及寡人，以奖天衷，君之惠也。汉阳之田，君实有之。"② 吴人以周人诸姬的保护者自居，强调楚人与姬姓诸国的对抗，并以同为姬姓的祖源关联和汉水北岸土地的利益要求随人交出楚昭王。哀公十三年（前482）的黄池之会是吴国在诸夏会盟中最高光的时刻，吴子夫差与晋定公争长。虽然最后何人为长，文献所记不尽相同：《左传》云"乃先晋人"，③《公羊传》曰"吴主会"，④《国语·吴语》记"吴公先歃，晋侯亚之"，⑤《史记·吴世家》言"乃长晋定公"；⑥《史记·秦本纪》言"卒先吴"，⑦《晋世家》《赵世家》言"卒长吴"。⑧ 但是吴子敢与晋君争长，已足以表明吴国此时在华夏诸国中所具有的地位。同出司马迁之笔的《秦本纪》《吴世家》《晋世家》《赵世家》存在异说，表明司马迁对黄池之会晋、吴谁长的问题不能下定论，故存两说，以备后人稽考。

吴国通过建立与周人的祖源关联，在生活方式和文化上向华夏靠拢，参与诸夏的征伐、会盟，成功地得到了华夏诸国的认可，进入诸夏的阵营。蛮夷戎狄或者华夏的边缘族群要进入诸夏的核心圈，为华夏诸国广泛接纳，还有一个很重要的标识，就是建立与诸夏的联姻。吴国为了巩固自

---

① （西晋）杜预：《春秋经传集解》上册，第689页。
② （西晋）杜预：《春秋经传集解》下册，第1628—1630页。
③ （西晋）杜预：《春秋经传集解》下册，第1791页。
④ 《春秋公羊传注疏》卷28，（清）阮元校刻《十三经注疏》下册，第2351页。
⑤ 《国语》卷19《吴语》，上海师范大学古籍整理组校点《国语》下册，第615页。
⑥ 《史记》卷31《吴太伯世家》，第1474页。
⑦ 《史记》卷5《秦本纪》，第198页。
⑧ 《史记》卷39《晋世家》，第1685页；《史记》卷43《赵世家》，第1792页。

第八章 族群交融与西周春秋时期华夏区的演进

己在诸夏国家中的地位,不顾同为姬姓,与晋、鲁、蔡等国皆有联姻。襄公二十三年(前550),吴王诸樊娶晋平公之女为夫人:"晋将嫁女于吴,齐侯使析归媵之。"① 吴国又曾嫁女为鲁昭公夫人:"夏五月,昭夫人孟子卒。昭公娶于吴,故不书姓。"② 哀公十二年(前483年),鲁昭公的夫人去世,其为吴女,本应称"吴姬"或"某姬",但是《春秋》为了淡化鲁昭公娶同姓女的违礼行为,故称鲁昭夫人为"孟子",给人以子姓长女之感。1955年安徽寿县蔡侯墓出土的蔡侯盘(《集成》16.10171)和吴王光鉴(《集成》16.10298)铭文表明,蔡侯酃(蔡侯申,蔡昭侯,前518—前491年在位)③、吴王僚(前526—前515年在位)、吴王阖闾(前514—前496年在位)时期,吴与蔡互通婚姻。蔡侯盘铭文曰:"元年正月初吉辛亥,蔡侯酃虔共大命……用诈(作)大孟姬媵彝盘……敬配吴王。不讳考寿,子孙蕃昌。永保用之,冬(终)岁无疆。"④ 蔡侯申嫁大孟姬于吴,所适很可能,是吴王僚;而蔡侯盘作为大孟姬的媵器在蔡地被发现,盖因大孟姬在吴王僚遇刺之后大归母国之故,李学勤主此说。⑤ 吴王光鉴铭文曰:"隹王五月,既字白期,吉日初庚。吴王光择其吉金,玄铫白鋙,台(以)乍叔姬寺吁宗彝荐鉴。用享用孝,眉寿无疆。往己叔姬,虔敬乃后,孙孙勿忘。"⑥ 吴王光嫁叔姬寺吁于蔡侯申。互通婚姻,是吴、蔡盟好的表征和见证。吴、蔡虽同为姬姓,但在政治利益之下,"同姓不婚"的原则只能退居其次。

春秋时期,吴国也曾与齐、宋等国联姻。《孟子·离娄》有"(齐景公)涕出而女于吴"。⑦ 襄公二十三年(前550)晋嫁女于吴,齐庄公(前553—前548年在位)曾送媵女陪嫁。齐景公(前547—前490年在位)又

---

① (西晋)杜预:《春秋经传集解》下册,第992页。
② (西晋)杜预:《春秋经传集解》下册,第1783页。
③ 裘锡圭、李家浩训"酃"为"申","蔡侯酃"即蔡昭侯,公元前518—前491年在位。马承源以"蔡侯酃"为蔡平侯(公元前530—前522年在位)。参以吴王阖闾的年齿和在位时间,裘、李二位先生之说为是。
④ 马承源主编:《商周青铜器铭文选》第4卷,第396页。
⑤ 李学勤:《东周与秦代文明》,第136—137页。
⑥ 马承源主编:《商周青铜器铭文选》第4卷,第365—366页。
⑦ (宋)朱熹:《孟子集注》卷7《离娄章句上》,《四书章句集注》,第279页。

嫁女于吴。1979年河南固始县侯古堆M1出土的宋公栾簠（《集成》9.4590）和宋公栾簠盖（《集成》9.4589），其铭文曰："有殷天乙唐孙宋公䜌乍其妹句敔夫人季子媵簠"，[1] 记载了宋景公（前516—前469年在位）将妹妹嫁给吴王作夫人的事，季子所适很可能是吴王阖闾或者吴王夫差。联姻不仅有助于标志、宣示参与国的盟好关系，也以血缘的纽带强化了诸夏的认同。两周之际，史伯为郑桓公论东方洛邑附近的方国、部族格局说："是非王之母弟甥舅也，则皆蛮、荆、戎狄之人也"，[2] 以"王之母弟甥舅"与"蛮、荆、戎狄之人"对举，"王之母弟甥舅"即是依靠宗法和婚姻构建起来的，以姬姓周王为核心的华夏群体。联姻对于异姓诸侯密切与周人的关系至关重要，尤其是对于徘徊在华夏边缘的异姓方国。

楚国在姬姓周人的眼中，常被视为蛮夷或者介于华夏与蛮夷之间。《国语·晋语》说："昔成王盟诸侯于岐阳，楚为荆蛮，置茅蕝，设望表，与鲜卑守燎，故不与盟。"[3] 楚国在成王时参与周王与诸侯的盟会，不被允许参加最重要的盟誓环节；但是楚人既然被允许参加盟会，并有职事："置茅蕝""设望表""守燎"，其与周人当为同盟，并被纳入了周王的统治体系。《史记·楚世家》说："熊绎当周成王之时，举文、武勤劳之后嗣，而封熊绎于楚蛮。"[4] 所谓"楚蛮"，周人既以楚国在西周初年的居住区域为蛮夷之地，又常因此而称楚为"蛮"。成公二年（前589），周定王不接受晋景公的"献齐捷"；但是，僖公二十八年（前632），周襄王却欣然接受了晋人的"献楚俘于王"，并对晋文公大加赏赐。[5] 依"诸侯有四夷之功，则献于王"，"中国则否"的逻辑；在周王的眼中，齐、楚在华夏序列中的地位显然判然有别，齐是华夏族群的核心成员，而楚则介于华夏和蛮夷之间。

楚国的自我定位也曾犹疑于华夏和蛮夷之间。僖公十五年（前645），

---

[1] 马承源主编：《商周青铜器铭文选》第4卷，第506—507页。
[2] 《国语》16《郑语》，上海师范大学古籍整理组校点《国语》下册，第507页。
[3] 《国语》卷14《晋语八》，上海师范大学古籍整理组校点《国语》下册，第466页。
[4] 《史记》卷40《楚世家》，第1691页。
[5] （西晋）杜预：《春秋经传集解》上册，第375页。

第八章　族群交融与西周春秋时期华夏区的演进

楚人因"徐即诸夏"而伐徐，① 表现出与华夏诸国的对抗。虽然这种对抗，更多的是出于对齐国盟主地位的不满和与齐国争霸的策略性考虑。僖公十七年（前643），齐桓公死后，楚成王先后与宋襄公、晋文公争霸，再未重提与"诸夏"对抗。晋文公重耳流亡过程中曾遭受卫文公、曹共公、郑文公的恶劣待遇，随着晋文公回国即位为君，三国因为担心晋文公的复仇和攻击而选择与楚国结盟。郑、卫两国与楚国的结盟同时伴随着与楚国的联姻，楚国由此被华夏诸国广泛接纳。

僖公二十七年（前633），楚国及其属国向晋国的盟友宋国发难，成为城濮之战的先声；晋国选择"围魏救赵"，攻击楚国的盟友曹、卫。楚国与郑、卫的结盟都伴随着政治联姻：郑文公有夫人芈氏；僖公二十二年（前638），楚成王伐宋救郑，又"取郑二姬以归"；② 狐偃建议晋文公伐曹、卫以救宋的理由即在于"楚始得曹而新昏于卫，若伐曹、卫，楚必救之，则齐、宋免矣"。③ 政治联姻是诸侯之间同盟关系的重要表征和纽带，楚国自成王以下频繁地与华夏诸国联姻，介入诸夏事务，认同并强化了自己的诸夏身份。襄公十三年（前560），子囊论楚共王谥号时对楚国的评价是"抚有蛮夷，奄征南海，以属诸夏"，④ 楚国君臣已经非常习惯地以诸夏自居，并将自己视为诸夏与蛮夷族群交融的纽带，认为楚国的疆域拓展就是华夏区的拓展。

秦作为周王朝的封国，有两个值得注意的事件。一次发生在西周的孝王时期，周孝王因为非子善于养马而想让他成为大骆的嫡嗣，遭到大骆嫡妻母国申侯的反对，周孝王于是"分土为附庸"，"邑之秦，使复续嬴氏祀，号曰秦嬴。亦不废申侯之女子为骆嫡者，以和西戎"。⑤ 秦之先非子以善养马在周孝王时获得分封，其地域在周人的西北，今甘肃、陕西渭河上游。另一次就是西周灭亡和周室东迁之时，"秦襄公将兵救周"，"襄公以

---

① （西晋）杜预：《春秋经传集解》上册，第289页。
② （西晋）杜预：《春秋经传集解》上册，第328页。
③ （西晋）杜预：《春秋经传集解》上册，第365页。
④ （西晋）杜预：《春秋经传集解》上册，第898页。
⑤ 《史记》卷5《秦本纪》，第177页。

兵送周平王。平王封襄公为诸侯，赐之岐以西之地"。① 秦正式成为周王朝的诸侯。秦在春秋之初，致力于稳定周室东迁之后遭戎狄大举入侵的岐、丰旧地。李峰指出："周人东迁后，秦人不但要应付西部的压力，同时还必须同东面的戎人作斗争。这就意味着，要进入陕西中部原属周人的家园就要用武力打进这个地区。"② 这个过程历时一百多年，即所谓的"秦霸西戎"。秦穆公（前659—前621年在位）时期，秦国基本稳定地占有了西周时期周人的岐、丰旧地。也正是在秦穆公时期，秦国开始努力寻求介入华夏诸国的事务，频繁参与诸夏的征伐、会盟，与此相伴的是秦国开始与华夏诸国频繁联姻，尤其是与晋国：秦穆公娶晋献公之女为夫人，是为秦穆夫人；晋怀公夫人怀嬴；晋文公娶秦女五人，夫人文嬴，怀嬴再嫁重耳为辰嬴；晋襄公夫人为穆嬴。与华夏诸国的联姻，是秦、楚等华夏边缘国家介入诸夏事务，强化自己诸夏身份和得到传统华夏国家认可的有效手段。

春秋时期的华夏区，随着周边族群与华夏诸国的交融，以及华夏边缘族群逐渐被接纳进入华夏的核心，而得到拓展和充实。春秋时期华夏空间的拓展和充实，以族群和文化的交融为核心，并逐渐形成以农耕经济为基础，以汉字文化为纽带的经济和文化共同体。

小　结

周人最初使用"夏"的概念是在商、周之际，乃为团结诸反商方国、部族的同盟自称。商、周之际和西周时期，周人以"戎"指称与自己为敌的方国和部族；这些方国和部族在文化和社会发展方面并不一定劣于周人。伴随着犬戎灭亡西周，以及春秋前期诸夏之国受到蛮夷戎狄的交攻，"诸夏"概念在忧患中被强化，并被赋予了强烈的道德和价值判断意味："夏"代表着与农耕经济相关的生产和生活方式，并与社会、经济、文化、道德发展情况紧密相关；蛮夷戎狄则与畜牧、游牧、渔猎的生产和生活方

---

① 《史记》卷5《秦本纪》，第179页。
② 李峰：《西周的灭亡：中国早期国家的地理和政治危机》，第311页。

第八章 族群交融与西周春秋时期华夏区的演进

式相联系。不管是西周还是春秋时期，蛮夷戎狄都并不只分布在"诸夏"的四围；周王分封的姬姓国、异姓国，先于西周分封存在、而得到周王认可的异姓国，未得到周王认可、也不从属于周王朝政权的方国和部族，蛮、夷、戎、狄，始终并居杂处。

春秋时期的"诸夏"联盟、"尊王攘夷"，是"华夏"意识、"华夏"族群认同的强化，也是对蛮夷戎狄族群的排斥和挤压。随着华夏诸国的强大，以及华夏区社会、经济、文化优势的展现，原来的华夏边缘族群选择向华夏中心靠拢，居住于华夏诸国周围的蛮夷戎狄族群也逐渐与华夏族群诸国相交融，华夏区的范围得到了巨大的拓展和充实，"内诸夏，外夷狄"的格局逐渐形成。

荆蛮吴国通过建立与华夏族群祖源上的关联，在生产、生活方式、文化方面与华夏诸国趋同，参与诸夏的征伐、会盟，建立与华夏诸国的联姻关系等为华夏诸国接纳的过程，是春秋时期蛮夷戎狄族群与华夏族群相交融的普遍路径和方式。

农耕经济和汉字文化是华夏区的核心特征，华夏区的拓展和充实也伴随着农耕区的推进和拓展，以及汉字文化圈的扩大。联姻不仅是诸侯国之间政治关系的晴雨表和标识物，更从血缘和思想上形塑着牵涉其中的诸侯、方国和部族。春秋时期齐桓、晋文以后，华夏边缘的方国和部族对诸夏的认同和向诸夏的靠拢，以及被华夏诸国接纳的过程，经常伴随着与华夏诸国的政治联姻。楚、秦两国从华夏边缘走向华夏中心的过程，同时伴随着两国与周人诸姬的频繁联姻。

从农耕经济和汉字文化圈的角度考察春秋时期华夏区的形成和演进，从祖源建构的角度对春秋时期华夏与蛮夷戎狄族群的交融进行研究，能较为清楚地描述出西周、春秋时期华夏族群的演进过程和华夏区的发展。华夏族群是汉民族形成的基础，华夏区的拓展和充实则与中国大一统国家疆域的形成紧密相关。

结　　语

本书希望从女性和婚姻角度审视"我们如何成为我们"的问题：我们的族群、我们的国家、我们的土地、我们的历史认知、我们的文化传统。夏禹距今超过4100年，商汤代桀发生在3600多年前，武王伐纣距今也已经有3050多年了，我们的中国在此4000多年中并非一成不变，中华民族的形成经历了一个长期、复杂的历史过程；作为中华民族最重要组成部分的汉民族，其形成的根源必须追溯到西周、春秋时期华夏区的演进和族群的交融；周人、周礼和周文化是建构华夏族群共同记忆和礼乐追求的基础。于是本书尝试从讨论周人的历史记忆和历史建构入手，继而聚焦于西周王朝的运行，以及西周中期、两周之际和春秋前期周王朝政治结构和运行机制的变化，然后从"春秋五霸"角度审视春秋时期在周王朝名义下进行的区域分化和区域整合。

本书的八章围绕四个研究重点展开，得出以下主要的创新性观点和结论：

本书第一、第二章围绕西周、春秋时期女性与诸侯国人口、经济、国力之间的关系和女性的性别角色以及女性的家庭、社会作用展开。

本书第一章是对西周、春秋时期上层贵族女性、政治联姻与族群、国家、政治问题相关性的反思。本书首先讨论了商、周女性在性别角色、社会地位和政治权力方面的异同，尤其关注了周系族群在礼法和事实层面对女性与战争关系的排斥。本书继而从周代外婚制的角度入手，关注周代已婚女性的双重身份和女性基于婚姻获得的权力，以及女性在父系和夫族双重身份中的选择。在本章的第三节，笔者从叙事学的角度分析了《左传》

对夏姬相关史事的叙述，然后基于对夏姬同楚、晋、吴政治关系的反思，提出本书的论述逻辑是：从女性和婚姻角度审视西周、春秋时期的政治生态、地缘政治、族群和文化交融以及区域整合问题，是从女性、婚姻角度对历史政治地理的反思和观照，而非将女性视为历史进程的原因，本书反对"女祸论"。

相较于上层贵族女性，普通劳动妇女无论在周王朝的统治区域内，还是在任何诸侯国、方国、城邑都具有绝对的数量优势。这些普通妇女的人口生产和日常劳动，对于家庭和其所在社会都具有重要的作用；但至今没有学者对西周、春秋时期的普通劳动女性进行过深入研究。普通劳动女性的生产和生活角色在历史文献中很少被记载；但是，人数众多的普通女性是构成诸侯国等政治集团核心实力的人口生产的关键力量，也对政治集团的经济实力具有重要的贡献，故本书的第二章聚焦于西周、春秋时期普通女性的人口和经济生产，从人口和经济角度讨论了女性与其所属诸侯国政治实力和经济情况的关系。限于史料短缺和笔者的力有不逮，本章关于先秦时期劳动女性的家庭和社会作用，以及劳动女性的人口生产和纺织生产与诸侯国人口和国力关系的考察，主要是以个案考察和个案分析方式进行的，只是提供了从女性的人口生产和纺织生产角度分析先秦政治问题的一种可能。

本书第三、第四、第五章围绕西周、春秋时期的政治联姻以及婚姻中的女性对周王室政治和诸侯政治格局的影响展开。

本书第三章通过三组与女性有关的个案，讨论了周人历史记忆和历史建构中的关键性细节问题。第一组个案来自姜嫄、后稷和帝喾，这是周人祖先问题的核心和基础。认为姜嫄、后稷是周人混合重构出来的神话祖先，他们并非真实地存在于《史记》将之归入的年代。司马迁通过建立姜嫄与帝喾的关联，将周人纳入了统一的黄帝谱系之中，构建出有清晰时代背景的周人系谱，这是后人对历史的重构而非历史的真实，这种历史建构是华夏民族凝聚力的基础。第二组个案来自古公亶父、太姜、吴太伯和王季，讨论太伯让国和王季嗣位的问题。认为太伯让国恐非出于自愿，而是为时势所迫的被迫出奔；王季的嗣位虽然也许是因为其贤德和有圣子昌，但更大的可能是因为其母亲太姜、其妻太任和其母族、妻族对古公亶父时期周人政治的影响力。第三组个案来自"帝乙归妹"和"文王太姒",讨论的是《周易》《诗经》对于周文王、武王时代历史的选择性书写,以及不完全的历史书写背后可能的背景和信息。认为周人对太姒、武王记忆的强化和对"帝乙归妹"、伯邑考的遗忘,共同构成了周人祖先系谱的建构,是我们今天描述周人历史的基础,并成为我们理解西周制度和西周礼乐文明的基石。

  本书第四章首先讨论了周王婚姻与西周政治的相关性,对姬、姜族群的联姻和周王与南方陈、鄂联姻与西周政治的关系做了细致的个案讨论。姬、姜联姻与西周的建立、兴、亡和维系都有很大的相关性;而周王与南方陈、鄂的联姻与西周王朝对淮夷的战略和西周王朝与东南方、南方淮夷、楚人的关系直接相关。本章还从周原异姓贵族与姬姓周人族群联姻角度,讨论了周原贵族之间的通婚、联姻和交往,以及周原的区域整合问题。

  本书第五章对西周、春秋时期鲁国的族群、婚姻、地缘政治和区域整合问题做了细致的个案化讨论。认为西周的封国,从贵族到平民都不是由单一族群构成的,以鲁国为例,则至少包括了姬姓周人族群、子姓商人族群和原来生活在商奄旧地的各姓部族。本章对曲阜鲁国故城甲、乙两组墓葬所属族群的族群属性、通婚、族群和文化交融的讨论,是将考古资料与历史文献、青铜器铭文有机结合,用于探究西周、春秋时期鲁国族群、婚姻、文化交融问题的有力尝试。曲阜鲁国故城甲、乙两组墓葬分属商系和姬姓周人族群,两组墓葬在分布区域、葬制、葬俗、随葬器物类型等方面存在明显差别。甲组墓葬 M202 的墓主人是嫁入商系族群的姬姓周人女子,其墓葬形制保存了姬姓周人族群的特征,随葬陶器与甲组墓葬的主流陶器特征没有明显差别,随葬青铜器有来自母家的媵器和得自夫家的用器。M202 所属县城西北角墓地在葬俗上表现出的与同属甲组墓葬的药圃、斗鸡台墓地的差别,与县城西北角墓地所属族群与姬姓周人族群的通婚和交往有关。族群之间的通婚和联姻促进了鲁地的文化交融,《史记》所言伯禽"变其俗,革其礼"更多的只是一种理想,鲁地的文化交融经历了一个长期、复杂的过程。鲁地的文化交融始终伴随着、并有赖于姬姓周人与异姓族群之间的通婚和联姻。春秋时期鲁国的兼国并地是春秋时期诸侯、方国、部族交融和区域整合的一个缩影,也为战国时期更大范围的族群交融和区域整合奠定了族群和地缘的基础。

本书第六章围绕西周、春秋时期女性经济对诸侯区域政治格局的影响和联姻与诸侯区域整合的相关性问题展开。

本书第六章聚焦于春秋时期齐地的女性经济、齐国的婚姻策略和齐、卫之间的水、陆交通。本章第一节以齐地的"巫儿"习俗为例，讨论了传统、经济和文化、习俗之间的互动关系。第二节则以齐、卫之间的联姻为例，讨论了齐国的婚姻策略；然后在讨论春秋前期齐、卫频繁联姻的基础上，对春秋时期齐、卫之间的水、陆交通问题做出了考察；并特别关注于交通对齐、卫联姻和地缘政治的影响。

本书第七、第八章是从女性和婚姻角度对西周、春秋时期中国政治体制和国家形态的演进，以及华夏区的拓展和充实的反思。

本书第七章从区域整合角度对"春秋五霸"问题做了细致的讨论，认为"春秋五霸"的核心不是某一个强力的君主，而是其背后的国家和区域；故笔者在本书中采用了齐桓、晋文、秦穆、宋襄、楚庄的五霸之说。本书从疆域概念的形成、设县、军制改革、官僚体制的初步确立和异姓卿大夫大量出现的角度，对齐、晋、秦、楚等诸侯国在公元前7世纪表现出的制度上的变革做出了论述；并认为制度变革是齐、晋、秦、楚等诸侯国走向强大，拓展控制区域和势力范围，并整合其控制区域的基础。本书特别关注了婚姻关系在齐、晋、秦、楚等国拓展控制区域和势力范围时的标识性作用，以及联姻对于诸国区域整合的贡献。春秋五霸与战国七雄的核心差别就在于晋国的一分为三，晋国的公族弱和大量任用异姓卿大夫，既促成了晋国的强大，也导致了三家分晋。三家分晋背后更加核心的原因是晋国农耕区和畜牧区整合的不成功。

本书第八章从探究"华夏"概念在商、周之际、西周、春秋时期的演变入手，讨论了西周、春秋时期的族群交融和华夏区的演进问题。认为春秋时期，周王室和华夏诸国对于犬戎灭亡西周的惨痛记忆，以及春秋前期蛮夷戎狄对华夏诸国的进攻和侵扰，促使华夏诸国要求建立诸夏同盟以对抗蛮夷戎狄，齐桓公时期的"尊王攘夷"即基于这一时代背景而提出。春秋时期，华夏族群与蛮夷戎狄族群在生产、生活方式和社会、文化方面的差别，使华夏诸国尝试建立以道德和文化为表征的华夏族群共同体。华夏区在商、周之际和西周时期与周人和周系封国的生活和控制区域直接相关，在春秋时期则与被纳入诸夏范围的诸侯、方国和部族的控制区域相对应。以"华夏"作为广泛的族群共同体的名称和标志，其时间在春秋时期。春秋时期华夏族群的发展和壮大，为中国汉民族的形成奠定了广泛的族群和人口基础；春秋时期华夏区的拓展和充实，为中国大一统国家疆域的形成奠定了坚实的地缘基础。

我们成为我们的过程，其精神和记忆烙印在我们的思想和思维方式中。文化、思想和思维方式，这些与我们生活息息相关的事情并非自然而然的存在，也并非亘古不变。我们生活在其中，将之视为自然而然的文化、思想和思维方式，承载着我们对过往的选择性记忆和重构。本书选择从女性和婚姻角度审视西周、春秋时期的政治生态、地缘政治和区域整合问题，目的在于跳出男性中心，以女性视角和女性立场反思中国先秦时期历史政治地理的相关问题。

"男耕女织"，是我们习惯的对于中国古代性别分工的形象化描述。不过在人类文明史上，耕不仅仅与男性有关；但是织是一个基本与女性绑定的社会生产行为。中国古代的纺绩之事，主要是由女性承担的，是上自天子之女，下至庶民之女都必须掌握的技巧。进入春秋时期，随着商品经济的发展，纺织品成为重要的商品和财富标志物，女性借由纺织能够获得丰厚的经济效益，这对于女性的家庭地位有重要的影响。同时，寡居或者独居的女子，其织作的作用和意义，则更加凸显出来；织作是她们换取食物、支撑家庭的基础，也是她们之所以可以选择寡居或者独居的物质支撑；织作为女性的人格独立和选择自由提供了物质保证。

帛在唐以前，在衣着日用之外，另有两个重要作用：一是，一般等价物，汉简中有很多记录，反映出当时以帛代钱；二是，重要的书写材料。中国虽然早在战国时期就有了纸，东汉蔡伦又改进了造纸术，但是纸用于高级书画，要到唐、宋时期；宋代以后，纸本画才多起来。帛作为一般等价物和重要的书写材料，两个重要功能在宋代都丧失了。帛这两个重要功能的丧失与女性开始受到越来越严格的礼法约束，存在时间上的正相关。女性的纺织生产以及纺织的经济、文化效益和社会贡献度，与女性的社会认可度和社会对女性的宽容度有着非常密切的关系。

参考文献

古代文献（按经史子集四部分类顺序排列）

（清）阮元校刻：《十三经注疏》，上海古籍出版社1997年影印本。
（唐）李鼎祚：《周易集解》，中国书店1984年影印本。
《尚书》，《四部丛刊》影印吴兴嘉业堂藏宋刊本。
（清）皮锡瑞：《今文尚书考证》，中华书局1989年版。
（清）王夫之：《尚书引义》，王孝鱼点校，中华书局1962年版。
（清）马瑞辰：《毛诗传笺通释》，陈金生点校，中华书局1989年版。
（清）陈奂：《诗毛诗传疏》，滕志贤整理，凤凰出版社2018年版。
（清）王先谦：《诗三家义集疏》，吴格点校，中华书局1987年版。
（清）孙希旦：《礼记集解》，沈啸寰、王星贤点校，中华书局1989年版。
（西晋）杜预：《春秋经传集解》，上海古籍出版社1997年版。
（宋）朱熹：《四书章句集注》，中华书局1983年版。
（清）段玉裁：《说文解字注》，上海古籍出版社1988年影印本。
《史记》，中华书局1982年标点本。
《汉书》，中华书局1962年标点本。
（清）王先谦：《汉书补注》，上海古籍出版社2008年影印本。
《后汉书》，中华书局1965年标点本。

《三国志》，中华书局1982年标点本。

（清）钱大昕：《廿二史考异》，方诗铭、周殿杰点校，上海古籍出版社2014年版。

《资治通鉴》，中华书局1956年标点本。

《国语》，上海师范大学古籍整理组校点，上海古籍出版社1978年版。

（西汉）刘向集录：《战国策》，上海古籍出版社1978年版。

（清）王照圆：《列女传补注》，虞思征点校，华东师范大学出版社2012年版。

袁珂校注：《山海经校注》（最终修订版），北京联合出版公司2014年版。

（北魏）郦道元著，陈桥驿校证：《水经注校证》，中华书局2007年版。

（唐）杜佑：《通典》，王文锦、王永兴、刘俊文、徐庭云、谢方点校，中华书局1988年版．

（宋）郑樵：《通志二十略》，王树民点校，中华书局1995年版。

（清）章学诚著，叶瑛校注：《文史通义校注》，中华书局1994年版。

（清）王先谦：《荀子集解》，沈啸寰、王星贤点校，中华书局1988年版。

王利器：《新语校注》，中华书局1986年版。

（汉）贾谊：《新书校注》，阎振益、钟夏校注，中华书局2000年版。

苏舆：《春秋繁露义证》，钟哲点校，中华书局1992年版。

（汉）刘向著，宗鲁校证：《说苑校证》，中华书局1987年版。

（清）陈立：《白虎通疏证》，吴则虞点校，中华书局1994年版。

刘文典：《淮南鸿烈集解》，中华书局1989年版。

黎翔凤：《管子校注》，梁运华整理，中华书局2004年版。

（清）王先慎：《韩非子集解》，钟哲点校，中华书局1998年版。

蒋礼鸿：《商君书锥指》，中华书局1986年版。

王琯：《公孙龙子悬解》，中华书局1992年版。

（清）孙诒让：《墨子间诂》，孙启治点校，中华书局2001年版。

许维遹：《吕氏春秋集释》，梁运华整理，中华书局2009年版。

张双棣、张万彬、殷国光、陈涛注译：《吕氏春秋译注》（修订本），北京大学出版社 2011 年版。

杨伯峻：《列子集释》，中华书局 1979 年版。

（汉）应劭：《风俗通义》，上海古籍出版社 1990 年版。

（唐）徐坚等：《初学记》，中华书局 2004 年版。

论著、论文和考古报告（按作者姓氏音序排列）

A

阿城：《洛书河图：文明的造型探源》（修订本），中华书局 2015 年版。

安作璋主编：《山东通史·先秦卷》（增订版），人民出版社 2009 年版。

B

白川静：《金文の世界——殷周社会史》，（东京）平凡社 1971 年版。

白光琦：《先秦年代探略》，中国社会科学出版社 2008 年版。

白路：《先秦女性研究——从社会性别视角的考察与分析》，博士学位论文，南开大学，2009 年。

白云翔：《从韩国上林里铜剑和日本平原村铜镜论中国古代青铜工匠的两次东渡》，《文物》2015 年第 8 期。

宝鸡市博物馆、宝鸡市渭滨区文化馆：《陕西宝鸡市茹家庄东周墓葬》，《考古》1979 年第 5 期。

宝鸡市考古工作队：《陕西武功郑家坡先周遗址发掘简报》，《文物》1984 年第 7 期。

宝鸡茹家庄西周墓发掘队：《陕西省宝鸡市茹家庄西周墓发掘简报》，

《文物》1976年第4期。

宝鸡市周原博物馆编著：《周原——庄白西周青铜器窖藏考古发掘报告》，科学出版社2016年版。

Alan Barnard and Jonathan Spencer, Editor, *The Routledge Encyclopedia of Social and Cultural Anthropology* (Second edition), London and New York: Routledge, 2010.

北京大学考古专业商周组、山西省考古研究所、河南省安阳、新乡地区文化局、湖北省孝感地区博物馆：《晋豫鄂三省考古调查简报》，《文物》1982年第7期。

北京大学考古学系商周组、山西省考古研究所编著，邹衡主编：《天马—曲村：1980—1989》，科学出版社2000年版。

北京大学考古系、山西省考古研究所：《1992年春天马—曲村遗址墓葬发掘报告》，《文物》1993年第3期。

北京大学考古系、山西省考古研究所：《天马—曲村遗址北赵晋侯墓地第二次发掘》，《文物》1994年第1期。

北京大学考古系、山西省考古研究所：《天马—曲村遗址北赵晋侯墓地第三次发掘》，《文物》1994年第8期。

北京大学考古系、山西省考古研究所：《天马—曲村遗址北赵晋侯墓地第四次发掘》，《文物》1994年第8期。

北京大学考古系、山西省考古研究所：《天马—曲村遗址北赵晋侯墓地第五次发掘》，《文物》1995年第7期。

北京大学考古系、山西省考古研究所：《天马—曲村遗址北赵晋侯墓地第六次发掘》，《文物》2001年第8期。

北京市文物研究所编：《琉璃河西周燕国墓地1973—1977》，文物出版社1995年版。

[日]贝塚茂树：《中国古代の国家》，《贝塚茂树著作集》第1卷，（东京）中央公论社1976年版。

毕奥南：《从邑土国家到领土国家的边疆——先秦时代边境形成考察》，《中国边疆史地研究》2011年第4期。

[法]西蒙娜·德·波伏娃（Simone de Beauvoir）：《第二性》，郑克鲁

译，上海译文出版社2011年版。

C

蔡锋：《齐国"姑姊妹不嫁"与"巫儿之俗辨疑"》，《中华女子学院学报》1999年第2期。

曹道衡、刘跃进：《先秦两汉文学史料学》，中华书局2005年版。

曹定云：《周代金文中女子称谓类型研究》，《考古》1999年第6期。

曹芳芳：《性别考古学研究综述——以中国考古学为中心》，《南方文物》2013年第2期。

曹迎春：《战国时期中山国的交通》，《山西广播电视大学学报》2007年第4期。

曹兆兰：《金文与殷周女性文化》，北京大学出版社2004年版。

常森：《文学的解读与文化的解读——以〈诗经〉学几个个案为中心》，《北京大学学报》（哲学社会科学版）2013年第5期。

陈邦怀：《曹伯狄簋考释》，《文物》1980年第5期。

陈昌远、王琳：《从"杨姞壶"谈古杨国问题》，《河南大学学报》（社会科学版）2001年第1期。

陈淳、孔德贞：《性别考古与玉璜的社会学观察》，《考古与文物》2006年第4期。

陈淳：《美国性别考古的研究与启示》，《东南文化》2010年第6期。

陈峰：《战国时期韩国交通问题初探》，《黑河学院学报》2014年第3期。

陈国庆编：《汉书艺文志注释汇编》，中华书局1983年版。

［澳］陈慧、廖名春、李锐：《天、人、性：读郭店楚简与上博竹简》，上海古籍出版社2014年版。

陈力：《今本竹书纪年研究》，《四川大学学报丛刊》第28辑，1985年。

陈力：《今古本〈竹书纪年〉之三代积年及相关问题》，《四川大学学报》1987年第4期。

陈隆文：《先秦货币地理研究》，科学出版社2008年版。

陈隆文：《战国秦汉时期环东中国海地区的陆路交通》，《史学月刊》2008年第8期。

陈隆文：《邗沟、菏水与鸿沟——兼论黄河与长江两大流域水运的沟通》，《淮阴工学院学报》2012年第4期。

陈梦家：《寿县蔡侯墓铜器》，《考古学报》1956年第2期。

陈梦家：《殷虚卜辞综述》，中华书局1988年版。

陈梦家：《西周铜器断代》，中华书局2004年版。

陈梦家：《西周年代考·六国纪年》，中华书局2005年版。

陈梦家：《陈梦家学术论文集》，中华书局2016年版。

陈槃：《春秋大事表列国爵姓及存灭表譔异》（三订本），上海古籍出版社2009年版。

陈槃：《不见于春秋大事表之春秋方国稿》，上海古籍出版社2009年版。

陈槃：《左氏春秋义例辨》（重订本），上海古籍出版社2009年版。

陈槃：《旧学旧史说丛》，上海古籍出版社2010年版。

陈伟：《两周妇名称国的一点商榷》，《江汉考古》1982年第2期。

陈伟：《楚"东国"的道路——兼谈影响先秦交通的社会因素》，《湖北大学学报》（哲学社会科学版）1992年第4期。

陈垣：《史讳举例》，中华书局2016年版。

陈昭容：《从青铜器铭文看两周汉淮地区诸国婚姻关系》，（台北）"中央"研究院历史语言研究所《中研院历史语言研究所集刊》第75本第4分，2004年。

陈昭容：《两周婚姻关系中的"媵"与"媵器"——青铜器铭文中的性别、身份与角色研究之二》，（台北）"中央"研究院历史语言研究所《"中央"研究院历史语言研究所集刊》第77本第2分，2006年。

陈昭容：《从青铜器铭文看两周王室婚姻关系》，《古文字与古代史》第一辑，（台北）"中央"研究院历史语言研究所，2007年。

陈昭容：《从青铜器铭文看两周夷狄华夏的融合》，《古文字与古代史》第二辑，（台北）"中央"研究院历史语言研究所，2009年。

陈昭容：《"夨姬"与"散姬"——从女性称名规律谈夨国族姓及其相关问题》，《古文字与古代史》第三辑，（台北）"中央"研究院历史语言研究所，2012年。

陈致：《夷夏新辨》，《中国史研究》2004年第1期。

陈致：《从礼仪化到世俗化：〈诗经〉的形成》，吴仰湘、黄梓勇、许景昭译，上海古籍出版社2009年版。

程俊英、蒋见元：《诗经注析》，中华书局1991年版。

程树德：《论语集释》，程俊英、蒋见元点校，中华书局1990年版。

[加]布鲁斯·G.崔格尔：《理解早期文明：比较研究》，徐坚译，北京大学出版社2014年版。

崔明德：《先秦政治婚姻简表》，《烟台大学学报》（哲学社会科学版）1998年第4期。

崔明德：《先秦政治婚姻史》，山东大学出版社2004年版。

崔庆明：《南阳市北郊出土一批申国青铜器》，《中原文物》1984年第4期。

D

德州行署文化局文物组、济阳县图书馆：《山东济阳刘台子西周早期墓发掘简报》，《文物》1981年第9期。

德州地区文化局文物组、济阳县图书馆：《山东济阳刘台子西周墓地第二次发掘》，《文物》1985年第12期。

邓佩玲：《山西翼城大河口出土鸟形盉铭文考释》，《古文字研究》第29辑。

邓少平：《清华简〈系年〉与两周之际史事综考》，《深圳大学学报》（人文社会科学版）2012年第3期。

丁山：《古代神话与民族》，商务印书馆2005年版。

丁山：《商周史料考证》，国家图书馆出版社2008年版。

丁骕：《华北地形史与商殷的历史》，《"中央"研究院民族学研究所集刊》，第20期。

367

杜百胜（W. A. C. H. Dobson）："Linguistic Evidence and the Dating of the Book of Songs"（语言学证据与《诗经》断代），*T'oung Pao* 51 （1964）。

杜芳琴：《历史研究的性别维度与视角——兼谈妇女史、社会性别史与经济—社会史的关系》，《山西大学学报》（社会科学版）2003年第4期。

杜勇：《春秋战国城市发展蠡测》，《四川师范学院学报》（哲学社会科学版）1997年第1期。

E

［德］弗里德里希·恩格斯（Friedrich Engels）：《家庭、私有制和国家的起源》，中共中央马克思、恩格斯、列宁、斯大林著作编译局编《马克思恩格斯选集》第4卷，人民出版社1972年版。

F

范祥雍：《关于〈古本竹书纪年〉的亡佚年代》，《文史》第25辑。

方辉：《海岱地区青铜时代考古》，山东大学出版社2007年版。

方善柱：《初周青铜器铭文中文武王后》，（台北）《大陆杂志》第52卷第5期。

方诗铭、王修龄：《古本竹书纪年辑证》（修订本），上海古籍出版社2005年版。

［美］苏珊·斯坦福·弗里德曼（Susan Stanford Friedman）：《图绘：女性主义与文化交往地理学》，陈丽译，译林出版社2014年版。

冯盛国：《两周时期华夷关系研究》，博士学位论文，陕西师范大学，2014年。

冯时：《中国天文考古学》，中国社会科学出版社2010年版。

傅斯年：《傅斯年全集》（7册），陈槃等校订，（台北）联经出版事业公司1980年版。

傅斯年：《民族与古代中国史》，上海古籍出版社2012年版。

G

高兵：《齐"巫儿婚俗"再探讨》，《管子学刊》2005年第3期。

葛剑雄：《中国人口史·第一卷：导论、先秦至魏晋南北朝时期》，复旦大学出版社2012年版。

葛剑雄：《统一与分裂：中国历史的启示》，商务印书馆2013年版。

葛兆兰：《从金文看周代媵妾婚制》，《深圳大学学报》（人文社会科学版）2001年第6期。

葛兆兰：《金文中的女性享祭者及其社会地位》，《深圳大学学报》（人文社会科学版）2002第3期。

葛兆兰：《周代金文嵌姓的称谓结构模式》，《古文字研究》第24辑。

耿超：《东周政治外交婚中的性别差异及其影响》，《云南社会科学》2009年第2期。

耿超：《浅议东周时期贵族阶层的性别关系及其影响》，《中华女子学院学报》2009年第6期。

耿超：《"女祸论"源流考》，《光明日报》2011年4月7日。

耿超：《性别视角下的商周合祭》，《中国社会历史评论》第13卷。

耿超、刘姗：《春秋时期贵族妇女的参政与两性关系》，《管子学刊》2012年第3期。

耿超：《晋侯墓地的性别考察》，《中原文物》2014年第3期。

耿超：《性别视角下的两周宗妇》，《陕西师范大学学报》（哲学社会科学版）2015年第6期。

耿超：《性别视角下的商周婚姻、家族与政治》，人民出版社2017年版。

［日］工藤元男：《睡虎地秦简所见秦代国家与社会》，［日］广濑薰雄、曹峰译，上海古籍出版社2010年版。

龚军：《翼城大河口墓地出土鸟形盉铭文与西周法律》，《中国国家博物馆馆刊》2014年第5期。

［日］谷中信一：《先秦秦汉思想史研究》，孙佩霞译，上海古籍出版

社 2015 年版。

（清）顾栋高辑：《春秋大事表》，吴树平、李解民点校，中华书局 1993 年版。

顾颉刚：《顾颉刚古史论文集》（全 13 册），中华书局 2011 年版。

管红：《论秦汉女织》，《河南教育学院学报》（哲学社会科学版）1999 年第 2 期。

郭成磊：《东周楚国婚姻考》，硕士学位论文，华中师范大学，2013 年。

郭璐莎：《天马—曲村遗址西周时期墓葬的性别考古学研究》，硕士学位论文，广西师范大学，2012 年。

郭明：《商周时期大型单体建筑平面布局浅析》，《文物》2015 年第 8 期。

郭沫若：《长安县张家坡铜器群铭文汇释》，《考古学报》1962 年第 1 期。

郭沫若：《郭沫若全集·考古编》10 卷，科学出版社 1982 年版。

郭伟川：《清华简〈楚居〉丽季段考释》，《出土文献》第 5 辑。

郭永秉：《帝系新研：楚地出土战国文献中的传说时代古帝王系统研究》，北京大学出版社 2008 年版。

H

韩虎泰：《试论春秋流亡与晋国地缘政治格局》，《山西师大学报》（社会科学版）2016 第 4 期。

韩江苏、江林昌：《〈殷本纪〉订补与商史人物征》，中国社会科学出版社 2010 年版。

韩茂莉：《十里八邨：近代山西乡村社会地理研究》，生活·读书·新知三联书店 2017 年版。

韩巍：《周原强家西周铜器群世系问题辨析》，《中国历史文物》2007 年第 3 期。

韩英超：《西周前期贵族妇女地位研究》，硕士学位论文，河北师范大学，2010 年。

河南省文物考古研究所、三门峡市文物工作队：《三门峡虢国墓地 M2010 的清理》，《文物》2000 年第 12 期。

河南省文物考古研究所、平顶山市文物管理局编：《平顶山应国墓地》，大象出版社 2012 年版。

河南省文物管理局南水北调文物保护办公室、河南省文物考古研究所、漯河市文物考古研究所：《河南漯河固厢墓地战国墓发掘简报》，《文物》2015 年第 8 期。

何祚榕：《也谈"亚细亚生产方式"》，《历史研究》1980 年第 5 期。

侯强：《齐"巫儿"婚俗探析》，《管子学刊》2001 年第 2 期。

侯强：《再谈齐"巫儿"婚俗》，《管子学刊》2003 年第 3 期。

侯文学：《巫儿—神女—上仙——道教女仙瑶姬形象的生成与演变》，《哈尔滨工业大学学报》（社会科学版）2006 年第 5 期。

湖北省文物考古研究所、随州市博物馆：《湖北随州叶家山西周墓地发掘简报》，《文物》2011 年第 11 期。

湖北省文物考古研究所、随州市博物馆：《湖北随州叶家山西周墓地》，《考古》2012 年第 7 期。

胡鸿：《能夏则大与渐慕华风：政治体视角下的华夏与华夏化》，北京师范大学出版社 2017 年版。

胡厚宣：《甲骨学商史论丛初集》，河北教育出版社 2002 年版。

胡厚宣、胡振宇：《殷商史》，上海人民出版社 2003 年版。

胡进驻：《商周妇女称谓及婚姻制度浅探》，《殷都学刊》2002 年第 1 期。

胡进驻：《殷墟晚期墓葬研究》，北京师范大学出版社 2010 年版。

胡凯、陈民镇：《从清华简〈系年〉看晋国的邦交——以晋楚、晋秦关系为中心》，《邯郸学院学报》2012 年第 2 期。

胡宁：《从大河口鸟形盉铭文看先秦誓命规程》，《中国史研究》2016 年第 1 期。

胡谦盈：《试论寺洼文化》，《文物集刊》第二集。

胡谦盈：《姬周陶鬲研究》，《考古与文物》1982 年第 1 期。

胡谦盈：《丰镐考古工作三十年（1951—1981）的回顾》，《文物》1982 年第 10 期。

胡谦盈：《姬周族属及其文化探源》，《亚洲文明》，四川人民出版社 1986 年版。

胡谦盈：《试论先周文化及其相关问题》，《中国考古学研究——夏鼐先生考古五十年纪念论文集》（二），科学出版社 1986 年版。

胡谦盈：《南邠碾子坡先周文化遗存的性质分析》，《考古》2005 年第 6 期。

黄怀信、张懋镕、田旭东：《逸周书汇校集注》（修订本），黄怀信修订，李学勤审定，上海古籍出版社 2007 年版。

黄盛璋：《西周微氏家族窖藏铜器群初步研究》，《社会科学战线》1978 年第 1 期。

黄盛璋：《铜器铭文宜、虞、夨的地望及其与吴国的关系》，《考古学报》1983 年第 3 期。

黄书涛：《春秋战国时期山东地区的交通发展》，硕士学位论文，暨南大学，2008 年。

Hymes, Robert P., *Statesmen and Gentlemen: The Elite of Fu-chou, Chiang-hsi, in Northern and Southern Sung*, New York: Cambridge University Press, 1986.

I

Tim Ingold, Editor, *Companion Encyclopedia of Anthropology: Humanity, Culture and Social Life*, London and New York: Routledge, 1994.

J

［日］家井真：《〈诗经〉原意研究》，陆越译，江苏人民出版社 2012 年版。

贾树：《贾文忠金石传拓集》，文物出版社 2012 年版。

翦伯赞：《先秦史》，北京大学出版社 2001 年版。

姜亮夫著，林家骊选编：《国学丛考》，浙江大学出版社 2008 年版。

江苏省丹徒考古队：《江苏丹徒背山顶春秋墓发掘报告》，《东南文化》1988 年第 3—4 期。

K

开封市文物考古研究所：《河南开封尉氏县大新庄汉墓发掘简报》，《文物》2015 年第 8 期。

［美］柯马丁：《从出土文献谈〈诗经·国风〉的诠释问题：以〈关雎〉为例》，马宁译，《中华文史论丛》2008 年第 1 期。

［美］柯马丁：《说〈诗〉：〈孔子诗论〉之文理与义理》，刘倩译，杨治宜校，《文学遗产》2012 年第 3 期。

［美］柯马丁：《早期中国手抄文献研究方法之反思》，杨治宜译，《国学学刊》2014 年第 4 期。

［美］柯马丁：《秦始皇石刻：早期中国的文本与仪式》，刘倩译，杨治宜、梅丽校，上海古籍出版社版 2015 年。

［美］柯马丁：《超越本土主义：早期中国研究的方法与伦理》，米奥兰、邝彦陶译，郭西安校改，《学术月刊》2017 年第 12 期。

L

蓝勇：《对中国历史文化地理研究的思考》，《学术研究》2002 年第 1 期。

蓝勇：《中国古代美女的地域认同文化研究》，《学术研究》2008 年第 2 期。

雷兴山：《先周文化探索》，科学出版社 2010 年版。

李伯谦、郑杰祥：《后李商代墓葬族属试析》，《中原文物》1981 年第 4 期。

李伯谦：《晋国始封地考略》，《中国文物报》1993 年 12 月 12 日。

李伯谦：《也谈杨姞壶铭文的释读》，《文物》1998 年第 2 期。

李峰：《先周文化的内涵及其渊源探讨》，《考古学报》1991 年第 3 期。

李峰：《西周的灭亡：中国早期国家的地理和政治危机》，徐峰译，汤惠生校，上海古籍出版社 2007 年版。

李峰：《西周的政体：中国早期的官僚制度和国家》，吴敏娜、胡晓军、许景昭、侯昱文译，生活·读书·新知三联书店 2010 年版。

李峰：《西周宗族社会下的"称名区别原则"》，黄海整理，《文汇报》2016 年 2 月 19 日第 14 版。

李峰：《再论周代女性的称名原则：答吴镇烽先生质疑》，武汉大学简帛研究中心，2017 年 10 月 6 日，http：//www.bsm.org.cn/show_article.php?id=2911。

李广洁：《先秦时期山西交通述略》，《晋阳学刊》1985 年第 4 期。

[美] 李惠仪：《〈左传〉的书写与解读》，文韬、许明德译，江苏人民出版社 2016 年版。

李济：《安阳——殷商古都发现、发掘、复原记》，中国社会科学出版社 1990 年版。

李经威、徐文武、李经兴：《楚国水上交通述论》，《新余学院学报》2013 年第 4 期。

李龙海：《对〈周代金文中女子称谓类型研究〉一文的补充》，《华夏考古》2008 年第 2 期。

李修松：《试论春秋时期淮河流域之交通》，《安徽史学》2003 年第 1 期。

李学勤：《论史墙盘及其意义》，《考古学报》1978 年第 2 期。

李学勤：《西周中期青铜器的重要标尺——周原庄白、强家两处青铜器窖藏的综合研究》，《中国历史博物馆馆刊》1979 年第 1 期。

李学勤：《西周甲骨的几点研究》，《文物》1981 年第 9 期。

李学勤：《宜侯夨簋与吴国》，《文物》1985 年第 7 期。

李学勤：《论西周金文的六师、八师》，《华夏考古》1987 年第 2 期。

李学勤：《考古发现与古代姓氏制度》，《考古》1987 年第 3 期。

李学勤：《先秦人名的几个问题》，《历史研究》1991年第5期。

李学勤：《晋侯邦父与杨姞》，《中国文物报》1994年5月29日。

李学勤：《缀古集》，上海古籍出版社1998年版。

李学勤：《续说晋侯邦父与杨姞》，《宝鸡文理学院学报》（社会科学版）2005年第6期。

李学勤主编：《清华大学藏战国竹简》（贰），中西书局2011年版。

李学勤《论清华简〈楚居〉中的古史传说》，《中国史研究》2011年第1期。

李学勤：《论释翼城大河口鸟形盉铭文》，《文博》2011年第4期。

李学勤：《谈新出现的妇妌爵》，《文博》2012年第6期。

李学勤：《东周与秦代文明》，上海人民出版社2016年版。

李裕杓：《西周时期淮夷名称考论》，《中国历史地理论丛》2015年第3辑。

李曰训：《山东章丘女郎山战国墓出土乐舞陶俑及有关问题》，《文物》1993年第3期。

李仲操：《再论墙盘年代、微宗国别——兼与黄盛璋同志商榷》，《社会科学战线》1981年第1期。

李仲操：《谈晋侯苏钟所记地望及其年代》，《考古与文物》2000年第3期。

李宗侗：《中国古代社会史》，（台北）华冈出版有限公司1977年版。

梁建波：《赵都邯郸和郑韩故城比较研究》，硕士学位论文，河北师范大学，2014年。

梁启超：《先秦政治思想史》，东方出版社1996年版。

梁勇：《井陉古道几个历史问题刍议》，《中国历史地理论丛》1992年第2辑。

梁云：《战国时代的东西差别：考古学的视野》，文物出版社2008年版。

林华东：《吴越舟楫考》，《东南文化》1986年第3期。

［美］林嘉琳、孙岩主编：《性别研究与中国考古学》，科学出版社2006年版。

林蔚文：《古代东南越地水陆交通的开拓》，《广西民族研究》1988年第1期。

林永昌：《晋系墓葬性别的考古学研究》，硕士学位论文，北京大学，2008年。

林永昌：《西周时期晋国墓葬所见性别差异初探》，《古代文明》第7卷。

刘德岑：《先秦时代运河沿革初探》，《西南师范大学学报》（人文社会科学版）1980年第4期。

刘德增：《女闾、巫儿、不亲迎及其他——齐地女性与婚俗问题新考》，《山东社会科学》2012年第3期。

刘锋：《战国时期商人活动的地域性考察》，《石河子大学学报》（哲学社会科学版）2008年第1期。

刘华夏、刘克甫：《"伯"、"仲"、"叔"、"季"与西周晋侯世系》，《考古》2008年第4期。

刘洪石：《从出土文物探讨连云港附近距今2500—6000年间海岸位置》，《海洋科学》1981年第1期。

刘佳佳：《翼城大河口西周墓地鸟形盉铭文试释》，《考古与文物》2016年第1期。

刘见华：《吴越战争越军进军路线考》，硕士学位论文，浙江大学，2011年。

刘丽：《从政治联姻看西周王朝统治——以〈史记·十二诸侯年表〉所见诸国为中心》，《史学月刊》2018年第10期。

刘丽：《两周时期诸侯国婚姻关系研究》，上海古籍出版社2019年版。

刘启益：《西周金文中所见的周王后妃》，《考古与文物》1980年第4期。

刘启益：《出土文献研究续集》，文物出版社1989年版。

刘启益：《文王受命至成王五年年表——读王国维〈周开国年表〉后记》，《传统文化与现代化》1996年第5期。

刘启益：《西周纪年》，广东教育出版社2002年版。

刘顺超：《〈邢侯簋〉及其相关问题的探讨》，宫长为、徐勇主编：

《史海侦迹——庆祝孟世凯先生七十岁文集》，香港新世纪出版社 2006 年版。

刘绪：《晋与晋文化的年代问题》，《文物季刊》1993 年第 4 期。

刘雨、卢岩编：《近出殷周金文集录》，中华书局 2002 年版。

刘雨，严志斌编著：《近出殷周金文集录二编》，中华书局 2010 年版。

［美］罗泰：《宗子维城：从考古材料的角度看公元前 1000 至前 250 年的中国社会》，吴长青、张莉、彭鹏等译，王艺等审校，上海古籍出版社 2017 年版。

卢川：《从清华简〈楚居〉看楚人早期迁徙与城市发展》，《荆楚学刊》2016 第 2 期。

卢连成、胡智生：《宝鸡㲀国墓地》，文物出版社 1988 年版。

卢云：《汉晋文化地理》，陕西人民教育出版社 1991 年版。

路洪昌：《战国时期中山国的交通》，《河北学刊》1988 年第 5 期。

洛阳市文物工作队：《洛阳体育场路东周墓发掘简报》，《文物》2011 年第 5 期。

栾丰实、宫本一夫主编：《海岱地区早期农业和人类学研究》，科学出版社 2008 年版。

罗运环：《楚国后妃考》，《江汉论坛》1985 年第 3 期。

罗运环：《出土文献与楚史研究》，商务印书馆 2011 年版。

吕思勉：《吕思勉读史札记》，上海古籍出版社 2005 年版。

吕思勉：《先秦史》，上海古籍出版社 2005 年版。

吕思勉：《中国社会史》：上海古籍出版社 2007 年版。

M

马承源主编：《商周青铜器铭文选》4 卷，文物出版社 1986—1990 年版。

马开樑：《远古三代秦西汉史》，云南大学出版社 1993 年版。

马开樑：《春秋战国经济史》，云南大学出版社 2003 年版。

马丽：《〈近出殷周金文集录〉释文校订》，硕士学位论文，吉林大学，

2006 年。

马孟龙：《两汉侯国地理》，博士学位论文，复旦大学，2011 年。

马晓丽：《政治婚姻与晋文公称霸》，《甘肃社会科学》1997 年第 4 期。

马银琴：《两周诗史》，社会科学文献出版社 2006 年版。

毛曦：《先秦巴蜀城市史研究》，人民出版社 2008 年版。

莫波功：《马对先秦社会的影响》，《哈尔滨学院学报》2004 年第 12 期。

莫凡：《春秋霸政时代中的晋国南阳地略述》，《首都师范大学学报》（社会科学版）2011 年增刊。

穆海亭：《周代金文中的妇名》，《文博》2007 年第 10 期。

N

［美］倪德卫：《〈竹书纪年〉解谜》，魏可钦、解芳等译，邵东方校，上海古籍出版社 2015 年版。

［美］倪德卫、夏含夷：《晋侯的世系及其对中国古代纪年的意义》，《中国史研究》2001 年第 1 期。

P

［美］理查德·皮特：《现代地理学思想》，周尚意等译，商务印书馆 2007 年版。

［日］平势隆郎：《从城市国家到中华：殷周、春秋战国》，周洁译，广西师范大学出版社 2014 年版。

蒲朝府：《秦汉邮驿制度研究》，硕士学位论文，山东大学，2016 年。

Q

齐思和：《齐思和自选集》，首都师范大学出版社 2010 年版。

齐文涛：《概述近年来山东出土的商周青铜器》，《文物》1972 年第 5 期。

祁志祥：《试论中国古代社会形态的重新分期》，《云南大学学报》（社会科学版）2018 年第 5 期。

钱穆：《国史大纲》（修订本），商务印书馆 1996 年版。

钱穆：《史记地名考》，商务印书馆 2001 年版。

钱穆：《先秦诸子系年》，商务印书馆 2001 年版。

钱穆：《孔子传》，生活·读书·新知三联书店 2002 年版。

钱穆：《古史地理论丛》，生活·读书·新知三联书店 2005 年版。

秦筑：《秦代陆路交通初探》，《黑龙江科技信息》2009 年第 9 期。

裘锡圭：《关于晋侯铜器铭文的几个问题》，《传统文化与现代化》1994 年第 2 期。

裘锡圭：《翼城大河口西周墓地出土鸟形盉铭文解释》，《中国史研究》2012 年第 3 期。

R

任伟：《西周封国考疑》，社会科学文献出版社 2004 年版。

S

桑东辉：《"春秋五霸"与战略格局的嬗变》，《军事历史研究》2006 年第 3 期。

[日] 杉本宪司：《中国の古代都市文明》，（京都）佛教大学通信教育部 2002 年版。

山东省文物考古研究所、山东省博物馆、济宁地区文物组、曲阜县文管会编：《曲阜鲁国故城》，齐鲁书社 1982 年版。

山东省文物考古研究所：《山东济阳刘台子西周六号墓清理报告》，《文物》1996 年第 12 期。

山东省文物考古研究所韩辉、徐倩倩、高明亏、刘延常：《曲阜鲁国故城考古工作取得重要成果——确认了鲁故城宫墙,解决了宫城、外郭城的年代问题》,《中国文物报》2017年3月10日。

山西省考古研究所:《山西侯马上马墓地发掘简报(1963—1986)》,《文物》1989年第6期。

山西省考古研究所编:《上马墓地》,文物出版社1994年版。

山西省考古研究所、襄汾市文物局、翼城县文物旅游局联合考古队等:《山西翼城大河口西周墓地2002号墓发掘》,《考古学报》2008年第2期。

陕西省考古研究院、上海博物馆:《两周封国论衡——陕西韩城出土芮国文物暨周代封国考古学研究国际学术研讨会论文集》,上海古籍出版社2013年版。

陕西省文物管理文员会:《长安张家坡村西周遗址的重要发现》,《文献参考资料》1956年3月版。

陕西文物管理委员会:《陕西长安沣西张家坡西周遗址的发掘》,《考古》1964年第9期。

陕西周原考古队:《陕西岐山凤雏村发现周初甲骨文》,《文物》1979年第10期。

陕西周原考古队:《陕西岐山凤雏村西周青铜器窖藏简报》,《文物》1979年第11期。

陕西省考古研究所、陕西省文物管理委员会、陕西省博物馆编:《陕西出土商周青铜器》,文物出版社1980年版。

陕西周原考古队:《扶风县齐家村西周甲骨发掘简报》,《文物》1981年第9期。

陕西周原考古队:《扶风刘家姜戎墓葬发掘简报》,《文物》1984年第7期。

宋为霖:《吕季姜醴壶》,《文物》1982年第10期。

商志䌼、唐钰明:《江苏丹徒背山顶春秋墓出土钟鼎铭文释证》,《文物》1989年第4期。

尚志儒:《西周金文中的井国》,《文博》1993年第3期。

沈长云:《关于华夏民族形成的几个问题》,《天津社会科学》1986年第 4 期。

沈长云：《西周人口蠡测》，《中国社会经济史研究》1987 年第 1 期。

沈长云：《华夏民族的起源与形成过程》，《中国社会科学》1993 年第 1 期。

沈长云：《由史密簋铭文论及西周时期的华夷之辨》，《河北师院学报》（社会科学版）1994 年第 3 期。

沈长云：《古代中国政治组织的产生及其模式》，《史学理论研究》1998 年第 2 期。

沈长云：《周族起源诸说辨证——兼论周族起源于白狄》，《中国史研究》2009 年第 3 期。

沈长云：《华夏族、周族起源与石峁遗址的发现和探究》，《历史研究》2018 年第 2 期。

盛冬铃：《西周铜器铭文中的人名及其对断代的意义》，《文史》第 17 辑。

石晓琴：《从季札出使看春秋晚期吴晋的陆路交通》，《宿州学院学报》2008 年第 1 期。

史念海：《春秋时代的交通道路》，《人文杂志》1960 年第 6 期。

史念海：《西周与春秋时期华族与非华族的杂居及其地理分布》（上篇），《中国历史地理论丛》1990 年第 1 辑。

史念海：《西周与春秋时期华族与非华族的杂居及其地理分布》（下篇），《中国历史地理论丛》1990 年第 2 辑。

史念海：《春秋以前的交通道路》，《中国历史地理论丛》1990 年第 3 辑。

史念海：《战国时期的交通道路》，《中国历史地理论丛》1991 年第 1 辑。

睡虎地秦墓竹简整理小组：《睡虎地秦墓竹简》，文物出版社 1978 年版。

宋健忠、谢尧亭、田建文、吉琨璋：《山西绛县横水西周墓地》，《考古》2006 年第 7 期。

宋健忠、吉琨璋、田建文、李永敏：《山西绛县横水西周墓发掘简报》,《文物》2006 年第 8 期。

宋杰:《春秋时期的诸侯争郑》,《首都师范大学学报》(社会科学版) 1996 年第 6 期。

宋万忠、陆峰波:《晋国的虞坂古道》,《三晋文化学术研讨会论文专集》,1998 年。

宋镇豪:《夏商人口初探》,《历史研究》1991 年第 4 期。

苏秉琦:《苏秉琦考古学论述选集》,文物出版社 1984 年版。

苏秉琦主编:《考古学文化论集》,文物出版社 1987 年版。

苏秉琦:《中国文明起源新探》,生活·读书·新知三联书店 1999 年版。

孙海宁:《应国墓地丧葬制度研究》,硕士学位论文,河南大学,2013 年。

孙启治、陈建华编:《古佚书辑本目录(附考证)》,中华书局 1997 年版。

孙庆伟:《周代用玉制度研究》,上海古籍出版社 2008 年版。

孙庆伟:《周原遗址的丰富文化内涵》,《人民日报》2018 年 9 月 5 日。

孙亚冰、林欢:《商代地理与方国》,中国社会科学出版社 2010 年版。

(清)孙诒让:《籀庼述林》,雪克点校,许嘉璐主编《孙诒让全集》,中华书局 2010 年版。

T

谭黎明:《春秋战国时期楚国官制研究》,社会科学文献出版社 2017 年版。

谭其骧主编:《中国历史地图集》8 册,中国地图出版社 1982 年版。

谭其骧:《长水集》,人民出版社 2011 年版。

唐兰:《宜侯夨簋考释》,《考古学报》1956 年第 2 期。

唐兰:《西周青铜器铭文分代史征》,上海古籍出版社 2016 年版。

唐晓峰:《从混沌到秩序——中国上古思想史述论》,中华书局 2010 年版。

汤漳平：《也谈〈清华简·楚居〉与楚族之渊源》，《中州学刊》2014年第6期。

滕铭予：《论秦墓中的直肢葬及相关问题》，《文物季刊》1997年第1期。

滕铭予：《从考古学看中国古代从封国到帝国的转变》，《吉林大学社会科学学报》2003年第5期。

［日］藤田胜久：《〈史记〉战国史料研究》，曹峰、［日］广濑薰雄译，上海古籍出版社2008年版。

田率：《宜侯夨簋铭文相关史地国族问题补论》，《古代文明》2019年第1期。

童书业：《春秋史》，商务印书馆2010年版。

W

汪春泓：《谈"近亲通婚"对两汉政权的影响》，《殷都学刊》1994年第3期。

王宝灿：《第四纪时期海平面变化与我国海岸线变迁的探讨》，《上海师范大学学报》（自然科学版）1978年第1期。

王晨光：《楚国北扩地缘政制问题与"亲亲相隐"公案新解》，《中国历史地理论丛》2016年第2辑。

王程远：《西周金文王年考辨》，四川大学出版社2012年版。

王光尧：《从新出土之杨姞壶看杨国》，《故宫博物院院刊》1995年第2期。

王国维：《观堂集林（附别集）》，中华书局1959年影印本。

王红亮：《清华简〈系年〉中周平王东迁的相关年代考》，《史学史研究》2012年第4期。

王晖：《成王即位与改元时之年龄考辨》，《人文杂志》1993年第3期。

王晖：《商周文化比较研究》，人民出版社2000年版。

王晖：《春秋早期周王室王位世系变局考异——兼说清华简〈系年〉

"周无王九年"》,《人文杂志》2013年第5期。

王晖主编:《西周金文与西周史研究暨第十届中国先秦史学会年会论文集》,三秦出版社2018年版。

王家范:《中国历史通论》(增订本),生活·读书·新知三联书店2012年版。

王明珂:《华夏边缘:历史记忆与族群认同》(增订本),浙江人民出版社2013年版。

王沛:《西周的"井"与"誓"——以夨甲盘和鸟形盉铭文为主的研究》,《当代法学》2012年第5期。

王维堤、唐书文:《春秋公羊传译注》,上海古籍出版社2013年新1版。

王人聪:《杨姞壶铭释读与北赵63号墓主问题》,《文物》1996年第5期。

王瑞英:《从甲骨文金文看商周妇女地位的变化及原因》,《求索》2008年第6期。

王思治:《中国古代史分期问题分歧的原因何在?》,《历史研究》1980年第5期。

王铁峰:《秦国富强及东并六国之地理条件研究》,硕士学位论文,吉林大学,2004年。

王巍、徐良高:《先周文化的考古学探索》,《考古学报》2000年第3期。

王轩:《山东邹县七家峪村出土的西周铜器》,《考古》1965年第11期。

王言京:《山东邹县春秋邾国故城附近发现一件铜鼎》,《文物》1974年第1期。

王亦秋、韩少卿:《秦汉西部地理环境对交通的影响》,《赤峰学院学报》2016年第8期。

王育成:《从两周金文探讨妇名"称国"规律》,《江汉考古》1982年第1期。

王育民:《先秦时期运河考略》,《上海师范大学学报》(哲学社会科学版）1984 年第 3 期。

王玉哲：《春秋战国时水利工程分布图说明》，《历史教学》1956 年第 9 期。

王泽文：《春秋时期的纪年铜器铭文与〈左传〉的对照研究》，硕士学位论文，中国社会科学院研究生院，2002 年。

王兆荣等：《八万年来中国东部古气候与海平面变化的研究》，《中国科学技术大学学报》1998 年第 4 期。

王志民主编：《齐文化概论》，山东人民出版社 1993 年版。

王子今：《古史性别研究丛稿》，社会科学文献出版社 2004 年版。

王子今、张经：《中国妇女通史·先秦卷》，杭州出版社 2010 年版。

王子今：《"武侯"瓦当与战国秦汉武关道交通》，《文博》2013 年第 12 期。

王子今：《战国秦代"西—雍"交通》，《东方论坛》2016 年第 6 期。

韦心滢：《殷代商王国政治地理结构研究》，上海古籍出版社 2013 年版。

魏建震：《先秦社祀研究》，人民出版社 2008 年版。

吴爱琴：《先秦服饰制度形成研究》，博士学位论文，河南大学，2013 年。

吴凡明：《齐"巫儿"婚俗始于桓公考》，《兰州学刊》2009 年第 7 期。

吴聿明：《北山顶四器铭释考存疑》，《东南文化》1990 年第 1—2 期。

吴镇烽编撰：《金文人名汇编》（修订本），中华书局 2006 年版。

吴镇烽：《也谈周代女性称名的方式》，复旦大学出土文献与古文字研究中心，2016 年 6 月 7 日，http：//www.gwz.fudan.edu.cn/old/SrcShow.asp?Src_ID=2822。

伍人：《山东史前文化发展序列及相关问题》，《文物》1982 年第 10 期。

X

［美］夏含夷：《从西周礼制改革看〈诗经·周颂〉的演变》，《河北师院学报》（社会科学版）1996年第3期。

［美］夏含夷：《释澡——兼论〈毛诗〉的训诂方法一则》，《中华文史论丛》2006年第3期。

［美］夏含夷：《重写中国古代文献》，周博群等译，上海古籍出版社2012年版。

［美］夏含夷：《海外夷坚志——古史异观二集》，张淑一、蒋文、莫福权译，上海古籍出版社2016年版。

［美］夏含夷：《孔子之前中国经典诞生的研究》，黄圣松、杨济襄、周博群等译，范丽梅、黄冠云修订，中西书局2019年版。

《夏商周断代工程1996—2000年阶段成果概要》，《文物》2000年第12期。

夏商周断代工程专家组：《夏商周断代工程1996—2000年阶段成果报告》（简本），世界图书出版公司2000年版。

肖梦龙：《母子墩墓青铜器及有关问题探索》，《文物》1984年第5期。

谢乃和：《金文中所见西周王后事迹考》，《华夏考古》2008年第3期。

谢维扬：《中国早期国家》，浙江人民出版社1995年版。

辛德勇：《秦汉政区与边界地理研究》，中华书局2009年版。

辛怡华、刘宏岐：《周原——西周时期异姓贵族的聚居地》，《文博》2002年第5期。

徐飚：《成器之道：先秦工艺造物思想研究》，江苏美术出版社2008年版。

徐少华：《陈国铜器及其历史地理与文化综论》，《江汉考古》1995年第2期。

徐中舒：《先秦史论稿》，巴蜀书社1992年版。

徐中舒：《先秦史十讲》，中华书局2009年版。

许倬云：《西周史》（增补二版），生活·读书·新知三联书店2012年版。

许倬云：《求古编》，商务印书馆2014年版。

宣兆琦等：《海岱地区古代文明的起源与发展》，齐鲁书社2014年版。

Y

杨伯峻：《孟子译注》，中华书局1960年版。

杨伯峻编著：《春秋左传注》（修订本），中华书局1990年版。

颜世安：《华夏族群形成的重要阶段：西周初年的"夏"》，《江海学刊》2004年第2期。

严志斌、谢尧亭：《气盘、气盉与西周誓仪》，《中国国家博物馆馆刊》2018年第7期。

杨宽：《先秦史十讲》，复旦大学出版社2006年版。

杨宽：《战国史》，上海人民出版社2016年版。

杨宽：《战国史料编年辑证》，上海人民出版社2016年版。

杨树达：《积微居金文说》，上海古籍出版社2007年版。

杨振红：《出土简牍与秦汉社会》，广西师范大学出版社2009年版。

杨振红：《出土简牍与秦汉社会》（续编），广西师范大学出版社2015年版。

姚大力：《读史的智慧》，复旦大学出版社2010年版。

叶重阳：《周代"行人"及其出行研究》，硕士学位论文，渤海大学，2013年。

易小明：《盟会和朝聘礼对春秋时期政治权力下移的影响》，硕士学位论文，江西师范大学，2005年。

尹盛平主编：《西周微氏家族青铜器群研究》，文物出版社1992年版。

尹盛平：《西周金文世族与宗法制度》，《陕西历史博物馆馆刊》第11辑。

［以］尤锐著：《展望永恒的帝国：战国时代的中国政治思想》，孙英

刚译，王宇校，上海古籍出版社 2013 年版。

游国恩：《游国恩学术论文集》，中华书局 1989 年版。

余嘉锡：《古书通例》，上海古籍出版社 1985 年版。

于孔宝：《古代最早的丝织业中心——谈齐国"冠带衣履天下"》，《管子学刊》1992 年第 2 期。

云南省博物馆编：《云南晋宁石寨山古墓群发掘报告》，文物出版社 1959 年版。

云南省文物考古研究所、玉溪市文物管理所、江川县文化局编著《江川李家山第二次发掘报告》，文物出版社 2007 年版。

云南省文物考古研究所、昆明市博物馆、晋宁县文物管理所编著《晋宁石寨山第五次发掘报告》，文物出版社 2009 年版。

云南李家山青铜器博物馆编：《滇国铜魂：云南李家山古滇文物集萃》，云南人民出版社 2015 年版。

Z

曾文芳：《夏商周民族思想与政策研究》，人民出版社 2008 年版。

张柏忠：《霍林河矿区附近发现的西周铜器》，《内蒙古文物与考古》1982 年第 2 期。

张昌平：《曾国青铜器研究》，文物出版社 2009 年版。

张长寿、梁星彭：《关中先周青铜文化的类型与周文化的渊源》，《考古学报》1989 年第 1 期。

张春生：《周先公世系补遗》，《文博》2003 年第 2 期。

张富祥：《东夷文化通考》，上海古籍出版社 2008 年版。

［美］张光直：《青铜挥麈》，上海文艺出版社 2000 年版。

［美］张光直：《古代中国考古学》，印群译，生活·读书·新知三联书店 2013 年版。

［美］张光直：《商文明》，张良仁、岳红彬、丁晓雷译，陈星灿校，生活·读书·新知三联书店 2013 年版。

［美］张光直：《中国青铜时代》（二版），生活·读书·新知三联书

店 2013 年版。

［美］张光直：《中国考古学论文集》，生活·读书·新知三联书店 2013 年版。

［美］张光直：《美术、神话与祭祀》，郭净译，生活·读书·新知三联书店 2013 年版。

张鸿雁：《春秋战国城市经济的原始性——农业经济对城市经济的渗透》，《辽宁大学学报》（哲学社会科学版）1986 年第 2 期。

张利芳：《试论关中东部地区西周墓葬所见性别差异》，硕士学位论文，中央民族大学，2011 年。

张礼艳：《丰镐地区西周墓葬研究》，社会科学文献出版社 2015 年版。

张礼艳：《西周贵族墓葬所见性别差异——兼论西周贵族妇女的社会地位》，《江汉考古》2016 年第 4 期。

张亮：《东周社会结构演变的考古学观察——以三晋两周地区墓葬为视角》，博士学位论文，吉林大学，2014 年。

张亮、滕铭予：《晋南地区东周时期铜器墓葬研究》，《考古》2015 年第 6 期。

张淑一：《周代命氏方式详考》，《陕西师范大学学报》（哲学社会科学版）2000 年第 4 期。

张淑一：《先秦姓氏制度考索》，福建人民出版社 2008 年版。

张淑一：《西周金文女子称谓"规律"再探讨——兼论"杨姞壶"的问题》，《考古与文物》2009 年第 5 期。

张淑一：《出土文献黄国史迹勾陈》，《中原文化研究》2019 年第 1 期。

张筱衡：《散盘考释》（上），《人文杂志》1958 年第 3 期。

张筱衡：《散盘考释》（下），《人文杂志》1958 年第 4 期。

张亚初：《两周铭文所见某生考》，《考古与文物》1983 年第 5 期。

张亚初、刘雨：《西周金文官制研究》，中华书局 1986 年版。

张亚初编著：《殷周金文集成引得》，中华书局 2001 年版。

张亚初：《商周金文姓氏通考》，中华书局 2016 年版。

张甍：《清华简〈楚居〉与楚族起源》，《中原文物》2014 年第 2 期。

赵丰、金琳：《纺织考古》，文物出版社 2007 年版。

赵林：《殷契释亲：论商代的亲属称谓及亲属组织制度》，上海古籍出版社 2011 年版。

赵松龄等：《关于渤海湾西岸海相地层与海岸线问题》，《海洋与湖沼》1978 年第 1 期。

赵希涛、耿秀山、张景文：《中国东部 20000 年来的海平面变化》，《海洋学报》（中文版）1979 年第 2 期。

（清）赵翼撰，王树民校证：《廿二史札记校证》（订补本），中华书局 1984 年版。

赵玉宝：《先秦性别角色研究》，博士学位论文，东北师范大学，2005 年。

赵志强：《秦汉地理丛考》，博士学位论文，陕西师范大学，2013 年。

甄尽忠：《先秦社会救助思想研究》，中州古籍出版社 2008 年版。

郑小炉：《吴越和百越地区周代青铜器研究》，科学出版社 2007 年版。

中国科学院考古所：《浚县辛村》，科学出版社 1964 年版。

中国社会科学院考古研究所沣西发掘队：《1960 年秋陕西长安张家坡发掘简报》，《考古》1962 年第 1 期。

中国科学院考古研究所沣西考古队：《陕西长安张家坡西周墓清理简报》，《考古》1965 年第 9 期。

中国社会科学院考古研究所沣西发掘队：《1967 年长安张家坡西周墓葬的发掘》，《考古学报》1980 年第 4 期。

中国社会科学院考古研究所编辑：《殷墟妇好墓》，文物出版社 1980 年版。

中国社会科学院考古研究所编：《殷周金文集成》，中华书局 1984—1994 年版。

中国社会科学院考古研究所沣西发掘队：《长安张家坡西周井叔墓发掘简报》，《考古》1986 年第 1 期。

中国社会科学院考古研究所安阳队：《殷墟 259、260 号墓发掘报告》，《考古学报》1987 年第 1 期。

中国社会科学院考古研究所泾渭工作队：《陕西长武碾子坡先周文化

遗址发掘记略》,《考古学集刊》第 6 集,中国社会科学出版社 1989 年版。

中国社会科学院考古研究所、北京市文物研究所琉璃河考古队:《北京琉璃河 1193 号大墓发掘简报》,《考古》1990 年第 1 期。

中国社会科学院考古研究所沣西发掘队:《陕西长安张家坡 M170 号井叔墓发掘简报》,《考古》1990 年第 6 期。

中国社会科学院考古研究所沣西队:《1987、1991 年陕西长安张家坡的发掘》,《考古》1994 年第 10 期。

周宝宏:《近出西周金文集释》,天津古籍出版社 2005 年版。

周书灿:《有关齐桓公西征的几个地理问题》,《烟台师范学院学报》(哲学社会科学版) 2003 年第 2 期。

周晓陆、张敏:《北山四器铭考》,《东南文化》1988 年第 3—4 期。

周振鹤:《西汉政区地理》,人民出版社 1987 年版。

周振鹤:《中国地方行政制度史》,上海人民出版社 2005 年版。

周振鹤:《中国历史政治地理十六讲》,中华书局 2013 年版。

周振鹤、李晓杰:《中国行政区划通史·总论、先秦卷》(第二版),复旦大学出版社 2017 年 9 月第 2 版。

朱凤瀚:《商周家族形态研究》,天津古籍出版社 2004 年版。

朱凤瀚:《中国青铜器综论》,上海古籍出版社 2009 年版。

朱活:《从山东出土的齐币看齐国的商业和交通》,《文物》1972 年第 5 期。

朱活:《山东历城出土鲁伯大父媵季姬簠》,《文物》1973 年第 1 期。

竺可桢:《中国近五千年来气候变迁的初步研究》,《考古学报》1972 年第 1 期。

邹衡:《夏商周考古学论文集》,文物出版社 1980 年版。

邹衡:《夏商周考古学论文集》(续集),科学出版社 1998 年版。

邹逸麟:《椿庐史地论稿》,天津古籍出版社 2005 年版。

邹逸麟:《椿庐史地论稿续编》,上海人民出版社 2014 年版。

邹逸麟、张修桂主编:《中国历史自然地理》,科学出版社 2013 年版。

[日] 佐竹靖彦主编:《殷周秦汉史学的基本问题》,中华书局 2008 年版。

后　　记

　　这本书稿《西周春秋时期的女性、联姻与政治格局演进研究》是在我博士论文基础上修改而成的，书稿的出版则是对我六年博士生涯的告别。从女性和婚姻角度对西周、春秋时期人口、社会、地缘政治、区域格局、区域经济的讨论，是本书的研究重点。同时，本书还尝试从女性和婚姻角度审视早期中国政治体制和国家形态的演进，审视西周、春秋时期中国政治生态、地缘政治和区域格局的演变问题。与本书的庞大选题和充满雄心相比，笔者的能力多有不逮，行文和论述中多有未尽然和欠妥当之处，恳请读者、方家指正。

　　我的博士论文选题过于庞大和充满雄心，却缺乏足够的能力支撑，以至于我在写作过程中不止一次地陷入过焦虑和怀疑的境地。题目的五次微调，反映了我对问题的思考过程，也折射出我思想的变化。开题报告《两周时期的女性地理研究》，有生造词语之嫌，时间跨度和所涉范围也过于宽泛了；但是对女性问题的关注和以女性视角审视历史政治地理的设想值得肯定，这两点也始终贯彻于我此后的思考和论文写作之中。2018年9月到2019年6月的时候，我曾一度将论文题目改为《政治联姻与早期中国国家形态的演进》，聚焦于历史政治地理和早期中国国家形态问题的研究；但是早期中国国家形态问题，其理论建构和所涉理论模式都超出了我的能力范围，我的论文写作也在这个题目的框架之下越来越文不对题和力不从心。2019年7月，我将论文题目改为《联姻与西周春秋政治地理研究》，2020年1月我用以完成博士论文初稿的题目是《联姻与西周春秋时期的女性、政治和国家》；论文现在呈现出来的题目《西周春秋时期的女性、联

后 记

姻与政治格局演进研究》，是在与陆老师讨论论文初稿修改时最终定下来的。这是比较符合我的理论能力和论述范围的一个题目，也比较符合我历史地理的学科定位，在这个题目的框架之下，我最终完成了博士论文的写作。

整篇博士论文能够完成，首先要感谢我的导师陆韧先生。陆老师严格而坚定，2014年11月，她的当头棒喝终于让我明白什么是学术研究，我要怎么规划我的博士论文和之后的学术之路。"We just decided to"，决心和坚持是一切致力于学术研究者最基本和最关键的品格。陆老师总是能发现我论文中的华而不实、大而无当之处，一针见血地指出症结所在，并给予我有效的建议。陆老师也总能在我看似平淡的叙述和史料中发现闪光点，将之提升到一个新的高度。没有陆老师的坚持和鞭策，我可能没有勇气坚持早期中国的选题，因为先秦时期的史料庞杂而多元，理论体系复杂；云南大学历史系的研究又以元、明、清为主，从众的选择也许会省力一些。但是陆老师认为我有不错的先秦文献功底，不应该放弃，迎难而上是致力于学术研究者必须具有的品格；陆老师认为从女性和婚姻角度反思西周、春秋时期的历史和政治地理问题，其切入点很新颖，未来也有足够的发展空间；同时，对于早期中国政治地理研究中忽视女性问题的研究现状，也有裨补之功。正是因为有了陆老师的坚持和鞭策，才有了我这篇从女性和婚姻角度讨论早期中国政治地理问题的博士论文。

成一农老师对我的博士论文也有巨大的帮助，成老师总是关注问题背后更深的原因和问题发展的多能可能性。比如，成老师曾经问我，战国一定要走向统一吗？为什么？统一会不会只是一种偶然？虽然对于成老师的问题我还不能给出有效的回答，但是成老师对于我思维的启发和思路的拓展影响巨大。张轲风老师对我的论文给出了很多具体、细致的建议，常令我感激又惭愧。云南大学历史地理研究中心的潘威老师、马琦老师、陈庆江老师、刘灵坪老师都对我的论文写作给予了巨大的帮助。参加我论文开题和答辩的邹建达老师、马勇老师、沈海梅老师对我论文的写作和修改也给予了非常有效的建议。我的同门杨海挺、聂迅、余华、戴龙辉、钱秉毅、许新民、李国平和同学马秋菊、孙骁、张文博，学生许悦也为我的论文写作和博士阶段的学习提供了很多帮助。还要感谢我的先生范正龙和儿子范朴淳,正是他们对于我生活上的支持,才使我有可能完成这篇博士论文。

通过博士论文答辩之后,我根据匿名评审专家和答辩委员会的意见对书稿做了调整和修改。本书能够顺利付梓,要特别感谢成一农老师的推荐、云南师范大学文学院出版基金的资助和中国社会科学出版社宋燕鹏先生在本书编辑各个阶段给予的诸多关照。许悦帮我核对了全书的文献,谨此致以诚挚的谢意。

本书的出版,于我来说,更多的意味着告别,告别六年的博士生涯,告别一个必须完成的任务,告别纠结其中的庞大选题和宏大叙事;而告别,是一个新的开始的起点。

成老师的序言写的特别好,指出了我书稿的核心问题:"依然是男性'阴影下'的女性史"。这是一个没有办法在这本书稿上修改的问题,要改就只有重写一本,从史料的释读、分类开始,全面贯彻"女性视角"。要在早期中国研究中实践从史料梳理到历史书写全面贯彻"女性视角",问题的选择、时空范围的截取、史料范围的限定是非常关键的因素,这也许可以成为我接下来几年努力的方向。

仲秋之末的昆明,早晨八点半的阳光并不强烈,不远处云大物理馆、钟楼和老图书馆的顶部在楼丛中辨认度很高;近处讲武堂的黄墙、青瓦、红窗点缀着灰色的城市色调;翠湖边的树浓绿、茂盛,树尖偶尔透出几丛亮黄和橙红。翠隐红藏、车水马龙,城市中心的平和与喧嚣,矛盾又恰到好处地共处其间。我终于收整完这本书稿,一个告别和一个新的开始。

林晓雁
2020 年,庚子仲秋于昆明谒石斋